民國文化與文學研究文叢

六 編

李 怡 主編

第 22 冊

陰鬱與躁動的靈魂
——靳以論

石 健 著

國家圖書館出版品預行編目資料

陰鬱與躁動的靈魂——靳以論／石健 著 -- 初版 -- 新北市：
花木蘭文化出版社，2016〔民 105〕
目 4+272 面；19×26 公分
（民國文化與文學研究文叢 六編：第 22 冊）
ISBN 978-986-404-696-6（精裝）
1. 靳以 2. 中國文學 3. 文學評論
541.26208   105012797

特邀編委（以姓氏筆畫為序）：

丁　帆　　　王德威　　　宋如珊
岩佐昌暲　　奚　密　　　張中良
張堂錡　　　張福貴　　　須文蔚
馮　鐵　　　劉秀美

ISBN-978-986-404-696-6

9 789864 046966

民國文化與文學研究文叢
六　編　第二二冊　　　　ISBN：978-986-404-696-6

陰鬱與躁動的靈魂
——靳以論

作　　者　石　健
主　　編　李　怡
企　　劃　四川大學現代中國文化與文學研究中心
　　　　　北京師範大學民國歷史文化與文學研究中心
總 編 輯　杜潔祥
副總編輯　楊嘉樂
編　　輯　許郁翎、王　筑　美術編輯　陳逸婷
出　　版　花木蘭文化出版社
社　　長　高小娟
聯絡地址　235 新北市中和區中安街七二號十三樓
　　　　　電話：02-2923-1455 ／傳真：02-2923-1452
網　　址　http://www.huamulan.tw　信箱 hml810518@gmail.com
印　　刷　普羅文化出版廣告事業
初　　版　2016 年 9 月
全書字數　238284 字
定　　價　六編 24 冊（精裝）新台幣 44,000 元

陰鬱與躁動的靈魂
——靳以論

石健　著

作者簡介

石健，男，吉林白城人，文學博士，玉溪師範學院文學院副教授。曾在《上海魯迅研究》、《社會科學論壇》、《唐都學刊》、《體育文化導刊》、《四川戲劇》、《名作欣賞》等學術刊物發表學術論文 50 餘篇，參編《現代文學基礎》、《青少年素質教育叢書》等著作多部。

提　　要

中國現代著名作家、編輯家靳以在學界沈寂已久，本書首次對其文學活動，進行了系統全面、紮實厚重的考察研究，具有填補學術空白的作用。書稿深入解讀了靳以的文學創作與編輯思想，並對其文學史意義進行了獨到的闡釋。同時，以靳以為典型個案，對中國現代作家及知識分子的內在困惑，進行了深切的關注與探索。把作家個案研究，納入中國現代文學的整體生態環境，以點帶面、見微知著，深入透視一代人的精神特質，是本書的亮點與特色。

2015 年度雲南省教育廳科學研究基金重點項目
「巴金、靳以比較研究」（2015Z174）

作爲方法的「民國」
——第六輯引言

李　怡

　　「作爲方法」的命題首先來自日本著名漢學家竹內好，從竹內好 1961 年「作爲方法的亞洲」到溝口雄三 1989 年「作爲方法的中國」，其中展示的當然不僅僅是有關學術「方法」的技術性問題，重要的是學術思想的主體性追求。日本學人通過中國這樣一個「他者」的參照進行自我的反省和批判，實現從「西方」話語突圍，重新確立自己的主體性，這對同樣深陷「西方」話語圍困的中國學界而言也無疑具有特殊的刺激和啓發。1990 年代中期以後，中國（華人）學人如孫歌、李冬木、汪暉、陳光興、葛兆光等陸續介紹和評述了他們的學說，[註1] 特別是最近 10 年的中國思想文化與文學批評界，可以說出現了一股竹內——溝口的「作爲方法」熱，「作爲方法的日本」、「作爲方法的竹內好」、「亞洲」作爲方法，[註2] 以及「作爲方法的 80 年代」等等

〔註 1〕如 Kuang-ming Wu and Chun-chieh Huang （吳光明、黃俊傑）:〈關於《方法としての中國》的英文書評〉（《清華學報》新 20 卷第 2 期，1990 年），溝口雄三、汪暉:〈沒有中國的中國學〉（《讀書》第 4 期，1994 年），孫歌:〈作爲方法的日本〉（《讀書》第 3 期，1995 年），李長莉:〈溝口雄三的中國思想史研究〉（《國外社會科學》第 1 期，1998 年），葛兆光:〈重評九十年代日本中國學的新觀念——讀溝口雄三《方法としての中國》〉（《二十一世紀》12 月號，2002 年），吳震:〈十六世紀中國儒學思想的近代意涵——以日本學者島田虔次、溝口雄三的相關討論爲中心〉（《東亞文明研究學刊》第 1 卷第 2 期，2004 年）等。

〔註 2〕刊發於《臺灣社會研究季刊》12 月號，總第 56 期，2004 年。2005 年 6 月，陳光興參加了在華東師範大學舉行的「全球化與東亞現代性——中國現代文學的視角」暑期高級研討班，將論文〈亞洲」作爲方法〉提交會議，引起了與會者的濃厚興趣。

在我們學術話語中流行開來，體現了一種難能可貴的自我反思、重建學術主體性的努力。竹內好借鏡中國的重要對象是文學家魯迅，近年來，對這一反思投入最多的也是從事中國現當代文學研究的學者，因此，對這一反思本身做出反思，進而探索眞正作爲中國現代文學的「方法」的可能，便顯得必不可少。

在「亞洲」、「中國」先後成爲確立中國學術主體性的話語選擇之後，我覺得，更能夠反映中國現代文學立場和問題意識的話語是「民國」。作爲方法的民國，具體貼切地揭示了中國現代文學的生存發展語境，較之於抽象的「亞洲」或者籠統的「中國」，更能體現我們返回中國文學歷史情境，探尋學術主體性的努力。

一

日本戰敗，促成了一批日本知識分子的自我反省，竹內好（1908～1977）就是其中之一。在他看來，「脫亞入歐」的日本「什麼也不是」，反倒是曾經不斷失敗的中國在抵抗中產生了非西方的、超越近代的「東洋」。通常我們是說魯迅等現代中國知識分子從「東洋」日本發現了現代文明的啓示，竹內好卻反過來從中國這個「東洋」發現了一條區別於西歐現代化的獨特之路：借助日本所沒有的社會革命完成了自我更新，如果說日本文化是「轉向型」的，那麼中國文化則可以被稱作是「迴心型」，而魯迅的姿態和精神氣質就是這一「迴心型」的極具創造價值的體現。「他不退讓，也不追從。首先讓自己和新時代對陣，以『掙扎』來滌蕩自己，滌蕩之後，再把自己從裏邊拉將出來。這種態度，給人留下一個強韌的生活者的印象。像魯迅那樣強韌的生活者，在日本恐怕是找不到的。」「在他身上沒有思想進步這種東西。他當初是作爲進化論宇宙觀的信奉者登場的，後來卻告白頓悟到了進化論的謬誤；他晚年反悔早期作品中的虛無傾向。這些都被人解釋爲魯迅的思想進步。但相對於他頑強地恪守自我來說，思想進步實在僅僅是第二義的。」〔註3〕就此，他認爲自己發現了與西方視角相區別的「作爲方法的亞洲」，這裡的「亞洲」主要指中國。溝口雄三（1932～2010）是當代中國思想史學家，他並不同意竹內好將日本的近代描述爲「什麼也不是」，試圖在一種更加平等而平和的文化觀

〔註3〕 （日）竹內好：《近代的超克》，11、12 頁，李冬木、趙京華、孫歌譯，三聯書店，2005 年。

念中讀解中國近代的獨特性:「事實上,中國的近代既沒有超越歐洲,也沒有落後於歐洲,中國的近代從一開始走的就是一條和歐洲、日本不同的獨自的歷史道路,一直到今天。」〔註4〕作爲方法的中國,意味著對「中國學」現狀的深入的反省,這就是要根本改變那種「沒有中國的中國學」,「把世界作爲方法來研究中國,這是試圖向世界主張中國的地位所帶來的必然結果……這樣的『世界』歸根結底就是歐洲」。「以中國爲方法的世界,就是把中國作爲構成要素之一,把歐洲也作爲構成要素之一的多元的世界」。〔註5〕

海外漢學(中國學)長期生存於強勢的歐美文明的邊緣地帶,因而難以改變作爲歐美文化思想附庸的地位,這一局面在海外華人的中國研究中更加明顯。而日本知識分子的反省卻將近現代中國作爲了反觀自身的「他者」,第一次將中國問題與自我的重建、主體性的尋找緊密聯繫,強調一種與歐美文明相平等的文化意識,這無疑是「中國學」研究的重要破局,具有重要的學術啓示意義,同時,對中國自己的學術研究也產生了極大的衝擊效應。

在逐步走出傳統的感悟式文學批評,建立現代知識的理性框架的過程中,中國的學術研究顯然從西方獲益甚多,當然也受制甚多,甚至被後者裹挾了我們的基本思維與立場,於是質疑之聲繼之而起,對所謂「中國化」和保留「傳統」的訴求一直連綿不絕,至最近20餘年,更在國內清算「西化」的主流意識形態及西方後現代主義、西方馬克思主義的自我批判的雙重鼓勵下,進一步明確提出了諸如中國立場、中國問題、中國話語等系統性的要求。來自日本學者的這一類概括——在中國發現「亞洲」近代化的獨特性,回歸中國自己的方法——顯然對我們當下的學術訴求有明晰準確的描繪,予我們的「中國道路」莫大的鼓勵,我們難以確定這樣的判斷究竟會對海外的「中國學」研究產生多大的改變,但是它對中國學術界本身的啓示和作用卻早已經一目了然。

我高度評價中國學界「回歸中國」的努力與亞洲——中國「作爲方法」的啓示意義。但是,與此同時,我也想提醒大家注意一個重要的現實,所謂的「作爲方法」如果不經過嚴格的勘定和區分,其實並不容易明瞭其中的含義,而無論是「亞洲」還是「中國」,作爲一個區域的指稱原本也有不少的遊

〔註4〕 (日)溝口雄三:《作爲方法的中國》,12頁,孫軍悅譯,三聯書店,2011年。
〔註5〕 (日)溝口雄三:《作爲方法的中國》,130、131頁,孫軍悅譯,三聯書店,2011年。

移性與隨意性。比如竹內好將「亞洲」簡化爲「中國」，將「東洋」轉稱爲「中國」，臺灣學人陳光興也在這樣的「亞洲」論述中加入了印度與臺灣地區，這都與論述人自己的關注、興趣和理解相互聯繫，換句話說，僅僅有「作爲方法」的「亞洲」概念與「中國」概念遠遠不夠，甚至，有了竹內與溝口的充滿智慧的「以中國爲方法」的種種判斷也還不夠，因爲這究竟還是「中國之外」的「他者」從他們自己的需要出發提出的觀察，這裡的「中國」不過是「日本內部的中國」，而非「中國人的中國」，正如溝口雄三對竹內好評述的那樣：「這種憧憬的對象並不是客觀的中國，而是在自身內部主觀成像的『我們內部的中國』。」〔註6〕那麼，溝口雄三本人的「中國方法」又如何呢？另一位深受竹內好影響的日本學者子安宣邦認爲，溝口雄三「以中國爲方法，以世界爲目的」的「超越中國的中國學」與日本戰前「沒有中國的中國學」依然具有親近性，難以眞正展示自己的「作爲方法」的中國視點。〔註7〕所以葛兆光就提醒我們，對於這樣「超越中國的中國學」，我們也不能直接平移到中國自己的中國學之中，一切都應當三思而行。〔註8〕

　　問題是，中國學界在尋找「中國獨特性」的時候格外需要那麼一些支撐性的論述與證據，而來自域外的論述與證據就更顯珍貴了。在這個時候，域外學說的「方法」本身也就無暇追問和反思了。例如竹內好與溝口雄三都將近現代中國的獨特性描述爲社會革命：「中國的近代化走的是自下而上的反帝反封建社會革命、即人民共和主義的道路。」〔註9〕在他們看來，太平天國至社會主義中國的「革命史」呈現的就是中國自力更生的道路。這的確道出了現代中國的重要事實，因而得到許多中國現代文學研究者的認同，當然，一些中國學者對現代中國革命的重新認同還深刻地聯繫著西方後現代主義對西方文化的自我批判，聯繫著西方馬克思主義及其它左派對資本主義的嚴厲批判，在這裡，「西洋」的自我批判和「東洋」的自我尋找共同加強了中國學者對「中國現代史＝革命史」的認識，如下話語所表述的學術理念以及這一理念的形成過程無疑具有某種典型意義：

〔註6〕（日）溝口雄三：《作爲方法的中國》，6頁，孫軍悦譯，三聯書店，2011年。

〔註7〕參看張崑將：〈關於東亞的思考「方法」：以竹內好、溝口雄三、子安宣邦爲中心〉，《臺灣東亞文明研究學刊》第1卷第2期，2004年。

〔註8〕葛兆光：〈重評九十年代日本中國學的新觀念——讀溝口雄三《方法としての中國》〉，《二十一世紀》12月號，2002年。

〔註9〕（日）溝口雄三：《作爲方法的中國》，11頁，孫軍悦譯，三聯書店，2011年。

　　從 1993 年起，我逐步地對以往的研究做了兩點調整：第一是將自己的歷史研究放置在「反思現代性」的理論框架中進行綜合的分析和思考；第二是力圖將社會史的視野與思想史研究結合起來。在中國 1980 年代的文化運動和 1990 年代的思想潮流之中，對於近代革命和社會主義歷史的批判和拒絕經常被放置在對資本主義的全面的肯定之上；我試圖將近代革命和社會主義歷史的悲劇放置在對現代性的批判性反思的視野中，動機之一是爲了將這一過程與當代的現實進程一道納入批判性反思的範圍。……而溝口雄三教授對日本中國研究的批判性的看法和對明清思想的解釋都給我以啓發。也是在上述閱讀、交往和研究的過程中，我逐漸地形成了自己的一個研究視野，即將思想的内在視野與歷史社會學的方法有機地結合起來。〔註10〕

東洋與西洋的有機結合，鼓勵我們對現代性的西方傳統展開質疑和批判，同時對我們自身的現代價值加以發掘和肯定，在中國現代文學研究領域中，這些「我們的現代價值」常常也指向革命文學、左翼文學、延安文學與新中國建立至新時期以前的文學，有學者將之概括爲新左派的現代文學史觀。姑且不論「新左派」之說是否準確，但是其描述出來的學術事實卻是有目共睹的：「以現代性反思的名義將左翼文學納入現代性範疇，並稱之爲『反現代的現代主義文學』、『反現代的現代先鋒派文學』，高度肯定其歷史合理性，並認爲改革前的毛澤東時代可以定位爲『反現代的現代性』，其合法性來自於對西方資本主義現代性的批判。」〔註11〕爲了肯定這些中國現代文化追求的合理性，人們有意忽略其中的種種失誤，包括眾所周知的極左政治對現代文學發展的傷害和扭曲，甚至「文革」的思維也一再被美化。

　　理性而論，前述的「反思現代性」論述顯然問題重重：「那種忽略了具體歷史語境中強大的以封建專制主義文化意識爲主體的特殊性，忽略了那時文學作品巨大的政治社會屬性與人文精神被顛覆、現代化追求被阻斷的歷史内涵，而只把文本當作一個脫離了社會時空的、僅僅只有自然意義的單細胞來

〔註10〕汪暉、張曦：〈在歷史中思考——汪暉教授訪談〉，《學術月刊》第 7 期，2005年。

〔註11〕鄭潤良：〈「反現代的現代性」：新左派文學史觀萌發的語境及其問題〉，《福建論壇》第 4 期，2010 年。

進行所謂審美解剖。這顯然不是歷史主義的客觀審美態度。」〔註12〕

值得注意的現實是，為了急於標示中國也可以有自己的「現代性」，我們學界急切尋找著能夠支持自己的他人的結論和觀點，至於對方究竟把什麼「作為方法」倒不是特別重要了。

「悖論」是中國學者對竹內好等學者處境與思維的理解，有意思的是，當我們不再追問「作為方法」的緣由和形式之時，自己也可能最終陷入某種「悖論」。比如，在肯定我們自己的現代價值之際，誕生了一個影響甚大的觀點：反現代的現代性。中國革命史被稱作是「反現代的現代性」，中國的左翼文學史也被描述為「反現代性的現代性」，姑且不問這種表述來源於西方現代性話語的繁複關係，使用者至少沒有推敲：「反」的思維其實還是以西方現代性為「正方」的，也就是說，是以它的「現代」為基本內容來決定我們「反」的目標和形式，這是真正的多元世界觀呢？還是繼續延續了我們所熟悉的「二元對立」的格局呢？這樣一種正／反模式與他們所要克服的思維中國／西方的二元模式如出一轍：把世界認定為某兩種力量對立鬥爭的結果，肯定不是對真正的多元文化的認可，依舊屬於對歷史事實的簡化式的理解。

二

「中國作為方法」不是學術研究大功告成之際的自得的總結，甚至也還不是理所當然的研究的開始，更準確地說，它可能還是學術思想調整的準備活動。在這個意義上，真正的「中國」問題在哪裏，「中國」視角是什麼，「中國」的方法有哪些，都亟待中國自己的學人在自己的歷史文化語境中開展新的探討。對於中國現代文學研究而言，我覺得，與其追隨「他者」的眼界，取法籠統的「中國」，還不如真正返回歷史的現場加以勘察，進入「民國」的視野。「作為方法的中國」是來自他者的啟示，它提醒我們尋找學術主體性的必要，「作為方法的民國」，則是我們重拾自我體驗的開始，是我們自我認識、自我表達的真正的需要。

海外中國學研究，在進入「作為方法的中國」之後，無疑產生了不少啟發性的成果，即便如此，其結論也有別於自「民國」歷史走來的中國人，只有我們自己的「民國」感受能夠校正他者的異見，完成自我的表述。包括竹

〔註12〕董健、丁帆、王彬彬：〈我們應該怎樣重寫當代文學史〉，《江蘇行政學院學報》第 1 期，2003 年。

內好與溝口雄三這樣的智慧之論也是如此。對此，溝口雄三自己就有過真誠的反思，他說包括竹內好在內他們對中國的觀察都充滿了憧憬式的誤讀，包括對「文革」的禮讚等等。〔註13〕因為研究「所使用的基本範疇完全來自中國思想內部」，而且「對思想的研究不是純粹的觀念史的研究，而是考慮整個中國社會歷史」，溝口雄三的中國研究曾經為中國學者所認同，〔註14〕例如他借助中國思想傳統的內部資源解釋孫中山開始的現代革命，的確就令人耳目一新，跳出了西方現代性東移的固有解說：

> 實際上大同思想不僅影響了孫文，而且還構成了中國共和思想的核心。

> 就民權來看，中國的這種大同式近代的特徵也體現在民權所主張的與其說是個人權利，不如說國民、人民的全體權利這一點上。

> 大同式的近代不是通過「個」而是通過「共」把民生和民權聯結在一起，構成一個同心圓，所以從一開始便是中國獨特的、帶有社會主義性質的近代。〔註15〕

雖然這道出了中國現代歷史的重要事實，但卻只是一部分事實，很明顯，「民國」的共和與憲政理想本身是一個豐富而複雜的思想系統，而且還可以說是一個動態的有許多政治家、思想家和知識分子共同參與共同推進的系統。例如在五四新文化運動前夕，出於對民初政治的失望，《甲寅》的知識分子群體就展開了「國權」與「民權」的討論辨析，並且關注「民權」也從「公權」轉向「私權」，至《新青年》更是大張個人自由，個人情感與欲望，這才有了五四新文學運動，有了郁達夫的切身感受：「五四運動的最大成功，第一要算『個人』的發現。從前的人是為君而存在，為道而存在，為父母而存在的，現在的人才曉得為自我而存在了。」〔註16〕不僅是五四新文學思潮，後來的自由主義者也一直以「個人權利」、「個人自由」與左右兩種政治主張相抗衡，雖然這些「個人」與「自由」的內涵嚴格說來與西方文化有所區別，但也不

〔註13〕（日）溝口雄三：《作為方法的中國》，12頁，孫軍悅譯，三聯書店，2011年。
〔註14〕（日）溝口雄三、汪暉：〈沒有中國的中國學〉，《讀書》第4期，1994年。
〔註15〕（日）溝口雄三：《作為方法的中國》，12、16、18頁，孫軍悅譯，三聯書店，2011年。
〔註16〕郁達夫：《〈中國新文學大系・散文二集〉導言》，上海良友圖書印刷公司，1935年。

是「大同」理想與「社會主義性質」能夠涵蓋的，它們的發展在不同的歷史時期各有限制，但依然一路坎坷向前，並在 20 世紀 80 年代的海峽兩岸各有成效，成為現代中國文化建設所不能忽略的一種重要元素，不回到民國重新梳理、重新談論，我們歷史的獨特性如何能夠呈現呢？

　　治中國社會歷史研究多年的秦暉曾經提出了一個耐人尋味的觀點：當前中國學術一方面在反對西方的所謂「文化殖民」，另外一方面卻又常常陷入到外來的「問題」圈套之中，形成有趣的「問題殖民」現象。〔註 17〕我理解，這裡的「問題殖民」就是脫離開我們自己的歷史文化環境，將他者研討中國提出來的問題（包括某些讚賞中國「特殊價值」的問題）當作我們自己的問題，從而在竭力掙脫西方話語的過程中再一次落入到他者思維的窠臼。如何才能打破這種反反覆復、層層疊疊的他者的圈套呢？我以為唯一的出路便是敢於拋開一些令人眼花繚亂的解釋框架，面對我們自己的歷史處境，感受我們自己的問題，對中國現代文學的研究而言，就是要在「民國」的社會歷史框架中醞釀和提煉我們的學術感覺，這當然不是說從此固步自封，拒絕外來的思想和方法，而是說所有的思想和方法都必須在民國歷史的事實中接受檢驗，只有最豐富地對應於民國歷史事實的理論和方法才足以成為我們研究的路徑，才能最後為我所用。在中國現代文學研究領域，並沒有異域學者所總結完成的「中國方法」，而只有在民國「作為方法」取得成傚之後的具體的認知，也就是說，是「作為方法的民國」真正保證了「作為方法的中國」。下述幾個中國現代文學研究中影響較大、也爭論較大的理論框架，莫不如此。

　　例如，在描述中國歷史從封建帝國轉入現代國家的時候，人們常常使用「民族國家」這一概念，中國現代文學也因此被視作「現代民族國家文學」，不斷放大「民族國家」主題之於中國現代文學的意義：「在抗戰文學中，由於抗日民族統一戰線的建立，民族國家成為了一個集中表達的核心的、甚至唯一的主題。」〔註 18〕甚至稱：「『五四』以來被稱之為『現代文學』的東西其實是一種民族國家文學。」〔註 19〕這顯然都不符合中國現代文學在「民國」

〔註 17〕http：//www.360doc.com/content/10/0626/01/875791_35273755.shtml

〔註 18〕曠新年：〈民族國家想像與中國現代文學〉，《文學評論》第 1 期，2003 年。

〔註 19〕劉禾：《文本、批評與民族國家文學——〈生死場〉的啟示》，1 頁，北京大學出版社，2007 年。對中國現代文學研究中民族國家理論的檢討，已有學者提出過重要的論述，如張中良《中國現代文學的「民族國家」問題》，臺灣花木蘭文化出版社，2012 年。

的歷史事實，不必說五四新文學運動恰恰質疑了無條件的「國家認同」，民國時期文學前十年「國家主題」並不占主導地位，出現了所謂「民族國家意識的延宕與缺席」現象，〔註20〕第二個十年間的「民族主義」觀念也一再受到左翼文學陣營的抨擊，就是抗日戰爭時期的文學，也不像過去文學史所描繪的那麼主題單一，相反，多主題的出現，文學在豐富中走向成熟才是基本的事實。不充分重視「民國」的豐富意義就會用外來概念直接「認定」歷史的性質，從而形成對我們自身歷史的誤讀。

　　文學的「民國」不僅含義豐富，也不適合於被稱作是「想像的共同體」。近年來，美國著名學者本尼狄克特・安德森關於民族國家的概括——「想像的共同體」廣獲運用，借助於這一思路，我們描繪出了這樣一個國家認同的圖景：中國知識分子從晚清開始，利用報紙、雜誌、小說等媒體空間展開政治的文化的批判，通過這一空間，中國人展開了對「民族國家」的建構，使國民獲得了最初的民族國家認同。誠然，這道出了「帝國」式微，「民國」塑形過程之中，民眾與國家觀念形成的某些狀況，但卻既不是中華民族歷史演變的真相，〔註21〕也不是現實意義的民國的主要的實情，當然更不是「文學民國」的重要事實。現實意義的民國，在一個相當長的時間裏，依然處於殘留的「帝國」意識與新生的「民國」意識的矛盾鬥爭之中，專制集權與民主自由此漲彼消，黨國觀念與公民社會相互博弈，也就是說，「國家與民族」經常成爲統治者鞏固自身權利的重要的意識形態選擇，與知識分子所要展開的公眾想像既相關又矛盾。在現實世界上，我們的國家民族觀念常常來自於政治強權的強勢推行，這也造成了

〔註20〕李道新在剖析民國電影文化時指出：「南京國民政府成立以前，亦即從電影傳入中國至 1927 年之間，中國電影傳播主要訴諸道德與風化，基本無關民族與國家。民族國家意識的延宕與缺席，與落後保守的價值導向及混亂無序的官方介入結合在一起，使這一時期的中國電影幾乎處在一種特殊的無政府狀態，並導致中國電影從一開始就陷入目標／效果的錯位與傳者／受眾的分裂之境。」（李道新：〈民族國家意識的延宕與缺席：南京國民政府成立前中國電影的傳播制度及其空間拓展〉，《上海大學學報》第 3 期，2011 年。）這樣的觀察其實同樣可以啓發我們的文學研究。

〔註21〕關於中華民族及統一國家的形成如何超越「想像」，進入「實踐」等情形，近來已有多位學者加以論證，如楊義、邵寧寧：〈描繪中國文學地圖——楊義訪談錄〉（《甘肅社會科學》第 5 期，2004 年）、郝慶軍：〈反思兩個熱門話題：「公共領域」與「想像的共同體」〉（《中國現代文學研究叢刊》第 5 期，2005 年）、吳曉東：〈「想像的共同體」理論與中國理論創新問題〉（《學術月刊》第 2 期，2007 年）等。

知識分子國家民族認同的諸多矛盾與尷尬，他們不時陷落於個人理想與政治強權的對立之中，既不能接受強權的思想干預，又無法完全另立門戶，總之，「想像」並不足以獨立自主，「共同體」的形成步履艱難，「文學的民國」對此表述生動。這裡既有胡適「只指望快快亡國」的情緒性決絕，〔註22〕有魯迅對於民族國家自我壓迫的理性認識：「用筆和舌，將淪爲異族的奴隸之苦告訴大家，自然是不錯的，但要十分小心，不可使大家得著這樣的結論：『那麼，到底還不如我們似的做自己人的奴隸好。』」〔註23〕也有聞一多輾轉反側，難以抉擇的苦痛：「我來了，我喊一聲，迸著血淚，／『這不是我的中華，不對，不對！』」「我來了，不知道是一場空喜。／我會見的是噩夢，那裡是你？／那是恐怖，是噩夢掛著懸崖，／那不是你，那不是我的心愛！」〔註24〕

　　總之，進入文學的民國，概念的迷信就土崩瓦解了。

　　也有學者試圖對外來概念進行改造式的使用，這顯然有別於那種不加選擇的盲目，不過，作爲「民國」實際的深入的檢驗工作也並沒有完成，例如近年來同樣在現代文學研究界流行的「公共空間」（「公共領域」）理論。在西歐歷史的近現代發展中，先後出現了貴族文藝沙龍、咖啡館、俱樂部一類公共聚落，然後推延至整個社會，最終形成了不隸屬於國家官僚機構的民間的新型公共社區，這對理解西方近代社會歷史與精神生產環境都是重要的視角。不過，眞正「公共空間」的形成必須有賴於比較堅實的市民社會的基礎，尚未形成眞正的市民社會的民國，當然也就沒有眞正的公共空間。〔註25〕可能正是考慮到了民國歷史的特殊性，李歐梵先生試圖對這一概念加以改造，他以「批判空間」替換之，試圖說明中國近現代知識分子也正在形成自己的「公共性」的輿論環境，他以《申報·自由談》爲例，說明：「這個半公開的園地更屬開創的新空間，它

〔註22〕胡適〈你莫忘記〉有云：「你莫忘記：／你老子臨死時只指望快快亡國：／亡給『哥薩克』，／亡給『普魯士』／都可以」。

〔註23〕魯迅：《且介亭雜文末編·半夏小集》，《魯迅全集》6 卷，617 頁，人民文學出版社，2005 年。

〔註24〕聞一多詩歌：〈發現〉。

〔註25〕對此，哈貝馬斯具有清醒的認識，他認爲，不能把「公共領域」這個概念與歐洲中世紀市民社會的特殊性隔離開，也不能隨意將其運用到其它具有相似形態的歷史語境中。（參見哈貝馬斯：《公共領域的結構轉型》初版序言，曹衛東譯，學林出版社，1999 年。）中國學者關於「公共領域」理論在中國運用的反思可以參見張鴻聲：〈中國的「公共領域」及其它——兼論現代城市文學研究的本土化〉，《首都師範大學學報》第 6 期，2006 年。

至少爲社會提供了一塊可以用滑稽的形式發表言論的地方。」魯迅爲《自由談》欄目所撰文稿也成爲李歐梵先生考辨的對象，並有精彩的分析，然而，論者突然話鋒一轉：「因爲當年的上海文壇上個人恩怨太多，而魯迅花在這方面的筆墨也太重，罵人有時也太過刻薄。問題是：罵完國民黨文人之後，是否能在其壓制下爭取到多一點言論的空間？就《僞自由書》中的文章而言，我覺得魯迅在這方面反而沒有太大的貢獻。如果從負面的角度而論，這些雜文顯得有些『小氣』。我從文中所見到的魯迅形象是一個心眼狹窄的老文人，他拿了一把剪刀，在報紙上找尋『作論』的材料，然後『以小窺大』，把拼湊以後的材料作爲他立論的根據。事實上他並不珍惜——也不注意——報紙本身的社會文化功用和價值，而且對於言論自由這個問題，他認爲根本不存在。」「《僞自由書》中沒有仔細論到自由的問題，對於國民黨政府的對日本妥協政策雖諸多非議，但又和新聞報導的失實連在一起。也許，他覺得眞實也是道德上的眞理，但是他從報屁股看到的眞實，是否能夠足以負荷道德眞理的眞相？」〔註26〕其實，魯迅對「自由」的一些理論和他是否參與了現代中國「批判空間」的言論自由的開拓完全是兩碼事。實際的情況是，在民國時代的專制統治下，任何自由空間的開拓都不可能完全是「輿論」本身的功效，輿論的背後，是民國政治的高壓力量，魯迅的敏感，魯迅的多疑，魯迅雜文的曲筆和隱晦，乃至與現實人事的種種糾纏，莫不與對這高壓環境的見縫插針般的戳擊有關。當生存的不自由已經轉化成爲「日常生活」的一部分（所謂「報屁股看到的眞實」），成爲各色人等的「無意識」，點滴行爲的反抗可能比長篇大論的自由討論更具有「自由」的意味。這就是現代中國的基本現實，這就是民國輿論環境與文學空間所具有的歷史特徵。對比晚清和北洋軍閥時代，李歐梵先生認爲，1930年代雖然「在物質上較晚清民初發達，都市中的中產階級讀者可能也更多，咖啡館、戲院等公共場所也都具備」，但公共空間的言論自由卻反而更小了。原因何在呢？他認爲在於像魯迅這樣的左翼「把語言不作爲『中介』性的媒體而作爲政治宣傳或個人攻擊的武器和工具，逐漸導致政治上的偏激文化（radicalization），而偏激之後也只有革命一途」。〔註27〕這裡涉及對左翼文化的反思，自有其準確深刻之處，但是，

〔註26〕李歐梵：〈「批評空間」的開創——從《申報》「自由談」談起〉，見《現代性的追求》，19、20頁，三聯書店，2000年。

〔註27〕李歐梵：〈「批評空間」的開創——從《申報》「自由談」談起〉，見《現代性的追求》，21頁，三聯書店，2000年。

就像現代中國社會的諸多「公共」從來都不是完全的民間力量所打造一樣，言論空間的存廢也與政府的強力介入直接關聯，左翼文化的鋒芒所指首先是專制政府，而對政府專制的攻擊，本身不也是一種擴大言論自由的有效方式？

作爲方法的民國，意味著持續不斷地返回中國歷史的過程，意味著對我們自身問題和思維方式的永遠的反省和批判，只有這樣，我們的中國現代文學研究才是眞正屬於自己的。

三

「民國作爲方法」既然是在自覺尋找中國現代文學研究「自己的方法」的意義上提出來的，那麼，它究竟如何才能成爲一種與眾不同的「方法」呢？或者說，它對中國現代文學研究具體有哪些著力點與可能開拓之處呢？我認爲至少有這樣幾個方面的工作可以開展：

首先是爲「中國」的學術研究設立具體的「時間軸」。也就是說，所謂學術研究的「中國問題」不應該是籠統的，它必須置放在具體的時間維度中加以追問，是「民國」時期的中國問題還是「人民共和國」時期的中國問題？當然，我們曾經試圖以「現代化」、「現代性」這樣的概念來統一描述，但事實是，兩個不同的歷史階段有著相當多的差異性，特別是作爲精神現象的文學，在生產方式、傳播接受方式及作家的生存環境、寫作環境、文學制度等等方面都更適合分段討論。新時期文學曾經被類比爲五四新文學，這雖然一度喚起了人們的「新啓蒙」的熱情，但是新時期究竟不是「五四」，新時期的中國知識分子也不是「五四」一代的陳獨秀、胡適與周氏兄弟，到後來，人們質疑 1980 年代，質疑「新啓蒙」，連帶五四新文化運動一起質疑，問題是經過一系列風起雲湧的體制變革和社會演變，「五四」怎麼能夠爲新時期背書？就像民國不可能與人民共和國相提並論一樣；也有將「文革」追溯到「五四」的，這同樣是完全混淆了兩個根本不同的歷史文化情境。在我看來，今天的中國現當代文學研究，尚需要在已有的「新文學一體化」格局中（包括影響巨大的「20 世紀中國文學」）重新區隔，讓所謂的「現代」和「當代」各自歸位，回到自己的歷史情境中去，這不是要否認它們的歷史聯繫，而是要重新釐清究竟什麼才是它們眞正的歷史聯繫。研究中國現代文學，就必須首先回到民國歷史，將中國現代文學作爲民國時期的精神現象。晚清盡頭是民國，民國盡頭是人民共和國，各自的歷史場景講述著不同的文學故事。

其次是「中國」的學術研究也必須落實到具體的「空間場景」。「空間和時間是一切實在與之相關聯的架構。我們只有在空間和時間的條件下才能設想任何眞實的事物。」〔註28〕民國及其複雜的空間分佈恰恰爲我們重新認識中國問題的複雜性提供了基礎。在過去一個相當長的時期內，我們習慣將中國的問題置放在種種巨大的背景之上，諸如「文藝復興」、「啓蒙與救亡」、「中外文化衝撞與融合」、「中國傳統文化」、「現代化」、「走向世界文學」、「全球化」、「現代民族國家進程」等等，這固然確有其事，但來自同樣背景的衝擊，卻在不同的區域產生了並不相同的效果，甚至有些區域性的文學現象未必就與這些宏大主題相關。詩人何其芳在四川萬縣的偏遠山區成長，直到1930年代「還不知道五四運動，還不知道新文化，新文學，連白話文也還被視爲異端」。〔註29〕這對我們文學史上的五四敘述無疑是一大挑戰：中國的現代文化進程是不是同一個知識系統的不斷演繹？另外一個例證也可謂典型：我們一般都把白話新文學的產生歸結到外來文化深深的衝擊，歸結到一批留美留日學生的新式教育與人生體驗，所以「走異路，逃異地」的魯迅於1918年完成了〈狂人日記〉，留下了中國現代文學史上第一篇白話小說，但跳出這樣的中/西大敘事，我們卻可以發現，遠在內部腹地的成都作家李劼人早在尚未跨出國門的1915年就完成了多篇新式白話小說，這裡的文化資源又是什麼？

中國的學術問題並不產生自抽象籠統的大中國，它本身就來自各個具體的生活場景，具體的生存地域。有學者對民國文學研究不無疑慮，因爲民國不同於「一體化」的人民共和國，各個不同的政治派別、各個不同的區域差異比較明顯，更不要說如抗戰時期的巨大的政權分割（國統區、解放區及淪陷區）了，這樣一個「破碎的國家」能否方便於我們的研究呢？在我看來，破碎正是民國的特點，是這一歷史時期生存其間的中國人（包括中國知識分子）的體驗空間，只要我們不預設一些先驗的結論，那麼針對不同地域、不同生存環境的文學敘述加以考察，恰恰可以豐富我們的歷史認識。一個生存共同體，它的魅力並不是它對外來衝擊的傳播速度，而是內部範式的多樣性和豐富性，這就是我們所謂的「地方性知識」。民國時期的「山河破碎」，正好爲各種地方性知識的生長創造了條件，如果能夠充分尊重和發掘這些地方性知識視野中的精神活動與文學創造，那麼中國的現代文學研究也將再添不少新的話題、新的意趣。

〔註28〕（德）恩斯特·卡西爾：《人論》，73頁，甘陽譯，西苑出版社，2003年。
〔註29〕方敬、何頻伽：《何其芳散記》，22頁，四川教育出版社，1990年。

　　「破碎」的民國給我們的進一步的啓發可能還在於：區域的破碎同時也表現爲個人體驗的分離與精神趣味的多樣化。當代中國的大眾文化曾經出現了所謂的「民國熱」，在我看來，這種以時尚爲誘導、以大眾消費爲旨歸，充滿誇張和想像的「熱」需要我們深加警惕，絕不能與嚴肅的歷史探詢相混淆。其中唯一值得肯定的便是某種不滿於頹靡現狀，試圖在過去發掘精神資源的願望。今天的人們也或多或少地感佩於民國時代知識分子精神狀態的多樣性，如魯迅、陳獨秀、胡適一代新文化創造者般的不完全受縛於某種體制的壓力或公眾的流俗的精神風貌。〔註30〕的確，中國現代作家精神風貌的多姿多彩與文學作品意義的多樣化迄今堪稱典範，還包括新／舊、雅／俗文學的多元並存。對應於這樣的文學形態，我們也需要調整我們固有的思維模式，未來，如果可能完成一部新的文學發展史的話，其內容、關注點和敘述方式都可能與當今的文學史大爲不同。

　　第三，「作爲方法的民國」的研究並不同於過去一般的歷史文化與文學關係的研究，有著自己獨立的歷史觀與文學觀。中國現代文學研究不乏從歷史背景入手的學術傳統，包括傳統文學批評中所謂的「知人論世」，包括中國式馬克思主義的社會歷史批評，也包括新時期以後的文化視角的文學研究。應該說，這三種批評都是有前提的，也就是說，都有比較明確、清晰的對歷史性質的認定，而文學現象在某種意義上都必須經過這一歷史認識的篩選。「知人論世」往往轉化爲某種形式的道德批評，倫理道德觀是它篩選歷史現象的工具；中國式馬克思主義的社會歷史批評在新中國建立後相當長的時間中表現爲馬克思主義普遍原理的運用，有時難免以論帶史的弊端；文化視角的文學研究曾經爲我們的研究打開了許多扇門與窗，但是這樣的文化研究常常是用文學現象來證明「文化」的特點，有時候是「犧牲」了文學的獨特性來遷就文化的整體屬性，有時候是忽略了作家的主觀複雜性來遷就社會文化的歷史客觀性——總之，在這個時候，作爲歷史現象的文學本身往往並不是我們呈現的對象，我們的工作不過是借助文學說明其它「文化」理念，如通過不同地域的文學創作證明中國區域文化的特點，從現代作家的宗教情趣中展示各大宗教文化在中國的傳播，利用文學作品的政治傾向挖掘現代政治文化在文學中的深刻印記等等。

〔註30〕丁帆先生另有「民國文學風範」一說可以參考，他說：「我所指的『民國文學風範』就是五四新文學傳統，特指五四前後包括俗文學在內的『人的文學』內涵。」見丁帆：〈「民國文學風範」的再思考〉，《文藝爭鳴》第 7 期，2011 年。

　　「作為方法的民國」就是要尊重民國歷史現象自身的完整性、豐富性、複雜性，提倡文學研究的歷史化態度。既往的中國現代文學研究充斥了一系列的預設性判斷，從最早的「中國新文學是反帝反封建的文學」、「五四新文學運動實施了對舊文學摧枯拉朽般的打擊」、「中國現代文學的發展與歷史的進步方向相一致」，到新時期以後「中國現代文學是走向世界的文學」、「中國現代文學是現代性的文學」、「20世紀中國文學的總主題是改造民族靈魂，審美風格的核心是悲涼」等等。在特定的時代，這些判斷都實現過它們的學術價值，但是，對歷史細節的進一步追問卻讓我們的研究不能再停留於此，比如回到民國語境，我們就會發現，所謂「封建」一說根本就存在「名實不符」的巨大尷尬，文學批評界對「封建」的界定與歷史學界的「封建」含義大相徑庭，「反封建」在不同階段的真實意義可能各各不同；已經習用多年的「進步作家」、「進步文學」究竟指的是什麼，越來越不清楚，在包括抗戰這樣的時期，左右作家是否涇渭分明？所謂「右翼文學」包括接近國民黨的知識分子的寫作是不是一切都以左翼為敵，它有沒有自己獨立的文學理想？國民黨專制文化是否鐵板一塊，其內部（例如對文學的控制與管理）有無矛盾與裂痕？共產黨的革命文學是否就是為反對國民黨和「舊社會」而存在，它和國民黨的文學觀念有無某些聯通之處？被新文學「橫掃」之後的舊派文學是不是一蹶不振，漸趨消歇？因為，事實恰恰相反，它們在民國時代獲得了長足的發展，並演化出更為豐富的形態，這是不是都告訴我們，我們先前設定的文學格局與文學道路都充滿了太多的主觀性，不回到民國歷史的語境，心平氣和地重新觀察，文學中國（文學民國）的實際狀況依然混沌。

　　這就是我們主張文學研究「歷史化」，反對觀念「預設」的意義。當然，反對「預設」理念並不等於我們自己不需要任何理論視角，而是強調新的研究應該比以往任何時候都尊重民國社會歷史本身的實際情形，研究必須以充分的歷史材料為基礎，而不應當讓後來的歷史判斷（特別是極左年代的民國批判概念）先入為主，同時，時刻保持一種自我反思、自我警醒的姿態。回到民國，我們的研究將繼續在歷史中關注文學，政治、經濟、法律、教育等等議題都應當再次提出，但是與既往的研究相比，新的研究不是對過去的拾遺補缺，不是如先前那樣將文學當作種種社會文化現象的例證，相反，是為了呈現文學與文化的複雜糾葛，不再執著於概念轉而注重細節的挖掘與展示。例如「經濟」不是一般的政治經濟學原理，而是具體的經濟政策、經濟

模式與影響文學文化活動的經濟行為，如出版業的運作、經濟結算方式；「政治」也不僅僅是整體的政治氛圍概括，而是民國時期具體的政治形態與政治行為，憲政、政黨組織形式，官方的社會控制政策等等；在文學一方面，也不是抽取其中的例證附著於相應的文化現象，而是新的創作細節、文本細節的全新發現。回到文學民國的現場，不僅是重新理解了民國的文化現象，也是深入把握了文學的細節，這是一種「雙向互犁」的研究，而非比附性的論證說明。例如茅盾創作《子夜》，就絕非一個簡單的「中國道路」的文學說明，它是 1930 年代中國經濟危機、社會思想衝突與茅盾個人的複雜情懷的綜合結果。解析《子夜》決不能單憑小說中的理性表述與茅盾後來的自我說明，也不能套用新民主主義論的現成歷史判斷，而必須回到「民國歷史情境」。在這裡，國家的基本經濟狀況究竟如何，世界經濟危機與民國政府的應對措施，各種經濟形態（外資經濟、民營經濟、買辦經濟等）的真實運行情況是什麼，社會階層的生存狀況與關係究竟怎樣，中國現實與知識界思想討論的關係是什麼，文學家茅盾與思想界、政治界的交往，茅盾的深層心理有哪些，他的創作經歷了怎樣的複雜過程，接受了什麼外來信息和干預，而這些干預又在多大程度上改變了茅盾，茅盾是否完全接受這些干預，或者說在哪一個層次上接受了、又在哪一個層次上抵制了轉化了，作家的意識與無意識在文本中構成怎樣的關係等等，這樣的「矛盾綜合體」才是《子夜》，「回到民國歷史」才能完整呈現《子夜》的複雜意義。

民國作為方法，當然不會拒絕外來的其它文學理論與批評視角，但是，正如前文所說，這些新的理論與批評不能理所當然就進入中國現代文學研究之中，它必須能夠與文學中國——民國時期的文學狀況相適應，並不斷接受研究者的質疑和調整。例如，就我們闡述的歷史與文學互通、互證的方法而言，似乎與歐美的近半個世紀以來的「文化研究」頗多相近，因此不妨從中有所借鑒，但是，在另外一方面，我們必須認識到，歐美的「文化研究」的具體問題——如階級研究、亞文化研究、種族研究、性別研究、大眾傳媒研究等——都來自與中國不同的環境，自然不能簡單移用。對於我們而言，更重要的可能就是一種態度的啟示：打破了文學與各種社會文化之間的間隔，在社會文化關係版圖中把握文學的意義，文學的審美個性與其中的「文化意義」交相輝映。

作為方法的民國，昭示的是中國現代文學研究「學術自主」的新可能，

它不是漂亮的口號，而是迫切的學術願望，不是招搖的旗幟，而是治學的態度，不是排斥性的宣示，而是自我反思的眞誠邀請，一句話，還期待更多的研究者投入其中，以自己尊重歷史的精神。

目

次

前　言

　　靳以的生前照片，表情多數一致。在緊鎖的愁眉中，是凝縮著對逝去愛情的無盡傷悼？抑或對人間醜惡的憎惡難平？還是對生存意義的苦苦思索？無論怎樣，在短暫的人生旅途中，靳以給人的印象總是那麼陰鬱與憂憤，這在其文學活動中，難免刻下深深的印痕。

　　也許，在風雨如磐、血火交織的時代，陰鬱與憂憤，非但限於靳以，也是三十年代起步的多數作家的共有標識吧。靳以的文學旅程，還如其自傳題目所言，始終行走在「從個人到眾人」的路途中，且充滿艱辛與困惑，這同樣可視為現代作家的宿命之旅。

　　不過，對於每個作家的解讀，還是要深入到其文學活動中去，方能把其在時代共性中的獨特性揭示出來，這在當前靳以研究領域，是存在很大欠缺的。尤其是，在中國現代文學史中，靳以常同其好友巴金、曹禺等人一起，被歸入「革命民主主義作家」的行列予以探討。以今天的目光來審視，這一稱謂顯然有過於漶漫無邊之嫌。通過審視大量對靳以的誤讀現象，是可以發現許多習焉不察的學術積弊的。正因如此，強烈的反思與問題意識，構成了本書稿的寫作初衷。

　　對於靳以的創作進行深入研究，不但可以匡正以往研究中的諸多舛誤，還原其在文學史中的真實面貌，同時還具有較強的理論意義。如上所述，作品數量不少但難稱豐厚的靳以，可作為中國現代作家的一個典型樣本加以解讀。具體來講，無論從靳以的失戀經歷對整體創作的影響，還是其大多數作品中嚴重的情緒化特徵，都可以充分折射出許多同時代作家的通病，即經常局限於在忽冷忽熱、激進浮泛的情感漩渦中不能自拔，從而無法對豐富多彩

的現實人生予以深層次的挖掘與開拓。究其根源，還在於作家個體意識與主體精神的貧弱。此外，靳以的文學創作歷程，屬於明顯的後勁不足型，在「從個人到眾人」的民粹追求道路上，他極力將小我融入大眾，卻漸漸失去了寶貴的藝術個性。其批判性作品，模式化痕跡非常明顯，也體現了作家一直尊奉的現實主義創作的局限性。包括從開始創作詩歌到很快選擇小說的文學路徑，也是靳以極為自覺，然而卻極端偏執的文體觀念所驅動的結果。

格外值得思索的是，作為著名的編輯家，經手發表了許多名篇的靳以，在選稿趣味與創作動機中存在的悖論，是否更有力地證明了中國現代作家的創作迷思？為此，本書試圖結合靳以的文學觀念，對其編輯思想進行深入透視。

過分強調文學的工具性，而忽略了審美特性而導致的整體乏力，在現代作家中是較為普遍的。以管窺豹，通過探究靳以的創作與編輯歷程，可以為透視其所處的特定文學生態環境提供借鏡。正是諸多像靳以這樣的作家，構築了中國現代文學的大廈。因此，對於這些未臻頂級，甚至總體創作有些平淡的作家進行深入的個案研究，實際上是很有意義的事。

通過反思此前靳以研究存在的誤區，本書稿的寫作格外注意以下方面：一、突破作家研究中的玄學化、普泛化傾向，體現在靳以身上，至為明顯的就是膠柱鼓瑟的隨意「貼標籤」現象。二、避免將研究對象進行人為拔高的傾向，以往對於靳以的評價，就存在很明顯的為逝者諱從而過分溢美的因素。三、反對將作家研究，作為替論者本人的觀點做注腳的功利化傾向。

為此，本書稿力求做到論從史出，有一分材料說一分話，採用文本細讀方法，考察靳以的全部作品，並結合社會科學理論，從以下幾方面對其文學活動進行綜合研究：一、從問題意識出發，針對以往靳以文學創作研究中的問題，進行全面系統的辨析梳理，打破武斷、僵化的研究思路，尤其注意破除刻板的作家身份歸屬模式，還原靳以獨特而真實的創作風貌，探究其特有的文學史意義，並對其在文學史中的地位作出恰切的評價。二、對前人予以忽視的靳以早期愛情作品予以深入解讀，重點闡釋這些作品的成因，尤其是剖析作家性格特徵對這類作品包括其整體創作的影響。三、闡釋靳以的民粹情結及其悖謬心理，探求現代知識分子矛盾而艱辛的心路歷程。四、靳以的現實批判精神是貫徹始終的，對此予以解讀，並通過探討其局限性的根源所在，反思現實主義在中國現代文學中的畸變現象。五、對於可以涵蓋靳以總

體創作傾向的長篇小說《前夕》進行解讀。六、對靳以較爲偏執的文體觀念進行剖析，結合對散文創作的解讀，探析其小說與散文同構性特徵的深層根源。七、結合靳以的創作觀念，對其編輯思想進行探析，進而對其整個文學旅程進行總結。

　　本書稿力求在以下方面有所創獲：一、對於深化中國現代作家研究提供一定的啓示。二、對探求中國現代知識分子的精神歷程有所助益。三、爲探求新的學術增長點、豐富文學史書寫提供參考。雖盡量追求公正、客觀、平實的學術路徑與寫作態度，由於學識所限，肯定尙與預期目標有較大距離，只望爲更深入的靳以研究，起到拋磚引玉的作用。

引　論

第一節　選題的依據與意義

靳以（1909～1959），原名章方敘，曾用筆名序、方序、章依、陳涓等。天津市人。在短暫的人生之旅中，他在中國新文學的許多領域都留下了不容忽視的足跡，老友巴金這樣評價他：「靳以是一位勤勤懇懇的作家，又是認真、負責的編輯，還是桃李滿天下的教師。他在這三方面都做了巨大的工作，也取得了不小的成就。」〔註1〕

在30年的文學生涯中，靳以曾主編多種大型文學期刊及文藝副刊，主要計有：《文學季刊》《水星》《文季月刊》《文叢》《現代文藝》《國民公報・文群》《大公報・星期文藝》《中國作家》《小說》《收穫》。這些報刊絕大多數與左翼文學期刊聲氣相求，是中國現代文學主潮的有機組成。靳以還長期擔任復旦大學教授，在此期間對許多學生的寫作予以指導，並助其作品發表。通過編輯與教育工作，靳以培植和發現了許多文學新人。建國後，靳以曾任中國作協理事、書記處書記，及作協上海分會副主席等職。靳以還是一位多產作家，共有近40部作品集遺世（尚有一些未編入文集的作品散見於各種報刊）。〔註2〕

〔註1〕巴金：《〈靳以文集〉後記》，見《靳以文集》（下卷），北京：人民文學出版社，1986年2月版。

〔註2〕靳以生平詳見南南：《從遠天的冰雪中走來——靳以紀傳》（太原：山西人民出版社，2000年1月版）；創作具體篇目、文集詳見章潔思輯注：《靳以著作繫年》（《上海魯迅研究》2009年秋季號）。本文所引用靳以作品盡量採用原始

　　靳以在擔負編輯、教學任務的同時，其寫作無論從產量和速度來說，都是比較驚人的。他最初寫詩，但很快轉向愛情小說創作，這些作品多以個人情感波折爲藍本，以極端情緒化爲醒目特徵，對此後的創作產生了巨大影響。在 1935 年之前的早期作品中，靳以體現了多方面的才華，在濫情化的同時亦有委婉、細膩的愛情作品，如《遊絮》《姊姊》；此外，還有出色刻畫都市「多餘人」的《教授》《賣笑》，充溢了人道主義情懷的《困與疚》《糾纏》。尤其值得注意的是，靳以以粗獷豪放的風格，創作了關注東北民生的《凜寒中》《亡鄉人》，而《離群者》則將一個無恥的漢奸形象刻畫得栩栩如生。以東北爲背景的小說，當時就獲得了茅盾與蕭乾等人的高度評價，他們對靳以今後的發展也寄予了很高的期望。在寫小說的同時，靳以還創作了大量的散文。從總體上看，這些散文在暴烈而極端的美學風格的間隙，也有一些清新素樸的佳構，相對於小說而言，體現了更爲持久的藝術生命力。

　　總的來說，靳以的創作是屬於比較典型的「後勁不足」型。他積極而自覺地試圖融入 1930 年代的大眾化文學潮流，將視角投向廣大社會與芸芸眾生，並反覆書寫著「從個人到眾人」〔註 3〕這樣民粹色彩鮮明的宏大時代主題；他的創作也一直延續著「五四」以來爲人生的文學傳統，呼喚正義與光明，批判黑暗與醜惡。但不可否認的是，靳以在飽含個人情感隱痛中追趕時代，產生了諸多主題先行的急就章，告別小我、走向大眾的刻畫是表層而浮泛的。質地單純的懲惡揚善、愛憎分明的寫作框架，使他的作品體現出嚴重的模式化弊病。由簡單的道德評價來批判人性的陰暗，使其民粹主義追求，亦常處於巨大的搖擺之中，總是難以擺脫情緒化的弊病。以《前夕》爲代表的抗戰題材作品，因宣傳和說教因素過重，同樣極大影響了藝術質量。所以，靳以的創作旅程，從奔騰不止的情感漩渦，投入源泉枯竭的時代主潮，不啻從一個極端走向另一個極端。題材的單調與重複背後，折射出作家一直受制於精神的桎梏而無法超越自我，從而導致創作生命主體性的嚴重缺失。當然，這種在追趕時代中迷失自我、無法超越早期創作的教訓，在現代作家中，又絕不是靳以本人所獨有的。並且，在創作中所形成的文學觀念，也必然影響到作爲著名編輯家的靳以的編輯思想與選稿趣味。爲此，對靳以的個

版本，因條件限制無法覓到者，則採用較爲權威的選集與文集（詳見文末參考文獻）。有必要時標明原始出處。

〔註 3〕靳以建國初所寫的簡短自傳名爲《從個人到眾人》，收入建國後首部文集《光榮人家》。

案研究，對於透視一大部分藝術質量未臻頂級的中國現代作家的整體精神生態，是頗有助益的。

　　總之，靳以通過編輯與創作，為中國新文學史做出了堅實的貢獻，應該引起足夠的關注。他的文學生涯，亦可為探詢現代知識分子艱難而矛盾的精神之旅，提供富有意蘊的個案。但是當前對靳以的研究既不充分，同時存在諸多問題。一些經典文學史著，包括著名學者，在對靳以尤其是其文學創作的研究方面，做出了十分粗疏乃至甚為荒謬的論斷，反映出現代文學界對非一流作家的研究還存在薄弱環節。無論怎樣，「如果不是由很快就默默無聞的成千上萬個作家來維持文學的生命的話，便根本不會有文學了，換句話說，便根本不會有大作家了。」〔註4〕因此，對靳以的文學活動重新梳理和深入研究既十分必要，又大有發掘的潛力，同時可以為深化現代作家研究、探求新的學術增長點，提供有益參考。

第二節　靳以研究現狀述評

一、不均衡的研究總貌

　　總的來看，對靳以編輯方面的關注和研究，要多於創作方面。

（一）編輯活動研究概況

　　新時期以來，關於靳以編輯工作的探討很多，如艾以的《靳以的編輯生涯》（《中國》1985 年第 1 期）、蔣勤國的《他有一顆灼熱的心——靳以的編輯生涯》（《編輯之友》1986 年第 6 期）。程德培主編的《老上海期刊經典》叢書，收入靳以、巴金主編的《文學季刊》《文季月刊》《文叢》三種（上海：上海社會科學院出版社，2004 年 8 月版），由陳思和寫下《總序：關於巴金和靳以聯袂主編的舊期刊文選》，每一種期刊文選的編選者，也圍繞該期刊的特點，論及了靳以在現代文學史上的編輯地位與思想。隨著傳媒、期刊研究成為熱點，已有關於靳以所編輯的《文學季刊》等刊物的碩士、博士論文。〔註5〕巴

〔註 4〕〔法〕蒂博代：《六說文學批評》，趙堅譯，北京：生活・讀書・新知三聯書店，2002 年 1 月版，第 61 頁。

〔註 5〕參見陳麗平：《〈文學季刊〉研究》，天津師範大學 2003 年碩士學位論文；吉崇敏：《〈文學季刊〉與 1930 年代文學》，吉林大學 2006 年博士學位論文。後者將《文學季刊》（包括其子刊《水星》）《文季月刊》《文叢》作為具有承繼關係的系列文學期刊進行研究，對靳以的編輯工作有所提及。

金、蕭乾、趙家璧、卞之琳這些靳以當年的文學夥伴，以及眾多靳以曾經扶持走上文學道路的學生撰寫的回憶文章〔註6〕，還有南南（章潔思）、周立民以不同形式撰寫的靳以傳記〔註7〕，對於瞭解靳以的編輯生涯，都提供了豐富的資料。

　　不過，對於靳以的編輯工作多為描述性質，而且多圍繞所編刊物的時代意識，以及如何發現新人，如何認真、負責地對待編輯工作來談，深入性的探討尚不多見，同時存在一定的誤區，比如把靳以與京派文學的繁榮聯繫在一起，並對其做出京派作家的判定。這既影響到對其創作的認識，也易於將對其編輯思想的把握引入歧途。總的來說，靳以極為重視文藝的戰鬥性與社會功用，強烈牴觸「為藝術而藝術」的與現實相對疏遠的文藝觀。

（二）文學創作研究概況

　　相對於編輯工作，目前關於靳以創作方面的研究顯得很不夠。一是數量太少，二是還存在著很多問題。在 1949 年以後的文學史著包括其它專門研究中，涉及靳以的部分多為簡要概述，而且多採用較為陳舊的傳統模式，局限於關注思想發展軌跡，以此為標准將題材內容與藝術形式生硬割裂，並明顯存在陳陳相因，「互相參考」之弊。〔註8〕少量研究成果集中於小說，而經常提及的不過是長篇《前夕》和短篇《聖型》，至於其它小說和大量散文則很少受到關注。靳以真正的優秀作品如小說《姊姊》《遊絮》《離群者》《凜寒

〔註6〕 巴金作為靳以多年的老友，寫有多篇回憶靳以的文章，如《哭靳以》（《人民文學》1959 年第 12 期）、《他明明還活著》（《收穫》1959 年第 6 期），也曾多次為靳以的文集作序；趙家璧的《和靳以在一起的日子》（《新文學史料》1988年第 2 期）、卞之琳的《星水微茫憶〈水星〉》（《讀書》1983 年第 10 期）為靳以的編輯事業，提供了豐富的史料；蕭乾回憶本人編輯生涯的文章，也多次涉及靳以。靳以各時期學生的回憶文章更多，如郭風的《憶靳以師》（《新文學史料》1988 年第 2 期），冀汸的《四十週年祭——紀念靳以先生》（《新文學史料》2000 年第 2 期），綠原的《靳以先生二三事》（1994 年 12 月 28 日香港《大公報‧文學周刊》），等等。為紀念靳以百年誕辰出版的《百年靳以紀念集》（香港：香港文匯出版社，2009 年 9 月版），亦收入了包括上述大部分文章在內的更多回憶和研究文章。

〔註7〕 參見南南：《從遠天的冰雪中走來——靳以紀傳》，太原：山西人民出版社，2000 年 1 月版；周立民：《從個人到眾人——章靳以教授傳論》，見陳思和、周斌主編《名師名流》（下），桂林：廣西師範大學出版社，2005 年 9 月版；章潔思：《曲終人未散‧靳以》，上海：東方出版中心，2009 年 8 月版。

〔註8〕 張德林：《靳以老師在復旦》，見艾以等編《百年靳以紀念集》，香港：香港文匯出版社，2009 年 9 月版，第 29 頁。

中》、散文《貓》《霧》《江南春》《鄰居》，及能代表靳以重要創作思想與特色的小說《夜》《洪流》、散文《火》等，或湮沒無聞，或被長期誤讀。在最新的研究成果中，還有論者把 1920 年代末登上文壇、1930 年代成名的靳以定位於「五四」一代作家。〔註9〕茅盾在靳以去世時的悼詞「詛咒黑暗，呼喚光明」〔註10〕，多被後來的研究者所引用，如某散文研究專著提及靳以的專節就以「詛咒黑暗，呼喚光明的熱情歌手」為題。〔註11〕老友巴金的評論「我認為他是一個人道主義的藝術家，有一顆富於同情的心」〔註12〕，更是幾乎成了關於靳以的定論。這樣的研究既簡化，更遮蔽了靳以作為一名作家的獨特之處。迄今為止，對靳以創作相對細緻、全面的研究，首推楊義的《中國現代小說史》，其中有對靳以小說的專節論述。趙園在《艱難的選擇》一書中，對中國現代小說中知識分子問題的探討，對靳以的創作也曾多處涉及。但是，二位先生的一些觀點，同樣是很值得商榷的。

　　由於對靳以創作的研究問題更多，下面進行專門評述。

二、創作研究存在問題探析

（一）對早期愛情作品的忽視與誤讀

　　靳以的早期創作，以愛情題材為主，折射出作家本人的情感創痛。在前三部小說集《聖型》《群鴉》《青的花》中，傷感、頹廢、憎恨成為主旋律，並由此奠定了靳以此後的創作基調，即極端偏激的情緒化色彩。在這些作品中，對背叛的女性的失望與譴責相當明顯，並以一種極其褊狹的男權話語，對女性做了濃烈的「妖魔化」描繪。

　　這些作品，至今沒有引起足夠的重視，很少有專門的研究，少量涉及的文章也可能出於為逝者諱的原因，對這些意旨非常明顯的小說，給予了完全相反的評價，如：「在他作品裏，猶如在他的生活裏，他同情不幸的女性，體貼女性，尊重女性，情調和筆調甚至於有點像出自一個女孩子之手。」〔註13〕

〔註9〕 劉勇：《現代文學講演錄》，桂林：廣西師範大學出版社，2009 年 3 月版，第7～8 頁。

〔註10〕 茅盾：《悼靳以同志》，1959 年 11 月 11 日《解放日報》。

〔註11〕 張以英等：《中國現代散文一百二十家札記》，桂林：灕江出版社，1987 年 5月版。

〔註12〕 巴金：《〈靳以選集〉序》，見《靳以選集》（第一卷），成都：四川人民出版社，1983 年 4 月版。

〔註13〕 方敬：《紅灼灼的美人蕉——憶靳以同志》，《新文學史料》1982 年第 2 期。

尤其是靳以的成名作《聖型》，一直被視爲體現其人道主義思想的代表作，這對於理解作家整個文學創作，更是相當大的誤區。《聖型》的故事要素，雖然是圍繞男主人公收留了一個流落街頭的白俄女子展開的，但主旨明顯是展示「我」在失戀後對女子的戒備心理，乃至對其做出人性價值的判斷，印證了「我」對女人的總體印象──「來欺騙人原是女人最專長的藝術。」「聖型」體現的不是神聖的人道主義情懷，而是通過「我」對女子的極端鄙視，反襯「我」的品性聖潔。

對《聖型》的長期誤讀，大概始自蕭乾：

> 以《聖型》一文而論，這幾乎可以說是一篇毫不用力寫成的東西。不但在形容字上，即情緒的來路上，作者也有極大的節制。一種忘了是在說故事漠不關心的情調，說服了作者之眞實。人物的性格是由她自己的行動爲說明的。若給另一個作者寫來，全篇應該有許多發散喜怒情緒的機會。而且向讀者誇示驚奇的地方也不缺乏。然而這羞澀的，胸襟寬大的作者，始終如那有奇遇的男主角一樣地沖淡平適。〔註14〕

同其它同類題材激情洶湧的作品相比，《聖型》的確是一篇較爲節制的小說，但這卻是作家自以爲看透了女性的本質，在熾熱情感凝聚後而採取的冷色調處理方式，這顯然爲蕭乾所忽視；並且在他的評述中，「胸襟寬大的作者」這樣的話語，已經隱含著對《聖型》主旨做出了人道主義的界定。迄今爲止，有關《聖型》的評論，都把同情弱者的人道主義作爲其主要基調，如楊義認爲此作具有「聖潔的人道主義同情」〔註15〕，也有人認爲「主人公那異乎尋常的同情及包容出乎讀者意外，更襯托出寫作者的眞情。」〔註16〕更有甚者，認爲小說寫的是男女二人，「在共同的寂寞與孤獨的心境下一起生活，相互同情，相互慰藉，由此產生的神聖而純潔的溫情和友愛。」〔註17〕

顯然，以上這些解讀，與作品的眞實內涵之間，基本上是南轅北轍的。

〔註14〕蕭乾：《小說》，1934 年 7 月 25 日《大公報‧文藝副刊》。

〔註15〕楊義：《中國現代小說史》（第二卷），北京：人民文學出版社，1988 年 10 月版，第 648 頁。

〔註16〕南南：《從遠天的冰雪中走來──靳以紀傳》，太原：山西人民出版社，2000年 1 月版，第 35 頁。

〔註17〕朱壽桐等：《中國現代浪漫主義文學史論》，北京：文化藝術出版社，2002 年 9 月版，第 396～397 頁。

今天來看，《聖型》中的人道主義含量不但極其稀薄，其能否成為靳以的代表作，也是一個巨大的疑問。之所以流行著這麼多陳陳相因、有違事實的結論，與靳以其它作品流佈不廣有很大的關係。《聖型》在靳以的整個創作中，非但不值得過分關注，而且對其所做出的人道主義內涵判斷，嚴重影響了對靳以的總體研究，即忽視了其創作的一條主線：把在愛情中受到的傷害，逐漸沿化為對人類和社會的懷疑、失望與憎恨，乃至最終通過一種天啟式的終極毀滅，作為懲治人類原罪的手段。這種極端暴力傾向，亦使靳以成為左翼文學的同盟者。

當然，我們不會將靳以排除在人道主義作家的範疇之外。非但他的確創作過一些關注、悲憫社會底層人物的作品，而且還始終是中國現代文學主潮的自覺追隨者。由「五四」文學所開創的人道主義傳統，即表現人的精神覺醒，關注和同情弱者，反抗一切階級剝削和壓迫、各種摧殘人性的暴行等等，必然為靳以等絕大多數富有良知、呼喚正義的作家所繼承。從這方面來講，靳以作品的人道主義立場，是毋庸置疑的。但是與此同時，要充分注意到人道主義的複雜性質：

> 由於人道主義思想內涵的多樣性和客觀方面的種種原因，人道主義與中國現代文學的關係也就極為複雜。有些作家的主導思想或者在某一歷史階段的主導思想可以用人道主義來概括，稱之為人道主義者。有些作家的人道主義思想卻不是一以貫之的，人道主義思想在一些作品中占主導地位，在另一些作品中則不然。並且，在不同作家的作品中所包涵的人道主義思想的具體內涵，也不相同，各有各的特點。就整體來看，中國現代文學中的人道主義思想的發展歷程，則是起伏曲折的。因此，研究人道主義與中國現代文學的關係，就必須既有宏觀審視，又要有微觀分析。〔註18〕

如果從上述論者對靳以作品的人道主義解讀出發，則絕大多數進步作家都可以被統攝於這一闡釋框架之內，而其特殊性則被大大遮蔽了。迄今為止，對於《聖型》的闡釋，就顯然是在人道主義的框架中，既誤讀又簡化了靳以的創作。靳以研究沒有實質性的進展，與這種隨意貼標簽式的研究方式，有很大關係。

〔註18〕邵伯周：《人道主義與中國現代文學》，上海：上海遠東出版社，1993 年 12 月版，第 8 頁。

通過《聖型》這一個案，值得總結的是：在作家研究中，要通讀作家的作品，至少是某一特定時期、特定指向的作品，才能得出客觀的結論。沒有全面閱讀作家作品就遽下結論，既是靳以研究中存在的顯著問題，也是中國現代文學史作家研究的大問題。在這方面，作家本人是異常敏感的，如王西彥所說：「我對已出幾種現代文學史方面的著作，久感不滿。我覺得它們中間的多數，都可以說是出於懶漢和市儈的手筆，編著者並未認真研讀作品，只不過憑框子和風向在那裡複寫別人的東西，把原是豐富多彩的歷史變得貧乏而乾枯。」〔註19〕所以，靳以真正的人道主義創作，也是他創作中的精華，並非體現在《聖型》這類強烈憎惡女性的愛情小說中。如果對此不進行細緻甄別，就會直接導致研究方向的混亂。

對靳以早期愛情小說真正進行過客觀而深入分析的，當屬《聖型》集出版不久王淑明所寫的書評，如對極度感傷激憤的《灰暈》的評價：

> 《灰暈》是寫一個男子在翻著的舊稿本裏，看到自己和他的戀人一段對話，由於這，而引起他深沉的回憶，終於詛咒起那個人來。依這篇的內容看去，似乎作者在作品裏所常時說起的那個一時的過分悲痛就是指的這件事，而也因為這，故事裏的主人公，就是作者自己，所以在許多地方，主觀的氣氛太重，不自覺地將那個女人寫得過分的俗惡了。就以那故事的本身而言，也是很尋常的兩性關係的糾葛，不值得那麼鄭重描述的。〔註20〕

尤其可貴的是，王淑明對靳以無法從愛情夢魘中自拔的取向，進行了清醒的預言，認為這樣發展下去，將對其未來創作產生不利的桎梏。的確如此，早期愛情小說在很大程度上左右了靳以的人生觀、世界觀和文學觀。正是主要由於拘泥於一己情緒的無節制抒發，限制了靳以的筆向生活的底蘊做更深入的開掘，最終阻礙了他成為一流的作家。

（二）「創作轉向」所掩蓋的問題

在第四部小說集《蟲蝕》序中，靳以宣稱，「這一本書將結束了我舊日的作品」，並表示此後將「走進社會的圈子裏」。在《蟲蝕》集中，的確體現了靳以的變化，其中最顯著的，就是出現了三篇以東北為背景的抗日題材小說

〔註19〕王西彥 1990 年 1 月 22 日致楊義函，見楊義：《叩問作家心靈》，北京：中國社會科學出版社，2000 年 1 月版，第 26 頁。

〔註20〕王淑明：《〈聖型〉》，1934 年 4 月 1 日《現代》第 4 卷第 6 期。

《離群者》《爐》《天堂裏》。但是該集的重頭戲，仍是情節連續的《蟲蝕》三部曲，這與早期愛情小說的主旨是一致的，即書寫了女人在社會與金錢腐蝕下一步步走向背叛的故事，流露出極強的傷感與激憤情緒。尤其引人注目的是，《沒有用的人》更是書寫了曾參加革命、一心爲大眾服務的楊，由於受到了無情的傷害而走向頹唐，並對人類整體產生了強烈的憎惡情緒。這也是靳以早期小說引發的母題之一。

　　但是，可能正因序中堅定明確的「轉向」宣言，影響了此後的評論。蕭乾在爲《蟲蝕》所寫的書評中儘管承認：「靳以君常以作品害人流淚的。但這次實在太多了些」，但仍以《下場》作爲作家走進社會圈子的例證：「在更嚴肅的意義下，這篇在靳以君的作風上也顯示著一個大的轉變──一個好的轉變。」並認爲：「當多少人仍躲在情感的蝸殼裏，做著傷感的幻夢時，我們該祝福這個作者，因爲他勇敢地捺住了善流的淚水，挺起腰來。」〔註 21〕《下場》寫一位在戲園裏跑了一輩子龍套的老人的悲慘命運，在很大程度上融入了作家自身的生命感受，很難說是走向社會的代表作。

　　不過直至今天，以《蟲蝕》集（序）爲依據，認定作家有了創作的轉向，仍然主導著對靳以的評論，典型的如：

　　　　靳以早期的作品大都是寫愛情題材和家庭瑣事的，而且往往帶一些較爲濃重的感傷情調，給人一種沉重壓抑之感。但靳以並不沉迷於此，他勇於自我解剖，善於總結經驗，從而走上新的道路……後來他就毅然走進社會的圈子裏去，看到各式各樣活動著的人，他們的生活，他們的喜怒哀樂，這使他興奮。〔註 22〕

　　還有更爲直捷而明快的結論：「這本集子對於作者來說是具有『斷代』意義的，即告別了『過去』，開創了『未來』。就是由這一集子，作者才擺脫了過去那種只寫自己身邊事的局面，從此走進了社會的大圈子，描寫更廣泛的社會人生，舊風格結束，新風格開始。」〔註 23〕

　　在 1949 年以後有代表性的文學史著中，關於靳以的創作，也大體持截然分明的轉折與分期的看法，如王瑤先生認爲：靳以早期的愛情作品「特別注

〔註 21〕蕭乾：《〈蟲蝕〉裏的三部曲》，1935 年 1 月 27 日《大公報・文藝副刊》。
〔註 22〕吉桉：《〈靳以　平民小說〉序》，見《靳以　平民小說》，上海：上海文藝出版社，1996 年 1 月版。
〔註 23〕張澤賢：《民國書影過眼錄續集》，上海：上海遠東出版社，2006 年 1 月版，第 69 頁。

重異域情調，所以也寫一些羈留在殖民地的外國流浪者和沒落貴族等，羅曼諦克的氣氛很重，有濃厚的個人情感」，「但多少和現實脫了節。後來作者的思想變了，小說的題材和作風也就有了不同。」〔註24〕也有以抗戰作爲靳以轉變標誌的，如認爲其抗戰時期的小說，「重在揭露現實的黑暗」，「與上一時期大多寫男女生活與愛情題材不同」〔註25〕。再如，認爲其小說「原有一股誠摯、單純的氣息，筆法細膩而平實」，「抗戰後努力表現社會，作品增加了諷刺的意味。」〔註26〕

把靳以的創作鮮明地截爲兩個時段，既過於簡化又有違事實。靳以在創作之初其實就面目多樣，五味雜陳。他的作品既充滿了傷感與頹廢，又體現了強烈的現實批判意識。從愛情小說開始，靳以便流露出是黑暗社會導致女性墮落的看法，如《灰暈》。早於《蟲蝕》集，靳以已經創作了諸如《賣笑》《教授》《困與疚》《糾纏》這些關注小人物生存命運的小說。在《凋之曇》中，則通過一位遊戲於情場的女子的臨終懺悔，對形形色色的知識分子予以強烈的諷刺。描寫俄國落魄貴族在哈爾濱街頭凍餓而死的《隕》，則向貧富不均的醜惡社會發泄了滿腔的怒火。尤其值得注意的是，靳以還寫過一篇左傾色彩頗濃的《手車夫》〔註27〕，這也是終其一生都具有強烈政治參與意識的重要標誌。

靳以在早期小說中的濫情傾向相當突出，但亦有一些優秀的作品，體現了年輕作家的創新努力，不過在此後他漸漸爲模式化所累，創作日趨貧乏。所以，另外一種從內容與思想性出發來評判藝術質量的趨向，也很值得警醒。在很長一段時間，是否忠實地反映生活並參與批判與鬥爭，是否愛憎分明、懲惡揚善，成爲衡量中國現代文學主潮的現實主義文學水平高低的準繩。靳以的文學歷程，是完全符合這一要求的，由此就有這樣的評價出現：

　　　　那些早年的小說寫愛情的糾葛，有些感傷，有些憂鬱，有眼
　　淚。……他不斷前進，對現實，對藝術與社會，對美學與生活的關

〔註24〕王瑤：《中國新文學史稿》（上冊），上海：上海文藝出版社，1982 年 11 月版，第 277 頁。

〔註25〕唐弢、嚴家炎主編：《中國現代文學史》（三），北京：人民文學出版社，1980 年 12 月版，第 149 頁。

〔註26〕錢理群、溫儒敏、吳福輝：《中國現代文學三十年》（修訂本），北京：北京大學出版社，1998 年 7 月版，第 500 頁。

〔註27〕原載 1932 年 4 月《南大周刊》第 129～130 號，未收入靳以任何一部文集。《南大周刊》是南開的校刊。

係逐漸有了一些新的理解。舊社會的不合理的醜惡的現象使他不滿，反動統治激起他的憤怒，他在黑暗中渴望光明，追求眞理。他的小說的天地因而日益擴大，取材的角度也愈見不同，内容的社會現實性越來越強，進步傾向越來越鮮明。在抗日戰爭時期和解放戰爭時期，跟上時代的步伐，應和著時代的聲音，面向現實鬥爭，反映現實生活，愛憎強烈，舊的惟恐其不速亡，新的但願其快生，抱著理想對未來憧憬，現實主義的意義也就更加深刻，他的作品也就更加堅實。〔註 28〕

但是，這種過分重視題材、内容的評價，既忽視了靳以早期創作的藝術成就遠高於後期的事實，更遮蔽了阻礙靳以成爲一流作家的眞正原因：他是在「從個人到眾人」的人生歷程中，失去了最爲寶貴的創作個性。

「我們決不可把作家的聲明、決定與活動同作品的實際含義相混淆。」〔註 29〕如果聯繫實際創作情況，作家的宣言之類，常常會大打折扣。中國現代作家渴望在創作中，擺脫個人情感束縛從而走向社會，更是一種普遍的人生訴求，不可將這種訴求生硬地與其創作實質相對接。總之，作家的創作是一個複雜的有機體，經常呈現出斑駁的面目，關於靳以的創作還是要具體問題具體分析，不宜做一刀切式的簡化處理。

（三）「平凡化」定位的誤區

寫平凡的人物，以及用平凡的表現手法來寫小說，是目前靳以研究的又一定論。最早對靳以做了「平凡化」解讀的還是蕭乾。除了在《小說》一文中認爲靳以的《聖型》具有「沖淡平適」的特點，他還在評論《青的花》集時，以小說家的筆墨如此勾勒靳以的創作：

> 由靳以君的小說，我看到的作者總是一個和藹眞誠的老實人，不使用生澀的字眼，不使用眩人的技巧，不用諧趣誇張逗人發笑。他彷彿總是把兩隻手安安穩穩地放在膝上，滴溜著一對蒙了層淚紗的眼，有頭有尾地說下去。到了緊要處所也不搔頭髮，不蹦跳，不喧嚷，說到後來有點胡塗了，也就任那輪廓朦朧下去，不編排，不說閒話。一塊小小手絹，隨時輕抹著睫角爲悲喜自然釀出的淚水。

〔註 28〕 方敬：《紅灼灼的美人蕉──憶靳以同志》，《新文學史料》1982 年第 2 期。
〔註 29〕 〔美〕勒内‧韋勒克、奧斯汀‧沃倫：《文學理論》（修訂版），劉象愚等譯，南京：江蘇教育出版社，2005 年 8 月版，第 104 頁。

也許過路人看了這白畫傷感的人譏他作「老太婆」，他也就那麼婆婆媽媽地點點頭，繼續地說了下去。

這種情感的節制、敘述的樸實、統一性的嚴謹，在《聖型》裏就已經很明顯了。《青的花》在氣息上、風格上，是並不兩樣的。〔註30〕

這段描述似乎較爲貼近那種絮語式的小說，即具有平靜的敘述語調、溫和的情感傳遞，然而卻完全不適用於靳以的這部小說集。正如蕭乾也讀出了《青的花》「是一個爲浮華女人捨棄的男人在臨別時的一段滔滔的獨白」〔註31〕，在這篇小說中，作家的悲憤情緒與譴責語氣是極其明顯的，甚至失態，比如：「假使我要是一個女人，我就情願去做一個娼妓。……我不是陰險的，也不是玩弄人的，我是以相宜的代價出賣我的身體。」因此，蕭乾的評論，與《青的花》集中的多數作品，即主題與格調類似於《青的花》的《古龍》《祟》《女難》《曼陀羅華》等，都極不吻合。

王任叔在一篇對1935年七、八月份的小說進行評述的文章中提及靳以。他認爲這些作品在值得注意的描寫方法方面，「單純的個性描寫」減少，「這裡能指出的，只有靳以先生底《檻》和《殘陽》，對於刻畫個性方面是相當用力的。但他把這種個性寫得極其平凡，從這平凡一點上映出某一群人的普遍性。如《殘陽》中的紳士風度，便是代表一般紳士的典型的。」進而認爲：「靳以先生那種圓熟的散文詩似的文體，使人很容易想到中國那種淡墨的山水畫。這是總承郁達夫先生的《東梓關》的文體，與日本的谷崎潤一郎的文章頗有相同之處。」〔註32〕在王所提到的兩篇小說中，《檻》中的主人公柳明有感於家庭生活的壓抑，走出家門來到海邊，產生了跳入大海通過自我毀滅以求新生的狂暴心理；《殘陽》則對作爲教授的主人公不學無術、自私虛僞之本性，進行了過火的、漫畫式的強烈諷刺。可以說，兩篇作品與王藉以比較的作家與作品大相徑庭：郁達夫的《東梓關》描寫了一位名醫超塵脫俗、恬然自適的名士派生活情趣；至於谷崎潤一郎的作品，更是偏於唯美格調，尤其是排斥藝術的道德作用與功利性的文學觀，與靳以相去甚遠──靳以的創作無不具有強烈的入世色彩。總之，證之於作品可以明顯看出，王對靳以所謂

〔註30〕蕭乾：《評青的花》，1934年9月29日《大公報·文藝副刊》。

〔註31〕蕭乾：《評青的花》，1934年9月29日《大公報·文藝副刊》。

〔註32〕王任叔：《中國現代小說發展的動向的蠡測》，1935年9月15日《創作月刊》第1卷第3期。

「平凡」風格的評述，同樣極爲偏頗。

可是，「平凡化」卻泛化爲靳以小說的定評。1990 年代，上海文藝出版社曾出版過一套「中國現代名作家名著珍藏本」叢書，其中靳以的小說集，即題名「平民小說」。吉枒在爲該書所做的序中認爲，靳以所寫的都是普通人的故事，因此可稱爲「平民」小說，進而認爲：「作者平實的描寫，深刻地揭露了那個黑暗的社會對人的嚴重摧殘。」直至最近，仍有人生硬地結合《聖型》，將靳以的小說視爲悲天憫人的「平民小說」：「他天生悲天憫人，大愛不分地位、貴賤身份；在他看來，『人』的神聖的平等權利與生俱來，所以，『聖型』的命名，也說明了靳以之作被譽爲『平民小說』的特徵和魅力。」〔註 33〕現代作家遠不止靳以一人寫普通人題材，寫平民題材、爲大衆寫作，亦是「五四」新文學以來的主流，何以靳以成爲「平民小說」的代表？進而言之，寫普通人，難道就一定用平實的表達方式？顯然，是一種潛在的「平凡化」定位，主導了以上這些看法。

此外，趙園在《艱難的選擇》中，對靳以的「平凡化」做出了更爲清晰的闡釋，如通過對靳以與巴金的比較，這樣概述靳以的創作風格：「靳以像巴金那樣，熱情中有天眞氣；因爲心中滿貯著同情與愛，故不長於諷刺，也難以像哲人那樣作冷峻、深沉的思索。但巴金熱烈，常常發出激越的吐訴，而靳以則偏於冷靜，更宜於娓娓地傾談。這後一種個性形之於文字，則是那一派優雅恬澹。」「這是一個平凡的小說家。……他的形象世界沒有惡的極致，也沒有善的極致，卻有契訶夫式的柔和的憂鬱。這種美學風格無疑反映著作者對生活的理解，——理解也那麼平凡。」〔註 34〕實際上，靳以非但遠離「平凡」，與「冷靜」「優雅恬澹」「柔和的憂鬱」亦不搭界，而是常表現出不遜於巴金的極端化傾向。其強烈的個人情緒化宣瀉、將一切推向極致的誇張痛苦與悲觀的傾向、以毀滅一切的手段作爲對人類原罪的天啓式懲治，都可視爲這種極端化寫作的表現。靳以確實在許多場合宣揚「同情與愛」，他本人給人留下的印象也是溫和的，可是如果仔細閱讀其作品，我們會很容易地發現一個與人們回憶完全不同的靳以——一個不寬容的靳以。總之，與趙園的分析恰恰相反，靳以是把善和惡都推向了極致的作家，而且尤其突出人性之惡。

〔註 33〕盧潤祥：《靳以與〈聖型〉》，2007 年 11 月 14 日《新民晚報》。
〔註 34〕趙園：《艱難的選擇》，上海：上海文藝出版社，2001 年 1 月版，第 180 頁。

　　將靳以與巴金比較論述，值得進一步探討。與趙園截然分明的論述相反，靳以與巴金在多年編輯共事中，文學觀與創作手法其實有很多相似、相通之處。此外，目前研究還存在將靳以置於附屬地位，即作為更為知名的巴金的參照來論述的取向，這也在無形中遮蔽了靳以作為作家的獨特性。在二人的創作旅程中，強烈的歷史使命感與社會責任感是一致的。巴金早期作品《滅亡》《新生》《愛情的三部曲》，湧動著強烈的個人情緒化色彩，靳以的許多作品也一直具有這些特徵，但靳以不像巴金那樣更多地付諸現實行動，尤其像《愛情的三部曲》濃墨重彩地描繪具有群體組織性質的進步青年，而是更多地集中於個體情緒的抒發。此外，靳以筆下的革命者形象，更多帶有濃重的頹廢色彩。總之，同為充滿激情的、對現實世界進行否定的作家，巴金因為具有更為堅定的無政府主義信仰，其小說通過人物的具體行動而更富有建設性，靳以則因強化了虛無因素而流露出更為強烈的破壞傾向。

　　不過還應該看到問題的複雜性，靳以並沒有像巴金那樣成為一流的作家，這不僅僅是因為「巴金與靳以的最大不同在於他有信仰」，「所以巴金的小說中能夠感受到內心的緊張和激情，而靳以相同題材的小說，常常流於平面化」〔註35〕。不可否認，文學成就方面的差距，有才華與天資的因素，巴金儘管也是激情型作家，也有情緒化的弊病，但與靳以進行對比，其小說無論是布局謀篇、器局氣魄，還是哲理意蘊、思想深度，都有明顯的超越。此外還有一個重要的原因，巴金的創作歷程，並沒有僅僅停留在熾熱而失之浮泛的情感宣洩階段，在 1940 年代他真正接近了契訶夫，成了一個「契訶夫的熱愛者」〔註36〕。對人生的深切咀嚼與提煉，使巴金在某種程度上參悟了契訶夫冷峻、沉鬱、深刻的現實主義，從而脫離了單純明朗的浪漫抒情風格，使《憩園》《寒夜》成為藝術上更為成熟的作品，足以成為現代文學史上的傳世精品。在這方面，靳以則與巴金形成了強烈的反差：他一直沒有很好地完成激憤情感的沉澱，進而促成個人創作的昇華，反而更像一個長期處於情緒騷動期、遠未走向成熟的「五四」青年。尤其是他在抗戰開始後直至去世，政治熱情的高漲遠遠超過了巴金，也輕視了對於藝術深入的追求。巴金、靳

〔註35〕周立民：《從個人到眾人——章靳以教授傳論》，注釋15，見陳思和、周斌主編《名師名流》（下），桂林：廣西師範大學出版社，2005 年 9 月版，第 674 頁。

〔註36〕巴金：《契訶夫的話》，《人民文學》1954 年第 7 期。

以二人的細緻比較，還需要專門探討。但總的來看，巴金比靳以葆有更多創作所需的心靈自由，這應該是問題的實質所在。〔註37〕

（四）楊義的小說史研究述評

1. 開創性的貢獻

對靳以的小說首次進行相對全面、系統闡述的是楊義。其代表作《中國現代小說史》（以下簡稱《小說史》）以專節論述了靳以的小說創作，既著眼於從作家創作歷程來把握全貌，又注重結合對作品的細讀，不乏精彩獨到的見解，如這樣評述靳以早期作品：「以峻急、悲愴得幾乎變態的格調，宣泄著一種失落了的戀愛情緒，帶有濃鬱的心理浪漫主義氣息，在某種意義上說，是上承郁達夫的浪漫抒情遺風的。」〔註38〕「應該說，作家早年作品的個人身世之感，是過於沉重了。」〔註39〕在論述靳以將創作視角從個人轉向社會時則認為：「靳以以人道主義觀察下層人生的時候，是充滿著社會激情的，這一點使他的風格和巴金相近。這種憤激之情，給他的作品蒙上黯淡而凄厲的色彩。」同時認為，這種情緒狀態，「與巴金的《滅亡》一類作品的格調是遙相呼應的。」〔註40〕《小說史》還應用這種擅長的作家比較方法，在現代文學的整體脈絡中解讀靳以的小說，如這樣評價《別人的故事》：「自其獨特、圓熟、深至，令人掩卷難忘的藝術感染力而言，這篇作品是可以同許地山描寫兩夫一妻的特殊境遇的《春桃》相媲美的。」〔註41〕像靳以這樣並非一流但著述頗豐的作家，在以往的文學史、小說史中只有一些粗淺的介紹，是《小說史》首次以較大篇幅，介紹了其部分有影響的作品，並有一些才氣橫溢而

〔註37〕 筆者最近在巴金、靳以比較研究方面，做了一些新的探討，參見以下拙文：《同是借物　別樣抒情——靳以〈貓〉與巴金〈小狗包弟〉對照閱讀》（《名作欣賞》2014 年第 9 期）、《靳以與巴金的分途——從兩篇白俄題材小說談起》（《佳木斯大學社會科學學報》2014 年第 5 期）、《靳以與〈雷雨〉淵源考辨》（《佳木斯大學社會科學學報》2015 年第 1 期）、《真情遮蔽下的深層隔膜：靳以與曹禺劇作淵源探析》，（《四川戲劇》2015 年第 4 期）。

〔註38〕 楊義：《中國現代小說史》（第二卷），北京：人民文學出版社，1988 年 10 月版，第 646 頁。

〔註39〕 楊義：《中國現代小說史》（第二卷），北京：人民文學出版社，1988 年 10 月版，第 647 頁。

〔註40〕 楊義：《中國現代小說史》（第二卷），北京：人民文學出版社，1988 年 10 月版，第 652 頁。

〔註41〕 楊義：《中國現代小說史》（第二卷），北京：人民文學出版社，1988 年 10 月版，第 661 頁。

不失恰切的評價，這對靳以研究是有開創性貢獻的。

2. 存在的問題

有論者對《小說史》這樣評價：「一般新文學史著中那種一筆帶過或點一下名字的作家，只要進了《小說史》，就會眉目清晰，模樣完整。」〔註42〕不過，在關於靳以的評述方面，《小說史》還是較爲粗疏的，並有一些不確的論斷。靳以一些有代表性的作品，還沒有被納入研究視野，這極可能與掌握的史料、版本的局限有關。〔註43〕正由於這種局限，《小說史》對作家整體創作情況的把握，也存在致命的欠缺。

與以往研究存在的不足之處類似，《小說史》存在簡化地以作家宣言代替作品分析的傾向。即使可以從靳以多次在不同場合的表述中看到「他從不滿足於自己，他深深對著新出的作品集反省過去的腳印」，這也不過是現代作家所常有的姿態，並不足以斷定：「把以往的作品埋在墳墓的作家，每每是極有藝術朝氣的作家。這種不斷超越自我的心理特徵，使青春得意地出現在三十年代文壇的靳以，在藝術上最值得欽佩的卻是四十年代的『大器晚成』。」〔註44〕實際上，這種論述恰恰是靳以早期的一些優秀作品沒有被吸納進研究視野之故。由於被時代話語所同化，靳以在 1930 年代中期以後藝術質量漸趨下降，才是創作的眞實樣貌。

更嚴重的問題，則在於對靳以做出京派作家的界定。《小說史》充分注意到靳以傑出的文學編輯工作，以及靳以的寫作背景和人文環境，在第十章《「京派」作家群和上海現代派》中，關於靳以一節的標題即《靳以：在聯結作家群中走出自己的道路》，同時認爲：靳以「在上海開始小說創作而在北平趨於成熟，在南北兩個文化中心上以小說快手和編輯大家馳名，天然地充當

〔註42〕黃修己：《中國新文學史編纂史》，北京：北京大學出版社，1995 年 5 月版，第 290 頁。

〔註43〕《小說史》遴選作品範圍，均未超出 1949 年後囊括靳以作品最全的《靳以選集》（成都：四川人民出版社，1983～1984 年版）的範圍。《小說史》還存在一些常識性的錯誤，如將靳以的散文集《紅燭》誤作小說集，並將《秋花》（1936）中的方明生，視爲靳以小說中首次出現的革命者形象。實際上，在短篇小說《手車夫》（1932）中，已經有了這樣的人物，並流露出強烈的左傾傾向。而類似於方明生這樣參加過革命，後以頹廢形象出現的人物，在早於《秋花》的短篇小說《沒有用的人》（1934）中，就已經塑造過了。這都說明《小說史》在資料把握上的有限。

〔註44〕楊義：《中國現代小說史》（第二卷），北京：人民文學出版社，1988 年 10 月版，第 663 頁。

了京派作家和上海作家的黏合劑。」〔註 45〕由於將地緣文化與作家的文學創
作較爲隨意地聯繫在一起，《小說史》最終導向了將靳以與京派作家合併處理
的誤區。在分析《青的花》時，《小說史》尚認爲：「這種失夢者的悲愴帶有
未加節制的酸苦，是與『京派』作家群異趣的。」〔註 46〕而此後則出現了這
樣的論斷：「由於靳以與京派作家群過從甚密，這種峻急的情緒也得到古都文
化風氣的淘洗，時或趨於明淨和清澈。」〔註 47〕這種傾向在論者的另一部著
作《京派海派綜論》（以下簡稱《綜論》）中得以發展，即明確地將靳以冠以
「京派作家」〔註 48〕，認爲其「到北平編輯《文學季刊》和《水星》之後，
感傷的情緒在京派風氣中得到醇化」〔註 49〕，變得「安詳無爲，疏離時代潮
流」〔註 50〕。這是完全有違於事實的。如果看看靳以在北平兩年間發表在
《文學季刊》的幾篇小說，即可說明問題：《凜寒中》是對苦難人生的描畫，
《蟲蝕》是對社會誘使女子墮落的譴責，《巨輪》是對官僚體系的抨擊。這些
作品的激憤與批判色彩，是一目了然的。《洪流》更是以一種幾乎失去節制的
筆調，書寫對人間醜類的憎恨及對人類原罪的強烈懲治欲望，具有強烈的暴
力傾向。《小說史》還多次對靳以小說予以「詩化」的闡釋，認爲兩部連續性
的中篇《秋花》和《春草》，具有與京派作家相似的「詩一般的空靈筆調」
〔註 51〕。《綜論》進一步對《秋花》的「詩意」進行了解讀，認爲靳以「把對
人生的憂鬱和感傷，移注在秋風秋雨愁煞人的秋花意象之中，使一瀉無餘的
抒情筆墨得到某種程度的象徵意境的昇華，從而趨於蘊藉。」〔註 52〕實際

〔註45〕楊義：《中國現代小說史》（第二卷），北京：人民文學出版社，1988 年 10 月
　　　　版，第 645 頁。

〔註46〕楊義：《中國現代小說史》（第二卷），北京：人民文學出版社，1988 年 10 月
　　　　版，第 646 頁。

〔註47〕楊義：《中國現代小說史》（第二卷），北京：人民文學出版社，1988 年 10 月
　　　　版，第 652～653 頁。

〔註48〕楊義：《京派海派綜論》（圖志本），北京：中國社會科學出版社，2003 年 1
　　　　月版，第 110 頁。

〔註49〕楊義：《京派海派綜論》（圖志本），北京：中國社會科學出版社，2003 年 1
　　　　月版，第 112 頁。

〔註50〕楊義：《京派海派綜論》（圖志本），北京：中國社會科學出版社，2003 年 1
　　　　月版，第 176 頁。

〔註51〕楊義：《中國現代小說史》（第二卷），北京：人民文學出版社，1988 年 10 月
　　　　版，第 654 頁。

〔註52〕楊義：《京派海派綜論》（圖志本），北京：中國社會科學出版社，2003 年 1
　　　　月版，第 112 頁。

上，這部小說以濃重的感傷筆觸，塑造了方明生這一「多餘人」形象，全篇頹廢與悲觀、詛咒與批判的色彩，都異常明顯。《春草》則對青年寄予了抗戰的厚望，充滿強烈的戰鬥激情，與京派詩化小說的距離亦顯而易見。結合論者本人對京派文學的理解，即「寬容、隱逸、純正、無功用」的文學趣味〔註53〕、「清澄的、和諧的、寄幽玄縹緲的靈感於萬象動靜之中的心境」〔註54〕，可以充分看出，靳以的文學世界，與田園詩般的京派創作趣味實在相去甚遠，他介入現實的文學立場從來沒有動搖過。由於立論方向的錯誤，得出靳以抗戰題材的創作轉型，也就水到渠成，正如《綜論》對《前夕》的解讀：「對父女兩代人的思想和命運的這種描寫，意味著作家在民族危難關頭對審美理想的嚴峻選擇，他拋棄了遁世無爲的人生和藝術趣味，帶著自己的一枝健筆聽從民族解放戰爭的號角的召喚。」〔註55〕

總之，楊義對靳以小說的研究自有獨到的貢獻，但更存在嚴重的問題。

（五）身份歸屬研究述評

由於靳以在文壇的多重身份，常有人將其歸屬於某一文學流派或陣營進行研究，其中同樣存在諸多問題。

1. 京派

同楊義的《小說史》一樣，許多論述將靳以與京派文學牽扯到一起。查振科在《對話時代的敘事話語——論京派文學》一書中，對京派作家做了較爲細緻的區分，認爲在理論與創作上構成第一層次的作家是周作人、廢名、沈從文；朱光潛、李健吾、蕭乾、汪曾祺等構成第二層次；靳以、蘆焚、曹禺、錢鍾書、施蟄存等大批作家則屬於第三層次，「是京派與外緣的一個十分模糊的邊界。」〔註56〕且不論這樣分類的合理成分有多大（將錢、施二人納入就甚爲荒謬），查著如此評價靳以的作品，顯然是成問題的：

> 靳以早期小說以個人獨白式的低語敘說戀情，秉承了五四言情

〔註53〕楊義：《京派海派綜論》（圖志本），北京：中國社會科學出版社，2003 年 1 月版，第 158 頁。

〔註54〕楊義：《京派海派綜論》（圖志本），北京：中國社會科學出版社，2003 年 1 月版，第 159 頁。

〔註55〕楊義：《京派海派綜論》（圖志本），北京：中國社會科學出版社，2003 年 1 月版，第 178 頁。

〔註56〕查振科：《對話時代的敘事話語——論京派文學》，瀋陽：春風文藝出版社，2005 年 10 月版，第 11～12 頁。

浪漫小説的格調，後來他反躬自省，在作品中擴大了社會性成分，而對人性的剖析於寬厚的同情中也很是包含著相當濃厚的蒼遠的命運之感。發表於《水星》的《離群者》、《求乞者》、《茫霧》、《天地》諸篇，渾然如眞正的京派小説。〔註57〕

靳以的創作，與查著對京派小説的解析是完全矛盾的。查著認爲京派作品的情感表達方式是「用愛去擁抱人生」，「而不是用憎去揭露現實的醜惡。」〔註58〕而且，「京派帶有明顯的規避現實、遠離時代的傾向，於歷史大開大合、吸納吐呑、急遽起伏的時期，超然於政治鬥爭、現實功利之上。」〔註59〕且不説《求乞者》《天地》本是散文，把譴責漢奸的《離群者》歸入京派小説也很荒唐，《茫霧》寫的更不是人間的愛，而是人性的陰冷，傳遞了至親兄妹間無來由的隔膜與敵視。

將靳以列名京派行列的還有孫晶的專著《文化生活出版社與現代文學》，書中認爲，靳以是巴金「在北京結識的京派作家」〔註60〕。不過，在論及文化生活出版社推出的《文學叢刊》散文創作陣營時，又將靳以與京派作家群剝離，認爲他是「與巴金氣質、理想風格相近」的作家。〔註61〕從中亦可看出，京派作爲文學流派，在研究應用上的隨意性。杜素娟在《沈從文與〈大公報〉》一書中提出了「小京派」的概念，認爲靳以編輯《文學季刊》的住所──北平三座門大街十四號所經常彙集的文學青年團體（包括靳以、巴金、曹禺、蕭乾、李健吾等），氣氛不同於林徽音「太太的客廳」、朱光潛的住所慈慧殿三號這樣的文學沙龍，也就是不同於久已成名的學院派文人群體：

這樣就產生了一批小京派。在北京文壇的年輕一代中，南北之間的分歧和距離越來越小，越來越模糊。他們在藝術上更趨開放，

〔註57〕查振科：《對話時代的敘事話語──論京派文學》，瀋陽：春風文藝出版社，2005 年 10 月版，第 12～13 頁。

〔註58〕查振科：《對話時代的敘事話語──論京派文學》，瀋陽：春風文藝出版社，2005 年 10 月版，第 15 頁。

〔註59〕查振科：《對話時代的敘事話語──論京派文學》，瀋陽：春風文藝出版社，2005 年 10 月版，第 17 頁。

〔註60〕孫晶：《文化生活出版社與現代文學》，南寧：廣西教育出版社，1999 年 7 月版，第 115 頁。

〔註61〕孫晶：《文化生活出版社與現代文學》，南寧：廣西教育出版社，1999 年 7 月版，第 143 頁。

　　　　在參與社會和時代生活上更具熱情。他們在文藝觀和社會觀上都不
　　　　刻意和上海的左翼文壇保持距離，他們和魯迅所領導的左翼文學團
　　　　體的關係也越來越密切，兼容性越來越大。他們的創作往往把北京
　　　　的藝術精品和南方的社會、時代熱情緊密結合。〔註62〕

　　嚴格來講，上述作家與魯迅（包括左翼作家）接近的，只有巴金和靳
以。持這種類似觀點的，還有人將蕭乾、靳以等關注現實人生問題的在京作
家稱為「謫京派」。〔註63〕應該說，注意到新銳作家與學院派包括京派文人的
區別，是一種較符合實際的認識。蕭乾就明顯感受到靳以住所與「太太的客
廳」（包括朱光潛家的讀詩會）截然不同的文學氛圍，即前者是以巴金為代表
的為人生的戰鬥的文學，而後者則顯然更看重藝術的獨立性，以穩重和典雅
的文人學者心態去尋求自己的文學理想。〔註64〕不過，正如沒人將巴金視為
京派小說家一樣，作為巴金長期的文壇盟友靳以，又有何必要非將他與京派
牽連在一起？

　　通過對以上將靳以與京派聯繫在一起的論述可以看到，在作家與文學流
派歸屬之間的研究一定要慎重。粗疏的定性，易於導致對一位作家產生總體
性的理解偏差。從 1933 年夏季籌辦《文學季刊》，至 1935 年 11 月 22 日赴
滬，靳以在北平不過停留了兩年多而已，從短暫的居留而確定作家的歸屬，
實屬皮相之見。這也是從作家的文學活動範圍、區域出發，來做評判時所格
外需要警醒的，因為一個作家的文學資源，絕不是單純的地域文化所能限制
的，這對顛沛流離的中國現代作家，尤其如此。而除了創作，靳以與巴金在
編輯方針上，與學院派、京派作家亦是強烈牴牾的。《文學季刊》最後停辦，
與編輯群體的不睦有很大關係（詳見第六章）。

　　蕭乾曾多次對京、海派的區分，表達過自己的意見，如：「事實上，自一
九三三年巴金靳以及鄭振鐸三位來京之後，京海實已打成一片。」〔註65〕類
似的表述還有：「文學史家為了省事，往往把一些作家分作京派和海派。事實

〔註62〕杜素娟：《沈從文與〈大公報〉》，濟南：山東畫報出版社，2006 年 5 月版，第
　　　　162～163 頁。

〔註63〕參見吉崇敏：《〈文學季刊〉與 1930 年代文學》，吉林大學 2006 年博士學位論
　　　　文。

〔註64〕參見李輝：《蕭乾傳》，南京：江蘇文藝出版社，1993 年 9 月版，第 63～68
　　　　頁。

〔註65〕蕭乾 1997 年 7 月 10 日致吳福輝函，《蕭乾全集》（第七卷），武漢：湖北人民
　　　　出版社，2005 年 10 月版，第 96～97 頁。

上，由於巴金、鄭振鐸和靳以北來，這個界限模糊了。」〔註66〕更值得重視的是：「當時北平的老少作家的觀點、思想感情並不一致（所以我一直對京海的分野有保留）。」〔註67〕「把作家按地域分類很明顯是危險的，中國現代作家從一開始就不贊同地方主義。」〔註68〕茅盾也提出類似觀點：「中國社會是一個複雜的社會，什麼系，什麼派，說也說不清楚，而系中又有系，派中又有派。這種現象反映到文壇上，幾乎是兩個人就成爲一系，三個人就成爲一派。」〔註69〕

師陀、施蟄存等作家，也對將自己納入京派或新感覺派表示過不滿，這可以理解——每一個作家的創作，都聯結著獨特而鮮活的生命，他們當然不希望自己的作品被某些僵死的條條框框所限。而且，誠如楊義先生本人的形象說法，當一個作家「發現文學史家對他衣飾上那條皺痕看得不甚眞切之時，他似乎有點委屈、或失望。」〔註70〕總之，靳以的創作與正宗的京派風格，具有天壤之別，將其納入京派範疇討論，是完全不合適的。

2. 自由主義

有人把靳以與其它一些 1930 年代的上海青年作家、編輯，視爲以胡風和巴金爲紐帶，「間接地圍繞在魯迅的周圍」的「文學新生代」：「他們年紀相仿，都充滿了熱情和理想，他們的政治態度也相仿，對當時的黑暗環境具有強烈的反抗意識，他們中少數是左聯成員，更多的是站在比較激進的自由主義立場上」〔註71〕。這對於靳以在上海時期文學活動的描述基本是吻合的，靳以的創作受到魯迅、巴金的影響也是明顯的。不過，「激進的自由主義」稱謂之於靳以，顯然並不適當。「自由主義」在現代中國語境中，本是一個充滿歧義的概念，其中涉及到政治自由主義、文化自由主義等的複雜區分。而作爲一個從西方引進的概念，中國自由主義與西方自由主義之間，亦存在許多

〔註66〕蕭乾：《生活回憶錄》，《蕭乾全集》（第五卷），武漢：湖北人民出版社，2005年 10 月版，第 57 頁。

〔註67〕蕭乾 1994 年 12 月 5 日致楊義函，《蕭乾全集》（第七卷），武漢：湖北人民出版社，2005 年 10 月版，第 90 頁。

〔註68〕蕭乾：《苦難時代的蝕刻》，《蕭乾全集》（第六卷），武漢：湖北人民出版社，2005 年 10 月版，第 176 頁。

〔註69〕蘭（茅盾）：《所謂「雜誌年」》，1934 年 8 月 1 日《文學》第 3 卷第 2 號。

〔註70〕楊義：《叩問作家心靈》，北京：中國社會科學出版社，2000 年 1 月版，第 98 頁。

〔註71〕陳思和：《從魯迅到巴金：新文學精神的接力與傳承——試論巴金在現代文學史上的意義》，2005 年 10 月 25 日《文藝報》。

不可通約的悖論性。故此有人甚至認爲：「從思想史的觀點嚴格說來，中國實在沒有什麼自由主義」〔註72〕。在中國現代文學研究領域，自由主義往往用以指稱受英美政治、文化、學術影響較大，以胡適爲領袖和代表的文人群體，其主要傾向是追求內心的自由和個性的解放，宣揚現代的道德倫理觀念和法治思想。而涉及到文學創作，則相對追求藝術的獨立性和審美特質。不過直至今日，仍有人對於自由主義在現代中國的界定表示疑惑，認爲「包括胡適是不是自由主義」都很難說。〔註73〕關於魯迅的自由主義者身份，同樣存在很大爭議，有人就堅決反對將其視爲自由主義者。〔註74〕無論如何，自由主義最首要的要素，應是強烈的個人主義，「因爲它主張個人對於任何社會集體之要求的道德優先性」〔註75〕。從這方面來講，魯迅的個人主義特徵，即追求思想的獨立與心靈的自由之傾向是明顯的，無論是否是自由主義者，其所據有的自由思想，則確定無疑。

靳以之所以與自由主義不相干，其一，從其「從個人到眾人」的人生於文學旅程可以看到，融入大眾的宏大目標就像一道無形的枷鎖，緊緊束縛著他的創作思維，無論其生命經歷抑或創作歷程，都無多少自由可言。正是由於缺乏鮮活而獨特的個性思想，才最終導致了其文學世界的日益枯窘。其二，靳以濃厚的民粹情結，亦注定與自由主義無緣。他對現實社會充滿厭憎情緒，而對未來的設計多出於一種人類平等博愛的詩性烏托邦幻想。而且民粹主義的反智情緒、儒家文化天下大同思想的潛在影響，都使其對現代性建設充滿牴觸。而「現代社會運動的精神根底就在自由主義之中」，靳以的創作歷程亦在在表明：「長期以來我們對現代化的態度處於一個非常矛盾的狀態。我們對於現代化的典範國家──西方國家的排斥、怨恨甚至仇恨的心理，是難以一下子化解的。」〔註76〕所以，在個體生命選擇與對現代社會建設態度

〔註72〕 林毓生 1966 年 4 月 26 日致殷海光函，殷海光、林毓生：《殷海光林毓生書信錄》（重校增補本），長春：吉林出版集團有限責任公司，2008 年 12 月版，第148 頁。

〔註73〕 羅志田語，見童世駿主編：《西學在中國：五四運動 90 週年的思考》，北京：生活‧讀書‧新知三聯書店，2010 年 7 月版，第 145 頁。

〔註74〕 參見邵建：《20 世紀的兩個知識分子──胡適與魯迅》，第一部分《中國自由主義的「胡冠魯戴」》，北京：光明日報出版社，2008 年 1 月版。

〔註75〕 〔英〕約翰‧格雷：《導論：自由主義傳統的統一性》，《自由主義》，曹海軍等譯，長春：吉林人民出版社，2005 年 1 月版。

〔註76〕 任劍濤：《前言》，《中國現代思想脈絡中的自由主義》，北京：北京大學出版

的雙重維度上，靳以與自由主義都有難以彌合的隔膜。

　　3.「中流作家」

　　《上海文學通史》一書將 1930 年代包括巴金、曹禺、沈從文、靳以在內的作家統稱為「中流作家」，並對此做出如下界定：

> 　　他們的基本思想傾向是反帝、反封建，追求民主自由，反對社會不公，關注民間疾苦，同情新興階級及其所從事的革命鬥爭，並且都各有相當的作品表現出與普羅文學相協調的傾向性，但同時他們更注重文學自身的規律而不是文學的宣傳功能，更願意以厚重的生活內容和豐富的藝術想像注入文學表現之中，因而他們的創作成為 30 年代現代文學最可珍視的成果之一。以前一般將這批作家稱為「革命民主主義作家」，這僅是一種並不恰當的政治定性。我們不妨從他們創作的厚重分量出發，將他們理解成這個時代激流中文學創作的「中流砥柱」之一，是這個時代進步文學的一種，略稱之為「中流作家」。這樣的稱謂正好與他們中的一些人曾經創辦的《中流》雜誌相吻合。〔註77〕

　　「革命民主主義作家」，作為文學史中長期機械思維的產物，有必要予以辨析，但此處所謂「中流作家」也是一種粗疏的稱謂。首先，這種定位實際也暗含著政治定性的色彩，即非黨非群、非左非右，追求進步和民主的作家，這樣的作家在當時佔據了相當多的數量，所以在外延上仍是含混不清的。至於沈、巴、曹這樣自成風格的著名作家，更無法用「中流」來統攝。其次，這裡將「中流作家」與左翼文學家相比較的用意，主要是強調他們在創作上持有較為自由的心態。其誤區也是顯而易見的：不是左翼作家抑或沒有什麼明確的政治陣營歸屬，並不意味就一定關注文學自身的規律，從而取得更突出的成就。最後，將靳以與其它幾位名家相提並論，更值得商榷。與他們相比，靳以所取得的成就是有限的，其原因也許正在於：他過於拘泥於現實並強調了「文學的宣傳功能」，從而忽視了「文學自身的規律」，最終難以推出具有「厚重分量」的作品。

　　綜上所述，可以引起反思的是：與一個作家和地緣文化背景的關係一

社，2004 年 10 月版。

〔註77〕邱明正主編：《上海文學通史》（下冊），上海：復旦大學出版社，2005 年 5 月版，第 779 頁。

樣，他所接近的團體與個人，並不能完全左右其創作風格、藝術水準乃至文學史地位。如果忽視了這些方面，簡單地給作家貼上各種不屬於他的生硬「標簽」，必然會影響到對其真實創作的全面把握。

（六）《前夕》研究述評

靳以惟一的長篇小說《前夕》，由於篇幅和題材的原因，是其所有創作中最受關注的作品。

1949 年以前，評論界都傾向於從時代主題與藝術表現兩方面來評價這部小說。如李長之認為，《前夕》除主題可取外，藝術上是失敗的，主要表現在布局死板，枝蔓太多，人物概念化、沉悶、呆板。〔註 78〕芷茵也表達了類似的觀點：「就時代意義來講，這無疑是一部里程碑式的著作！」不過，「我們在這裡看不到一二個突出的，生動的，具有著容貌、思想、性格、習慣、語言等全部完整性的人物」。「這表現在另一方面的也就是：作者常常把許多筆墨擲在一些瑣碎的生活細節的交代上，擲在一些一般的、籠統的沒有什麼特別意義可找的談話與動作上，而對於人物的心靈與精神的解剖工作，卻做得不很夠。」〔註 79〕

在 1949 年後的經典文學史著中，也基本持以上看法。如王瑤先生認為，《前夕》借一個大家庭來寫抗戰發生前的社會動蕩，「這企圖是好的」，但「這個題材沒有完成作者意圖中的那個廣大的幅面；比起當時動蕩的社會現實來，這裡顯得散漫而瑣屑。」〔註 80〕其它的評述如：「這部小說實際上所能展開的社會面並不很大，而且人物性格比較定型化，但是，這種有意識表現整個民族在抗戰中的前途的努力，實在是當時普遍的文學現象。」〔註 81〕最近，有論者對《前夕》做出這樣的解讀：「這部小說對現實現象的表現比較龐雜，人物刻畫也不夠細緻……根本原因還在於小說缺乏對時代，對民族，對人性，對日本侵略者更內在的反思。」〔註 82〕缺乏對生活的反思、提煉與昇

〔註78〕李長之：《〈前夕〉》，1946 年 5 月 15 日《時與潮文藝》第 5 卷第 5 期。

〔註79〕芷茵：《讀〈前夕〉》，1948 年 1 月 7 日天津《大公報‧文藝》。

〔註80〕王瑤：《中國新文學史稿》（下冊），上海：上海文藝出版社，1982 年 11 月版，第 437 頁。

〔註81〕錢理群、溫儒敏、吳福輝：《中國現代文學三十年》（修訂本），北京：北京大學出版社，1998 年 7 月版，第 501 頁。

〔註82〕陳曉明：《鬼影底下的歷史虛空──對抗戰文學及其歷史態度的反思》，《南方文壇》2006 年第 1 期。

華，是靳以一直存在的問題，而《前夕》的急就章印跡，更是相當明顯。以上論述，基本上概括了全書的創作取向與得失。

較爲獨樹一幟的是趙園在專著《艱難的選擇》中，對《前夕》中青年一代生硬的政治話語，予以理解的同情。〔註83〕總的來說，《前夕》中以靜玲爲代表的青年人，多是意念的傳聲筒，臉譜化、概念化嚴重，同現代文學中大量存在的同類人物譜系一樣，並不成功。

曹書文則從家族文化角度出發，認爲《前夕》與其它一些描寫大家庭生活的現代文學作品，「以其所揭示的思想深度與反映的歷史內涵贏得了當時及後世讀者的稱讚。」〔註84〕這顯然是過譽且較籠統的說法。其中還有自相矛盾的論述：

> 同是反映家族歷史變遷的長篇小說《京華煙雲》、《前夕》卻遠未達到上述同類作品的藝術高度，很重要的一個原因就是由於作家缺少封建大家庭的生活體驗……由此可見，一定程度的自傳色彩既是現代家族敘事作品的特色之一，也是作品藝術上獲得成功的重要因素，而這無疑應歸功於作家封建大家庭的生活經歷，是夢魘般的家庭生活帶給作家的寶貴饋贈。〔註85〕

實際上，靳以本人亦出身大家庭，其父亦是十分嚴苛的舊式家長。《前夕》沒有達到一定藝術高度的原因是多方面的，其中最重要的就是：追趕時代的熱忱，影響了藝術上的推敲與提煉，大量的宣傳鼓動性口號，淹沒了對人物和情節的打磨與雕琢。

（七）藝術風格研究述評

1.小說

綜合前述對於靳以小說的研究，多數都停留在內容與形式兩分的框架中，更強調靳以小說思想性的轉變，以內容衡量藝術，由此得出後期超越前期的結論；尤其是對於早期作品缺乏足夠的關注，這也就無法眞正看到靳以創作的精華所在，同時忽略了其藝術上漸呈退步態勢的客觀事實。同時，「平

〔註83〕趙園：《艱難的選擇》，上海：上海文藝出版社，2001年1月版，第228頁。
〔註84〕曹書文：《家族文化與中國現代文學》，北京：中國社會科學出版社，2002年12月版，第42頁。
〔註85〕曹書文：《家族文化與中國現代文學》，北京：中國社會科學出版社，2002年12月版，第45～46頁。

凡化」包括京派風格的界定，也是明顯的誤讀，從而忽視了靳以作品中更為突出的極端情緒化的一面。

此外，還有一些小說評價，同樣由於沒有從整體上進行把握，任意選取文本納入闡釋範疇，導致了削足適履的現象。比如，短篇小說《眾神》被某些論者譽為運用了「現代主義手法」〔註 86〕，實際上作品描寫在世間囤積居奇的商人死後升入天堂的諸多醜行，不過是一種慣常的諷刺手法，即把黑暗的社會場景由人間轉入天國，這也是中國古代小說常見的諷喻風格之一種，即「以鬼神世界來隱喻現實的模式」〔註 87〕。靳以在作品中尤愛通過群體聚會的方式，令諷刺對象集體展示諸般醜態。因此，《眾神》的意象是極為顯豁的，意旨也是極為清楚的，不宜歸入現代主義範疇。再如，有人認為靳以小說「不以情節取勝，而以深刻的心理描寫見長」〔註 88〕。由於過分拘泥於現實並受情緒宣泄的困擾，靳以小說的弊病之一，即難以對人物心理進行深入的開掘，寫出人物的複雜性。還有論者認為：「靳以創作於三十年代的小說，在抒寫失戀的痛苦，充滿了哀情怨意的告白中，大多也帶著意識流小說的痕跡。」〔註 89〕在這些強烈抒情的作品中，現實指向相當強烈，談不上意識流手法。趙園曾以靳以作品為例得出結論：「很難估量中國知識分子在現代史上承受過的壓力的分量。……不是現代派作品中那種壓迫感，而是政治壓迫感。這是中國人的生活現實，而生活現實勢必影響到藝術思維的方式。在那個時候，中國小說家不大可能用西方現代派的方式感受生活。」〔註 90〕的確如此，中國現代文學雖然也受過西方文學的滋養，也曾萌生過一些現代主義的質素，如魯迅的作品、新感覺派小說、以象徵主義為代表的現代派詩歌等，但在動盪的年代畢竟難以持續發展。從靳以長期的文學實踐來看，其立足點主要是現實人間，而且由於政治熱情高漲，無暇顧及藝術上的探求和創

〔註 86〕 嚴家炎：《嚴家炎論小說》，南昌：江西高校出版社，2002 年 4 月版，第 252 頁。

〔註 87〕 施軍：《敘事的詩意——中國現代小說與象徵》，北京：人民出版社，2007 年 12 月版，第 59 頁。

〔註 88〕 吉桉：《〈靳以　平民小說〉序》，見《靳以　平民小說》，上海：上海文藝出版社，1996 年 1 月版。

〔註 89〕 費劍秋：《文化與中國現代小說》，成都：巴蜀書社，2003 年 9 月版，第 335 頁。

〔註 90〕 趙園：《艱難的選擇》，上海：上海文藝出版社，2001 年 1 月版，第 129～130 頁。

新，距現代主義藝術實有較大距離。顯然，不考慮作家的整體創作情況，難免斷章取義。

　　還有論者把現代小說從體式上分爲抒情類和寫意類兩種：「抒情類小說比較側重於對敘述者的情感體驗和情緒心態的表達，從文體來看一般都具有比較強烈的個人獨白色彩。寫意類小說則比較側重於對生活意趣和人生體味的表達，在文體上多呈現爲講述色彩。」並把靳以的小說主要劃爲寫意一類。〔註91〕其謬誤是顯而易見的。姑且不說靳以在愛情小說中強烈的抒情色彩，即便在此後的社會批判小說中，抒情意味又何曾減弱？以 1940 年代的小說《衆生》爲例：「『誰殺了她呢？誰殺了她呢？』我的聲音雖然很低弱，我卻是喊給她的相識者們聽的，我是喊給人類聽的。」憤慨情緒的直接抒發是極其明顯的。除卻強烈的抒情，靳以作品還有相當多的議論色彩與宣講成分，前者如：「這樣的社會仍然屹然地存在這裡，張開了龐大的嘴，等著吞食這些尚有火氣的青年。」（《蟲蝕》）後者則充分體現在以《前夕》爲代表的充滿宣傳鼓動色彩的抗戰作品中。因此，「比較側重於對生活意趣和人生體味的表達，在文體上多呈現爲講述色彩」的寫意類作品，在靳以筆下是不多見的。強烈的社會責任感與文學工具觀，支配著靳以的創作生涯，他也極其反對一切與現實人生無涉的閒適格調。正由於無法平復經常處於激憤狀態的心緒，靳以的多數作品呈現爲火山爆發一樣的激情噴湧，具有強烈的時代感與現實意義，然而也帶來了共同的藝術弱點，即一覽無餘、缺乏含蓄、不耐咀嚼。

2. 散文

　　相對於小說，對靳以的散文研究極少，往往是在一些文學史著和散文專史中略做提及。俞元桂主編的《中國現代散文史》，把靳以各個時期的創作融入整體構架中，分別進行了點評，不過基本是以正面性的肯定爲主，缺乏更深入的探討。

　　林非從作品的格調與對社會的揭露力度來剖析靳以的散文，認爲靳以面對殘酷和黑暗的人間，「只是悲哀和感傷地歎息」，「這就決定了他的作品，不

〔註91〕參見馮光廉主編：《中國近百年文學體式流變史》（上），北京：人民文學出版
　　　　社，1999 年 10 月版，第 193～201 頁；亦見季桂起：《中國現代小說體式的
　　　　現代轉型與流變》，濟南：山東大學出版社，2003 年 11 月版，第 186～189
　　　　頁。

能夠充當時代的號角，產生震撼讀者心靈的力量。」同時認爲，靳以從抗戰開始，「在藝術風格上也發生了變化，憂傷和纖細的調子消失了，逐漸地走向樸素和堅實。」這顯然也持明顯的前後分期的看法。靳以的散文與小說相比，更保持了一種相對穩定性的特徵，即在充滿憤怒的宣瀉中，偶有清新素樸之作出現。林非還認爲，從《人世百圖》開始，靳以「抒情的筆調也幾乎完全消失了」，對此他進行如下反思：「改變了憂傷和纖細的感情，這自然是好的，不過如果完全丟掉了感情的色彩，這就在藝術上造成了不應有的損失。」「一個作家在自己藝術風格的發展中，如何能夠發揚長處，去掉短處，而決不是連自己的長處也丟失了，這似乎應該是值得注意的問題。」〔註 92〕這是獨樹一幟的公允之論，也是對靳以在「從個人到眾人」的旅途上漸漸迷失自我的一種有力警策。

　　蔣孔陽曾對靳以的散文創作如此概括：「靳以是忠實於生活的作家，他寫景寫物，都沒有離開生活。生活的困頓，使他的作品沒有能夠走上澹泊、寧靜、超然的境界，而是走了另外一條路子，那就是在生活中掙扎，在生活中打滾，描寫出生活中的苦痛和歎息。」〔註 93〕這是恰切的評價，尤其相對於將靳以與京派文學牽扯在一起的不確評價，更是有力的反駁。

　　總的來說，靳以作爲散文家的地位是不遜於小說家的，不過其真正優秀的散文作品，如《貓》《鄰居》《霧》《江南春》等，則很少得到應有的關注。

3. 小說與散文的近似性

　　靳以小說與散文具有近似的特點，這點早已爲人所關注。李廣田在 1940年代有過「小說家的散文」的評論：「因爲作者是小說家，他們偶而也寫散文，也就有了小說的長處：比較客觀，刻畫，嚴整，而不致流於空洞、散漫、膚淺、絮聒等病，──而這些卻正是散文所最易犯的毛病。」〔註 94〕其中就以靳以作爲例證。俞元桂主編的《中國現代散文史》，同樣注意到包括靳以在內的一些小說家所寫散文的小說化傾向，認爲「他們在記敘體散文方面

〔註 92〕林非：《現代六十家散文札記》，天津：百花文藝出版社，1982 年 7 月版，第
　　　　154～155 頁。
〔註 93〕蔣孔陽：《〈靳以散文選集〉序言》，見章潔思編《靳以散文選集》，天津：百
　　　　花文藝出版社，1995 年 8 月版。
〔註 94〕李廣田：《文藝書簡·談散文》，見佘樹森編《現代作家談散文》，天津：百花
　　　　文藝出版社，1986 年 7 月版，第 330 頁。

融化了短篇小說的某些觀照方式和表現手法，以適應社會性紀實題材的表現需要，使記敘體散文帶有小說化傾向。」〔註95〕並認爲靳以以小說手法寫作的《人世百圖》「對現代散文作出了新的貢獻」〔註96〕。此後也有研究與上述評論相似，即關注靳以的小說家身份如何促進了其散文的創作，且基本以正面評價爲主，如「善於講述故事，烘托環境氣氛，使他的作品與同時代作家的散文相比別具一格。」〔註97〕

以上評價值得商榷。如《人世百圖》可以作爲靳以以小說手法寫作散文的代表，但絕非成功的代表，因爲許多作品以動物簡單地影射人間醜類，由於辭氣頗爲浮露而並不耐讀。也可以認爲，這恰恰是靳以小說化散文的敗筆，即小說筆法對散文創作的負面影響。總之，這些評價頗多溢美色彩，但並非有的放矢，靳以眞正優秀的小說化散文如《鄰居》《旅中短記》等，並未得到充分的闡釋。

還有一個比較重要的問題，即靳以小說與散文近似特徵的內在原因，迄今未見深入探討。

三、小結

綜上所述，目前對靳以的研究既不全面，且問題不少。

對靳以編輯思想研究的欠缺及其原因在於：一是受制於文學編輯研究中的一些誤區，流於空泛，而沒有結合作家整體文學創作和文學觀念進行深入研究，這對於長期被誤讀的靳以來說，尤爲重要；二是由於靳以編輯的刊物具有編輯人員較多的複雜性，尤其是初次接編的《文學季刊》，雖然他承擔主要編務，但是在選稿方面有多大的權限則要細加甄別，這才不致被期刊的面目遮蔽其獨特的編輯思想；三是由於年代久遠，史料匱乏，靳以在編輯時的具體選稿標準與趣味，的確較難考證。以上欠缺也是目前許多文學期刊編輯思想研究大同小異、缺乏深入開拓的寫照。比如關於靳以的描述性評價如強烈的責任感、發現文學新人等，有很多移用於其它著名編輯家，亦無不可。

〔註95〕俞元桂主編：《中國現代散文史》（修訂本），濟南：山東文藝出版社，1997年9月版，第345頁。
〔註96〕俞元桂主編：《中國現代散文史》（修訂本），濟南：山東文藝出版社，1997年9月版，第274頁。
〔註97〕莊漢新：《中國二十世紀散文思潮史》，北京：學苑出版社，2005年12月版，第108頁。

為此，結合靳以的創作實踐與文學觀念，以此還原其編輯思想，不失為一條有效的路徑。

存在問題更多的是對於靳以文學創作的研究，其原因試分析如下：

第一，這是由靳以本身的文學經歷與創作實績所決定的：「靳以在創作上並非是得風氣之先開創某一流派之人，也算不得風格獨特自成一家的作家，而他為 20 世紀中國文學的發展做出巨大貢獻的編輯工作本身就是幕後的寂寞事業，自然容易湮沒在歷史的喧囂中。」〔註98〕

第二，存在以人格論文品的弊端。在許多人的回憶中，靳以為人寬厚、待人友善，其「平凡化」創作風格的定位與此不無關係，這也就忽視了其作品中極端情緒化的一面。而靳以於 1959 年去世，對其研究亦有許多為逝者諱的因素，即多帶有緬懷性的溢美成分。最典型的例子，就是對以《聖型》為代表的早期愛情作品進行人道主義的誤讀，從而既遮蔽了作家對待女性非常苛刻而偏激的態度，也大大忽視了這些作品對此後創作的影響。在這點上，還是曾與靳以共事過的文學史家唐弢的評價，更為客觀和獨到：「他給我的印象是熱情，慷慨，容易接近。雖然看人看事往往顯得不細緻，不深刻，不善於提高起來作進一步的分析，然而卻能夠觀其大略，敏感地指出問題的所在。他有一股衝動，永遠是臨陣作戰時商量進軍的好夥伴。」〔註 99〕這裡雖然是以讚揚為主，但靳以在為人方面給予文學的負面影響也暗含其中，如相對簡化的創作思維、作品打磨上的欠缺等。此外，還必須考慮這樣的因素：「儘管寫作從未中斷，可編輯工作似乎在他的心目中顯得更為重要。」〔註100〕一方面，繁忙的編輯工作可能會影響到靳以的寫作質量；另一方面，其高產的背後，亦折射出利用本身工作特點可以多發稿件的便利〔註101〕，這就難免推出一些藝術上無法保障的急就章。

第三，還暴露了傳統研究中的一些問題：首先，表現在或以題材和內容為依據，或以作家的宣言為依據，將靳以的創作一刀切為截然不同的時段，

〔註98〕周立民：《從個人到眾人——章靳以教授傳論》，見陳思和、周斌主編《名師名流》（下），桂林：廣西師範大學出版社，2005 年 9 月版，第 633 頁。

〔註99〕唐弢：《寫於悲痛中——悼靳以》，見艾以等編《百年靳以紀念集》，香港：香港文匯出版社，2009 年 9 月版，第 253 頁。

〔註100〕李輝：《蕭乾傳》，南京：江蘇人民出版社，1993 年 9 月版，第 94 頁。

〔註101〕靳以主編的許多刊物都頻繁地發表了自己的作品。當然，這也可能是針對稿源不足使然。

忽視了作家的整體創作傾向。其次，陳陳相因，對前人的結論缺乏深入辨析，比如蕭乾在 1930 年代的一些觀點就一直沿襲下來，這是一種典型的「批評的淤積」現象：「一旦某種批評意見在被提出過一定的次數以後，評論者就會或多或少地感到必須承認這種意見是具有真理性的。」〔註102〕最後，由於靳以文學活動的複雜性，有人從其文學活動區域、接近的文學團體等方面出發，生硬地將其歸屬為某一流派或團體，既曲解了靳以的創作，又遮蔽了其獨特之處。直至今日，在作家研究中仍存在這樣的普遍認識：「一個作家的成長，總會有著一個大背景和某種文化淵源。研究這種背景和文化淵源，可以給作家以宏觀定位，從而能從廣泛的聯繫中，對其創作有更深一層的探索。」〔註103〕這種取向如果無原則地任其泛濫，很容易導致對作家貼標籤式的簡化處理。

最後，對靳以研究不夠還有一個重要因素，儘管迄今為止靳以的文集出了不少，但所選的作品主要局限於「呼喚光明」的一面，遠遠不能體現其創作的全貌。一些很有特色的作品如《洪流》《夜》等，長期湮沒無聞，沒有引起足夠的重視。後人也多是根據普遍流行的作品版本來解讀靳以，影響了對其進行全面研究，楊義的《小說史》，在這方面就是一個典型例子。

綜上所述，「文學研究的合情合理的出發點是解釋和分析作品本身。」〔註104〕這種常識，對於靳以創作研究還是應當充分記取的。

第三節　研究思路與主要內容

本文擬在前人研究的基礎上，尤其是鑒於以往的諸多問題，對靳以的整體文學活動做進一步的細緻探查。

第一章探討靳以的愛情小說，兼及 1935 年以前的早期作品。這一部分歷來是文學史一筆帶過的。不過，如果忽視了這方面的內容，必然影響對靳以的全面研究。在這一部分，擬對以《聖型》為代表的小說作品重新解讀，匡

〔註102〕雷・蒙克語，見〔英〕朱利安・巴吉尼、傑里米・斯唐魯姆編：《哲學家在想什麼》，王婧譯，上海：上海三聯書店，2006 年 12 月版，第 156 頁。

〔註103〕鄭娟：《文化合力與理性超越——淺論蕭乾小說創作與京海文化》，《社會科學論壇》（學術研究卷）2009 年第 7 期。

〔註104〕〔美〕勒內・韋勒克、奧斯汀・沃倫：《文學理論》（修訂版），劉象愚等譯，南京：江蘇教育出版社，2005 年 8 月版，第 155 頁。

正以往人道主義闡釋的誤區；同時對靳以創作的極端情緒化風格進行探討，並揭示對此後創作的重要影響；以《蟲蝕》三部曲爲例對其愛情小說複雜面貌進行探討；結合其它題材的優秀作品，討論靳以早期作品在整個創作中的可貴性。

第二章對靳以創作中鮮明的民粹傾向進行剖析。靳以始終是一個「從個人到眾人」的追求者，但是這種充滿民粹色彩的追求又是很不穩定的，經常被一種明顯的悲觀主義所顛覆和瓦解，這也是現代知識分子在走向大眾過程中特有矛盾性的體現。靳以作品中還有非常醒目的一點：在對人世極度厭憎的情況下，不時表現出以一種天啓式的極端暴烈手段毀滅一切的衝動，這也是民粹主義經常轉化爲無政府主義的表徵。正因如此，靳以走向眾人的追求充滿著虛幻色彩，理想中的民粹大廈極易坍塌。

第三章對靳以作品中強烈的批判因素進行闡釋。靳以從開始創作就表現出對黑暗現實的強烈反抗精神，並一直以激烈的社會、人性批判者自況。但由於對社會、城市、知識分子、賣國者的批判多是直奔主題的，意念化、模式化痕跡都非常明顯，也體現了作家一直尊奉的現實主義創作的局限性。

第四章對靳以惟一的長篇《前夕》進行解讀，這部作品也是其愛國精神、憂患意識、批判色彩的集大成之作。在建構史詩性作品的宏大計劃中，不可避免地帶來追趕時代的急就章痕跡，這也是其整個創作局限的集中體現。小說的可貴之處，在於塑造了靜宜與黃儉之這樣較爲生動、鮮活的人物。

第五章研討靳以散文與小說互滲的內在理路，由此進一步探討其文學創作的出發點和整體觀念。在怨恨情結的驅動與主動放逐詩意的情況下，靳以的創作呈現爲明顯的散文體方式，並大大影響了整體藝術水準。值得注意的是，靳以的散文與小說相比，具有更長的藝術生命力，優秀作品也更多一些，對此予以深入闡釋與解讀。

第六章通過靳以的文學活動、文學觀念來闡釋其編輯思想，主要著眼於對以往研究中存在的問題進行辨析、匡正。通過對其編輯與文學活動的互動性探討，可以更加明晰地審視靳以的整體文學思想。

第一章　豐富多姿的創作起點——
　　　　靳以早期小說解讀

　　靳以在復旦大學求學期間（1927～1932），就開始發表愛情題材詩歌和小說。大學畢業不久，即承擔了《文學季刊》與《水星》的主要編務，同時筆耕不輟，僅在 1933～1934 一年間，最早的四部小說集《聖型》《群鴉》《青的花》《蟲蝕》相繼出版。這些以愛情題材為主的早期作品，在靳以整個創作旅程中具有重要作用。除了大量濫情式作品，靳以 1935 年以前的創作，亦有不同題材、不同風格的佳作出現，相比於此後日益模式化的寫作，體現了一個年輕作家的才華。而在以往對靳以的研究中，往往更多著眼於思想內容而忽視這一部分創作。欲全面理解靳以，對此實有深入解讀之必要。

第一節　「女難」爆發的情感火山

一、揮之不去的厭女症

（一）憎惡與定性

　　伴隨著靳以大學畢業走向人生旅程的，是一場刻骨銘心的愛情風波。在他的前三部小說集《聖型》《群鴉》《青的花》共 27 篇作品中，有四分之三的篇幅以男女情感糾葛為主題，而其中最主要的傾向，則是對女性貪戀金錢、背棄情感的強烈譴責。從濃重的感傷與絕望，轉而對女性產生強烈憎恨，到對其做出惡劣品質的定性，是這些小說的主要題旨。

現在已經公認的看法是：這些作品源自靳以自己在大學期間的失戀經歷。他沒有選擇父親為他謀好的銀行工作，而選擇了文學道路，作為大學同學的女友對此不贊同，最終與一名銀行經理走在了一起。〔註1〕對於靳以的早期作品，巴金這樣回憶：「那個時候我們的文章裏都帶了點憂鬱的調子，他的憂鬱氣更濃。他在個人的感情生活裏受到了傷害，還沒有完全擺脫那些痛苦的回憶。」〔註2〕

「憂鬱」還不足以代表靳以愛情小說的風格。這些作品彌漫著濃重的感傷與絕望，及對女性發自心底的強烈憎恨：

> 說我也能為了她之無情而能忘懷她麼？一時間我也能答應著，說我能這樣做的。於是我就想到她如何陷我於悲慘的境況之中，如何背叛了一切的誓言。我還能想著她最醜惡的行動，和她那種種不良的習慣。但是過往好日子的追憶，總是如黑影一樣的障在我的心上。我想使它淡下去，或是消減下去；可是我沒有能如願，它反能更清朗地出現，使我永遠感受著苦痛。在深夜裏我就流著淚……我每想到她從前對我的溫存，我的心就像被針似地刺著。我想要大聲地哭出來或是叫出來，可是我沒有那樣做：而那黑影呢，像是成為更龐大而濃厚地籠罩了我的全身，我不能逃出去，我只能連抽噎也忍著地哭泣著……（《黑影》）

> 從那一次的刺激之後，他就成為這樣子了。他對於所有的女人都懷恨，他成天在街上蕩來蕩去。他極力發揮著深潛的性情，他吃過許多苦，他也過了這七八年的日子。

> 所以，要知道，他不是生來就為人取笑的，這也有可哀傷的遭遇支配著他。現在他是不懂得如何去傷心了，假使他能追想過去的人，悲傷一時不能離開他，生活將成為更黯淡的了！（《女難》）

以至在對負心女性的傾訴中，出現了有失節制的露骨的咒罵：

> 你一定要我說麼？那也好，說說自己吧。假使我要是一個女人，我就情願去做一個娼妓。因為若是一個女人就和一切的女人相同，那麼我絕不引正直的理由，用上帝給我的特殊容貌，以求安逸

〔註1〕 參見南南：《從遠天的冰雪中走來──靳以紀傳》，「失戀」一節，太原：山西人民出版社，2000年1月版；亦見陳清：《章靳以與王右家沒有任何瓜葛》，2002年9月18日《中華讀書報》。

〔註2〕 巴金：《他明明還活著》，《收穫》1959年第6期。

　　舒適的生活。我不是陰險的，也不是玩弄人的，我是以相宜的代價
　　出賣我的身體。(《青的花》)

　　顯然，在痛不欲生的失戀折磨中，作家的心緒已經悲愴到極點，小說幾
至完全成了發泄痛苦的渠道。除了直抒胸臆的盡情宣瀉，更值得注意的是，
靳以爲失戀的原因，乃至女性的本質做了斬釘截鐵的定論：

　　　　不是因爲窮，才失去了心中所愛的女人，而使自己深深地感到
　　悲傷麼？……他的心中轉念著：「還是這樣的女人〔註3〕容易對付，
　　因爲她們說是要錢的，像其它的，裝成忸怩的樣子，使男人摸不清
　　她們，用好聽的名詞說出她們的心願，稍有一點呆笨的人，就不能
　　明瞭她們，這不就該使傻男人陷在一個人扮演的悲劇之中嗎？」
　　(《沈》)

　　　　對於這女人的特性，君是早已深知的了：倔強，驕縱，詐偽，
　　放浪，善於揮霍。她可以用很巧妙的方法來欺騙一個男人，而那被
　　騙的絲毫不知她的技術。她有美顏，流利的口才。而且也完完全全
　　是現代社交中的一個少女。她對於愛的施與是普遍的，只要她能得
　　著物質上的滿足。(《結束》)

(二)原罪與懲罰

　　失戀對靳以的打擊相當大，甚至影響了他的人生觀和整個創作歷程。在
散文中他這樣寫道：「一件能把任何年輕人折磨至死的事件把我投入痛苦之
中，我立刻就像是失去了自己的年輕，頓然覺得是與中年相近了。」(《短簡
(五)又說到我自己》)而對不義女子「原罪」的懲罰，亦大量進入了不同時
期的小說文本。

　　前三部小說集中，就出現過將憎恨轉爲瘋狂報復的《古龍》：經歷了愛情
失意的男主人公，讓一名年輕的侍者與女子逢場作戲，待女子產生眞情時則
馬上將其拋棄。此外，曾經有負於男性的不義女子，從懺悔直至死亡，在
《林莎》《凋之疊》中都曾出現過。在此後不以愛情題材爲主的創作中，女子
以贖罪方式獲取靈魂永生的故事，在連續性中篇《秋花》(1936)和《春草》
(1946)中不斷上演。《秋花》的男主人公方明生，經過牢獄生活的摧殘，將
不久於人世。曾經在情感上欺騙過他的青出現了，儘管得不到方的原諒且不

〔註3〕指舞女。

斷受到他的惡語申斥，她「自己都不知道為什麼會重生了對他的愛」，並表示：「我來服侍你，算是我的贖罪也好。……我一點不會違拗你，我一定如你的意做。」青就這樣悉心照料方，直到他去世，並在結尾與其家人一起為他下葬。這自然令人聯想到早期作品男主人公在對女性激憤譴責過後的請求：「……當我死了，在你的方便之中到我的墓上來看一下。看一看掩在亂草之下的是你曾經愛過的人，懷了一腔的哀怨葬在這荒野的地方。」（《青的花》）。由此來看，青的悔過固然令人感到突兀，其背後仍是作家無法釋懷的愛情心魔。為了突出青的懺悔精神，《秋花》還設立了方仍然深愛著的另一位前女友──冷漠自私的苓為參照。在《春草》中，兩位女性則全部面目一新，最後在與日本侵略者的鬥爭中英勇犧牲。從文本表層來看，她們是在方明生博愛精神的感召下，完成了自我救贖和靈魂蛻變，而其隱含意味則是：無論青與苓，其原罪都是難以寬恕的，感情的債務必須以死亡的方式清算了結。這正如苓這樣揭示青與自己毅然赴死的心理：「也許她情願死，因為死使她接近了她心裏的愛人。」「果真要是連累上了……那我也不愧是明生所愛的。」實際上，方明生在《秋花》中，只是一個極度頹廢、充滿怨恨的「多餘人」，與作品中對其頌揚的博愛精神根本不符，不過是早期小說中經常出現的失戀者的縮影。

靳以小說中的女性，還有一些是貪戀物欲享受的化身，如《教授》《賣笑》中主人公的妻子。即使是日常生活中的女性，也往往以一種令人不快的方式出現，《人間人》中的教授之妻，就是未見其面先聞其聲：「一個尖銳的女人聲音，猛然地叫了起來。」在《早春的寒雨》中，則更有甚者：「二樓的女人才起來就用破嗓子向著對面二樓的女人招呼，像用指甲抓著搪瓷臉盆那樣的聲音。」即使在散文中，普通女子也被予以「妖魔化」的處理，在《鄰居們》中的《女人們》一節，極盡誇張地描繪鄰里女人為了小事而爭吵的場面：「她們真就都是一個個勇敢的戰士，虎虎地發動了。吼叫的聲音是上天入地，好像要一口把對方吞了似的……」「若是一直這樣發展下去，對方很容易就湊到一處，互相揪著，翻到地上，像兩隻在坑裏的豬似地滾著。」

把個人感情風波寫進作品的作家，文學史上不乏其人，但像靳以這樣長期沉溺其中，並影響到其人生觀和創作觀，乃至在極大程度上導致對社會、人類幾近扭曲的看法，並相當直接、執著、極端地用文學方式傳達出來，卻極為醒目，也限制了他的文學成就。

二、偏激心態的孕育

（一）成長經歷與敏感個性

在靳以早期作品中，體現了一種極端情緒化的文風。除了對女性帶有極端偏激色彩的攻擊，主人公對待愛情的態度，也在情感的肆意發泄中變幻不定。對女方的變心忽而說「也不必把這責任完全推到社會上去」（《青的花》），忽而又說「她的沉落，是起始於她第一步踏進了社會的圈子。」（《灰暈》）既而對對方充滿無情的罵詈與詛咒，繼而又說：「如果她肯和我去生活，我自己說出來我願意設法漸漸習於大都市近代的享樂。我不惜把自己變成被人稱為『女人的男人』，我想學跳舞，我也要習於抽煙，喝酒。」（《黑影》）

在靳以身上，顯然，「多愁善感是他性格中一個非常重要的因子，也是他早期創作中揮之不去的情調。」〔註4〕靳以在散文《火》中，就有一種對自己郁郁寡歡個性的描述：「當著孩子的我被投到陌生的孩子群中，我已經是十三歲了。我沉默，歡喜獨自消磨自己的時間，被所有的人都目為乖僻的傢夥。」此外，在靳以研究領域，對包括《聖型》在內的許多小說將哈爾濱設為故事的背景，一直沒有引起足夠的重視。而關注這一點卻是極為必要的，因為北國的童年經歷，對靳以的生命個性塑造具有重要意義。儘管老家在天津，由於父親長期在東北從事五金生意，靳以童年大部分時光都在瀋陽度過，也曾在哈爾濱盤桓。父親對兒子十分嚴厲，女兒在傳記中這樣記述靳以與弟弟們對他的畏懼：「祖父的嚴厲於他們猶如寒冬永遠不會融化的冰雪。父親的童年於是就包裹在北方自然界的漫天冰雪以及祖父人為的冰天雪地之中。」〔註5〕因此，靳以「早在人生的最初就飽嘗了孤獨」〔註6〕，伴隨著孤獨的則是陰鬱與憂愁的體驗。在一篇以自己童年生活為藍本的小說的開始，就出現了令人恐怖的嚴寒，和主人公煉哥無比壓抑的心理：

> 老北風吹了一整夜，像無數野獸的嚎叫，把頭盡自向著被裏縮，寒氣還是從上面灌下來，頭頂涼得像一塊冰。

〔註4〕周立民：《從個人到眾人——章靳以教授傳略》，見陳思和、周斌主編《名師名流》（下），桂林：廣西師範大學出版社，2005年9月版，第635頁。

〔註5〕南南：《從遠天的冰雪中走來——靳以紀傳》，太原：山西人民出版社，2000年1月版，第8頁。

〔註6〕章小東：《尋找爸爸靳以五十年》，見艾以等編《百年靳以紀念集》，香港：香港文匯出版社，2009年9月版，第43頁。

閉著眼睛是黑的，睜開了也是黑的。蜷屈著的身子和腿，才稍稍地直了些，又縮回去，為了那難耐的寒冷。夢裏好像還是好春天呢，花草在笑，鳥在叫，聞著的是些使人覺得一點窒息的濕土氣；才一醒了來，就知道鳥是早已飛遠了，這正是塞北的嚴寒十月天。

（《遠天的冰雪》）

煉哥和弟弟走出家門後，難耐嚴寒而中途返回，因此受到父親木板打手的嚴厲責罰，這給煉哥帶來如此感受：「正像充滿了天地的無情的冰，無情的雪，還有那無情的風。」「一層冰，又一層雪，使人永遠也想不到有溶化的一天。」正因如此，靳以在書本中，找到了逃避痛苦的最佳方式。據女兒描述：「北國冰雪皚皚的時節，無論老北風在戶外如何肆虐，無論花廳裏還是那麼陰冷暗黑，但只要手捧一本愛讀的書，父親就會忘了嚴寒，忘了膽怯。他小小的臉兒不再憂鬱，書本驅走了他童年的孤寂，為他的生活展現了新的風景。」〔註7〕一位作家這樣總結童年與創作的關聯：「一般認為作家的童年多少與其事業相關，但若細看各作家的童年，你會發現其實每人都大不相同。然而這些童年常有個共通點，就是書本和獨處」〔註8〕。在孤獨中閱讀對於靳以又有獨特的意義：這既是一個少年的心靈慰藉，書本中的世界又使他對自由產生格外美好的嚮往，也越發讓他對現實人生產生殘酷和陰冷的認識。在《姊姊》《父女》等小說中，都出現了對女兒婚姻有過粗暴干涉的嚴父形象，濃厚的審父意識，極可能在靳以幼小的心田中，播下了仇恨與反抗的種子。

「少年時代產生的幻滅感和孤獨感雖然顯得有點幼稚可笑，但是它們到了成年人的生活經驗之中非但不會消失，而且會變得更強烈、更徹底。」〔註9〕靳以即使站在成人的角度回望過去，童年世界仍像嚴冬一樣寒冷。正是這份獨特的記憶，與靳以的愛情經歷，產生了某種奇妙的內在關聯：當突遭失戀的打擊，由幸福的頂點跌入痛苦的深淵，童年記憶中大自然與嚴父帶給他的雙重寒冷感受，也許就在這一刻全部浮現。「現時感受與往日感受間

〔註7〕南南：《從遠天的冰雪中走來──靳以紀傳》，太原：山西人民出版社，2000年1月版，第14頁。

〔註8〕〔加〕瑪格麗特‧艾特伍德：《與死者協商──瑪格麗特‧艾特伍德談寫作》，嚴韻譯，上海：上海三聯書店，2007年4月版，第5頁。

〔註9〕〔美〕克林斯‧布魯克斯、羅伯特‧潘‧沃倫編著：《小說鑒賞》，主萬等譯，北京：世界圖書出版公司，2006年12月版，第162頁。

的距離像被施了魔法，奇跡般地變成同時的感受。」〔註10〕在《聖型》的開始，即有這樣的話語：「在哈爾濱，深秋的夜已經能有冬日的寒冷。」可以想見，此刻的感受，更多是心理上的。童年記憶與作家失戀後淒清落寞心境的高度契合，或許就是寒冷的北國作為靳以早期小說背景經常出現的潛在因素吧。

在自傳體小說集《遠天的冰雪》中，與嚴父形成鮮明對比的是慈母的形象，她總是竭盡所能地祐護著經常處於恐懼中的孩子。對母愛的歌頌是靳以創作的母題，母親是他永遠的心靈港灣。不過值得注意的是，有時母子間的情感表達幾至病態，如這樣描述一位與母親分別了只有六天的中學生回家時的場景：「他幾乎是跪在地下，把頭放在她的膝上，母親的手攏著他的頭髮，他覺得這世界上他是獨一快活的人了，他的眼睛裏裝滿了快樂和感激的淚水」（《小花》）。由此也就不難理解，在靳以的早期作品中，男性對女性都有一種對母親般過分依戀的表現。如在《灰暈》中，主人公說過「我有孩子一樣的任性」，他生病時就感到身邊的女友「像小母親一樣」；《教授》中的主人公在妻子面前，「像是抱在陌生人手臂裏的嬰兒尋找他的母親一樣，他的眼睛像是叫著：『媽，媽，快來抱我一抱！』」

從精神分析學說出發，以上作品的戀母情結是異常明顯的。不過在此基礎之上，還可做進一步探討。弗洛伊德的後期著作認為：人類由孩童走向社會，是一個不斷地拋棄本然自我，建立虛飾自我的過程。如果這樣的過程在一個人身上沒有完成，那他就是不成熟的人，精神心理會常處在一種赤裸的狀態。如果他還天性敏感，就更易於感到與現實難以溝通以及由此帶來的傷害。在一種強烈的「固著」意識驅使下，是會產生過激反應的。〔註11〕靳以愛情小說中男主人公的任性使氣、反覆無常，確實像長不大的孩子。而且這種嚴重的情緒化症狀，始終籠罩著靳以此後的創作。縱觀其創作歷程，靳以始終就像一個「五四」文學青年，而沒有走向最終的成熟。

靳以對女性態度的極端性，又顯然具有明顯的攻擊與報復色彩。人作為動物性存在，具有惡魔性一面，即主要表現為天生的暴力傾向，弗洛伊德將其歸結為始自童年的攻擊性與侵犯性本能。還有心理學家得出類似的結論，

〔註10〕〔法〕保爾・利科：《虛構敘事中時間的塑形》，王文融譯，北京：生活・讀書・新知三聯書店，2003年4月版，第261頁。

〔註11〕參見〔奧〕弗洛伊德：《一個幻覺的未來》，楊韶剛譯，《弗洛伊德文集》（第五卷），長春：長春出版社，1998年2月版。

認爲報復心理的來源和強度始於童年時代——「極爲惡劣的人生經歷」「會對一個高度敏感的孩子造成極大打擊。」由此發展，「報復型的人試圖用一種簡便而徹底的方法來消除這種苦惱：他說服自己他就是不可愛，可他不在乎。這樣，他便不再急著去取悅他人，但至少在他心中，他可以隨意有滿腔的痛恨。」〔註12〕在靳以早期小說中，經常出現一種自虐式的描寫，比如在《青的花》中，對移情別戀的女友，男主人公就這樣說：「我一定沒有作爲，決不會有錢，甚至於流落在街頭，你就可以給一個好結論：『我就知道他是一個沒有用的人！』」自暴自棄的「多餘人」，遍佈於靳以此後的創作中。

總之，靳以的成長經歷與愛情小說之間，有一定的內在關聯。而由個人經歷所孕育滋生的愛情心魔，在靳以筆下常泛化爲一種典型的極端敘事模式，這在1930年代中期以後的批判性作品中，還有更突出的表現。

（二）自戀情結與男權話語

靳以筆下的男主人公，往往是自卑與自戀的統一體。對自己在戀愛中的態度，靳以始終缺乏反省。在對女性極爲苛刻的同時，則是對自身的無比寬容乃至讚美，如在散文中如此自我表露：「像他那樣的一個人，是使所有見了他的人都喜歡的。純然有著忘記了自己的心念，爲了友人，什麼樣的苦也肯忍著。早已是成年人了，仍然有著孩子的天眞，不也是很足珍貴的麼？」(《寂寞的心》)從如此自戀心態出發，當然就可以隨意貶低女性，從而突出自己的道德品性了：

> 埋怨我不該從前對你過於嚴厲……這話是一點也不錯，我曾極力禁止你放縱於近代女人無意義的享樂，甚至於一點也不許你接近這種癖好。我是固執的，我的心是狹小的，而我決不是自私。爲一般年青人所喜愛而我不許你沾染的我自己也決不違犯。我自己不也是常和你說：「依是沒有一點值得人愛的，除開一點點的正直。」
> (《青的花》)

文中的「依」，就是男主人公的名字（靳以曾用筆名章依）。在靳以的小說中，多次對他心目中「近代女人無意義的享樂」，包括跳舞、吸煙、喝酒、穿高跟鞋、塗口紅等，表達過強烈的厭憎。在這種戀愛觀中，鮮明地傳達了一種男權思想，女性實際上成了男性價值觀念的投射。《青的花》還有這樣的

〔註12〕〔美〕卡倫‧荷妮：《神經症與人的成長》，陳收等譯，北京：國際文化出版公司，2001年1月版，第200頁。

表白——「上帝造女人的時候就沒有給她們靈魂」,「從我的經歷上,我也知道這話是不錯的」,這既如赤裸裸的西方中世紀教會「女人無靈魂」的論斷,也折射出「惟女子與小人為難養也」(《論語·陽貨》)的中國傳統文化對女性的巨大歧視。

弔詭的是,靳以給後世留下的印象,卻一貫是謙和與寬容。實際上,從其創作卻分明可以看出,即使在以反封建為己任的新文學傳統中,「由於父權制意識形態強大和持久的影響力,除非敘述者對男性無意識有著清醒的認識和反思,沒有哪個敘述者能夠脫離厭女症的籠罩。」〔註13〕進而言之,靳以對女性的態度甚至並不完全源自失戀,這是有據可查的。從他發表於失戀或者是戀愛之前〔註14〕的作品中,就有明顯的男權思想存在,對女性表達了一種極為偏激的認識。如在詩歌《毒了的玫瑰》〔註15〕中,稱擁有「豔容」的異性為「毒了的玫瑰」,並使「我輾轉於人生的慘悲」。靳以創作的第二個短篇小說《沉落》〔註16〕,更是出現了非常醒目的關於女性的論斷:「她原是一個大都會的產物,她的罪惡正如她的美麗。自傲,倔強,放蕩,乖僻,慕虛榮;最大的惡性,還是她的虛偽。」磐石開始是以兄長的身份,對同校的麗嫣加以照顧,不過「使他最不放心的,還是她的貞節。」二人互有好感後開始親近,後來女方淪為舞女,開始視感情為遊戲。磐石便斷言「女人原是欺騙人的,愚弄人的!」而且認為既然已經佔有了其肉體,她就應該永遠屬於自己,最後見對方無意悔改,就暗自在酒中下毒與其同歸於盡。文本中摻雜著自私的男權觀念、褊狹的紅顏禍水論、女性貪戀都市物欲享樂的斷語,乃至不能擁有就將其毀滅的強烈報復行為。

再舉一例。在早期小說《手車夫》中,靳以表達了相當激進的思想,書寫一位普通勞動者丙生走向革命道路的故事。本文發表於1932年4月的《南大周刊》,按照時間來講,靳以或許還在戀愛中或許剛剛失戀。敘事結構是以人物的政治性轉變為主,然而卻很突兀地插入了關於愛情的話題。雖然整個敘事語氣較為溫和,卻有飽經滄桑之感。小說是這樣開始的:「不知道是為了

〔註13〕徐仲佳:《性愛問題:1920年代中國小說的現代性闡釋》,北京:社會科學文獻出版社,2005年7月版,第175頁。
〔註14〕靳以戀愛時間約在1930~1932年,參見陳清:《章靳以與王右家沒有任何瓜葛》,2002年9月18日《中華讀書報》。
〔註15〕原載1929年10月14日《語絲》第5卷第31期,署名章依。
〔註16〕原載1930年9月10日《小說月報》第21卷第9號。

什麼，和在什麼地方，和在哪一個時候，丙生是被生在這個世界上。不只是旁人，就是他自己對於這些問題也是茫然的。」值得注意的是，這種茫然的感覺，是由對女性的偏見引起的：

> 世界在他的眼中是狹小的，人事也是簡單得呆子也明白的那樣。他的情感是很容易就到了兩個極端，就是在那樣的情緒中，他也並不是過分地感覺到，而且又都是剎那的。所以他有一張又紅又黑的臉，和像一條牛似的軀幹。他漠然地看著歲月偷去了每一個人的青春，沒有感歎，也不發一點愁，那些能使人未老先衰的事情，在他遇見的時候也決不皺一皺眉頭。

> 若是差不多地說年歲也就該有個女人。這女人能給他燒飯、縫衣，還有在某一個時候給他安慰。想到這些好處，他也時常盼著能有那麼一個時候；但是想到從女人身上引起來的煩惱，尤其是做了一個沒有錢的男人，那念頭像一縷煙似地散了。

在第一段中，「情感是很容易就到了兩個極端」「又紅又黑的臉」「使人未老先衰的事情」，這些話語顯然是作家的自我指涉，類似的表述亦經常出現在此後的作品中。而第二段，則鮮明地道出了使丙生其實也正是作家本人茫然失落的原因所在──一切皆由女人引發。丙生此後的轉變軌跡基本遵循政治話語邏輯，以上的引文卻在解讀作品時絕對不可忽視，因為他走向革命路程的潛在驅動力，竟是擺脫女性困擾的心魔！靳以本人在「從個人到眾人」的追尋中，又在很大程度上，可做如是觀。極度自戀與男權思想的融合，非但導致了靳以早期作品對女性的偏激態度，亦由此衍生了此後創作惟我獨尊的典型心態。

新文學的誕生是以生命個性與自我意識的覺醒為表徵的，一定的自戀，對於喚醒千百年來被壓抑的人性，促進個人解放與戰鬥精神，有其積極的一面。但是過度的自戀尤其是尊崇自我、貶抑他人，則不可取。更重要的是，動輒產生萬物皆負於我的心理，使作家不能超越一己之見，對世事人生保持客觀公允的心態。靳以此後創作中表現出的諸般明顯弱點──情緒偏激、表露直白、器局狹隘、題材單調──與此都有極大關係。

（三）文學思潮的影響因素

在靳以的愛情小說作品中，除卻個體因素，當然離不開各種文學思潮的潛在影響。靳以的創作是明顯承續「五四」文學傳統的。時代的劇變、中西

文化的碰撞、現實人生的困惑，使中國新文學自發端起，就彌漫著一種強烈的浪漫感傷風格。浪漫主義色彩濃厚的創造社作家尤其是郁達夫的小說，顯然易於爲多愁善感的靳以所接受。〔註17〕靳以對女性的態度，也有郁氏偏激與輕率判斷的風格，後者在書信中就如此表露：「弟看世界女人都惡魔之變態，此後關於女色一途，當絕念矣。」〔註18〕郁氏小說的敘事風格，主要體現於對自我感受的盡情書寫，而其作品中的主人公、敘事者以及作者（或隱含作者），都時常混雜在一起。無論從人稱上如何轉換，作品處處都有「我」的存在，或是「我」的獨白，或是「我」與他人的交流，實際上還是自我表白，即同一個主體的顧影自憐。靳以小說的敘事風格與此極其類似，始終具有高度的自我主義特徵，即使在不同題材的創作中，都有自己的影子存在，流露出很強的自戀、自憐心態。這都使靳以在作品中充分袒露自我，充溢情感宣泄的色彩。應該指出的是，靳以儘管對郁達夫的自敘傳風格頗有借鑒，但又有所不同：郁氏充分暴露自我情慾，是新時代背景下個體意識覺醒的表徵，對於眞實揭示人們精神生活的變異不無裨益；靳以的自我暴露，則往往是負面的，即純然發泄一己的不滿，顯得頗爲狹隘。

　　靳以早期小說中的浪漫色彩，還受到外國文學的影響。他對西方浪漫主義詩歌非常喜愛〔註19〕，本人也是從詩歌走向文學創作的。個性精神與情感歷程，都使其在浪漫主義文學那裡，找到了強烈的共鳴。「浪漫主義作爲感傷主義的直接衍生物，從感傷主義那裡繼承了崇尚憂鬱、悲哀的審美傳統……浪漫主義最優秀的作品大都是與憂傷悒鬱的悲劇情緒相聯繫的。」〔註20〕濃重的感傷與頹廢色彩，無節制的宣泄與傾訴，構成了靳以愛情小說的主要藝術特點。同時，當主觀情緒化嚴重的自我主義極度膨脹，會對一切有違於自身願望的人或事物產生強烈的憎惡心理，並易於得出偏激的結論，恰如羅素在評價浪漫主義運動的重要特徵自我主義時所說：「自我主義在起初讓人們指望從別人得到一種父母般的溫情；但是，他們一發現別人有別人的自我，感

〔註17〕　參見周立民：《從個人到眾人──章靳以教授傳略》，見陳思和、周斌主編《名師名流》（下），桂林：廣西師範大學出版社，2005 年 9 月版，第 637 頁。

〔註18〕　郁達夫 1916 年致陳碧岑函，《郁達夫全集》（第六卷），杭州：浙江大學出版社，2007 年 11 月版，第 10 頁。

〔註19〕　參見〔美〕孔令昊：《哈佛大學燕京圖書館裏的二十八本藏書和外公留給我的最大遺產》，《新文學史料》2000 年第 2 期。

〔註20〕　肖同慶：《世紀末思潮與中國現代文學》，合肥：安徽教育出版社，2000 年 9 月版，第 175 頁。

到憤慨，求溫情的欲望落了空，便轉成為憎恨和兇惡。」〔註21〕這在靳以對女性的態度上至為明顯。

靳以小說中男主人公自怨自艾的荏弱性格，除了有郁達夫筆下「零餘者」的濃重面影，也是「五四」文學人物的典型特徵。正如有論者所指出的：「五四青年作者所表達的對於母親充滿溫情的依戀，他們清淺而微妙的青春感悟，他們向戀人癡癡地捧出的純真的柔情，都缺少成熟的神完氣足的強健。」甚至，「五四愛情小說中的男主人公們沒有一個性格剛烈，氣概雄健。」〔註22〕靳以筆下的男主人公，對於母親與戀人多有高度的依戀，一旦失去這種依戀，就失去了精神的支柱。即使在他此後的小說中，男性人物也多有這樣的氣質。

作家在創作中所吸取的文學資源往往是複雜的。在靳以最早的愛情作品《沉落》中，呈現出一種此後很少出現的色調，即唯美－頹廢風格：不但描繪了主人公病態的行為與心理，還有大膽的性愛場面與肉欲氣息。《沉落》發表之時，靳以正在上海求學，有可能受到當時海上文壇「頹加蕩」文學氣息的影響。靳以塑造都市「惡之花」的傾向一直延續，這同樣與海派文學背景有關，他早期投稿的一個重要陣地即《現代》月刊，他還常與施蟄存等編輯部成員往來〔註23〕，首部小說集《聖型》亦由現代書局出版。包括施蟄存在內的新感覺派小說家筆下，都出現過很多放蕩不羈的女子形象，而穆時英、劉吶鷗的作品，更是常出現肉欲描寫場景。不過，隨著靳以大學畢業到北平編輯《文學季刊》，他很快就與海派文學分道揚鑣了，其愛情小說文本不但罕見性愛場景，而且由於充滿了道德譴責意味，而變得無比「純化」了。

靳以的愛情小說，亦不乏中國古代文學傳統，即「文窮而後工」「文士多奇數，詩人尤命薄」的哀怨之聲，及「為賦新辭強說愁」的自傷自悼意味。在極不穩定的主情性風格中，主人公動輒悲傷欲絕、尋死尋活，一種渲染誇大的精神自虐成分顯而易見。西方作家對於愛情在小說中的表現，亦有如此

〔註21〕〔英〕羅素：《西方哲學史》（下卷），馬元德譯，北京：商務印書館，1976年6月版，第224～225頁。

〔註22〕劉納：《嬗變──辛亥革命時期至五四時期的中國文學》（修訂版），北京：中國人民大學出版社，2010年4月版，第305頁。

〔註23〕參見施蟄存：《散文丙選》，哈爾濱：黑龍江人民出版社，1998年5月版，第206頁。

認識：「愛情在小說裏被人寫得過於突出」的原因，一是由於作家刻意「使筆下的那些人物對愛情過於敏感」〔註 24〕，二是「愛情使小說家感到頗為愜意。他能夠使它在小說裏成為一種永恒不變的狀態，而讀者也就不加思索地予以默認」〔註 25〕。這真可謂深知愛情小說的個中三昧：小說家為了吸引讀者，總是極力把普通的愛情，描寫得死去活來、轟轟烈烈。愛情小說讓靳以一舉成名，以此為契機，通過盡情渲染極度的悲情，進一步吸引讀者，恐怕也是靳以意欲擴大自身文名的一種手段吧。沈從文在 1930 年代的一篇文章中這樣描繪靳以：

> 我們通常覺得富於感情的文人，必然是身個兒瘦瘦的，臉子白白的。這種不正確的想像被現在所引的例子全毀了。凡讀過《青的花》的女孩子，會以為章靳以先生既是個溫存而善懷的人，必然脆弱衰老，一天默默的低頭坐在書桌邊，一切人生趣味卻淡淡的。事實上這人卻是個挺漂亮的小胖子。皮膚紅，眼睛光，肩背圓，最容易給人好感的。〔註 26〕

這段話相當清楚地表明，落實到紙面上的自我描繪，與現實中的作家，不可等量齊觀。正如沈的描述，靳以的生活與寫作是存在一定反差的。他本人生活頗富情趣，愛好廣泛，對種植、音樂、書畫都有濃厚的興趣。〔註 27〕他尤其喜愛崑曲，也會跳舞。然而只要關涉到創作，靳以就幾乎完全被刻板的主題所統攝，如在小說中對女性跳舞等所有娛樂活動都極難容忍，同時竭力撇清自己，決然拋卻自己生活中的本真狀態。這種戴著「道德面具」進行創作的姿態，也使靳以的作品難脫道學氣的統轄。

總的來說，靳以的文學道路，畢竟與充滿名士氣的郁達夫不同，也與追求刺激的海派文人不同，而是體現了中國知識分子的強烈憂患意識。因此，新文學現實主義主潮對他的影響更顯著、更持久。靳以的愛情小說，雖然著眼於個人的情感，但是同時常將女性的墮落與社會掛鉤，向現實中一切醜惡

〔註 24〕　〔英〕E・M・福斯特：《小說面面觀》，朱乃長譯，北京：中國對外翻譯出版公司，2002 年 1 月版，第 141 頁。

〔註 25〕　〔英〕E・M・福斯特：《小說面面觀》，朱乃長譯，北京：中國對外翻譯出版公司，2002 年 1 月版，第 143 頁。

〔註 26〕　上官碧（沈從文）：《文學作家中的胖子》，原載 1937 年 1 月 1 日《宇宙風》第 32 期，轉載於 1937 年 2 月 15 日《月報》第 1 卷第 2 期。

〔註 27〕　參見南南：《從遠天的冰雪中走來──靳以紀傳》，太原：山西人民出版社，2000 年 1 月版，第 260～270 頁。

的人和事噴射著猛烈的怒火。正是在早期作品中，靳以已經不自覺地將戀愛－金錢－社會這些情感與道德、個人與時代等因素混合在一起，由此確立了此後以現實批判爲主調的創作方向。

　　總之，早期愛情小說之於靳以，是極其重要並值得充分重視的。這些作品基本勾畫了其創作的總體脈絡：以現實批判爲靶的，以情感宣泄爲格調，在現實主義的大纛下，張揚著浪漫主義的激情。

第二節　對於人道主義的辨析

一、「聖」跡何在──《聖型》解讀

　　短篇小說《聖型》〔註28〕爲靳以的成名作，長期以來也被視爲其代表作，在靳以研究中被廣泛提及。但是，對這一作品卻一直存在很大的誤讀，即基本局限於人道主義的主旨闡釋，極大影響了對靳以的深入研究。故事發生在哈爾濱深秋的夜晚。「我」收留了一位醉臥街頭的白俄女子，並在生活上給了她無私的關心，可在與其共處的日子中，發現她抽煙、酗酒、跳舞、說謊，一切都是「我」所素來厭惡的，由此加強了「我」對女子品性的判定。果不其然，在小說的結尾，女子拿走了「我」珍視的物品後，一去不返。

　　《聖型》正是通過「我」對墮落女性失敗的救贖，驗證其不可救藥的惡德，文本的種種細節，莫不昭示這樣的題旨。儘管「我」也曾對人稱「她是一個可尊敬的女人」，但是女人的日常表現不但令人失望，也極大地引發「我」對逝去戀情的精神刺痛。當看到她吸煙，「這給我一點更大的追憶！我的心在打著抖」；她要求去跳舞，「這對我又是一件可怕的事。爲了一點原因我厭惡跳舞像厭惡毒蛇，甚至於在聽見了這兩個字的時候我都怕鑽到我的耳朵裏，毒了我的神經」。儘管女人自稱上了男人的當，但其行爲，則完全摧毀了使「我」進一步接近和同情她的基礎。此人最終令「我」厭煩，並使「我」得出了明確的結論：「來欺騙人原是女人最專長的藝術。」也正因如此，在結尾對女子的不義之舉，「我」先是憤怒，「可是漸漸地我笑了，我獨自傲然地笑著，我覺得這並不是一件希奇，也並不該引以爲怪的事。」

　　《聖型》甚至在一開篇，就已經對主題作了較爲明顯的暗示：「我穿過了沒有行人被燈光照得更寂寞的大街，就到了我那條湫隘的街上。那條街是沈

────────────

〔註28〕原載 1933 年 8 月 1 日《現代》第 3 卷第 4 期，收入《聖型》。

在無盡的黑暗之中，像是沒有一個生物。」顯而易見，「我」由於「吃了女人的苦」而正處於無盡的哀傷之中，故事全部圍繞主人公這一心境而展開。爲更好解讀《聖型》，不妨看一下另外兩篇發表日期相近、同樣發生在北國大地並出現白俄女子的作品。《沈》〔註29〕中的主人公在失戀後極度頹廢，到舞場去消磨人生，並與白俄舞女逢場作戲，顯示了剛剛失戀不久的作家既痛苦絕望又茫然無措的心理狀態。《林莎》〔註30〕與《聖型》類似，寫愛情受挫的男子與俄國女性的交往經歷。不同於其它同類作品，「我」對這位曾欺騙過男子情感、後淪落風塵的女子寄予了一定的同情，如蕭乾所言：「這種對女人冷嘲熱諷的態度到《林莎》一篇才算溫和些了。」〔註31〕可以看出，三篇小說按發表順序，由《沈》到《聖型》再到《林莎》，其間的情感濃度是呈漸弱趨勢的。但是更應注意到，這種態勢，實質上卻是深入骨髓的女性觀最終定型的折射。在《林莎》中，就不難勘破作家的眞實心聲：「若是肯稍稍減去些心裏對女人的憎恨，也許同情就能更多一點。」「人到了經過一點事，除開那些有狹小的心的女人們，對於喜和怨，都成爲淡淡的了」。可見，情感的負累和對女性的偏見之於靳以，仍是根深蒂固，難以消除的。

關於《聖型》的主題，在散文中可以找出更好的佐證。靳以作品中常常提到友人，然而在許多時候，友人不過承擔了作家另一自我的功能，即開解和勸慰自己從情海風波中解脫。比如在散文集《渡家》中就有三篇以《友人》爲題的散文，「我」和友人之間的主要話題之一，就是共同譴責女人的惡劣品性。當女人搬弄是非，挑撥「我」與友人的關係時，「我」的態度是：「我不想多說，女人總還是女人。……她們有著只看三步距離的眼睛，又沒有一點深思的涵養，把謬見翻成眞理說著」；而一個「更懂這社會也更懂這人類的友人」，在「我」爲無情背叛自己的女性辯護時，則進行了這樣的勸導：他「要我斷了如此的癡想」，「他說這樣的女人只於文人的筆下存在，這世界上決尋找不出的。……他說女人是不會如我所想像的那樣深刻。」顯然，友人與「我」對女性的鄙視態度，是完全重疊合一的。

這樣，《聖型》有些隱晦的標題的涵義也就清楚了：男主人公家裏掛著棄他而去的戀人肖像，那只不過是神聖而美麗的幻影而已，現實中的女子只給

〔註29〕原載 1933 年 4 月 1 日《現代》第 2 卷第 6 期，收入《聖型》。
〔註30〕原載 1934 年 1 月 1 日《文學》第 2 卷第 1 號，收入《青的花》。
〔註31〕蕭乾：《評青的花》，1934 年 9 月 29 日《大公報・文藝副刊》。

他帶來無情的傷害。真正的「聖型」，乃是通過沾染了種種惡習的女子，反襯「我」的品性高尚聖潔。在《聖型》結尾，當「我」傲然地笑了時，不正是這種「聖型」的最好注解嗎？總之，結合同期創作，「聖型」正是自我中心主義強烈的作家個人影像之投射。

二、「異域情調」的背後

《現代》雜誌曾爲《聖型》集的出版，推出了這樣的廣告語：「作者在文章的氣質上，是以個人的濃重的情感來打動讀者的……羅曼的氣氛，異域的題材，可說是作者文章的特質。」〔註32〕靳以《聖型》等描寫異域人物的作品之所以引起文學界的關注，可能有這方面的原因。近來的研究也有類似的說法，《上海文學通史》關於靳以的一節，就以「靳以與浪漫文學創作」爲題，認爲「他的創作很有特點，即充滿著異域情調和浪漫色彩。」〔註33〕該著還進行了這樣的發揮闡釋，認爲同左翼作家如蔣光慈等人描寫的「白俄貴族悲慘落魄的生活苦境」相比，「作爲非左翼作家的靳以就顯得輕鬆自由得多，在挖掘蘊蓄在這類人物身上的豐富的內涵時也顯得更有深度──借這些可憐而又可悲的人的生活，作人生的探詢和人性的探詢。」〔註34〕《聖型》中的女主人公，便「以一種特別的性格和行藏，爲作者也爲中國讀者展示了一種令人耳目一新的人生形式和生活氛圍。」該著進而認爲：「靳以異域風情的小說無論是在題材的開拓方面還是在文體意識的自覺追求方面，都爲豐富中國現代小說的表現領域和表現手法作出了自己獨特的探索。」〔註35〕

通過對《聖型》的解讀可以明確看出，靳以何曾擁有「輕鬆自由」的創作心態？無論對於早期強烈抒發愛情傷痛，還是此後積極介入現實批判的靳以，這是明顯的誤讀。異域的人、事在現代文學中屢見不鮮。比如靳以的《凜寒中》和巴金的《將軍》同載於《文學季刊》創刊號，寫的都是窮苦家庭不得不由女性做皮肉生意維持生計的故事，後者便將主人公設計爲落魄的白俄貴族。在王淑明當時爲《聖型》所寫的書評中即已指出：「由於靳以我們

〔註32〕1933 年 11 月 1 日《現代》第 4 卷第 1 期（11 月狂大號）扉頁廣告。
〔註33〕邱明正主編：《上海文學通史》（下冊），上海：復旦大學出版社，2005 年 5 月版，第 790 頁。
〔註34〕邱明正主編：《上海文學通史》（下冊），上海：復旦大學出版社，2005 年 5 月版，第 791 頁。
〔註35〕邱明正主編：《上海文學通史》（下冊），上海：復旦大學出版社，2005 年 5 月版，第 792 頁。

想起了巴金，他們兩個在作品裏有一個共同點，就是不惟都保留著許多羅曼蒂克的，而且都喜歡把較為生疏的人物事件及其背景，搬到自己的作品中來。」〔註36〕蕭乾也在1940年代指出：現代文學中有些作家有意「增添作品的異國情調」，除了靳以「所描繪的哈爾濱的白俄聚居區」，還有許多作家，如「許地山筆下的印度，巴金筆下的法國，艾蕪筆下的緬甸」〔註37〕。與這些作家作品中的異域情調相比，靳以的北國作品，尤其是許多愛情小説，其主旨和《聖型》基本一致，重點顯然未在「異域情調」上。即使寫男性白俄流亡貴族，也著重描寫其在中國的落魄遭遇，像《隕》中潘葛洛夫對昔日奢華生活的回憶，完全是想像的產物，並沒有展示獨特的異國風情。「小説中的異域風情刻畫是向假定為身處『國內』的讀者展現『國外』見聞的媒介。」〔註38〕在異域風情描寫方面，相對於曾經有過國外經歷的巴金、艾蕪、徐訏等，靳以顯然難以比肩。更重要的是，靳以的這類作品，以宣泄情感的傷痛為主，因此並不能認為他與左翼作家相比，就有了更多的深度。

胡風寫於1930年代的一篇文章，站在鮮明的左翼立場，對《現代》第1卷中的許多作品予以嚴正的批評，其中提到了靳以的《溺》：「作者在住在哈爾濱的十幾萬（？）的地主貴族資產階級的白俄裏面，沙裏淘金地找出了這一個戀愛至上主義者底『浪漫事』，所寫的是不是『現實』不用説沒有再加説明的必要，就是作者這一種找尋浪漫事的態度，客觀上有什麼意義我想讀者很容易明瞭。」〔註39〕這種批評，恰恰從另一個側面襯托了靳以將異域人、事納入筆端的真實意義。

亨利‧詹姆斯曾將福樓拜小説中的異國情調視為「逃跑的策略」，並認為因此而忽視了對人性的描寫。〔註40〕靳以將愛情故事的背景設置在北國，而且經常以異國女子為主人公，也暗含一定的寫作策略：既是追求新穎的表達

〔註36〕王淑明：《〈聖型〉》，1934年4月1日《現代》第4卷第6期。
〔註37〕蕭乾：《苦難時代的蝕刻》，《蕭乾全集》（第六卷），武漢：湖北人民出版社，2005年10月版，第176頁。
〔註38〕〔英〕戴維‧洛奇：《小説的藝術》，「異域風情」條目，盧麗安譯，上海：上海譯文出版社，2010年10月版，第151～152頁。
〔註39〕谷非（胡風）：《粉飾，歪曲，鐵一般的事實──用〈現代〉第一卷的創作做例子，評第三種人論爭中的中心問題之一》，1932年12月15日《文學月報》第1卷第5、6期合刊。
〔註40〕〔美〕亨利‧詹姆斯：《小説的藝術》，朱雯等譯，上海：上海譯文出版社，2001年5月版，第188頁。

方式，又是一種推遠空間距離稀釋愛情隱痛的訴求。不過，因為還是著眼於個人情感的維度，所以同樣難以深入開掘人物的內心世界，塑造生動飽滿的形象。還是王淑明對於靳以的早期小說有著較為清醒的認識，認為《聖型》等書寫異域人物小說的問題在於：一是「像這樣的題材，已被人寫得太多了」；二是雖然作品以異域的氛圍「保留著許多羅曼蒂克的氣氛」，其實還是「描寫著平常的男女關係」；三是「取材的奇僻險窄似乎讓作者在這方面的偏向，更無限止的發展下去，則將來會容易為這樣的局限性所拘囚」〔註41〕。這不失為一種相當敏銳的警策：對於靳以來說，除了以不同的方法講述女性背叛的單調故事，更表現在其主觀、偏激、簡化而且恒久的創作態度。同樣是詹姆斯，在提及另一位小說家莫泊桑的創作時指出，莫氏經常為了小事而大肆渲染，將普通的感情予以「狂怒」的方式處理〔註42〕，同時還總是將女主人公描寫成面目可憎之人，即「絕大部分都是極度色情和極度虛假的混合體」〔註43〕，「書中所表現的那個世界太特殊，遠不是必然的，一切取捨太隨我們的愛好而定」，為此詹姆斯建議：「於人有益的虛心和實際上的寬宏大量還是必要的。」〔註44〕這與王淑明對靳以的評價可謂殊途同歸。

三、悲憫情懷的維度

通過以上闡釋可以充分看到，《聖型》傳達的仍是年輕作家無法釋懷的情感傷痛，人道主義因素是極其稀薄的。「五四」新文化運動「人的發現」的一個重要實績，就是認識到女性與男性同樣是「神性加魔性」「靈肉一致」的人（周作人《人的文學》）。中國現代文化的一個巨大進步，同樣表現為對男女共同人性的認同，這也是現代文學中人道主義精神表現的重要維度。靳以早期愛情小說顯然與此相牴觸，因此把這部分創作納入人道主義範疇探討並不貼切。不過，靳以在 1935 年以前的早期小說創作中，在相對遠離了泛濫的情感巨浪時，也有一些面目迥異的作品，流淌著對芸芸眾生的悲憫與關愛。在以小人物、異域男性流亡者、東北人民為主人公的小說中，是非常能夠體現

〔註41〕 王淑明：《〈聖型〉》，1934 年 4 月 1 日《現代》第 4 卷第 6 期。
〔註42〕 〔美〕亨利・詹姆斯：《小說的藝術》，朱雯等譯，上海：上海譯文出版社，2001 年 5 月版，第 249 頁。
〔註43〕 〔美〕亨利・詹姆斯：《小說的藝術》，朱雯等譯，上海：上海譯文出版社，2001 年 5 月版，第 250 頁。
〔註44〕 〔美〕亨利・詹姆斯：《小說的藝術》，朱雯等譯，上海：上海譯文出版社，2001 年 5 月版，第 251 頁。

靳以真摯的人道主義情懷的。就此而言，作爲一個剛登上文壇就相當高產，
而且表現方式豐富多彩的作家，靳以的成就應予以充分肯定，惜乎，這樣一
些早期作品，往往被傷感激憤的愛情小說所深深遮蔽了，在相關靳以的研究
中罕見提及。實際上，這些作品才是靳以創作中的真正精華。

（一）對小人物的細微體察

以非情感背叛爲主題的小說，在靳以的前三部小說集中很少，而一旦出
現則顯得很醒目，因爲風格上的反差相當大。但正是其它題材與風格，讓人
看到了年輕的靳以創作的巨大潛力，《困與疚》〔註45〕就是一篇在樸素中見真
情的作品，宛如一首清新的小詩，散發出獨特的魅力。

一位列車車僮平時像僕役一樣被乘客任意驅使，一次，他遇見了一位以
平等態度對待他的大學生，因此感受到了罕見的溫暖：

> 在他的心中，歡喜這旅客的爽快，沒有一般有了財勢的人，就
> 看輕站在下一級的人的行動。説句真話這還是第一次遇見這樣的
> 人。在敬仰愛慕之外，他還想説一句：「先生，您願意麼，和我做一
> 個朋友？」可是幾次他也沒有能説出口來。他不願意想著那旅客一
> 定會聽過了他的話就冷笑，像貓頭鷹的嘴臉；他總想著是自己沒有
> 這麼大的力量。遇見這樣的人，使他一點也不再感覺到職業本身的
> 低賤。在旅客那面不過多把「謝謝」兩個字説著，可是他的心就那
> 麼安適了。

可是在同伴的慫恿下，他還是懷著極度矛盾的心理，向這位大學生討了
平時賴以謀生的小賞。但是，他的心境卻產生了劇烈的變化：

> 他好像犯了罪一樣地，呼吸也不平匀了，匆匆地走到自己的房
> 裏去。雖然是把朋友所託的事情做得完善了，可是心上的負擔是更
> 重了。他好像不能自由自在地喘一口氣。立刻他就追悔不該這樣做
> 了，就是少得幾個錢也沒有什麼關係。他想這是多麼不體面的一件
> 事，他想像著那旅客一定看不起他，甚至於比那些粗俗的人還要重
> 些。他就爲這件事煩惱著，一直到了睡在床上的時候，還是翻來覆
> 去地睡不成。他想從床上爬起來，到那旅客的眼前説：「先生，您不
> 要聽我那話吧，我不過隨便説説而已。您千萬也不要記在心裏。」

〔註45〕原載 1932 年 2 月 1 日《東方雜誌》第 29 卷第 3 號，收入《群鴉》。

可是那旅客真的就能把他所說的一切都忘記，像沒有那回事一樣
麼？他知道說出去的話像散出去的種子，是不容易收回來而免去發
芽和滋生的。

只有把小賞都給了同伴，「他才感到移去一方壓在胸前石塊那樣的鬆
適。」一切都是那樣自然，主人公的心理波動和人性特徵，卻被刻畫得極為
真實可信，讀者分明窺見一位剛剛找到了人之尊嚴的小人物，在良知與物欲
之間的激烈心理衝突，體味到一份普通人的真實情感。靳以同情小人物不幸
遭遇的作品不少，但過多的渲染筆墨，削弱了應有的蘊致。這篇小說在一開
篇，就交代了主人公的不幸：由於父母相繼死去，妻子也染上重病，他「終
日悲傷著，煩惱著」。而且因為只有初中畢業，他還擔心社會不會接納他。
「在這樣情況之下，親友又都是拖了冰一樣的臉。」這樣的背景和材料，是
很容易被靳以用誇張的手法鋪寫成人間慘劇的。但是隨著情節的展開，對人
物行動與心理的揣摩，戰勝了意念化的寫作手法。人物沒有成為時代的倒楣
蛋，而是成為大寫的人。靳以本人的面目又出現在了文本中，這就是那位「二
十幾歲臉色微紅」的大學生。不過，其它作品中那個愛議論宣洩、愛自覺地
把自己高高擺在悲天憫人地位的「我」，此時則以旁觀者與見證人的身份出
現，正因把車僮當做朋友，也就可以更為真切細緻地透視人物的心靈，其間
自有一股人道主義暖流在默默流淌。

（二）對流亡者的深切同情

如果說，《聖型》《林莎》等以白俄女性主人公為主的作品，還是不能擺
脫情感困擾的產物，在描寫俄國落魄男性的小說中，靳以則真正體現了一種
博大的悲憫情懷。

在《隕》〔註46〕中，描寫一位流落中國北方的俄國貴族潘葛洛夫的悲慘
經歷。他在街頭流浪時，對遠方妻兒的擔憂相當真切。雖然妻子也是長著「妖
冶而充滿誘惑性的眼」的女人，在他的想像中還有可能與別人在一起調情，
但是他對她仍是諒解的，尤其擔心她「在受著不顧人道的宰割」，這就多了幾
分對女性的關切理解。再想到兒子喊痛的畫面，潘葛洛夫更是充滿了怒火，
湧起了復仇的念頭。如果站在政治的立場，主人公顯然代表走向腐朽沒落的
反動階層。但是，《隕》並沒有對他進行醜化的處理，而是通過他在中國所受

〔註46〕原載 1931 年 3 月 25 日《東方雜誌》第 28 卷第 6 號，收入《聖型》。

到的欺凌，折射出人性極其勢利的陰暗面，如來自俄國的奴僕對衣衫襤褸的主人公的惡劣態度。而主人公固有的貴族氣質，又充分顯示了其不願失去尊嚴的獨立人格。尤其是通過他一雙飢餓的眼睛，將當地富貴階層的窮奢極欲、冷漠無情書寫得淋漓盡致。這樣一來，文本引發的議論就上升到了對人間正義的籲求：「在絕望之中他忽然想起來在宇宙之中是無所謂公理的……就是自然，也是只能把它的威嚴，在弱者，毫無抵抗者的面前盡量顯露出來。」小說打破了國界，有力突出了人世間一切非人道現象，將一位落魄人物的淒慘境遇充分描畫出來。

《糾纏》〔註47〕則生動地塑造了一個來自俄國的阿Q式人物。郭洛夫斯基過慣了養尊處優的生活，即使在流亡中也不可食無肉，因此常借錢度日，終因負債累累進行詐騙而被拘留。然而就在被允許外出的短暫時間裏，他還逼迫妻子想法為他準備美食，在法警的監視下大快朵頤，而且不以為恥，一派悠然。小說以略帶諧趣的筆墨，寄沉痛於悠閒，既譴責了主人公的自私與貪婪，也對其潦倒的人生境遇給予了一定的同情。文中的「我」，對主人公沒有流露更多的厭惡，而是試圖從不同文化的角度去理解他，「我們不能完全明瞭外國人，正如同外國人不能完全明瞭我們一樣。」在結尾，「我」還「不能決定他是一個該受懲罰或是尚可以給一點同情的人。」

1930年代，俄國流亡者在中國的命運普遍是不幸的，他們不但失去了家園，在異鄉經常受到歧視，生活條件也不好，許多女性更是淪為舞女。〔註48〕《隙》和《糾纏》中的同情因素因此也具有了普泛的社會意義。總之，在塑造落魄外國人物形象和體現廣博的國際主義悲憫情懷方面，以上作品尤其是長期湮沒無聞的《糾纏》，在新文學中足以與彭家煌的《Dismeryer先生》相媲美。因此，在靳以的早期創作中，與以宣泄愛情傷痛餘緒為主的《聖型》等小說相比，更為體現了作家人道主義精神的，是對流離失所的異鄉人物生存狀態的深入體察。

（三）對黑土地的無比眷戀

儘管兒時的記憶並非那樣美好，靳以卻一直飽含對第二故鄉東北大地的眷戀之情。在《蟲蝕》集中，就出現了三篇關注東北淪陷大地的短篇小說《天堂裏》《燼》《離群者》。這種對時局密切關注、充滿愛國情懷的作品，在靳以

〔註47〕原載1933年6月16日《東方雜誌》第30卷第12號，收入《聖型》。
〔註48〕參見張明養：《白俄在遠東》，1935年5月5日《太白》第2卷第4期。

的早期創作中備顯突出。

對東北的深厚情感，還體現在對當地人民日常生活的關注中。靳以在自己主編的《文學季刊》創刊號（1934年1月1日）中，便推出了一篇力作《凜寒中》，展現了與同期書寫無盡哀怨心聲迥異的風格。小說寫的是天寒地凍時節趕車的東北漢子無力維持家中生計，妻子被迫出賣身體的人間苦難。全文飽含辛酸與苦楚，結尾讀來更是格外令人震撼：儘管男主人公表面粗野狂放，面對生存的困境也只有拋棄一切自尊，面對打扮完畢即將接客的妻子，難過、疼愛、羞辱的複雜心情溢於言表，但還是要抱孩子出去，聽任妻子被人凌辱。此作的成功之處在於，完全擺脫了悲劇故事的慣常寫法，全無多餘議論和抒情，而是突出人物語言、行動、心理等細節的刻畫，用粗獷的筆觸，交融濃鬱的東北方言，在極大的藝術張力中，凸現了底層人民的不幸遭遇。這篇小說給讀者留下至深印象的，還有對北國冰天雪地極為傳神的描繪：

> ……那麼冷的天，沒有一個行人，崗位上也是空空的。狂風在叫著，在把雪吹成柱子一樣地衝上天去，但是還是落下來。在這樣的時候，很容易使人覺得天空是永遠也不會再亮起來，永遠要吹著這麼冷的風，這世界也就是要在這昏暗寒冷之中下去。

> 天上的黑雲堆積得如惡漢獰凶的臉相，那麼可怕，好像每個春天裏常有的藍天是絕不會有的了，空中飛著的雪，才降下來的和從地上吹起來的攪成一片，沒有准定的方向，只是昏洞洞的如降著茫茫的濃霧。

而這樣的環境，又顯然寄託著作家深廣的憂憤。除此之外，對東北漢子趕馬車的細節描寫，亦相當出色：

> ……畜生們鼻子裏冒著白氣，直直地噴到空氣裏來，黏在毛上的水氣，立刻就在那上面結了一層霜。流下來的口涎，順了嘴角淌著凍成了冰條，更像冬日屋瓦上的簷溜。它們在努力地跑著，有時候把頭仰起來，把鐵蹄子踏到堅硬的路上。有的忽然滑著，兩隻前腳一齊跪下去。把手縮在袖筒裏的車夫，到那時候不得不伸出手來扶到那畜生的後股上，支了身體的重量。他還一定要罵著，跳到地上去，拾起來掉到地上的鞭子。那畜生的頭頻頻地仰著，可是它卻用不上氣力，鼻子裏更多地噴出氣來。

「喂，幹什麼不抽它一鞭子，難說它是你的爹？」

阻在後面的車夫這樣地叫起來，為著不要一個畜生的爹，這個車夫就把鞭子在空中揮著，響著清脆的聲音，像一個小炮仗。那鞭子兜了一個很好看的圈子，打在畜生的身上。為了這疼痛的好刺激，那畜生果然站了起來，半瘋狂地向前跑著路。那個車夫隨著跑了兩三步，只一跳，就安穩地跨沿坐上。

沒有對東北現實生活的體驗與熟稔，無法寫出如此生動的場景。這篇小說發表後，獲得了茅盾的激賞：

在我所見靳以作品中，我以為這一篇最好。靳以的作品中，常有賣淫女子出現，可是這篇《凜寒中》的賣淫女子叫人看了起敬，看了墮淚。北地的苦寒，在作者筆下也寫得如此令人身歷其境。「抓車」那一段，不過幾十個字，可是異常叱吒生動。〔註49〕

《凜寒中》所體現的人道主義同情，是《聖型》等愛情作品無法比擬的。更值得注意的是，對比靳以在同期創作的許多作品，這篇小說完全不同的敘事風格，展現了其多方面的才華。

《亡鄉人》〔註50〕同樣以批判視角書寫流離失所的東北人民的苦難生活。一位古稀老人在家鄉淪陷後被迫隨家逃離到北平，故鄉的一切，都讓她追念不已，而且在她看來，新環境中的一切都不如老家。以下描寫尤為真切感人：

每次碰到一個才從關外來的人，最多話的就是她了。她幾乎想用鼻子來嗅嗅來人的衣服，或是要別人把腳揚起來，看看沾來的泥土。她知道再說回去也已沒有用，她只能思念著探詢著家鄉的風光。她要問到酸菜賣多少錢一斤，秫稭賣多少錢一捆，黃土賣多少錢一車。她要問到山裏紅和榛子的價格，還要問到新葉子的收成。若見更相熟的人，曾經到過她家裏去的，她就更殷勤地問著來人，自從她們來到關裏以後，再到她家裏去過沒有。她還問到她那幾口缸，那木櫃，那捶衣石。（她一定還會告訴他，那方捶衣石也是她用過好幾十年的。）她又要問到那條狗。……只要來人不馬上就走，

〔註49〕惕若（茅盾）：《〈文學季刊〉創刊號》，1934年2月1日《文學》第2卷第6號。

〔註50〕原載1935年2月10日《水星》第1卷第5期，收入《黃沙》。

她的閒話是永遠沒有完的。

　　到晚上她就能有許多夢，她夢到了家園，幾乎像孩子一樣忽哭忽笑地又走向她那間屋子。那些器物都像和她隔了許多年的老朋友一樣，問著她的好，她的心為快活塞滿了，她只重複著說：「到底我回來了，到底我回來了！」因為過於喜悅，她就會醒轉來，這才知道那不過是一場夢，立刻她的心就又空了，她在枕上翻著身，枕頭上濕了的一大片，使她枕到上面的頭皮覺到涼陰陰的。

如果沒有對質樸的東北鄉土民風的喜愛，與主人公同樣的思鄉之情，是無法寫出這樣飽含深情的文字的。老人最終不但失去了家鄉，還在困苦的生活和酷虐的暴政雙重摧壓下失去了親人。作品把對殘暴敵寇和黑暗社會的強烈譴責，編織在一片濃厚的思鄉情感中，寫盡了背井離鄉的東北人民的苦難和鄉愁，充滿了收復失地的強烈渴望。

「東北這塊受難的沃土，靳以對它的開拓無遜於其它一些優秀的東北作家。」〔註51〕的確，靳以對東北風物的生動描寫、對這裡人民的無限同情，乃至對這方土地的深深眷戀，在現代文學史上，是足以同生長於斯的東北作家群相媲美的。值得注意的是，由對繁華都市的批判，到精彩地捕捉黑土風情，包括與此前作品形成的強烈風格反差，充分展現了靳以圓轉自如的藝術駕馭功力。這些作品在當時引起了文壇的注意和好評，除了茅盾，蕭乾也為此對靳以的發展寄予厚望。〔註52〕

從以上作品可以看出，當靳以從情緒的湍流中掙脫，真切地體味人生況味之時，一種悲憫情懷油然而生，人道主義精神也便自然而有力地得以呈現。

第三節　愛恨交織的悖論敘事

新文學的小說創作發展到 1930 年代，「敘述角度問題更引起作家和理論家的重視。」〔註53〕靳以的愛情小說雖多講述同一個故事，卻幾乎篇篇

〔註51〕菡子：《他明明還活著──記著名作家、〈收穫〉主編靳以》，《新文學史料》1992 年第 4 期。

〔註52〕蕭乾：《〈蟲蝕〉裏的三部曲》，1935 年 1 月 27 日《大公報·文藝副刊》。

〔註53〕謝昭新：《中國現代小說理論史》，合肥：安徽大學出版社，2003 年 9 月版，第 226 頁。

都有不同的講法，採用了個人獨白、傾訴、書信、第三人稱客觀敘述等多種敘事手段。同時，擅於調動敘事視角，採用不同人稱的敘事承擔者，體現了年輕作家的創新努力。由於自覺追求表現手法的多樣性，靳以的早期小說除了突出的濫情傾向，亦呈現出豐富多姿的色彩，並出現了一些上佳之作。

一、《蟲蝕》三部曲的意蘊反差

在《蟲蝕》序中靳以表明：「現在我是走進社會的圈子裏來了，這裡，少男少女已經不是事件的核心」，「這一本書，將結束了我舊日的作品。」直至今天，評論界多以此為依據，認定作家開始了創作轉向。但全集的重頭戲，仍屬情節連續的《蟲蝕》三部曲〔註54〕，即寫女人在社會與金錢腐蝕下，一步步走向背叛的故事，不過由於採用了不同的敘事視角，文本意蘊反差鮮明，審美效果迥異，呈現出極強的悖論特點。

（一）全知視角：批判因素的滲入

靳以在此前的作品如《灰暈》中，將女性的墮落歸咎於現代文明與社會的苗頭已經出現：「但是這樣的人終於是死了，為現代文明的毒質麻木了她的靈魂，漸漸地到了僵死的地步。」「她的沉落，是起始於她第一步踏進了社會的圈子。」在《蟲蝕》三部曲中，則更為具體、詳盡地講述社會「蟲蝕」女性的過程。

在首篇《蟲蝕》中，描述了美麗的朱慧玲大學畢業參加工作僅四個月的生活片斷。故事的進展，不時伴隨著第三人稱全知敘事者的議論：

> 當著每一個人從幼年到了成年，得了相當的教育，懷著一切高尚的理想，跨進社會，想來給社會以重新估價的，慢慢地卻為社會的一切緊緊包住了，不能再動一動。雖然一切的腐敗，一切的劣點都在眼前展列著；可是手和腳是不能動了，連喊一聲的力量也沒有，只有低微的歎息了。這樣的社會仍然屹然地存在這裡，張開了龐大的嘴，等著吞食這些尚有火氣的青年。

〔註54〕指《蟲蝕》（原載 1934 年 4 月 1 日《文學季刊》第 1 卷第 2 期）、《遊絮》（原載 1934 年 7 月 1 日《文學季刊》第 1 卷第 3 期，當時題名《春天》）、《隕落》（據《靳以著作繫年》，未見在報刊發表），三部曲係採用蕭乾為《蟲蝕》集所寫書評（《〈蟲蝕〉裏的三部曲》，1935 年 1 月 27 日《大公報·文藝副刊》）中的說法。

除了對社會的針砭，小說還對上海這座大都市，以及城市中有身份的人、外國公司、喧囂的舞廳等現代產物，都持有強烈的否定態度。在這樣的環境中，不但天總是灰色的，連下雨都是「油膩膩」的。主人公身邊，還有一個位居要職的人物，不斷對其騷擾。這些，無不預示著「樸質而單純」的她被「蟲蝕」的危險。儘管關於社會的議論直白而刺耳，文本還是較為真切地傳遞出純潔的慧玲初入社會的不適和壓抑感：1930 年代的她與「五四」一代女性相比，已經通過高等教育走進了社會，卻依然難以實現自我的價值，而且處於身心更為不安的境地之中。慧玲學非所用、工作無聊，每天與枯燥乏味的數字打交道，已經成為呆板的工作機器。對她而言，此前完全妖魔化的「惡之花」，此時平添了幾分處於異化狀態的都市「多餘人」色彩。「什麼不在壓著她呢，連這空氣也是使她頭痛的。」「現在所過的日子，會把她的腦子磨成平滑的；沒有一點曲折；也是能把她那在人群中向上的勇氣消磨殆盡。」這樣的描寫，是頗能傳遞刻板、單調的現代都市生活對人的個性的抑制的。

總之，與《灰暈》《黑影》這樣悲愴到極點的抒憤之作相比，《蟲蝕》的敘事語氣已經平靜了許多，社會與女性命運的關聯，刻畫雖不夠深刻，但也隱約地浮現出來。

（二）女性視角：心理探析的深入

接下來的《遊絮》，慧玲的男友絮到遠方工作，那個同事便乘虛而入，大獻殷勤，慧玲面臨新的險境。不過，由於敘事始終限制在女主人公視角以內，她的心理歷程有了層層鋪墊，人物形象也豐滿起來。

靳以的愛情小說由於為主旨所限，往往是相當程度的潔化文本，在《聖型》中男女就始終同住而不亂。在本篇中，由於有了對人物的深入體驗，慧玲想念男友的正常愛欲也得以自然表露：「在春天，景物中鑲滿了美麗的花，柔柔的春風，吹皺了每一個少女的心了。而當著這樣的一個春夜，她為不眠所擾，是更深切地想到了離開她遙遠的人了。」進而，作家以充滿詩意的筆觸，將美麗的春天景色與年輕女性的情感波瀾出色地融為一體：

> 綿綿地，絮絮地，窗外落著的雨在溫柔地撫摸著受盡冬日寒冷
> 的簷瓦了。春日的雨如真情的眼淚，不只能濕了人的衣衫，還能蘇
> 醒人的摯情。那些被遺忘的，埋在土壤之中的，漸漸地能有著新的
> 滋長，將把綠的葉子伸出來，再托出來各色的花苞，用沉靜的語言

來說著：「春天是來了」的話。

最終，慧玲在同事的愛情攻勢下，有些不能自持了。讀完絮寄自遠方的信，她大哭一場，小說以這樣的文字結束：

> 漸漸地她止住了，倚在窗口，臉向了外面，月亮已經過了圓的時節，卻仍有著大的光輝；而窗下的玉蘭，已經落盡了，卻在枝椏間生出來暗綠的葉子。
>
> 「啊，晚了，春天！」
>
> 寂寞地，空幻地，她歎了一口氣。

這篇小說之所以較為真切動人，顯然是由於敘事者對女主人公寄予了一定的理解。進而言之，此作揭示了愛情所應具有的豐富層面。在其它同類作品中，以作家自戀的自我指涉形象出現的男性，多是完美和無辜的，本文則呈現出較大反差：不在場的絮，是一個只知道工作，然而生活卻極為單調刻板的人，並且在對待愛情方面，確實無法與「懂得如何體貼一個女人」的慧玲的同事相比。由此，也反襯出愛情需要精心呵護，以及男性在戀愛中應當承擔的責任。也正因如此，敘事者與人物合一的真誠心聲——「那麼在這春天裏，不必說什麼話，有點過分的行為，實在是該寬恕的呀」，自然也會讓讀者對慧玲的同情油然而生。作為一篇獨立的文本，《遊絮》在結尾還保留了一定的開放性，耐人回味。

蕭乾這樣評述《蟲蝕》三部曲：「男女結合，僅熱情尚不足以保障安全幸福。還需要客觀的投合」，他進而認為，慧玲即使和男友絮在一起也未必幸福，因為絮有些太像「清教徒」了，討厭一切都市女性所嚮往的生活，而且他的更大錯誤在於「強把自己的理想事業當成玲玲的理想事業。」〔註55〕這對靳以此類創作中過分自矜、自傲的大男子主義傾向，可謂一針見血，也顯現了《遊絮》的格外可貴。

詩人本性，不但能激發洶湧的情緒奔流，也可以傳遞細膩的情感體驗。透過《遊絮》的文本縫隙，不難窺見作家的一份刻骨銘心的愛。

（三）男性視角：男權思想的回歸

之所以說靳以沒有在《蟲蝕》集真正實現創作轉向，就是因為他始終無法超越自己，脫離那個恒久的愛情心魔，最終還要回到對不義女子進行譴責

〔註55〕蕭乾：《〈蟲蝕〉裏的三部曲》，1935 年 1 月 27 日《大公報·文藝副刊》。

的老路。因此，《蟲蝕》和《遊絮》不過是鋪墊，而且由於這是兩篇較為節制的文本，無形中又產生了一種蓄能的作用，這樣一來，壓抑許久的激憤情緒，在《隕落》中來了一次總爆發。

一開篇，那個第三人稱敘事人又急不可耐地站出來，發表了一大段近兩頁篇幅的陳腐議論，撮其要者，不外乎此：

> 若是使一個女人自由自在地在一個大都市中活著，只要兩個月或是三個月的時間，就能使人驚訝著對於變換一個女人……這個都市有著多麼偉大的力量。說是在大都市中求生活不是一件容易的事，那只限於男人的這一面，還是一步步地愈走愈艱；女人呢，當著她們第一步踏進了這樣的社會圈子，也許會皺皺眉，但是漸漸地就能知道有其它易行的路在面前陳著，只要是點點頭，就可以覺得生活並不是一件困難的事。如果是一個好看的女人，則能有更多的選擇，就有一般女人以為很舒適的生活來抱住她。……生活的方式是不同了，原來質樸的性情也可以變成煩燥了。見了生男人是要紅起臉來低下頭去的，也能在一堆男人中使著適宜的手腕，要每個男人都以為她是對自己是最好的。

這顯然將社會對女性的腐蝕作用降低，又回到了此前帶有強烈主觀男權色彩的女性本質論。此後，小說聚焦於出門三個月歸來的絮，在他帶有純粹批判色彩的視線中，慧玲不但帶著煙和酒的氣味，穿了入時的衣服，而且已經跟從了那個有權有勢的同事，成為無可救藥的墮落女性。慧玲由有血有肉、惹人同情的人物轉換為乾癟的象徵符號，讓人覺得極為突兀；從精緻雋永的詩情畫意，到偏激直白的議論宣洩，亦不免讓人大倒胃口。這種強烈的風格反差，很難令人相信三篇小說出自一人之手。在靳以的創作中，就這樣奇異地出現了過火的偏激與細膩的體察共存的悖論。

當情感「如狂奔的萬馬一時擠出那窄門」，絮便陷入了萬劫不復的痛苦深淵，亦由此而展開了瘋狂的詛咒，這與《青的花》中男主人公對「近代女人無意義的享樂」的強烈批判如出一轍。由於《蟲蝕》三部曲敘事視點的遊移不定，文本也就有了多重意味。在《遊絮》中，慧玲就對絮充滿男權色彩的約束表達了不滿：「想到跳舞，她記起了從前因為想學習而受他申斥的事。對於這一種的娛樂，儘管別人用多麼好的意義來解釋，他卻永遠泥於自己的成見……一時間她也能忍著，可是終於到了要發出來的一天……」這顯然是女

性的眞實呼聲，也是對男權的一種有力反駁。由此來看，儘管作家本人的最終立場是明確的，但《蟲蝕》三部曲的悖論同樣非常明顯：絮由於過多的自戀因素、男權色彩，很難讓人認同；而慧玲不但讓人同情，更有幾分掙脫古板的男權束縛，爭取個人解放的味道。因此，可以對這些自敘傳色彩強烈的小說進一步予以反思：靳以在愛情中所受的傷害，與自己的弱點恐怕難脫干係。「在愛戀之中他原是驕子，所以就是小小的波折也是他所不能忍受的了。」《隕落》中對絮的描述，也可謂夫子自道吧。〔註56〕這種典型的自戀心態，導致靳以對自身始終缺乏反省。

綜上所述，蕭乾對絮所做出的「清教徒」的概括實是入木三分。「清教的力量之一，在於他將其正義要求變成了一種對別人的罪孽有點過苛干涉的癖好；當然，對個人來說，這可以作爲一種補償性癖好，使他能寬宏地對自己的錯處視而不見。」〔註57〕當然，這與靳以對強調克己復禮的中國傳統儒家文化的虔誠皈依，亦有深切關聯。絮與作家本人的直接對應關係，在在彰顯泛道德主義立場對於靳以的寫作具有多麼深厚的影響！拒斥一切享樂思想的強烈憂患意識，在此後的創作中廣泛蔓延，甚至形成了靳以無法擺脫的精神桎梏。而慧玲的相對鮮活、生動與靳以的創作日趨枯燥、板滯之間，構成了巨大的隱喻：男性對女性道德立場的優越感，與靳以據以判斷世界的資源直接對接，實際上不啻一種創作上的僵化牢籠。

二、異性視角的獨特魅力

總的來說，靳以在愛情小說中充分延續了郁達夫等人開創的浪漫抒情色彩，而這種色彩由於自憐成分過重，往往陷入刻意營造的感傷與頹廢氛圍中，破壞了應有的詩意情境與抒情效果。〔註58〕而如《遊絮》中女性視角的採用，則是靳以愛情創作中的一個重要收穫。

男性作家以女性自謂的寫作不乏傳統。後蜀趙崇祚所編的《花間集》，作爲中國古代文學最早的詞集，就是男性作家揣測歌妓心理和情態的代表作，

〔註56〕 絮與靳以的原名章方敘和筆名序、方序，顯然有著明確的對應關係，這正如同《青的花》中的主人公依，取自他的另一筆名章依一樣。

〔註57〕 〔英〕伊恩·P·瓦特：《小說的興起》，高原等譯，北京：生活·讀書·新知三聯書店，1992年6月版，第135頁。

〔註58〕 參見李歐梵：《李歐梵論中國現代文學》，上海：上海三聯書店，2009年10月版，第158～160頁。

其中「由男性作者使用女性形象與女性語言來創作所形成一種特殊的質量」，主要表現爲「雙性人格」的出現。〔註59〕男性作家在女性那裡寄託了自身的情思，比如懷才不遇的被棄之感，這使本爲酒宴之作的小詞，有了一種「富於言外意蘊的美感特質」〔註60〕。靳以初登文壇，就在視角的靈活運用尤其是自覺選取女性視角方面，展示了一定的才華，爲其整體創作帶來了很大的張力。當然，其本意可能是修辭方面的考慮，不想把一個故事講得千篇一律。但是，這種技術上的操作，卻與靳以的某些個性心理相吻合，即細膩、柔弱、婉約的特點，這與另一面所呈現的狂暴、偏激、誇張恰成鮮明對比，這也是其詩人氣質的不同體現。

敘述角度不僅決定著一部作品以何種方式存在、如何獲得「合法性」等小說本體性問題，還對作品的整體風格和精神走向具有重大意義。這在靳以的早期創作中是非常顯著的。《變》以女主人公超君婚後被男人拋棄的悲劇收場，視點限制在超君本人，對女性在人生命運選擇的問題上做了一定的思考。在《傷往》中，以人到暮年的皮洛瓦西太太的回溯爲主，她在年輕時的背叛已被弱化到極點，給人更多的感受是世事難料、情海波折的滄桑之感。《嫻君》中的嫻君原是一個鄙視一切男子的憤世嫉俗者，也向來看不起沉醉於虛僞愛情之中的女子，但在一片春意盎然中儘管有意克制，其心間愛的種子也開始發芽萌生。

靳以愛情小說中最邪惡女子的代表是《凋之曡》〔註61〕的主人公，然而文本因採取第一人稱告白的方式而顯得別有意味。該女子天性邪惡，十三歲就知道勾引男性，並在此後以誘惑與玩弄男性爲樂事。奇妙的是，文本雖是一個惡女人墮落歷程的自述，卻發生在一個特殊的時刻：她正值二十出頭的花樣年華，卻將要被重病奪去生命。而受述者則是一位年輕的男性大夫——在其它小說中那個容易受傷的男人於此現身。儘管這位大夫在女人眼中是「一個很有趣的呆子」，可是他卻被女子將逝所打動，女子甚至勸他不要流淚。這不只是人之將亡其言也善的表徵，在文本的隱在層面，其實是作家和女性之間的一種諒解：因爲女性表達了某種懺悔，尤其是她曾經欺騙過「呆

〔註59〕葉嘉瑩：《風景舊曾諳：葉嘉瑩談詩論詞》，桂林：廣西師範大學出版社，2008年6月版，第199頁。

〔註60〕葉嘉瑩：《風景舊曾諳：葉嘉瑩談詩論詞》，桂林：廣西師範大學出版社，2008年6月版，第208頁。

〔註61〕原載1933年4月1日《文藝月刊》第3卷第4期，收入《聖型》。

子」一樣的無辜男性。更重要的是，這朵即將枯萎的「惡之花」，通過描述所接觸過的眾多卑劣男性，將社會的種種醜惡現象呈現出來，所以她其實不只是懺悔者，而是更主要地承擔了控訴者的功能。她自稱一生有「這麼多可歌可頌的事情」，這裡很難看到真正的嘲諷。這不由令人想到英國作家笛福的名著《摩爾‧弗蘭德斯》。該著以女性自述的形式描寫一個純潔的少女，怎樣因為環境的逼迫而墮落成為蕩婦，終因偷竊走入監獄的故事。但這一女性卻頗給人潑辣、機智、勇敢的印象，而且正是通過其遭遇，來揭示社會才是導致女性墮落根源的主旨。在這方面，《凋之曇》庶幾近似，也就超越了女性贖罪的慣常模式，並且產生了頗為震撼的批判力量。

《姊姊》〔註62〕是靳以採用女性敘事的最為精彩的作品，也是他整個創作中最出色的作品之一，然而這篇晚於《聖型》一個月發表的傑作，卻在後者荒謬的「人道主義」光環下被長期忽視了。小說的著眼點是姐妹深情，卻以含而不露的手法暗含著一個單相思的愛情故事。第一人稱敘事者是一位結婚兩個月的女性。開篇寫「我」與丈夫辛從北平城區到西山避暑，鄉村的美景與新婚者的幸福感水乳交融：「早晨，偶然把窗子推開，雲氣就擁進來了。立刻，房裏什麼也看不見，辛笑著尋我，我也尋他，可是都故意躲來躲去。生活是在快意，清適，幽妙之中。」隨後情節陡轉，在父親的來信中，「我」得知了一直深愛著的長姊的死訊。由此以倒敘方式展開追憶：姊姊代替久病的母親、忙碌的父親，對弟妹盡了啟蒙的責任，對性格倔強的「我」更是庇護有加，因此是「我」幼年時的心靈慰藉和港灣。姊姊在中學畢業之後，由父親包辦嫁了人，在「我」的眼中這椿婚姻「竟是想不到的圓滿」，姐夫是一個知書達禮的人，他們很快有了可愛的孩子。「我」上大學以後，姊姊依舊關懷「我」，想辦法讓「我」和一貫嚴屬、疏遠的父親溝通，並關心著「我」與辛的戀愛。後來姊姊愛子不幸染病死去，在「我」的勸說下，她來到了「我」的學校暫住，以緩解精神創痛。在由倒敘轉為直敘後，又有了新的轉折。在姊姊去世後留下的信中，「我」震驚地得知，原來姊姊見到辛的第一面以後，就有了戀愛般的感覺，丈夫在其眼中也變得可厭起來。信中透露了姊姊明知不對卻欲罷不能的單相思，以及在濃重的親情與突至的愛欲面前極度的矛盾心理。「我」在讀完信後，本能地對姊姊產生了憤恨，但是後來想到姊姊對「我」的關愛及真誠坦白，還是原諒了她，在這樣的表

〔註62〕原載1933年9月1日《文藝月刊》第4卷第3期，收入《群鴉》。

白中結束了全文：「讓生前的罪惡和她永遠地死去，讓愛她的人還是追念著她吧！」

靳以的小說創作幾乎從來不設懸念，而《姊姊》則以一波三折的故事情節顯得跌宕起伏、新穎別致。尤其可貴的是，全文充分顯示了人性的複雜。姊姊非但不可恨，反而由於有了真的性情而讓人備添理解與同情，這與男性視角審視下的妖魔化女性簡直不可同日而語，與靳以作品中經常出現的善惡分明的二元對立模式亦形成了鮮明對照。「我」也同樣是複雜的，雖然也想「盡情的把胸中的怒意，傷慟發洩出來」，然而最終由於理解而產生了深深的包容。這與男性對不忠女性的瘋狂報復心理，形成了截然不同的反差。總之，《姊姊》以其對人性的深刻洞察和理解，以及既細膩樸實又搖曳多姿的敘事本領，讀後令人感動不已，回味無窮。此作也進一步證實了年輕作家靳以所具有的多方面才華。

讀罷《姊姊》，再讀靳以同期的愛情題材作品，比《蟲蝕》三部曲的反差更大，更令人震撼，更令人思索：一個作家，為什麼會有這樣不同的面目？為什麼不能按照良好的趨向發展，取得更突出的成就？李維斯對於他所推崇的代表英國文學「偉大的傳統」的喬治·艾略特有所不解，因其優秀與糟糕的寫作經常並存，他將其歸結為「一種根本性的內在紊亂」〔註63〕。也許，正因為作家不是機器，而是奇妙而複雜的人，常處於千變萬化之中，就難免出現偉大與渺小共存的時刻。這就是文學特有的神秘性，也是文學的魅力所在。無論怎樣，優秀作品的誕生需要高度的心靈自由，這種時刻對於靳以來說還是太少了，所以他的平庸之作的數量，遠遠超過了《姊姊》這樣的精品，這與喬治·艾略特這樣的大家相比，正可謂鮮明的反差吧。

第四節　小　結

後人在回憶中，把靳以喻為「像水晶那麼透明」〔註64〕，他的寫作在極大程度上，確是自我心路歷程的展示。綜觀靳以的創作歷程，愛情經歷如此強烈地影響了他的整個人生觀。「我淒涼地上了一個人的旅程，憂傷使我的心

〔註63〕〔英〕F·R·李維斯：《偉大的傳統》，袁偉譯，北京：生活·讀書·新知三聯書店，2002年1月版，第134頁。

〔註64〕茹子：《他明明還活著──記著名作家、〈收穫〉主編靳以》，《新文學史料》2000年第2期。

成為沉重的。我到遠遠的地方停下了我的腳，我不想牽念人也不願意為人所牽念。像深秋裏落下來的葉子，只有自己記得的苦辛。」《灰暈》中的這段話竟成了讖語，在不同年代的作品中，這種灰暗的情緒似已主宰了作家的生存。不可忽視的是，金錢奪愛－社會黑暗－頹廢厭世－憎惡人類－毀滅世界，在靳以的創作中，是一條潛在的主線。在他的寫作之旅中，愛情經歷極大程度地關聯著對社會、對人性的看法，並深深融入社會批判、民族救亡等其它主題之中。

靳以在初期創作中，具有相當明顯的濫情傾向，並為此後的極端情緒化寫作和整體的悲觀主義、懷疑主義奠定了基礎。但是其藝術創新的努力是清晰可見的。靳以在擔當編輯重任的同時，不但保持相當高產，而且開創了不同的風格和題材。描寫情感糾葛的《姊姊》《遊絮》，書寫異域流亡者的《糾纏》，寫都市小人物的《教授》《賣笑》，包括描寫東北人民困苦生活的《凜寒中》《亡鄉人》，都顯示了靳以在不同領域的特長，從激情噴湧到委婉細膩，從黑土風情到都市喧囂，風采各異，技巧圓熟，充分展現了圓轉自如的藝術駕馭功力，也為未來的發展奠定了良好的基礎。

蕭乾曾在評價《青的花》集時指出：「作者的缺憾似乎是太傷感於往昔而不能自拔。傷感著逝去了的榮華，逝去了的歡樂，逝去了的少年時光。這是詩人普遍的傾向。如果作者能堅強一點，用這枝筆寫點更現實的、更富社會意義的、更中國式的東西，必可得到更大的成功。」〔註65〕可以說，憑藉《凜寒中》等充滿濃鬱生活氣息、對現實人生密切關注的作品，靳以很快就展露了成功實現藝術探索與飛躍的潛能。據學生回憶，靳以曾對自己的早期愛情創作有過剖析和反省：

> 他說，每個青年都會經歷一段理想主義的浪漫青春期，把愛情看成是一盞永不熄滅的燈火，給自己帶來幸福美滿的生活，卻忘了愛情也會給人帶來迷惘、不幸和痛苦。他以自己為例，青年時代初戀的失敗，情感遭受嚴重傷害，相當長的時間內，情緒低迷，惶惶然不可終日。傷痛的情感需要宣泄，才寫出處女作《青的花》，這也是「真情出創作」的方式之一吧。……不過，他還認為，創作不能停滯在「情感宣泄」這條底線上，必須有所超越。每個優秀作家，都有自己的遠大理想，在藝術上有不斷追求的精神，否則就成不了

〔註65〕蕭乾：《評青的花》，1934 年 9 月 29 日《大公報・文藝副刊》。

大氣。〔註66〕

　　不過，歷史的發展總是不以人的意志爲轉移。主觀因素與時代環境的逼仄，使靳以走上了一條相對狹窄的創作路途。正由於格外想擺脫愛情夢魘，像《蟲蝕》序中所表白的那樣，靳以積極地試圖融入 1930 年代的大眾化文學潮流，並不厭其煩地書寫著「從個人到眾人」這樣宏大的時代主題。但在這一過程中，他欠缺對生活更深入的體驗，也匱乏早期藝術創新的努力，所以導致創作日益枯窘，這也格外令人惋惜。

〔註66〕張德林：《靳以老師在復旦》，見艾以等編《百年靳以紀念集》，香港：香港文匯出版社，2009 年 9 月版，第 31 頁。

第二章　從個人到衆人的艱難跋涉
——論靳以的民粹傾向

　　有人將中國現代文學中的自我形象稱爲「孤獨的旅行者」〔註1〕，頗能傳遞現代知識分子的心路歷程與精神神韻。這一形象又往往聯結這樣一個悖論現象：啓蒙是文學現代性的最重要主題之一，然而在與被啓蒙對象即人民大衆的關係之中，作爲啓蒙者的知識分子自身卻常身感無力和困惑而備顯孤獨。中國思想傳統中的自我觀念本是二元的，尤其在儒家學說中，自我分爲精神與軀體、公與私的不同範疇。小我與個人的私欲有關，是原初的、本能的自我，大我則是在精神層面被提升了的自我，代表著公共利益、公共價值。總之，小我爲私，大我爲公，小我只有置身於大我之中，才能顯現出自身的價值和意義。儘管「五四」時期提倡個性解放，但是在此後很長一段時間的文學中，仍舊表現出將小我融入大我，並在爲整個人類服務中方能體現自我價值的鮮明取向。這很容易與西方民粹主義思想產生天然共鳴。1950年，靳以在自傳《從個人到衆人》中，描述了自己如何從個人狹小天地走向大衆的路程，這也是其創作中極爲重要的民粹主義訴求。但是這條「從個人到衆人」的道路，又因其獨特的個人體驗而注定是艱難而崎嶇的。這種巨大的悖論，是探詢其整個創作的重要路徑，應予以足夠的重視。

〔註1〕 參見李歐梵：《孤獨的旅行者——中國現代文學中自我的形象》，《現代性的追求》，北京：生活・讀書・新知三聯書店，2000年12月版。

第一節　人生旅途的彷徨者

一、「夜」裏的無盡困惑

　　從靳以的早期創作中已然可以看出新文學發端期的濃厚印跡。「五四」文學的一個典型特徵，即「對哲學表現出極大的關心和濃烈的興趣。尤其年輕的一代，他們不斷討論人生是什麼以及樹立怎樣的人生觀等問題。」〔註2〕靳以的創作生涯，同樣與人生路向問題發生了無盡的糾葛。其文學處女作詩歌《明天呵，明天──》〔註3〕，在淒切哀傷的訴說中，既是「明天景物依然人兒不見」的愛情愁緒傳遞，同樣表達出對未來人生旅程的困惑。小說處女作《偕奔》〔註4〕，寫一對年輕人為爭取愛情自由，脫離了各自的家庭來到上海，卻由於工作無著等現實問題陷入了巨大的憂慮。當男主人公在大雨中尋找工作未果後，由第三人稱敘事者表達了這樣的感慨：「世界不是等著你的，時間也不等著你的；看有多多少少得志的人，成功的人在受著萬人的推仰，欽羨！他倆呢，那幻想卻像一隻圓大的肥皂泡，在空中飄升著，反射著陽光，是多麼美麗，燦耀；但是禁不起四周的氣壓啊，破了滅了！」《偕奔》顯然是在「五四」以來大量湧現的「問題小說」框架之內展開的，流露出對愛情基礎與人生前途的隱憂與思考。

　　靳以此後的創作，延續著這種強烈的「問題」意識，大量愛情小說在抒發個體情感的同時，也多圍繞著如何擺脫情感困擾、苦尋人生真諦而展開，漸漸沿化為一種明顯的象徵模式──出走。靳以在 1930 年代創作的眾多小說、散文中都記述過在內心困惑中走出家門，到外面散步、思索的場景，此後則將出走這種簡單直捷的模式，直接對應於中國現代文學的主潮──走向大眾。但是，他一方面迎合著時代主流積極邁進，另一方面則不斷擴大著自己的困惑體驗。具有巨大象徵色彩的《夜》〔註5〕，就是這樣一篇代表性作品。

　　在令人恐怖的黑夜，一位鐵路員工在上車檢查時，輕輕踢了一下過道中的旅客，對方竟翻身掉了下去，被啟動的火車軋死。倒楣的主人公在極端恐

〔註 2〕　嚴家炎：《考辨與析疑──「五四」文學十四講》，青島：中國海洋大學出版社，2006 年 10 月版，第 44 頁。

〔註 3〕　原載 1928 年 11 月 26 日《語絲》第 4 卷第 46 期，署名章依。

〔註 4〕　原載 1930 年 3 月 10 日《小說月報》第 21 卷第 3 號。

〔註 5〕　原載 1935 年 4 月 10 日《水星》第 2 卷第 1 期，收入《殘陽》。

慌中回到了家，在激烈的內心衝突中，看著外面下著的急雨，突然間想到：「為什麼我不能到外面去呢？」便走出家門邁入大雨中，接著用了很長的篇幅，描寫他在越積越深的水中克服阻力而前行的場景。小說這樣結尾：「曙光已經從天邊微微地透出一點來，狂雨依然在落著，雨的霧氣彌漫了空中，溪流更大了，向著東方流去，水面上十分平靜的，什麼也看不出來。」「為什麼我不能到外面去呢」，這種極為直露的表白，是靳以作品中的常用句式，出走也成為其創作的重要母題。綜觀靳以的全部創作，不難看出《夜》的寓意所在：主人公要走出自我，融入大眾與時代的洪流。但是，這篇小說的結尾以一種巨大的寓言結構，揭示了走向大眾途程中的困惑與不安。這同時可以從文本中靳以所偏愛的兩個意象——血與水，鮮明地體現出來。

鐵路員工在誤傷人命回家以後，在鏡子裏看到一個染滿血污的人頭時，意識到「正是他自己」，暗示著他本人就是那個死亡的旅客。在靳以的心目中，血有多重含意。在散文《一天的晚上》中：同樣是漆黑的夜，「我」忍受著難耐的窒息與痛苦，為此在屋中越來越快地踱步，當猛烈撞在牆上，看到流出的鼻血時，卻感到了「極度的興奮」，「我的心反被歡快充滿了。」有人注意到，「五卅慘案」發生後，文學作品中多次出現血的意象，「這些知識分子有陷入對血之崇拜的危險。」〔註6〕這些作品，多以發生流血事件的悲慘而震撼的場面，激發代表正義性的戰鬥與復仇豪情。從王統照的《血梯》，到吳伯簫的《一壇血》，都以群眾流血犧牲為主題，譴責統治者或侵略者的暴虐。在靳以筆下，血的意象顯然喻示著個體浴血而重生的願望，也顯示了告別舊我的立場。不過，他筆下的血還有另一種意味，即在恐怖的場景中象徵著不幸的降臨。在《隕》中，當番葛洛夫飢寒交迫之下，被迫拔下金質假牙時，望著口中流出的鮮血，「他如小孩子一樣地對於血生著無名的恐怖了。好像這是神之預示他一個大不幸的事要臨到他的頭上。」在結尾，他果然走向了死亡。

與血相對照，靳以早期小說中經常出現大水吞噬人的生命的場景，如《林莎》和《溺》，而洪水更是衍化為一種對人類原罪進行天譴式的懲治手段（詳見下文）。已然恐怖地「死」了一回的鐵路員工，滿懷重生的願望走出家門，但最後仍被大水吞沒，這種雙重死亡顯然帶有更為濃厚的悲劇意味。總之，鐵路員工出走踏入水中，即注定了其悲劇性的結局。此外，主人公回到家後

〔註6〕〔美〕舒衡哲：《中國啟蒙運動——知識分子與「五四」遺產》，劉京建譯，北京：新星出版社，2007年8月版，第180頁。

一直害怕妻子去告發他，這一情節的出現，與愛情小說中對女性的不信任態度密切相關，既增添了主人公出走動機的曖昧色彩，也削弱了其走向大眾的堅定性。因此，《夜》中告別舊我、重塑新我的追求，是以一種自我毀滅的極端化方式來完成的，這一方面體現了一種決絕的心態，另一方面也喻示著如此浪漫宏大的追求，與靳以固有的濃厚悲觀意識密不可分。這同時預示靳以在此後的創作中對於政治、文學主潮充滿渴求，卻不斷對自身主體地位進行質疑與消解，更昭示著知識分子追求新生、改造自我的無比艱難。

　　靳以本人是一位西方文學的愛好者，對俄國作家陀思妥耶夫斯基的作品相當喜愛，並曾在重慶復旦大學任教期間試圖翻譯《卡拉馬佐夫兄弟》。〔註7〕《夜》的驚悚氛圍，主人公激烈的心理鬥爭，包括血之意象，有些陀氏《罪與罰》中主人公殺人場景的味道。不過，靳以的《夜》與俄國小說家迦爾洵的一篇同名作品，無論從主題與表現手法都極為類似，值得參照研究。從1909年開始，魯迅先生就譯介過這位具有民粹傾向的俄國小說家的作品，並寫有評論文章。迦爾洵筆下的主人公經常出現憂鬱、神經質、極端化的特點，並伴隨暴烈的行為方式。他的短篇《夜》（1880）寫一位叫阿列克謝·彼得羅維奇的青年，在苦苦思索人生的意義之後，最終選擇了自殺。「我要為大眾的普遍真理去生活。……必須『否定自己』，殺死自己的『我』，把它扔到路旁……」主人公為這樣的結論而迷狂：

> 　　阿列克謝·彼得羅維奇一躍而起，昂首挺立。這個結論使他欣喜若狂。這樣巨大的喜悅，無論是生活中的成就，還是女性的愛撫，都未曾使他體驗過類似的感受。這種歡欣發自肺腑，溢出內心，像一股博大的熱潮洶湧著，傳遍了全身各個部位，剎那間使得這個凍僵了的可憐人兒感到溫暖起來，變得生機勃勃的了。頓時成千上萬的鐘發出莊嚴肅穆的響聲，太陽噴射出眩目的光華，照亮了全世界，接著又消失了……

　　小說如此結尾：「黎明到來了。它那寧靜的灰色曙光漸漸瀉進室內，微微照出了一把上了子彈的手槍和擺在桌上的一封充滿瘋狂詛咒的信。而在房間中央是一具屍體，那慘白的面容顯得安詳和幸福。」〔註8〕可以看到，靳以與

〔註7〕　〔美〕孔令昊：《哈佛大學燕京圖書館裏的二十八本藏書和外公留給我的最大遺產》，《新文學史料》2000年第2期。

〔註8〕　〔俄〕迦爾洵：《夜》，《迦爾洵小說集》，馮加譯，北京：外國文學出版社，

迦爾洵的小說都顯示了民粹主義在實踐上「更傾向於採取特別的暴力行為」〔註9〕，即在毀滅中求得新生的極端化手段。在許多具有民粹思想的俄國作家筆下，走出家門也象徵著走向大眾和新生，赫爾岑筆下就有這樣的描寫：「我的家死氣沉沉，一年年越來越無法忍受了。如果不是快進大學，不是新的友誼，不是醉心於政治，不是性格活躍，我不悶死，也得離家出走。」〔註10〕而一生追求與大眾結合的托爾斯泰，更是以生命的代價，在出走中完成了精神的救贖。

　　「19世紀以來，也許只有俄羅斯作家的命運最與中國現代作家相近，——他們都面對過被『新』與『舊』分割得支離破碎同時又給人以巨大希望的現實人生。」〔註11〕曾經從「五四」前後就開始湧入的俄國民粹主義，對中國作家的影響尤其顯著。這一思潮，濫觴於19世紀60年代一批俄國貴族知識分子掀起的「到民間去」的浪潮，即以農民為主體，以道德、宗教為實踐動力，對古老的農村公社寄予希望，從而避免走上資本主義現代化之路。這種思潮還宣揚知識分子捨棄小我、走向大我，為人類幸福不惜犧牲個人利益。儒道互補的中國傳統文化注重群體而忽視個體，強調個體服從於群體、個人服從於社會、公德重於私德，與民粹主義具有天然的親和性。民粹主義更久遠的源頭，可以追溯到以古樸自然的生活來強烈排斥現代文明，以及強調以道德改造人性的法國思想家盧梭那裡。王元化甚至認為，對於盧梭，「他的道德理想主義所要求的『純』，是直接從中國傳統的大公無私演化而來的一種意識。這種意識可以用『鬥私批修』這一個口號來做最簡明的闡釋。」〔註12〕作為一種高度道德理想化的思潮，民粹主義具有巨大的感召力，強烈的感時憂國精神及為大眾奉獻的神聖使命感，驅動著中國知識分子自然而然地與其親近。正因如此，民粹思想甚至在整個中國的近現代歷程中都佔有極為重要的地位，從蔡元培提出「勞工神聖」，到李大釗熱情鼓動青年到農村去，直至毛澤東號召知識分子向工農兵學習，一直綿延不絕。

　　　　1983年9月版，第156〜157頁。

〔註9〕　〔英〕保羅・塔格特：《民粹主義》，袁明旭譯，長春：吉林人民出版社，2005年5月版，第70頁。

〔註10〕　〔俄〕赫爾岑：《往事與隨想》（上），項星耀譯，北京：人民文學出版社，1993年5月版，第71頁。

〔註11〕　趙園：《艱難的選擇》，上海：上海文藝出版社，2001年1月版，第285頁。

〔註12〕　吳琦幸：《王元化晚年談話錄》，上海：上海人民出版社，2013年8月版，第146頁。

尚無證據表明，靳以的《夜》受過迦爾洵的直接影響，但是兩篇小說都運用了病態的幻覺、幻想、幻聽的手法，具有心理小說的特點，主人公神經質的人格分裂特徵也很明顯，尤其是他們都通過殺死自己的方式表現了走向大眾、再獲新生的訴求。

但是，兩篇《夜》仍有不同之處。作為 19 世紀俄羅斯知識分子的普遍精神特徵，「宗教和形而上學問題以及宗教和社會問題折磨著所有著名的俄國作家。」〔註 13〕他們的文化理想和目標常常是虛幻的，但他們鍥而不捨地去追求，為此努力奮鬥甚至犧牲。迦爾洵作品中主人公的精神苦惱是清晰可見的，其死亡亦具有宗教般的神聖赴難感。同時，俄國知識分子儘管是民粹主義的強力倡導者，但是實際上「把自己當成不同於俄國大眾的一個階層，不斷地進行社會的與精神的審判」，這種審判是對自身的不斷拷問，甚至「俄語中『知識分子』這個單詞的定義就意味著個人的疏離，體現了一種根深蒂固的負罪意識。」〔註 14〕這就使他們的精神思索更具深度，在靳以所喜愛的陀思妥耶夫斯基身上，就有一種魯迅所謂的「殘酷的拷問官」（《陀思妥夫斯基的事》）色彩，陀氏甚至常「為苦難和對苦難人的憐憫折磨得精神失常」〔註 15〕。這種永恒的靈魂拷問，顯現了對人類終極命運的深層反思。

靳以的《夜》雖然在表現手法上較為新穎，其潛在的寫作驅動力仍難以脫離現實的桎梏，人物也只是簡單受到出走意念的驅使，是自我情緒衝突無法抑制的直接產物。尤其當把出走作為念茲在茲的主題，並在表達上採取直捷而淺顯的象徵化手段，更使靳以的作品陷入了巨大的模式化誤區之中，因無法實現真正的精神超越而備顯空洞乏力。

二、「路」上的單調風光

（一）無法掙脫之「檻」

晚於《夜》三個月發表的《檻》〔註 16〕，與前者書寫了幾乎同樣的題旨。

〔註 13〕〔俄〕尼·別爾嘉耶夫：《俄羅斯思想》，雷永生等譯，北京：生活·讀書·新知三聯書店，1995 年 8 月版，第 82 頁。

〔註 14〕李歐梵：《李歐梵論中國現代文學》，上海：上海三聯書店，2009 年 10 月版，第 195 頁。

〔註 15〕〔俄〕尼·別爾嘉耶夫：《俄羅斯思想》，雷永生等譯，北京：生活·讀書·新知三聯書店，1995 年 8 月版，第 88 頁。

〔註 16〕原載 1935 年 7 月 29 日《國聞周報》第 12 卷第 29 期，收入《殘陽》。

柳明深感家中空氣的窒息，於是在雨中來到海邊，看著破碎的泡沫，就像有了無盡的生命力，在巨大的快樂中，甚至產生了要縱身跳進海裏的念頭。而當他回到現實的家中，「像埋葬在墳墓中一樣……他幾乎已經忘記了他仍然是在這個世界上生存著或是死去了，像棺木一樣湫隘的無形的囚檻，緊緊地罩了他。」柳明的出走與回歸，象徵著一旦從美好的幻想回到現實，就只能陷入無盡的壓抑與悲哀。

《檻》的表現手法值得注意。柳明早晨起來覺得頭痛，原來臨睡前不知何故戴了一頂不合適的小睡帽，一夜都被箍得疼痛。顯然，睡帽也如標題「檻」一樣，完全是作家主觀意念的產物。《夜》與《檻》預示了靳以創作的重要方式：由於對現實生活缺乏體驗，通過出走來表現走向大眾這種宏大的主題，是以顯著的整體象徵的修辭手段來構建的。這也充分顯示出靳以意念化寫作的苗頭，即不復此前曾有的抒發情感、刻畫人物那樣自由灑脫。如果說《夜》尚有些神秘色彩而具有「陌生化」的可讀性，那麼《檻》則完全陷入僵化刻板的程序化寫作之中，整體象徵的修辭方式，就這樣成為靳以創作中一道無形而堅固的「檻」，如影隨形地緊緊束縛著他的精神自由。

在整體象徵創作思維驅動下，靳以總是喜歡以一個確定的意象做題目，圍繞一個主旨展開情節。主題符號化、明晰化的同時，本體與象徵物之間的聯繫則單一化、直捷化。主旨提前確立，並過於急切地圖解這個主旨，導致許多作品僅保留了故事的原型或元素，主題先行便主導了一切。這也必然使小說中的主人公在觀念的附庸中，完全成為意念化的人物。《檻》先以寫實的手法，描寫了柳明早晨起來有些滑稽的做晨操等活動，但此後的人物行動與故事發展則不倫不類。靳以是想通過寫實的方式把人物複雜化，但人物的行為卻在高度意念化之中，遠離了有血有肉的特徵。在混亂的創作手法中，柳明前後的行動與思維極其矛盾，究竟是什麼在壓抑他無從得知，完全化為了乾癟蒼白的象徵符號。這種人物在靳以筆下所在多有，他們欲尋突破內心困境，結局則一般只有兩種──走向新生或重返原地，這樣的意蘊與《夜》相比就更顯清淺無比了。

黑格爾在論述傳統的象徵藝術時認為：「一方面自然對象還是保留它原來的樣子而沒有改變，另一方面一種有實體性的理念又被勉強黏附到這個對象上面去，作為這個對象的意義」〔註17〕，他認為其所以是「不完善的」，「因

〔註17〕〔德〕黑格爾：《美學》（第一卷），朱光潛譯，北京：商務印書館，1979 年 1

爲一方面它的理念只是以抽象的確定或不確定的形式進入意識；另一方面這種情形就使得意義與形象的符合永遠是有缺陷的，而且也純粹是抽象的。」〔註18〕黑格爾的觀點隨文學藝術的發展已經有些不合時宜，象徵在小說中應用得當，是完全可以豐富其表現手段的，關鍵在於：象徵的魅力主要在於以暗示的方式傳遞某種不確定性，這樣，文學與世界之間始終存在著非穩定的關係。〔註19〕當把某種根深蒂固的理念「勉強黏附」到形象時，作家本人的想像力和創造性，的確會被僵死的模式所束縛，其創作的生命力也在無形中被扼殺，這在靳以動輒採用整體象徵這一方式時表現得格外顯著。

發表《夜》與《檻》的1935年，是靳以創作頗豐的一年，但除了具有濃厚鄉土氣息的《亡鄉人》較爲優秀，他的創作基本上爲濃厚的意念化所限制。這一年發表的《鼠》《殘陽》《巨輪》《獨生者》《珠落》《過載的心》等小說，許多都充滿整體象徵色彩，這在標題上就體現得非常明顯。總之，1935年是靳以創作的重要轉折點，也可視爲告別相對多姿多彩的初創期，走向貧乏寫作的開始。

（二）蒼白的光明旅程

靳以的後人在整理其藏書時，發現一首未發表的題名爲「THE CALL（按：呼喚）」的小詩，其中有這樣的字句：「我的愛，歸來吧！你已經走失了你的路途，歸來吧，歸來吧！」〔註20〕從愛情的迷途到探詢人生之路，靳以終其一生都對「路」和「尋路」的主題極爲偏愛。路的意象在其作品中以極高的頻率出現，小說標題中就出現了「去路」「泥路」「路」。許多作品不乏關於路的象徵，如在《獨生者》中，原本自私的主人公秋生，怕患病朋友的傳染，不願去探視朋友，當他改變了想法最終走出家門時，以這樣的方式結尾：

> 最初走著的是一條黑而且窄的街，沒有燈，汽車是遲緩地行
> 著。有時候還要爲一些磚石阻住了，它鳴叫著，震響了整個的狹巷；

月版，第95頁。

〔註18〕〔德〕黑格爾：《美學》（第一卷），朱光潛譯，北京：商務印書館，1979年1月版，第97頁。

〔註19〕參見〔美〕埃德蒙·威爾遜：《阿克瑟爾的城堡：1780年至1930年的想像文學研究》，黃念欣譯，南京：江蘇教育出版社，2006年12月版，第59頁。

〔註20〕〔美〕孔令昊：《哈佛大學燕京圖書館裏的二十八本藏書和外公留給我的最大遺產》，《新文學史料》2000年第2期。

可是仍然只能慢慢地駛行。走盡了這狹巷卻是一條廣大的街，耀目
的燈光照清了地上的每塊沙礫。於是汽車是迅速地駛去，倚在車角
的他，心胸也突然寬敞起來……

意旨是一目了然的，而且極為生硬矯情。抗戰開始後，在一種強烈勝利
信念驅動下，路的意象更為靳以所喜好，其指向也更為明晰：不怕困難，勇
往直前，就能達到勝利。象徵手法的使用也更加單調。《他們十九個》的學生
兵們在追趕隊伍的過程中，就不斷以「路」互勉：「不要急，路總歸有的」「我
們不會走到絕路」「我們這一趟是走一條困苦的路」。這種夾雜著個人心聲的
祈願式話語，使作品完全成了宣言與口號的容器。

在連續性中篇《秋花》《春草》中，路同樣成為泛濫性的意象，這主要是
著眼於人生路向的選擇。在《秋花》中，頹廢的方明生也生硬地說出：「不怕，
不怕，我們什麼時候都不要回頭，我們只走向前的一條路！」而曾經有負於
方的青，在結尾同方家人分手後，「就頭也不回地走向另一個方向去了。」在
《春草》中，方明智與青分手時也說：「我和你不同路。」李大雄說：「路也
是要人走出來的，如果沒有人類的血汗，路是築不成的。」在《春草》結尾
明智與他人的對話中，剛萌芽的春草象徵著朝氣，也象徵著全人類的希望，
而年輕人向著前方大步邁進的剪影，則將作家「從個人到眾人」的理想主義
訴求，演繹到了極致：

「我正在看人類的全景，我正在看人類的全景……」

她看那發亮的宇宙，她看那從大地上蒸騰起來的氤氳的乳霧，
她看那極目望不斷的耀眼的鮮綠。不知誰在說著：

「你看，春草生出來了。」

「不，那不是草——」

明智像沉醉一般地說。

「那是什麼？」

「那是希望，——人類的希望。」

「我們要向前才有希望呢。」

「好，那我們就走吧！」

於是他們就又抖擻著精神，踏著大步向前走去了。

「現代作家對象徵的追求是一種高度理性化的藝術思維的結晶」[註21]，

〔註21〕施軍：《論現代小說象徵的功能形態》，《文學評論》2005年第2期。

在靳以小說眾多「光明的尾巴」中，就體現出至為明顯的民粹主義訴求，以及現性歷史進化觀念的深深印跡。作為高度理性化的產物，靳以採用整體象徵修辭，不啻跟隨時代主潮省事和省力的捷徑，藝術效果則相當差。走出個人天地、融入大眾的主題，以極高的頻率不斷出現，內涵卻相當貧乏，手法也備顯老套。

「審美趣味不僅決定著一個人的審美指向，而且深刻地影響著每個人每一次審美體驗中意象世界的生成。」〔註 22〕此前不乏優秀之作的靳以，卻在走向大眾的旅途中陷入了蒼白的藝術窘「路」而不知自拔，不由令人深思：其審美趣味何以變得如此褊狹，意象世界何以變得如此枯窘！這也是相對枯澀的中國現代文學的一種典型寫照，靳以那一代人對於人生路向選擇問題，實在是太迷執了！儘管自古以來，「道路的比喻存在於許多文明中」〔註23〕，但像中國現代文學中近乎泛濫的尋路模式〔註24〕，卻在在彰顯：「自五四以來的現代小說主流，一向以反映現實，改進國魂見稱。……作家們自膺生命不可承受之重擔，以筆代劍，力圖在字裏行間銘刻他們的關懷。這樣的寫作方式使現代中國文學煥發出一種強烈的載道氣息，為其它國家文學所鮮見。」〔註25〕

（三）無力的懺悔者

在追求民族解放大業的途程中，靳以一方面以巨大的熱情對於未來進行了理想主義的展望，將方明智等青年學生作為自己走向大眾的代言人，另一方面又賦予其一定的懺悔意識，體現了知識分子特有的軟弱性，這也是民粹思想固有矛盾的表徵。

在短篇小說《被煎熬的心》《撲向了祖國》《路》〔註 26〕中，依次描寫十九歲的女學生孫青芷由上海撤退到大後方的旅程。《被煎熬的心》以淞滬會

〔註22〕葉朗：《美學原理》，北京：北京大學出版社，2009 年 4 月版，第 160 頁。

〔註23〕〔美〕本傑明・史華茲：《古代中國的思想世界》，程鋼譯，南京：江蘇人民出版社，2004 年 1 月版，第 64 頁。

〔註24〕中國現代小說以「路」為標題的不在少數，參見施軍：《論現代小說象徵的功能形態》，《文學評論》2005 年第 2 期。

〔註25〕王德威：《想像中國的方法：歷史・小說・敘事》，北京：生活・讀書・新知三聯書店，2003 年 9 月版，第 384 頁。

〔註26〕《被煎熬的心》原載 1939 年重慶《文摘戰時旬刊》新年特大號，《撲向了祖國》原連載於 1939 年 4 月重慶《國民公報》，《路》原連載於 1939 年 11～12 月重慶《國民公報》，三篇皆收入《遙遠的城》。

戰的上海爲背景，孫積極參與救助傷兵，並很成熟地向他們發表講演：「諸位已經因爲保衛土地，受了名譽的傷，那麼就該安心來調養，將來好再上戰場和日本人去拼命。撤退或是改守防線，那總有一定的策略，我想諸位同志一定比我更清楚的多。」這種異常生硬的聲音顯然是作家本人的，熱切地流露出對參與時局分析的渴望。文本中還出現了孫目擊八百壯士浴血守衛四行倉庫壯舉的戲劇性場面：「她隨在別人的聲音之中，拼著所有的氣力叫著，她不知道叫些什麼，她只希望她的聲音能傳到他們那邊，使他們在和最後的命運來鬥爭的時候聽到同是人類的充滿了感佩的，鼓舞的，敬愛的，熱誠的微小的呼聲。」這同樣是以巨大的激情，書寫著將個人融入眾人的抗戰宣言。在《撲向了祖國》中，孫青芷與同伴從淪陷的上海出走，對她而言這樣的旅程也是重生之旅：「如今我眞的是一個人了，沒有什麼牽掛，沒有什麼情感的累贅，我該供獻我的生命，爲了整個民族的復生。」不過，在更著意於探索路向問題的《路》中，孫的內心世界發生了動搖。當行走在大眾行列中，她對自身的價值漸漸產生了猶疑：「是我們來開導他們，還是我們需要他們的開導呢？」並認爲像她這樣的學生是「沒有什麼大用的人」，「這並不是看低自己，我們對自己的估價也只能如此而已」。總之，她認爲自己雖然比闊小姐、交際花好得多，但畢竟無法與像男人一樣防衛國土、辛勤工作的勞動婦女相比。

　　這三篇小說主人公的行走路線，複寫著靳以本人在抗戰烽火中從上海輾轉到重慶的眞實歷程。在孫青芷身上，顯然寄託著他的精神反思，其民粹主義的印痕是極其明顯的。「懺悔成爲 20 世紀中國知識分子思想中的普遍意識，其實與知識分子特有的原罪感有關，而原罪感，則與影響中國知識分子近一個世紀的西方民粹主義思想有關。」〔註 27〕雖然中國現代文學所受民粹主義影響主要來源於俄國，不過正是「俄國革命黨人以俄語復述當年盧梭以法語呼喊過的一切」，盧梭的平民社會觀才獲得了其公認的學名「民粹主義」。〔註 28〕在盧梭眼中，農夫的道德品性要遠遠超越知識階級。其後包括俄國知識分子在內的民粹主義者承襲了這樣的思想，認爲知識分子獲得的全部文化都是人民創造的，而掌握文化的少數人則靠人民的血汗無恥生存。靳以

〔註27〕李楊：《文學史寫作中的現代性問題》，太原：山西教育出版社，2006 年 2 月版，第 213 頁。
〔註28〕朱學勤：《道德理想國的覆滅》，上海：上海三聯書店，2003 年 10 月版，第 121 頁。

本人在多種場合表達過自責，認為像自己這樣只能以筆搞創作的作家，對於抗戰大業無所助益，甚至對在抗戰期間任復旦大學教授一職也極為不滿：「我起始做一種對自己無益對別人也沒有好處的事，我像一些偽善者一樣站在講臺上」（《前夕》跋）。但是，應充分注意到中國化民粹思想的特徵，即如孫青芷這樣的懺悔，並非來自深刻的反思，從生硬做作的鼓動宣傳到突如其來的自我貶低，全然是情緒化的產物。這與俄國民粹主義者具有宗教性的原罪感是不同的，這種原罪感也是包括靳以在內易於從情緒化出發的中國作家所深度匱乏的。也正因靳以在面對大眾時的懺悔經常體現為忽冷忽熱的情緒化行為，當他將人性之惡的認識推向極端的時候，就會很快顛覆根基天然虛弱的民粹訴求。

第二節　不堪重負的多餘人

在「從個人到眾人」的旅途中，靳以的創作向兩個方向延伸著，即既有走向大眾的無盡熱情，又經常被巨大的失望所籠罩。每當冷卻了以筆參與時代的熱情，靳以打量世界的眼光就無比陰鬱，深深的憎惡與厭世情緒會立時流露。除卻沉重的個人情感體驗，也折射了現代作家在理想與現實之間不能協調的尷尬處境。靳以小說中經常出現悲觀淒慘、自傷自虐的典型「多餘人」形象，便是鮮明的表徵。

一、悲觀宿命的厭世者

除了愛情題材，靳以在 1930 年代的小說創作，取材儘管努力貼近芸芸眾生，但男主人公多以失意者的面目出現，具有濃重的頹廢色彩，形成了一個龐大的「多餘人」譜系。

靳以許多小說中的男主人公，都有一種強烈的被棄之感與遁世欲望。在《殘葉》中，一個曾經擁有信仰的人，對過去的戰友失望至極，認為「他們不要我了」，同時為沒有將一個女子從火坑中挽救出來而深深自責，終成宗教的信徒。許多人感到人生的卑微，甚至在自傷自虐中走向沉淪或死亡。在《雪朝》中，這樣描述一位被裁掉的小職員的生存境遇：「在世界中的小小角落裏有這樣的一個城，在這個城中的小小角落裏有著他看到的所在，在他的眼中就已經是那樣無邊無垠了，他想著，他自己呢，就是這小小的所在中活著的一個人」。「『就是死了在別人那一面也算不了什麼！』他暗自想著。」在《過

載的心》中，主人公張經常說：「說出不能忍耐了，那你就是一個弱者！」他對上級和同事的侮辱忍氣吞聲，妻子也不堪忍受貧困，與一個記者跑了，但在他看來：「爲了生活我什麼都得忍，別人的唾棄，別人的踐踏，我都是受慣了的。」他就在如此忍從之中淒慘地死去。還有許多小說，如《泥路》《早春的寒雨》《黃沙》等，都塑造了類似的「多餘人」。

在深度絕望中，靳以的作品籠罩著濃厚的悲觀宿命傾向。《下場》中在戲臺上跑了一輩子龍套的老人，由於後代在婚姻上的失敗，而始終郁郁寡歡，只能與孫女共同悲歎：「這是『命』，這是『命』呵！……」在《夏晚》中，靠賣藝爲生的男主人公起初還有幾分血性，敢於與惡人抗爭，可是後來，「他任了『命』，他明白了『命』是沒有法子違拗的。」在《秋花》中，並未作爲頹唐者來描繪的普通人物亦有如此心理：「想那麼多的事幹什麼，誰知道明天的事？沒有需要的人會永遠長生，有需要的人時常更容易死去，由於自然的力量或是人爲的力量。」顯然，對於現實的不滿和對自身命運的無法把握，只能以天命觀聊以自慰了。

有些小說還布滿了陰淒與死亡的味道，這突出表現在對人生最終歸宿──墳墓的迷戀。早期創作《青的花》中，主人公讓負心女子在其死後到他墓前祭奠的請求，在其它作品中化爲現實場景多次出現。在《去路》中，主人公的家人相繼去世，他在每個黃昏來到自己親人的墳墓前，「這裡對他像是更有一點家的意味。」《茫霧》中的望生在父親死後，「當著他躺臥在這墓地上，他卻是愉快的」。在《秋花》中，方明生常常夢到到另一個世界去和母親相會，結尾也以家人爲他送葬收場。這甚至在微小的細節中也有體現，比如《夜》中發生鐵路員工誤傷人命的慘劇前，在漆黑的夜晚就曾出現過墳墓。對於靳以筆下眾多的「多餘人」來講，也許死亡才能徹底解脫生之苦惱吧。

「多餘人」形象既彰顯靳以對現實失望而產生的精神委頓，更凸顯出現代知識分子靈魂無所皈依的深度空虛。在靳以筆下，每當熾熱的情感冷卻，眞切地審視自身的生命境遇時，深深的孤獨感就顯露出來。散文《雨夜》〔註29〕就把一種淒清落寞的感受描摹得淋漓盡致。「我」到友人家坐客欲歸受到挽留，便以家中有人等自己爲託詞予以婉拒，不過隨即這樣描述對家的感受：「這樣地說著，不過聊解自己的岑寂而已。誰會來等我呢，除開我那空空

〔註29〕原載1936年9月5日《中流》創刊號，署名方序，收入《貓與短簡》。

的四壁，和一些使我厭了的陳設。」「幾年來，到什麼地方也未曾安下心來，原不會把那勉強地可以稱爲『家』的所在介於心中。」自我備受生存折磨的現實，無法爲靳以帶去些微的歡愉，生命無常的旋律，永無休止地縈繞於作品之中──「多餘人」的疏離感溢於言表。總之，靳以筆下的「多餘人」在現實面前無能爲力，只能成爲社會的棄兒。

在以上這些作品中，靳以儘管常把矛頭對準黑暗的社會，然而在文本的字裏行間，則體現出深度的退縮、隱忍、逃避。無法掌控命運的「多餘人」，由於充滿自傷自悼的濫情意味，其藝術欠缺也是明顯的。

二、先天虛弱的知識者

世界最著名的「多餘人」形象，是在 19 世紀上半葉俄國文學中出現的：「『多餘人』是新興抗議文學的主角，爲極少數受有教育而道德敏感之人中的一員，在自身家國中不獲安心立命之所，反躬自苦之餘，逃入妄想或幻覺、犬儒作風、絕望，終則往往淪於自我毀滅或自暴自棄。」〔註30〕1930 年代的中國文學，也以其強烈的社會批判色彩，充滿了「抗議」文學的特徵，靳以的作品就滿懷對現實的強烈不滿與控訴，但筆下人物也與俄國的「多餘人」一樣，最終以絕望或毀滅收場。在現實面前的無力感，充分暴露了文人精神內質軟弱的一面。靳以在散文中就這樣描述了自己的眞實心境：

> 說到悲劇，我只相信我這一生就永遠是一個悲劇，每一時鑽進我眼裏的都是那麼醜惡的事物，所以我，我只能仍在我的理想中求得空虛的滿足，這些理想，我清楚地知道，都是那麼凌空，沒有什麼可以附著，即使是一陣微風也要動搖一次。我是在做著夢，一個夢又一個夢的。我想你知道我這個人，有時候我就想到我不該來在這個世界上做人。我並不甘心隱避，又爲這些現實的事所苦惱，想用我自己的手，我的手又是這麼弱。所以我只能忍受著折磨和顚沛，我的心永也不能達到恬靜的境地。(《寫到一個孩子》)

以知識分子面目出現的「多餘人」，最早還是愛情風波的直接產物。在《沈》中，開篇即這樣介紹在學校任職的主人公：「說到他自己，也將成爲時代中的沒落者。」其當前的生存狀態則是：「長到廿六歲的人，值得悲傷的事

〔註30〕〔英〕以賽亞・伯林：《俄國思想家》，彭淮棟譯，南京：譯林出版社，2003年 2 月版，第 310 頁。

也盡有多多少少，他習於先前所厭恨的跳舞，喝酒，一點也不吝惜地把錢送給這世上最要錢的人，用眼前病態的歡愉，使自己沒有空閒的時候。」造成他這種狀態的直接根源，則是因為窮而失去了心愛的女人。主人公是愛情的失意者，但顯然也是社會中不受歡迎的「多餘人」。甚至他在出門「思量著的時候，就成為在街上走著的人的障礙了。」靳以筆下「多餘人」的前身，正是「五四」時期郁達夫小說中常出現的「零餘者」：

> 郁達夫筆下的「零餘者」是一位面容憔悴、神經衰弱、高度敏感、心志不一，徒有理想而一事無成的知識分子。郁達夫深得俄羅斯「多餘人」性格之精髓，他加以發展的乃是「多餘人」性格中最軟弱的一面：從憂傷走向病態，由自戀轉為自虐。他們精力不足，意志不堅，缺少猛進的豪氣與毅力，只能退縮在封閉的自我世界，時而驕傲又時而自卑。〔註31〕

不過，靳以筆下的「多餘人」與郁氏的「零餘者」也有不同。20 世紀初的中國，是從封建社會向現代社會嬗變的轉型期，也是中西文化交流和碰撞的思想劇烈震蕩期，這些都成為「零餘者」面世的催生劑。「零餘者」儘管也有沉淪、頹廢的一面，但是畢竟代表了一種強烈個人意識的覺醒，他們在靈肉衝突中發出了典型現代人追求個性自由的聲音。靳以愛情小說中的「多餘人」，則直接來源於女性的背叛，且情緒化特徵更為明顯，在氣度與境界上相對狹隘。不過《沈》中的主人公，顯然也有追求個性解放而不見容於時代的特質，如這樣的話語：「他雖然還年輕，可是並不為年輕的人所喜，也不為年老的人所讚賞。」這是繼承了「五四」作家追求獨立的反抗精神的，儘管表現得較為含混。

值得注意的是，《沈》中主人公在去舞場路上對求乞者予以金錢的幫助，從表面上看是同情弱小者的人道主義行為，實際上則摻雜了肆意發泄的個人情緒：「雖然我窮，我不能供給我所愛的女人；但是你們的需要，我還能給你們滿足，你們不是只求一日的溫飽麼？在我個人的份上我可以不費力地拿出來。說吧，要多少就說吧！」主人公甚至認為，有著吸煙惡習的乞丐「該從這世界上消滅下去」。與其說這是對弱者的人道主義同情，不如說是以知識階級的優越，借他人的卑微來彌補自己失意的痛苦，用文本中的語言形容即「病

〔註31〕劉廣濤：《百年青春檔案：20 世紀中國小說中的青春主題研究》，北京：中國社會科學出版社，2005 年 2 月版，第 164 頁。

態的歡愉」。茅盾曾這樣批判中國新文學初期小說的弊端：

> 作者自己既然沒有確定的人生觀，又沒有觀察人生的一副深炯
> 眼光和冷靜頭腦，所以他們雖然也做人道主義的小說，也做描寫無
> 產階級窮困的小說，而其結果，人道主義反成了淺薄的慈善主義，
> 描寫無產階級的窮困的小說反成了訕笑譏刺無產階級的粗陋與可厭
> 了。〔註32〕

這種針砭，對於《沈》來說，也是適用的。這也從一個側面反映出，靳
以有許多創作，是情感失控狀態下憤世嫉俗的產物，因此對其中的人道主義
傾向需要細加辨析。

同時要注意到，一方面，靳以筆下一些天性荏弱的知識分子，與其它命
運不濟的「多餘人」一樣，都常有自身的傷悼意味；另一方面，在深受民粹
思潮的影響中，靳以時常表露出對知識階級的不滿，高級知識分子遂常常成
為主要批判對象。1945 年抗戰勝利前夕，在相隔不到兩個月的時間裏，靳以
創作了情節連續的《晚宴》〔註33〕與《朝會》〔註34〕。在文本中，他較為少
見地以一位知識分子作為代言人，對人間醜類進行了猛烈的抨擊。《晚宴》模
仿耶穌與十二使徒最後一次晚餐，書寫抗戰結束後不久某一官宦之家的聚
會。於明泰作為這個家庭的女婿，是一位曾從事毒氣化學研究的大學教師，
如今失業在家。他對道貌岸然的無恥來客進行了逐一的憤慨點評，剝下了他
們的偽善面具，揭露其發國難財、甘當漢奸、道德敗壞等種種醜行。這種義
正詞嚴的譴責，顯現了知識分子具有時代責任感的可貴一面。但最終他還是
對自我當前的處境，表現出相當的哀怨：「這簡直是些什麼世道喲！我於明
泰，不偷人，不搶人，不為非作歹，真是立得住，坐得穩的一個好漢子；可
是我倒了天下的大黴！」這顯然是有感於懷才不遇而在怨天尤人，體現了「多
餘人」慣有的「思想的巨人、行動的矮子」之特徵。

在接下來的《朝會》中，於的「多餘人」特徵更加明顯了。他由於沒有
工作，每天只能照看孩子，勢利的妻子也瞧不起他。他的頹廢色彩更加濃重，
如向妻妹瑞瑞這樣抱怨妻子：「有時候她的一句話，把我的天地都變了色。什
麼過去，現在，未來；我什麼都沒有了，只是一片灰色，要你活也活不成，

〔註32〕沈雁冰（茅盾）：《自然主義與中國現代小說》，1922 年 7 月 10 日《小說月報》
第 13 卷第 7 號。
〔註33〕原載 1946 年 2 月 25 日《文藝復興》第 1 卷第 2 期，收入《生存》。
〔註34〕原載 1945 年 10 月 1 日《文哨》第 1 卷第 3 期，收入《生存》。

死也死不了。那時候我才真是走投無路，恨不得有一個螞蟻洞我也鑽進去，我簡直不想做人了！」「從來我沒有過好日子，沒有一句溫存的話，我是多麼不幸啊！」與此同時，於還流露了在瑞瑞那裡尋求精神依託甚至愛情之意，將知識分子的屏弱和搖擺暴露無遺。於的妻子儘管是個追求金錢和享樂的庸俗女人，但是對於的評價還是有道理的：「凶是不凶，可是話多，一點也不實際，聽得煩人得很，這種男人最沒有用。」於明泰因其易於發洩和抱怨的性格，刻畫得並不成功。不知靳以在寫到這個人物的時候，是否對自己筆下大量怨天尤人的「多餘人」，包括自己的寫作風格，有所反思？

三、屏弱頹廢的博愛者

在中篇小說《秋花》中，靳以塑造了方明生這一形象。他曾在愛情之路上屢遭挫折，亦曾在牢獄生活中飽受摧殘，出獄後得知母親故去更是遭到巨大打擊，很快在身心俱疲中走向生命的終點。作家主觀上想把方塑造成具有博愛精神的完美人格代表：「他自己是立足在博大的愛的上面，他愛人類，他也愛他的母親和弟弟妹妹們。」但從他登場就注定了悲劇式的收場。他剛出獄時，還有這樣的使命感：「我要忍，光明等著我，更苦的折磨都過去了，而且在這個世界中，同時有還要苦的人在生活的路上爬行。我該想想那些時候，那些人……」但在回家的路上，他就感受到了「沒有充分地準備自己和這個新的環境適合」，「坐在車中的他，缺乏應付裕如的那份能力，只是頹然地伏著。」

這一人物在永無休止的頹廢與怨恨中度日，是一個典型的「多餘人」。正如其舊戀人青所說：「他嘴裏說著愛，實質上他已經沒有那份精力。」身體表徵的委頓，根源還在於生命主體的屏弱。他雖曾為信仰而坐牢，聽聞母亡便萎靡不振，將一切信仰都拋諸腦後。小妹明智理直氣壯地駁斥其讀書論：「書，書有什麼用？那不過是一些空想，一些理論。你必須要自己走出路來，那些書不盡然都是對的。」他馬上就承認：「這麼多年，我是錯了……」這同樣充分顯示了其信仰根基的無比虛浮。他表面上具有博愛的人道主義情懷，卻常常悲歎命運的殘酷和不公，轉而憎惡人類：「我討厭一切的人……什麼人我都不要看！」就連他的戀愛觀，也是極端扭曲的：當青以贖罪面目來到病榻前悉心照料，招來的只是他無情的斥責，甚至至死都不肯原諒她；與此同時，方對另一位舊戀人——自私無情的荂，卻始終抱有不切實際

的幻想。

　　總之，方明生並沒有也沒有能力給予別人足夠的愛，而是希望別人來愛他，完全是納西索斯式的自戀者。究其緣由，文本中已經給出了答案：他「總也沒有能跳出個人感情的圈子」，而且是「一個離不開母親的孩子」。這裡，要特別強調母愛對於靳以創作的重要意義。作為一名曾經的革命者，聽聞母親亡故的消息，方明生立時就萬念俱灰：

> 他想著廣大的前程，想使個人的悲哀平展開去，成為無垠的，有著潛伏的偉力。他記著高山和深水，這對他是一個最適宜的機會來忘卻一切個人的情感，沒有母親就是沒有了家，他該能更勇猛地活下去，為了信仰，都可以捨去自己的生存，可是他的心一直就沒有安定下來，飄浮著，像失去了駕駛者的一隻小舟，傷心的泡沫時時激了上來。所有的勸解和詮釋都失去效用，他只是哀哀地哭泣著。

　　方的表現，融入了靳以本人的感受，母親去世帶給他的打擊是巨大的，在許多小說中都有類似的表述：「沒有了母親我就沒有了家」（《雨季》），「自從母親故去之後，我十分怕著我的家，只是一眼就引起我一切的悲哀。」（《殘葉》）喪母對於靳以來說，等於失去了最為寶貴的精神家園，靈魂無所皈依的孤獨感溢於言表。《秋花》交待了方明生的博愛精神與母親的淵源：「他覺得從母愛那裡他才得到了更大的力量」，「為了母親他要努力，他要奮鬥，他要把從母親那裡得來的愛分給別人，分給廣大的人類。」而據靳以的女兒介紹：

> 我的父親從小與其母感情深篤。祖母的善良、勤勞、樂善好施以及她的含辛茹苦給予父親一生極大影響。所以，當父親拿起筆來，正式踏上文學道路之時，他用的筆名「靳以」中的「靳」字，就是沿用祖母的姓。他的許多小說，如長篇《前夕》、中篇《春草》、《秋花》以及若干短篇，其中母親的形象，都取之於祖母之原型。〔註35〕

　　問題在於，靳以過分地描寫了這種母愛的力量，把母愛的作用極端放大了。正如在《小花》中兒童對母親近於病態的親近，靳以從沒有塑造出一位

〔註35〕南南：《從遠天的冰雪中走來──靳以紀傳》，太原：山西人民出版社，2000年1月版，第6頁。

令人過目不忘的母親形象，最根本的原因就是作品中的母愛，基本上出之抽象的意念。正是由於與母愛的生硬嫁接，使《秋花》的博愛主題備顯虛無縹緲。

從靳以的整體創作，也可以看到以博愛來解決一切問題的取向，尤其是當他對現實與人性不滿時，便滿懷激情地呼喚博愛。這種博愛的泛濫性，又必然聯結著另一個宏大的詞彙——「人類」，比如方明生，便極不協調地承載了為人類服務的博愛使命。為人類利益而生存的理念，既可以隨時引發，也可以發生在任何人物身上。在《春草》中，當明智對離開舊家表示留戀，他的另一位哥哥明仁就如此生硬地表示：「我也是時常想的，我想念自由，快樂的生活，可是我一想到許多人都在受苦，我自己就不安寧起來了。我所要的不是個人的安樂，我所要的是萬萬人的安樂。所以我們就要再努力，再奮鬥，一點也不能懈怠。」這種理念的弘揚，有時甚至趨於極其荒謬的地步，比如《獨生者》中自私的秋生作為被諷刺對象，怕染上病菌而不去看生病的朋友，他的心理狀態竟是：「為了全人類的幸福，只要是肺病患者，就該了結生命」。他最終改變想法，竟然十分可笑地來自吃飯時的思考：「吞著飯是為了誰呢？」「我不過是為了別人才吃著飯呵！」這種將自身的使命與人類的命運結合在一起的訴求，竟是如此牽強，這也不由令人懷疑靳以「從個人到眾人」的追求的盲目與高蹈。

靳以的作品，既是 1930 年代文學大眾化潮流的反映，也承續了「五四」文學傳統。「五四」時期，在對封建思想的聲討中，將博愛主題張揚到了極致：「『五四』是一個理想主義的時代，又是一個青春主義的時代，那個時代的啟蒙者真正在意的，不是區區個人私利，而是人類和社會的公共幸福。」〔註36〕而在文學界，「五四作者的思考，則不但突破了置於國家與個人之間的強大的中間層次——家族，而且突破了置於人類與個人之間的更為強大的中間層次——國家。他們不常提起自己是四萬萬中的一個，卻牢記自己是人類的一員。」〔註37〕把愛作為解決一切現實問題的萬能武器，是「五四」文學的重要特徵。以冰心為代表的作家，尤其樂於表現由對母親的摯愛而呼喚人

〔註36〕許紀霖：《個人主義在中國——「五四」時期的自我觀研究》，見童世駿主編《西學在中國：五四運動 90 週年的思考》，北京：生活・讀書・新知三聯書店，2010 年 7 月版，第 284 頁。

〔註37〕劉納：《嬗變——辛亥革命時期至五四時期的中國文學》（修訂版），北京：中國人民大學出版社，2010 年 4 月版，第 217～218 頁。

類博愛的主題。然而，這種對母愛的極度張揚，使母親的形象，「實際上已超越了現實生活中的家庭主婦本身，而成為一種凝聚著女兒真善美理想的『聖母』偶像」〔註38〕。這必然使這些作品具有很大的虛幻色彩，也導致博愛思想的傳達，成為新文學中一種典型的宏大敘事。靳以的創作道路，與「五四」文學的人道主義影響密不可分，但他始終無法超越「五四」前輩，這在表現博愛方面備顯乏力，即可明顯看出。

　　靳以讓方明生負載著不堪承受的博愛光環，還可以從早期愛情小說中找到源頭，即體現了一種強烈的自戀心態。直至十年後出版的《秋花》續篇《春草》，人們提到逝去的方明生，還都懷著極大的敬意，而且不但弟弟、妹妹以他為榜樣走上了光明大道，兩位曾經的惡女子青和苓，也在他的精神感召下為民族大義而犧牲。從「明生」這一隱含徹悟人生之意的名字來看，也體現著一種對人物的由衷欣賞。自卑與自傲共存，也是「多餘人」的典型面目。《沈》中的主人公，就「有著不為人喜的直性子，全然地依照自己的方式活著。」總之，方明生這一人物在極大程度上是作家個人的鏡象，正如在早期創作中一味地譴責女性而很少自省的主人公一樣，體現了現代浪漫文人「與其自我檢討不足之處，還不如放縱於自憐」〔註39〕的特點。既然是一個真正的自戀者，便與愛情小說中主人公強烈的報復心態一樣，求愛不得而轉為絕望，終致對一切都產生憎恨，這才是方明生的真實心態。「總的說來他愛人類，但對特定的人他常常是殘酷無情的。強烈的愛使他燃燒，但這是一種抽象的火焰，可憐的凡人靠近時常常會被烤焦。他把觀念放在人之上，他的一生就是在證明無情理念是怎麼一回事。」〔註40〕這種對西方某些著名知識分子追求博愛卻走向相反路向的描繪，也完全適用於方明生。

　　綜上所述，可以進一步認識靳以作品中的人道主義思想內涵。「愛」是靳以創作的一個關鍵詞，他經常在文本中宣稱博愛，這也是研究者普遍對其作品進行人道主義解讀的重要原因。但可以看到，連篇累牘的口號式宣言，並不代表博愛思想內蘊的深厚，因為意念化的表現往往是蒼白無力的。漫漶無

〔註38〕翟瑞青：《二十世紀中國文學中的母愛主題和兒童教育》，北京：人民出版社，2008年1月版，第154頁。

〔註39〕李歐梵：《中國現代作家的浪漫一代》，王宏志等譯，北京：新星出版社，2005年9月版，第254頁。

〔註40〕〔英〕保羅・約翰遜：《知識分子》，楊正潤等譯，南京：江蘇人民出版社，2003年11月版，第41頁。

際的愛，既會把創作引向歧途，亦會相當程度地桎梏作家的思維：「作家的自我實現靠的不是抽象的愛，抽象地談論人性，把人性凝固化、原子化，或把理想人物塑造成『愛』的化身，這對創作沒有任何好處，因為這無助於寫出一個活生生的人來。」〔註41〕靳以許多小說中的人物，便被泛濫的愛所徹底淹沒。這不由令人感歎，剛剛走上文學道路的靳以，也曾創作過《姊姊》《困與疚》《糾纏》這樣通過細緻刻畫人物，自然妥貼地傳達人道情懷的精品。靳以的文學才華，在於一種溫婉的詩情傳遞，而非理念化的思辨概括，於此亦清晰顯露。

廣而言之，靳以許多充滿自身印跡的小說的男主人公，都具有「多餘人」的氣質。在現代小說中，「以個人的無所適從或毀滅為代價的與群體的衝突往往是敘事常見的主流形式。」〔註42〕在現實與理想的矛盾中不斷處於焦灼狀態，既是中國現代知識分子的寫照，也是文學作品中「多餘人」大量孳生的土壤。以知識分子為代表的「多餘人」，永遠無法找到自身的精神歸宿，這樣的人物自然承擔不了走向大眾、為大眾幸福而奮鬥的重任。

第三節　民粹大廈的摧毀者

一、人性之惡的盡情展示

（一）情感體驗的擴展

靳以對人性惡的聲討，伴隨著創作的始終。在首部小說集《聖型》序中他寫道：「無論如何，當我自身在最得意之中，也沒有把人生看得如何好，靜下心來的時節，總有那淡淡的陰影，在我的眼前。為著一時過分的悲痛，文筆也就立刻成為一個烈性的漢子，漸漸地，卻仍然能平下去。這原因是我早就知道了人生是什麼。」這種少年不識愁滋味卻自以為參透世態炎涼的心態，使靳以的筆難以真正「平下去」，濃厚的悲觀主義與懷疑主義，與其苦苦追尋的走向大眾的旅程是並進的。從對特定人物的厭惡，上升到對人性的整體失望，使靳以無法真正從個人走向眾人，並終使其親手顛覆了無比嚮往的民粹理想。

〔註41〕王紀人：《人性論與人道主義》，http://blog.sina.com.cn/s/blog_4a17849d010007 ih.html。

〔註42〕徐德明：《中國現代小說敘事的詩學踐行》，北京：社會科學文獻出版社，2008 年 6 月版，第 55 頁。

　　靳以對人性惡的判斷，是創作起點的本能延續。小說《沒有用的人》中的楊，已經發出了厭惡全人類的聲音。這在散文中還有更鮮明的體現，在《短簡（五）又說到我自己》〔註43〕中，開始也是訴說著失戀的苦惱：「真是到了成人的時候，一切的不幸就隨之來了。」同時這樣表白：「在男女上我已經是多麼老邁，可是在事業上我正是十分年輕。」的確，靳以的文學事業，無論是編輯還是創作，正是蒸蒸日上之時。雖然聽從了友人的勸告，想要從痛苦中解脫，去幫助其它「更苦痛的人」，「我」卻懷疑：「在人與人之間，總是有那麼一條鴻溝，因此真心是不能和真心相照映的。」而當努力克服疑慮準備行動時，就遇到了這樣的人——「這是自私的，無用的，或是我可以說一聲卑鄙的動物！」於是，便向友人傾瀉自己的憤激之情：「為這件事我不能使我的心靜下去，我又厭惡人類了。也許這樣說你又以為我是過分，我該說對於這種人我是極端地厭惡著了。我想逃開他們，我能如願麼，當著我沒有能逃開這個世界之前？」只因為一個自私的人，就汨生對人類的惡感，正是愛情小說經常傳遞的萬物皆負於我的心態，這顯然是把易於被騙、受傷的痛感予以無限擴展了。

　　1930 年代末，在烽火中從上海輾轉至重慶的途中，靳以開始構思並創作一組描寫人類種種惡行的文章，這些作品後結集為散文集《人世百圖》出版。許多篇章以動物為隱喻，通過對不同醜惡人物的描繪，書寫了對他們的強烈厭憎：「一心一意想描畫人的嘴臉，不提防卻寫了許多禽獸。」（《〈人世百圖〉後記》）其中，對人類的整體失望同樣是異常顯著的，《人的悲哀》就是這樣一篇代表性作品：

　　　　人的悲哀在於用兩隻腳走路的中間有叛徒。

　　　　生下來就背負著不幸的，他要一層層地打碎不幸的枷鎖，要合力為人類築一條平坦的大路，而每人的一生注定要受神的無理的統治，魔鬼的迫害，奴才的誣陷和侮辱，還有許許多多人類自己給自己的不必要的災難和誤解。但更重大的，還是那出賣自己也出賣別人的叛徒。

　　　　用全疑的眼去看人，自然是人我之間永遠得不到協調，永無安寧；用全信的眼觀望，就隨時隨地遭到明槍暗箭，不得不因悲哀而流淚。

〔註43〕原載 1935 年 7 月 7 日《大公報‧小公園》，收入《貓與短簡》。

你以爲他也是圓顱方趾、會哭會笑的人麼？可是他的哭笑和人們站在絕對相反的立場上，人們哭了，他笑了；人們笑了，他哭了。

好心人相信人的力量不但能使好人向上，就是惡人也不得不放棄他爲惡的心願。但是當他張開兩臂擁抱一切的時候，他卻受了重傷，這傷，正是他的同類所給與他的，通過他那模糊的淚眼，他望見那露出牙齒獰笑的人，這使他不得不放棄了他那溫和的思想，不得不把這樣的人從人類中驅逐出去。

他們不是人，他們只是奴才。

從字面上看，「奴才」和「叛徒」，是批判的重點。但如果仔細辨析，這裡並沒有什麼特殊的不同，不過是「人負己甚於己負人」的詮釋，這是靳以終其一生從自我感受出發對人性惡判斷的出發點。

靳以這種對於惡的體驗，經常體現於平凡的現實生活中，筆下經常出現人與人之間的深深鴻溝，如猜忌、不理解，以及由此引發的憎恨。在一篇散文中，當「我」覺得車夫年紀太小而對其予以施捨時，後者則表示要靠自己的力氣賺錢。引人關注的是，作品這樣結尾：

他說完，什麼也不顧，逕自掉頭去了。我站在那裡，像呆了一樣。我那同行的兩個友人的車子早已走了，只是我一個人還站在那裡，我覺得十分孤獨，我覺得我只是活在一個陌生的世界中，我一點也不懂得別人，別人也許不懂得我。他也許是對的，難說是我，我錯了麼？

握著銅元伸在冷空裏的手覺得一點僵了，我只得縮回來。

我的心也凍結了，在這寒冷的冬夜，在那嚴酷而恨急的眼光裏。(《冬晚》)

這裡體現了知識分子與大眾的深深隔膜，但「嚴酷而恨急的眼光」，顯然突出了人們因無法溝通而產生的本能戒備心理，而最終可以歸結爲對人性之惡的極深警覺。正因這種心理，使靳以在小說中常常將人物醜化到極致。對女性的描寫自不必說，即使普通場景，也隨處可見一種非常誇張的描寫。在《小花》中，寫一個中學生對督促其自修的舍監的印象，使用了如下文字：「黑暗中他只看到一張瘦瘦的臉，還有像鬼火一樣的眼睛。」「猛然當他抬起頭來，看到一個猴子樣的人。他的嘴唇上面疏朗地長著些根鼠鬚」，並且這人還有「爪一樣的手」。而在《過載的心》中張的上司，則「像狗似地猖猖叫著」。

　　人類之間相互仇視乃至殘殺的書寫，逐漸擴展到了芸芸眾生，小說《眾生》〔註44〕就頗具典型性地描繪了這樣的圖景：病入沉痾的愛國志士，兄長無端入獄，經濟來源斷絕；子女眾多的棄婦，田園被霸佔，又被碎屍沈井；生活困窘的知識女性，被發瘋的丈夫用鋤頭敲碎了腦袋；到邊遠省份拓荒的夫婦，丈夫殘廢被囚，妻子沿街乞討……在這裡，已不僅僅是慘景的簡單羅列，而是透露著一股深入骨髓的絕望：人與人冷漠無情，互相傾軋，簡直成為「他者就是地獄」的存在主義具象展示。在「從個人到眾人」的追求中，映入靳以眼底的，卻是「眾生」間的殘酷爭鬥乃至虐殺，只能越發使其對人類產生深度絕望。

（二）凸顯惡性的反思

　　靳以關於人性惡的判斷，直接來自於愛情體驗所導致的扭曲心靈，及由此產生的極端化思維方式。

　　懲惡揚善，是文學的永恒母題，而對人性之惡的判定，則是重要的出發點。關於人性惡的判定，在不同的文化中都源遠流長。作為西方主流的基督文化，繼承了希伯來文化建基於人類惡性取向上的原罪意識，其出發點就是對人類原罪進行救贖。即使在古希臘，也有強烈的惡性與罪感意識。施特勞斯就對柏拉圖的《理想國》進行了這樣的解讀：此著不是為理想國辯護，而是在解構理想國。他以蘇格拉底的論斷作為例證──城邦中總會有罪惡存在，人類是擺脫不了罪惡的。〔註45〕這種影響綿延至以霍布斯為代表的政治哲學，認為由於人的惡之本性導致征戰不斷，為此必須在人與人之間訂立社會契約，以彼此互相保護。靳以的人性惡之觀念，還明顯透露出民粹主義始祖盧梭的思想印跡──「出自造物主之手的東西，都是好的，而一到了人的手裏，就全變壞了。」〔註46〕盧梭認定人本來是純潔的，是社會尤其是私有制的出現，使人產生了自私的意識，人類也由此走向虛偽、墮落。靳以對人性惡的判定亦如此簡潔明快：「由於惡的天性，由於虛偽，什麼都變了樣。」（散文《狗》）他更如盧梭那樣常把人性的自私和貪婪，作為主要目標加以批

〔註44〕原載 1944 年 3 月 1 日《當代文藝》第 1 卷第 3 期，收入《眾神》。

〔註45〕參見趙敦華：《西方哲學經典講演錄》，桂林：廣西師範大學出版社，2007 年 7 月版，第 57 頁。

〔註46〕〔法〕盧梭：《愛彌兒》（上卷），李平漚譯，北京：商務印書館，1978 年 6 月版，第 5 頁。

判。散文《被砍伐了的樹》〔註47〕，便從受到人類戕害的樹的角度，對人由純潔走向邪惡的墮落歷程，進行了盧梭式的聲討：

> 它高高地站在那裡，觀看人類，它看過他們的父親，祖父，曾祖——再追溯上去的祖先，它看過他們是在沙土上爬著的嬰孩，漸漸地長成了人，於是就在人群的社會中活動起來了，把貪婪和自私發展到極度，把那點善良的赤子之心全部蒙蔽了，爲利祿爲虛名把一身的筋骨都使生硬了，贏得滿頭的白髮，傴僂的背，和一雙發藍的眼睛。……但是最使它傷心的，是當它看到，每個人的正直和熱情，只是刹那即失的善性，漸漸地就沒有那顆人心，重複著自己父親和祖父的錯誤和罪惡，而且一點也不覺得慚愧，還有一點可恥的沾沾自喜的心情，覺得人該是這樣生活的，該是這樣貪鄙地生活的，它有一點傷心了。他們的雄心，只是用在個人的私利上；可是一生的勞碌經營，不過使他更快地走近老年。

西方古典哲學的兩位集大成者，對由私欲所導致的人性之惡，做出了更爲系統的論述。康德對人類就曾表達過相當悲觀的認識：

> 當我們看到人類在世界的大舞臺上表現出來的所作所爲，我們就無法抑制自己的某種厭惡之情；而且儘管在個別人的身上隨處都閃爍著智慧，可是我們卻發見，就其全體而論，一切歸根到底都是由愚蠢、幼稚的虛榮，甚至還往往是由幼稚的罪惡和毀滅欲所交織成的；從而我們始終也弄不明白，對於我們這個如此之以優越而自詡的物種，我們自己究竟應該形成什麼樣的一種概念。〔註48〕

康德意在使人類警醒自身的弱點，並通過內心的自省而邁向理想的道德境界。黑格爾則明確指出人們對物質利益的「惡劣的情慾」，是歷史發展的直接動力：「我們對歷史的最初一瞥，便使我們深信人類的行動都發生於他們的需要。他們的熱情，他們的興趣，便是一切行動的唯一源泉。」而「個別興趣和自私欲望的滿足的目的都是一切行動的最後源泉。」甚至「我們簡直可以聲稱，假如沒有熱情，世界上一切偉大的事業都不會成功。」總之，在黑格爾看來，「熱忱、熱情」是一種「以私人利益特殊的目的，或者簡直可以說

〔註47〕原載 1942 年 7 月 19 日《中央日報》（福建版），收入《沉默的果實》。
〔註48〕〔德〕康德：《歷史理性批判文集》，何兆武譯，北京：商務印書館，1990 年
　　　 11 月版，第 2 頁。

是利己的企圖而產生的人類活動……」〔註49〕黑格爾由此揭示了人們一切行為的唯一源泉和動力，即對需求的佔有欲。正是這一訴求譜寫了人類的歷史，即黑格爾所謂歷史發展的「緯線」。對於黑格爾關於「惡是人類歷史發展動力」的論斷，馬克思、恩格斯還有進一步的闡釋。總之，西方哲人對人性具有惡的一面，及惡對人類發展的影響，都有充分的認識。

在中國古代，荀子提出「人之性惡，其善者偽」（《荀子‧性惡》），並在對人性陰暗面充分估計的基礎上，推出「禮義」「法」（包括刑罰）和「治」等一系列觀念。不過，荀子的觀點在中國文化中並不占主要地位，在主流儒家文化中的人性觀是以孟子為代表的性善論，即人人都有善根，都有可能成為德性高尚的君子。不過，從晚清開始流入中國的英國功利主義思潮，從霍布斯、休謨到邊沁、密爾父子，都將人性解釋為對利益的欲望，對生命自我保存的本能追求。這也推動了傳統文化中荀子性惡論，以及墨子的「交相利」、佛教的苦樂觀等與功利主義具有相通之處的思想復蘇。此後，《新青年》也大力宣傳推廣這種功利主義。〔註50〕這對於思想界個人主義的發展具有巨大的推動作用，但同時在世俗層面助長了對物欲的追求，在此後形成了以上海為代表的現代都市物欲橫流、消費主義盛行的風氣。這些，對於靳以來講，是切實感受到並且在戀愛過程中蒙受其害的，也是形成其人性惡的觀念的重要源頭。

當然，靳以作品中的人性判斷不能局限於某種固定的來源，而是具有一定的普泛性。總的來說，在中西文明中「對於道德邪惡的聲明」具有「驚人的趨同」，如「貪婪、驕傲、虛榮、縱慾、野心以及對權勢和名聲的欲求」等。〔註51〕抨擊邪惡在文學中具有深遠的傳統，但在中西文學歷程中卻有不同的表現。如果說二者在早期因充滿果報性與宗教寓意而具有相通之處，從近現代開始則有了很大分野。在西方，基於人性惡而厭惡人類的傾向，在創作中也很突出，但其成就卻是令人矚目的。始自18～19世紀交界的浪漫主義

〔註49〕〔德〕黑格爾：《歷史哲學》，王造時譯，北京：生活‧讀書‧新知三聯書店，1956年12月版，第58～62頁。

〔註50〕參見許紀霖：《個人主義在中國──「五四」時期的自我觀研究》，見童世駿主編《西學在中國：五四運動90週年的思考》，北京：生活‧讀書‧新知三聯書店，2010年7月版，第280～281頁。

〔註51〕〔美〕本傑明‧史華慈：《思想的跨度與張力──中國思想史論集》，王中江編，鄭州：中州古籍出版社，2009年5月版，第254頁。

文學，出現了拜倫式的英雄，他們孤獨而憂鬱，並厭惡人類。但是「與啓蒙運動的標準化和簡單化相反，浪漫主義的基本特徵是多樣性或多元論，是追求欣賞獨特和個別而不是普遍和一般。」而且「儘管他們之中有人陷入時髦的悲觀厭世或拜倫式的憤世嫉俗，但是他們總體上是樂觀主義的。他們的基調是對生活和藝術的熱愛。」〔註52〕因此，浪漫主義文學因充滿了反抗的激情而富有活力。同樣，發端自19世紀末的象徵主義文學，基於對現實的徹底憎惡，反叛一切現實社會，不過成功地開創了一種新的寫作類型，即以充滿詩意的筆觸，去探索無可名狀的內心世界。〔註53〕在對人性與人類靈魂的深入開採中，浪漫主義與象徵主義文學開啓了現代主義文學創作的大門。孤獨、隔膜、厭世，這種源自克爾凱郭爾、尼采等人的典型存在主義情緒，在薩特、加繆、卡夫卡等人筆下，有了越發深入的表現。作品在對人類的生存困境與終極命運的探詢中，呈現出強烈的思辨色彩。

在中國現代文學作品中，同樣不乏對人性陰險狠毒、人與人之間隔膜與仇恨的認識，不過極為醒目的特點則是充斥了激憤的斷語：如：「人類根性不是惡的，誰也不敢相信！」（王統照《血梯》）「『同情心』，你不要尊敬它，相信它。人類本是沒有什麼同情心的。」（王魯彥《給LN君》）「人類這個地球的發酵，要釀出一切罪惡的毒酒。」（馮乃超《無彩的新月》）1930年代中期，以追求幽默閒適為格調的《論語》，曾推出「鬼故事專號」，吸引了大批名家應徵，亦有許多作品表達了「鬼的世界並不可怕，可怕的是陰險的人類」的觀點。

中西作家揭示惡的目的，都是對善的嚮往，但是他們對惡的書寫頗為不同，審美效果與內涵意蘊亦不相同，這首先源自中西文化對人類惡性之認識的巨大差異。中國作家「由道德理性判別人的善惡的方法，弊端在於把『人』當作道德理性審判的對象而非發展的目標。」這與西方作家更看重人性本身相距較遠。究其實質，「西方現代作家寫惡寫得觸目驚心，對惡的批判同樣奮不顧身，其精神根柢就在博大精深的人文主義傳統。」而不具備這種思想史背景的中國現代作家，「實際上是處在價值真空當中，他們只能把價值理想託付給種種浮雲流水般的『主義』和『思潮』，隨著現實變化而搖擺不定，最終

〔註52〕〔美〕羅蘭‧斯特龍伯格：《西方現代思想史》，劉北成等譯，北京：中央編譯出版社，2005年1月版，第242頁。

〔註53〕〔美〕羅蘭‧斯特龍伯格：《西方現代思想史》，劉北成等譯，北京：中央編譯出版社，2005年1月版，第360～366頁。

導致批判性視點的喪失和審美敘述的進退失據。」〔註54〕而且，中國作家在對人性惡的批判中，更著眼於對現實社會的討伐，難以深入發掘人性的內在層面，並經常表現爲極爲簡化的情緒發洩，這也與他們缺乏宗教傳統中深刻的懺悔意識密切相關。靳以本人的創作，就深具這些弊病。關於人性的判定，也必然動搖其以大眾爲主體的民粹主義信仰。因此，靳以接近大眾的訴求，與對人性的戒備之間，始終存在著巨大的反差。

二、啓蒙話語的深度失效

（一）社會改造者的無奈

雖然在《路》中，孫青芷在民眾面前不由自主地產生了渺小感，但在眞正面對大眾時，靳以潛在的傳統士大夫式精英意識，尤其是強烈的啓蒙心態則時常起到主導作用。中國現代作家由於對國家和社會的不滿，普遍在作品中表現了猛烈的批判精神，因此成爲「中國社會的激進的代言人」，不過與此相伴的是一種強烈的痛苦感受：「他那種感時憂國的精神和那種對於國家的腐敗罪惡產生的厭惡之情連在一起；他爲希望和參與而滿懷憧憬，同時卻又被一種失敗感和疏離感折磨得痛苦不堪。」〔註55〕這也道出了現代作家的啓蒙困境。靳以以文學改造社會的啓蒙雄心，在走向大眾的旅程中反覆受挫，愈益加深了他對人性普遍之惡的認識，影響到他的民粹追求。

靳以鮮明的爲人生的文學觀，與啓蒙思想息息相通。但是他對啓蒙的前途則始終是充滿悲觀的，在小說《教授》〔註56〕中，就體現出一種知識分子啓蒙理想受挫的窘境：

> 他像中國大部分的教授一樣，是曾經到過外國的，自然，到過外國的人就可以算是非凡的人，在各方面是都可操勝算的。他也像其它的人一樣，在外國住了六年之後，懷了對祖國深切的思念回來。熱烈的情緒，是在第一步踏到祖國國土之後漸漸地降低了。這絕不是在異土夢中祖國的江山，那樣柔美雍穆的景地，不只在他希冀中未曾如願地更好起來，反而更呈了不可收拾的樣子。所有的事

〔註54〕 周保欣：《歷史修辭與意義迷失——現代中國文學「惡」的敘述及其思想史觀照》，《文學評論》2009 年第 6 期。

〔註55〕 李歐梵：《現代性的追求》，北京：生活・讀書・新知三聯書店，2000 年 12 月版，第 178～179 頁。

〔註56〕 原載 1933 年 2 月 1 日《文藝月刊》第 3 卷第 8 期，收入《聖型》。

都是腐舊陳敗，個人方面和政府方面是一樣的，由不滿而生出的憤
慨在胸中震蕩著；可是最後他只能歎息了，這歎息像秋天裏一片枯
了的葉子落下來，是不會被人注意或是有什麼影響的。末了呢，因
爲對於特異環境的順從，要說的話沒有了，歎息沒有了，默默地做
一個平平常常的人。

其中有對外國留學者固有的諷刺，但是知識分子在現實面前的無奈，亦
充溢於字裏行間。

在《巨輪》〔註57〕中，一位大學期間表現積極的活躍分子，曾經對社會
問題表示出了極大焦慮：「中國什麼時候才能好起來呢？就照這樣子！」爲此
他努力地觀察與研討社會問題，並下決心將來要爲改造社會盡力，也曾有過
這樣的美好夢想：「他夢見他是生活在閃著金光的土地上，人都是安善快樂地
活著」。當他以二十五歲的黃金年華走出大學校園後，起初很是意氣風發：

……思想意識該雄壯得如一匹小牛。他和其它從大學走出來的
人不同，他有著崇高的理想，這幾年中，這些理想都開了燦爛的花，
他幾乎是焦急地等著這個時候的到來，因爲他想著他要眞的插進這
個社會裏來，他就可以起始來改造這個社會。這些年來，由於觀察，
他已經看出來社會的癥結所在，他自信自己大刀闊斧的精神，再能
得到些同志，這個社會就將如意地在他的手中好起來……

當然，這樣的雄心在冰冷的現實面前很快就碰了壁。他後來與官僚同流
合污，靠著有後臺的妻子當上了××局的局長，成爲壓制工人階級反抗的強
硬派。在文本中，作家原本對官僚體系的批判與諷刺，由於自身啓蒙色彩的
融入而減弱，主人公常爲自己的悖反行爲一直處於極度焦慮中，反覆自問：「我
還算是一個人麼？」文中還借一位市長的口，說出了在中國改革之艱巨：「中
國的社會，就是這樣子，書本上的學問都不能實用，什麼事不還得講求適合
環境麼？……這不是昨天前天的事，這是幾千年傳下來的。可不是——四千
年？——五千年！」這些，顯然都傳遞了對於啓蒙效果的深深困惑與失望。

靳以筆下還不時通過典型的看客形象，如《夏晚》中觀眾對賣藝爲生的
不幸者的冷漠、《亡鄉人》中人們在觀看處決犯人時的興奮，對麻木冷酷的國
民性格予以展示和批判，流露出相當悲觀的情緒。在長篇《前夕》中，靳以
本意要傳達出光明的前景，並多次表達要對愚昧的國民進行啓蒙教育，然而

〔註57〕原載 1935 年 9 月 16 日《文學季刊》第 2 卷第 3 期，收入《殘陽》。

卻總是因為大眾的麻木不仁而陷入無盡的悲憤。歸根結蒂，啓蒙對象的難以改造，既有文化積澱的因子，又與靳以心目中對人性惡的認識有關。在一篇收入散文集《沉默的果實》的《短簡》中靳以記敘：女僕曾用力為自己洗衣服，藉以利用主人的好心把洗破的衣服送給她。很明顯，這種日常生活中的瑣事，無時不在加劇靳以對人性的陰鬱看法。靳以在自傳中曾提及，自己受過托爾斯泰人道主義的影響，「以為偉大的人類的愛可以征服一切。」但實際上，在追隨時代主潮融入大眾的旅程中，他卻與大眾產生了許多隔膜，「譬如看到了城市中的流氓無產階級，我們只知道憎惡。」對農民的小聰明，也「以為這是他們的惡德。」(《從個人到眾人》)儘管這裡有在特定政治氣候下的表態成分，但證之於上述作品，還是可信的。尤其是《沈》中詛咒吸著紙煙的乞討者還不如在世界上消滅的態度，更可窺見靳以在對大眾失望時所產生的偏激態度。這種從啓蒙視角出發對大眾的認識，強烈阻礙了靳以真正走向大眾。

（二）傳道授業者的悲哀

靳以的啓蒙理想，在作為現實生活中的直接啓蒙者──教師時，受到了更直接的打擊。在他的文學生涯中，除了創作與編輯，還有一個不可忽視的職業，就是文學教授。〔註58〕雖然他厭煩這一崗位，對學院派教授一度持相當激烈的批判態度，但他仍然扮演了一個熱心的啓蒙者的角色。在所有學生的回憶中，靳以都是一個極力關心和愛護學生的老師，並受到了進步學生的擁戴（參見第六章）。學生、詩人郭風說：「他盡力推薦同學（包括我）的作品到當時國內大型文學期刊發表，不用說，對於我們是很大的鼓舞和鞭策。」〔註59〕有許多被靳以提攜過的文藝青年，後來都成為著名作家。另據回憶：「靳以不論在領導崗位或做教授和主編，他的同事、學生與他相處，立刻能感到從他身上迎面散發出來一陣親切的暖意，大家幾乎無例外地把他作為一個可以信賴的朋友。」〔註60〕不過，如果結合靳以本人的創作，卻可以清楚地發

〔註58〕抗戰期間，靳以的創作與編輯事業受到戰火的嚴重侵襲，由上海輾轉至重慶，並於 1938 年底出任復旦大學國文系教授。其間他還曾由於受到學校反動權威的迫害被解聘，短暫擔任過福建師專文史系主任，1944 年重返復旦任教，直至 1949 年初。

〔註59〕郭風：《憶靳以師》，《新文學史料》1988 年第 2 期。

〔註60〕菡子：《他明明還活著──記著名作家、〈收穫〉主編靳以》，《新文學史料》2000 年第 2 期。

現他在教學過程中發生的不快。

靳以做教師後創作的散文中，有幾篇有關學生的《短簡》（收入《沉默的果實》）。當提及一個女學生已經結婚而且要做母親時，「我再也想不到她還是選擇了那平凡又平凡的路，把自己交付給庸碌的生活，把有用的生命在無用中磨損，難說這不是我們人類的失敗，還該是什麼呢？」類似的還有，他對正在戀愛中的女學生嚴屬批評：「誰曾想到那麼一個中國的好女兒，竟會走上這樣的一條路……人們談著你，感到是自己的侮辱，不，人類的侮辱。」在以自敘傳方式寫作的小說中，同樣的勸導遭到了學生的辱罵：「好像她把天下毒罵的字句都裝在裏面了──我的心感到難忍的疼痛，我好像還哭了的，不為我，也不為她，為了可憐的人類的心──」（《人們》）

靳以的初衷，是將學生從個人天地中喚醒，為民族和人類做貢獻，但語氣顯然是過重了，而且收效不佳。可以看到，在靳以這種對學生的評論語氣中，是包含著對人性弱點的固有看法的，這與本應循循善誘的師者身份相矛盾，其源頭則是靳以根深蒂固的自我中心主義，以及由此導致的簡化的創作思維。實際上，女性在惡劣的戰時環境中，取得家庭的庇護，尋求生命的安全和保障，也是應該予以理解的。靳以將女性的自主選擇，上升到人類恥辱的高度予以批駁，這種潛在的對女性的刻意貶低，與早期創作密不可分。上述《短簡》，也可視為把戀愛中的一切罪責歸諸女方的男權色彩的延續。

在《從個人到眾人》中，靳以有對教學包括學生對自身影響的表白：「在我的生命中，這是一個極大的轉折點，使我從一個人，投身到眾人之中，和眾人結合成一體了。」「我覺得我沒有什麼，沒有什麼可以教給他們的，我是向他們學習。」然而，以啟蒙為己任的現代知識分子，「都是以社會的良心、真理的擁有者、全民利益的代表者的角色出現的」，「他們著書立說也罷，執教講堂也罷，都是以人們的導師的身份說話的。」〔註61〕因此，靳以在對學生進行教誨時體現出的極強的主觀化色彩，就可以理解了。但是，其所追隨的民粹道路，又與現代知識分子的啟蒙精神相牴牾，與自身的教師角色相扞格。這種作為師者的內在困惑與矛盾，注定了靳以的傳道授業之路並不平坦。來自學生的打擊，也為靳以的啟蒙之路罩上了更深的陰影，他對人類和人性還有幾分相信呢？

〔註61〕李春青：《在審美與意識形態之間──中國當代文學理論研究反思》，北京：
　　　　北京大學出版社，2006年5月版，第27～28頁。

三、人類原罪的終極懲治

靳以的民粹道路多是充滿理想主義色彩的精神訴求，落實到紙面上的對大眾的生動刻畫描寫則相當匱乏。非但如此，深厚的厭世情緒，以及對於人類整體的失望，其最終指向，則是對人類原罪進行天啓式的懲治。

在早期創作《沉落》中，就出現了得不到女方的愛情就與其同歸於盡的情節。由此發展，靳以筆下經常出現動輒毀滅一切的心態。在對愚昧麻木的國民哀其不幸、怒其不爭的啓蒙心態中，就始終伴有這種衝動，比如在《沈》中對乞丐的態度；再如在抗戰小說《燼》中，在表達外敵當前國民卻不知振作的憂慮與憤慨時，便形容國民「只是一片野火後的餘燼」，與其這樣，還不如「就任了這灰燼也消滅下去」。

中國現代知識分子常把對黑暗現實的極度不滿，上升爲情緒化的終極懲治情結。魯迅曾在 1911 年 1 月 2 日致許壽裳的信中這樣寫道：「上自士大夫，下至臺隸，居心卑險，神赫斯怒，湮以洪水可也。」顧頡剛這樣的學者，也在旅途中如此抒懷：

> 我自作此旅行，常居明燈華屋而生悲，以爲國人十之七八猶過其原始生活，我不當超軼過甚，擁有此二十世紀之享受。歸之翌日，以事進城，宿長安飯店，聽樓下跳舞聲撻撻，爲之隕淚，思若干農民若丐若鬼，瀕於飢餓死亡之線，而城市中乃盡多此無心肝之陳叔寶，貧富雖殊而無望則一，國將奈何？入東安市場，舉目錦簇花團，又爲農民興其妒恨。聞見所及，並可咒詛。今十五年矣，所知日廣，所悲日深，而中原之蜩螳亦益甚。自恨非基督徒，不能信末日之說，祝審判之早臨，痛哉痛哉！〔註62〕

這種類似西方基督文化的末世審判心聲，在靳以筆下經常出現，如散文《人之間》〔註63〕：「如此的世界爲什麼不毀滅了呢？我希望著能有那麼一天，把所有活在這世界上的有錢的和窮的，壓迫人的和被壓迫的，同在一刹那間到了末日……」而他在小說中所經常徵用的毀滅意象，則是水與火，其代表作就是《洪流》〔註64〕。

《洪流》是一篇以哈爾濱水災爲背景的小說。在開篇，面對肆虐的大

〔註62〕顧頡剛：《〈辛未訪古日記〉序》，《靳馳齋小品》，北京：北京出版社，1998年 2 月版，第 294 頁。

〔註63〕原載 1934 年 1 月 31 日《大公報・文藝副刊》，收入《渡家》。

〔註64〕原載 1935 年 3 月 16 日《文學季刊》第 2 卷第 1 期，收入《洪流》。

水，開雜貨鋪的劉掌櫃這樣說：「都是他媽的鬼子強佔我們的地方，上天才發水來淹他們。」這顯然聯結著日漸深重的民族危機。劉此後被日本人抓走去修江堤，小說接著重點描寫劉妻在水中逃生的場景。當她看到衣食無憂、水淹不著的富人們拿窮人浮屍取樂時，產生了極度憎恨的心理。一直較為平穩的寫實手法，在結尾的瞬間則被暴烈的筆觸所取代。在驟然而至的狂風大雨中，劉妻的形象也產生了巨大變形：「當著蛇一樣的閃電亮了起來，就照見她那苦痛而憤懣的臉。她張開了手臂，像是想來和天搏戰的」，而狂風「是一顆有效的火種，引著了她胸中的火，而且使它廣漫地燒著。」她最終點燃了富人的樓房，「這場大火代替了她胸中一直燃燒著的火」，「她的手指點著，她的頭髮被風吹得向了前面，正像一個做法的妖人，還發著使人陰沉的笑。」

《洪流》的前後風格極不一致，劉妻的性格發展也缺乏內在鋪墊。實際上，洪水的來臨，不過是懲治人類原罪的隱喻性框架，主人公的行為也喻示了作家鬱積已久的心頭怒火驟然爆發，作為時代背景的民族矛盾則被完全淡化了。正如靳以本人對《洪流》及劉妻怪異形象的解釋：他的批判對象是「這虛偽的社會中」的「十足的偽善者」，「就因為這過度的憤恨在胸中的滋長，結果她就作了失常的事。」（《泥路》序）

如果說《洪流》尚指向特定的階層和人物，對人類道德品性的總體性批判，極為顯著地出現在 1940 年代的小說《人們》〔註65〕中。小說以便於抒發情緒的自敘傳形式出現，開篇即延續了對人類的厭憎態度：

> ……我一直沉默著，為了使我的情感平復下去，我的心真是許久都在激盪之中。先是我覺得我自己被人侮辱了，我很氣憤也很悲傷；隨後使我想到人與人之間的那些隔閡，我就只有悲傷的份了……我的眼睛被一層淚水籠罩住了，不斷地低聲反覆著：「唉，唉，可憐的人呵！忘記從前怎樣生活的了！忘記從前自己那副『人』的嘴臉了！難道你以為人都應該用兩手兩腳在地上爬麼？都向著一塊骨頭就搖尾乞憐，過後就在同輩中什麼也不顧地爭奪麼？……」

全文筆調凌亂，既夾雜著他人對自己傷害的無比憤慨，又描述了眾多淒慘的人生場景，這些都沒有交代確切的原因，全然是情緒宣泄性質的，其根源還是明顯指向人性的墮落。作品為此痛心疾呼：「人們實在是應該快快活活

〔註65〕原載 1942 年 3 月 15 日《文藝雜誌》第 1 卷第 3 期，收入《眾神》。

過日子的，爲什麼一定要守著自己的樊籠，還造成那些高凸和低凹的阻障，用仇視的眼睛相望，用尖利的嘴相斥，用背信的行爲相害，用不肯饒恕的心相恨呢？」作家雖在國難當頭呼喚人類博愛，但是基於對人性的深度絕望和人間的無盡苦難，最終還是無法壓制懲治人類原罪的欲望：「我寫不下去了，我眞的寫不下去了，每逢再想起的時候我都不能自持，我只希望神話中的洪水再來一次，連那個挪亞的方舟也吹翻了，使人類從這個世界上完全消滅吧！」

火、燈、燭，這些意象由於經常在文本中出現，長期以來被認爲是靳以追求光明的象徵，這並不全面。以散文《火》〔註66〕爲例，其中有這樣的記述：

> 是的，我愛火，我愛火的燃燒。三年前還住在家中，鄰居的屋宇失愼了，我們都跑出去望著，有人擔心著火的延燒，有人發著同情的歎息；我可是大聲地笑著，爲什麼不笑呢，火已經抓住了梁柱，器具，瘋狂般地吼著，在一場火之後，有形的將成爲無形的了，什麼都要換個樣子，舊的早厭了，爲什麼不來些新的呢？

《火》的表層涵意，的確具有毀滅一切醜惡事物，重建新世界的訴求。如靳以本人曾向一位年輕編輯對於寫作《火》的表白：「我們火一樣的心裏，眞想把舊社會燒個精光。」〔註67〕不過，把《火》與《洪流》放在一起來解讀，就會衍生新的闡釋空間：水與火並非僅僅是毀滅舊社會，同時隱喻著對人類原罪的天啓式懲治。因此，應該充分注意到，靳以筆下水與火的意象是與絕望、毀滅分不開的。還是這樣的表述更貼近靳以的眞實心聲：「我原不是不愛光明的，但在那光亮下使我看到的是些什麼喲？我的心又黯然了，於是悲苦的人生，無望的世相都一齊閃過來了，讓我告訴你吧，有時候我不但是悲苦，我還時常哭泣呢！」（《沉默的果實·短簡》）

在西方原型批評理論中，火與水都具有死亡的寓意。〔註68〕《聖經》中的大水開啓了對人類原罪的懲治，而像所多瑪與蛾摩拉這樣的罪惡之城，則是被上帝用硫磺與火所焚毀的。火與水的意象，同樣常出現在中國現代文學

〔註66〕原載1936年10月15日《作家》第2卷第1號，收入《貓與短簡》。

〔註67〕曹陽：《鐫刻在心中的師表》，見艾以等編《百年靳以紀念集》，香港：香港文匯出版社，2009年9月版，第27頁。

〔註68〕參見〔加〕諾思羅普·弗萊：《批評的解剖》，陳慧等譯，天津：百花文藝出版社，2006年1月版，第213頁。

作品中，尤其為充滿鬥爭意識的左翼作家所鍾愛。蔣光慈的長篇《咆哮了的土地》中的李傑，經過激烈的思想鬥爭，毅然同意農民革命者燒毀自家房屋，儘管裏面尚有自己的親人；夏衍的散文《舊家的火葬》，這樣描述自己的老家被游擊隊放火燒掉的心情：「一把火把象徵著我意識底層之潛在力量的東西，完全地火葬了，將隔離了窮人和書香人家的牆，在烈火中燒毀了。我感到痛快，我感覺到一種擺脫了牽制一般的歡欣。」顯然，毀家紓難是革命作家的普遍追求，明顯地表達了他們走向大眾的決心。端木蕻良的短篇《憎恨》，則描繪了東北農民用烈火將地主送上「天堂」的場景，這是以暴力反抗階級壓迫的表現。洪流則與革命運動以及革命的主要力量群眾緊密相聯〔註 69〕，典型的如丁玲的《水》、洪靈菲的《大海》、吳祖緗的《山洪》等。

　　靳以筆下的水與火，不同於左翼作家在階級鬥爭的敘事框架內完成懲惡揚善的目的，而是寓意著天啓般的終極懲治，這是其不容忽視的創作母題。在此，要特別注意到靳以創作中民粹思想與無政府主義的結合。這兩種思潮有著天然的淵源，「在整個俄羅斯民粹運動中都有無政府主義因素。」〔註 70〕巴枯寧的名言「破壞的欲望就是創作的欲望」，對「五四」文學具有顯著影響。無政府主義亦是中國現代激進思想最重要的來源之一，對於革命話語的生成具有重大意義：「無政府主義在中國歷史上具有承上啓下的意義，在 20世紀初的 20 多年間它一直是激進左派的思想。」〔註71〕這一思潮也為許多作家所尊奉，靳以的好友巴金就是典型的例子。靳以並沒有像巴金那樣具有明確的無政府主義信仰，但是在創作中則具有無政府主義的典型特點，即以激烈的反抗及毀滅一切為目的的極端敘事風格，在這方面甚至比巴金來得更單純和直接，且持續時間更久（參見前言、第六章）。魯迅曾對《工人綏惠略夫》主人公所具有的個人無政府主義特點這樣概括：「這一類人物的運命，在現在，——也許雖在將來，是要救群眾，而反被群眾所迫害，終至於成了單身，忿激之餘，一轉而仇視一切，無論對誰都開槍，自己也歸於毀滅。」（1925年 3 月 18 日致許廣平函）靳以從個人情感體驗到走向大眾的途程中，「單身」

〔註69〕　參見陳建華：《「革命」的現代性——中國革命話語考論》，上海：上海古籍出版社，2000 年 12 月版，第 260 頁。

〔註70〕　〔俄〕尼·別爾嘉耶夫：《俄羅斯思想》，雷永生等譯，北京：生活·讀書·新知三聯書店，1995 年 8 月版，第 149 頁。

〔註71〕　〔美〕阿里夫·德里克：《中國革命中的無政府主義》，孫宜學譯，桂林：廣西師範大學出版社，2006 年 4 月版，第 3 頁。

之感實在是太持久、太強烈了，因此常常汗生毀滅一切的極端無政府主義傾向。其天啓化的終極懲治情結，激烈程度甚至並不遜於左翼作家。文學與人生，在靳以這裡取得了高度的統一。也正因這種色彩，那些認爲靳以是京派作家，以及對其做出「平凡化」風格的界定，都是極爲偏頗的。

第四節　小　結

　　靳以「從個人到眾人」的民粹主義追求，非但在中國現代文學作品中是典型的，民粹思想甚至在整個中國的近現代歷程中都佔有相當的統治地位。不過，對於熱衷於民粹主義的中國知識分子而言，「即便他們是在探索中國的發展道路，抵制資本主義現代化的負面影響，也多是從道德角度出發的。因此，它作爲一種道德理想，具有巨大的感召力，但如果訴諸於社會實踐，則必然陷於空想而遭到失敗。」〔註72〕

　　從自覺向民粹思想歸趨的大部分知識分子的角度出發，當民眾不再是被教化的階層，知識分子不僅不再輕視大眾，甚至主動向大眾學習，這就使傳統的文人士大夫與民眾之間的關係發生了巨變，其巨變效應是相當強烈的，「這就必須正確地認識和處理知識分子與民眾的相互關係的問題，尤其是兩千年來兩者之間格格不入的差別與矛盾問題。」「這些問題，在整個 20 世紀都是懸在中國知識分子頭腦裏的頭號難題，也是中國知識分子常常處於尷尬兩難境地的一個極爲重要的緣由。」〔註73〕而當知識分子根深蒂固的傳統士大夫精英意識，常常在不自覺中露頭，自然會抑制其走向大眾。正如薩義德作爲一名知識分子的自述：「我時而頑強，引此爲傲，時而又自覺全無性格、怯懦、優柔無定，缺乏意志。但凌駕一切的感覺是我的格格不入。」〔註74〕既有鮮明的民粹立場，又總覺得與民眾格格不入，這種極端的矛盾心理，在靳以的創作中體現得淋漓盡致。他從沒有深入民間和農村，與民粹思想與大眾化道路難以產生眞正的共鳴。尤其當聯結獨特的生命體驗，將基於人性惡的判斷，融入民粹追求的路途之中，更使靳以難以眞正接近大眾。這種搖擺

〔註72〕孟繁華：《思有涯》，濟南：山東友誼出版社，2006 年 1 月版，第 71 頁。

〔註73〕錢競：《中國現代文藝學研究》，濟南：山東教育出版社，2009 年 1 月版，第 150 頁。

〔註74〕〔美〕愛德華・W・薩義德：《格格不入：薩義德回憶錄》，彭淮棟譯，北京：生活・讀書・新知三聯書店，2004 年 12 月版，第 1 頁。

不定的心理狀態，充分體現在其作品的出走模式和「多餘人」形象中。

靳以的整個創作，又往往出之一種極端化的思維。這同早期愛情作品中的自戀傾向是頗有淵源的，正是極度的自我中心主義，導致判斷、認識、處理問題的簡化。這突出表現於濃厚的以全面毀滅爲主要手段的無政府主義色彩。在「從個人到眾人」的艱難跋涉中，引發了靳以不同於左翼作家在革命旗幟下尋求懲治罪惡的方式，面對黑暗的現實與醜惡的人類，他在極度絕望中常常以最直接的方式表達自己的憎惡，進而祈求一種天啓般的極端化手段——火與水，去懲治人類的原罪。也正因如此，其心目中理想的民粹主義大廈，由於根基的天然虛弱而易於坍塌。魯迅在談及《工人綏惠略夫》還曾說：「然而綏惠略夫臨末的思想卻太可怕。他先是爲社會做事，社會倒迫害他，甚至於要殺害他，他於是一變而爲向社會復仇了，一切是仇仇，一切都破壞。中國這樣破壞一切的人還不見有，大約也不會有的，我也並不希望其有。」（《記談話》）這實乃飽含隱憂的深刻預見。不可否認，在除舊立新的過程中，「作爲一種政治／思想運動的策略，極端思維自有其好處。」〔註75〕不過，非好即壞、全面否定對方的二元對立思維，以及破壞大於建設的極端化傾向，在中國近現代文化進程之中綿延不絕，也帶來了極大的危害。文學走向粗礪和枯澀之途，也在所難免。對於表現融入大眾的主題，在中國現代文學中難稱成功與深刻，反而常常不是成爲空泛意念的圖解，就是體現爲忽冷忽熱的情緒化特徵，靳以的創作就難逃此弊。

表現走向大眾的母題，也是靳以寫作趨於意念化的開始。口號式的宣言、情緒化的行動，加之清淺的整體象徵修辭的泛濫使用，使他在模式化的道路上越陷越深。英國散文家哈茲里特在《論旅行》一文中有這樣的名言：「世界上最快樂的事中的一件是旅行；但我喜歡一人獨往。」〔註76〕「旅行的靈魂是自由，完全的自由，是思考、感覺與行動，怎麼高興就怎麼做。」〔註77〕這對靳以「從個人到眾人」的旅程，包括整個中國現代作家的創作旅程來講，只能是巨大的奢望吧。

〔註75〕陳平原：《思想史視野中的文學——〈新青年〉研究》，見陳平原、山口守編《大眾傳媒與現代文學》，北京：新世界出版社，2003年1月版，第247頁。

〔註76〕〔英〕威廉・哈茲里特：《哈茲里特經典散文選》，毛卓亮譯，長沙：湖南文藝出版社，2000年7月版，第187頁。

〔註77〕〔英〕威廉・哈茲里特：《哈茲里特經典散文選》，毛卓亮譯，長沙：湖南文藝出版社，2000年7月版，第189頁。

第三章　激烈的現實詛咒者——論靳以的批判色彩

　　靳以曾宣稱：「我的寫作態度一貫是嚴肅的，我開始寫作就是投在五四以來文學工作者現實主義的主流中。我不曾從人生游離過。」(《從個人到眾人》)這一「現實主義的主流」，體現於靳以的創作中，就是時刻關注現實人生，尤其是對現實保持強烈的批判態度。這一立場，在靳以的創作中的確從未有過任何動搖。

第一節　天然明晰的承罪主體

一、簡化的社會否定

（一）惡劣感受的現實歸宿

　　「對於現社會我有著極端否認的意向。」(《秋花》後記)從小說處女作《偕奔》中的年輕人在社會面前無法立足，到把女性的墮落歸結於社會，靳以已經自覺地融入了1930年代文學的社會批判主潮。不過，正如在愛情小說中所表現的，他對社會的批判往往帶有先驗而簡化的色彩。在《蟲蝕》序中所體現的「走進社會的圈子」，實際上是完成了將個人情緒與現實問題進行混合的轉換。

　　這種對社會的極端否認，可以隨時和任意地添加於文本中。在《秋花》中，像失去母親這樣的家庭變故，也會引發對社會的無盡憤恨：「有了這個家，使他們更看清了這個社會，社會裏人與人的關係。他們只是被丟在這

裡，沒有人關心，也沒有人問。」當不義女子苓迫不得已來到方明生面前時，她如此表述：「不，我不是你想念的那個好人，那個人已經死了，在社會裏她活不下來。」這與方的話語頗為類似：「其實什麼樣的好女人也不能結婚的，這種不良的制度殺害一切感情。」可見，社會完全成為人間一切困厄的罪惡主體。這種相當主觀情緒化的感受，同《聖型》序中提到的「早就知道了人生是什麼」，有著同樣判斷問題的角度。社會有時還與腐朽沒落的國家完全對等。在《去路》中，家破人亡的主人公最終選擇出走，在給收留他的友人信中這樣寫道：「我不是為著我們的國家，我們的國家對我們沒有好處，它忘了我們，丟棄我們，卑視我們，好像土地是我們自己失去的；我是為了我自己的家！我們的家都毀了，幾乎連我自己也無聲無臭地死在凍餒之中。」這與《秋花》中對社會的看法相同，完全是以一種被棄者的心態，盡情發泄著內心的不滿。

「對人性的懷疑和對社會現狀的批評常常是密不可分的。」〔註1〕靳以對人性、人類、社會的惡劣印象，的確是有機共存的。他很快把在《沒有用的人》中對人類的普遍厭憎擴展開去，與社會批判融合在一起。在給友人的信中他寫道：

> 我聽從過你的話，張大了眼睛，一步就跨進了社會。我得到些什麼呢，我看過些什麼呢？在大大小小的角落裏都隱著陰狠的臉，你知道我的性情，當著我想抓出它來，想來擊碎它，黑暗中卻有另外一隻手打在我的身上，有時候我幾乎被打翻了。是的，這就是我們的社會，也許你會說我偏激了，你說說看，我們的社會是什麼一個樣子？（《短簡（八）病》）

在《茫霧》〔註2〕中，靳以更是輕易地將造成親人之間隔膜乃至仇恨的原因歸於社會。一位父親酗酒成性，趕走了妻子和兒女。後來，兒子望生在父親生命的最後時刻來到病床前，並完全寬恕了他，而當他在父親的墓地看見了分別多年的妹妹銀妞時，只看到「她的眼睛含了憂鬱與怨憤的光」，「有多麼深的仇恨會能在這年青的胸中滋長呢，他覺得十分茫然了。」銀妞對父親一直不肯寬恕。更有甚者，在母親死後，她突然向哥哥爆發了所有的仇恨，

〔註1〕黃梅：《推敲「自我」：小說在18世紀的英國》，北京：生活・讀書・新知三聯書店，2003年5月版，第115頁。

〔註2〕原載1935年1月10日《水星》第1卷第4期，收入《洪流》。

認爲母親是死在父親與望生之手，義無反顧地與哥哥分手，聲稱「我走我自己的路」，最終「跑向另外一個方向」。這裡，妹妹對哥哥的怨恨毫無來由，因爲哥哥十歲的時候也被父親趕出家門，更重要的是他並沒有傷害到母親和妹妹。靳以採用慣用的手法，通過銀妞跑向不同的路向，強調兄妹人生的分野，但對望生寬恕父親似乎不以爲然，而對銀妞的態度則格外欣賞。無論怎樣，對親人間仇恨的無意識表達，顯示了對人性無法溝通的根深蒂固的看法。然而，靳以自己卻如此解釋《茫霧》：

> 在《茫霧》中，我是想寫出人與人之間的仇恨。生到這個世界上，而且是在一個血統的下面，爲什麼還以惡毒的眼來望著呢？自然，他們多少是一些「變態的人」，可是成爲變態了，不還是有一條線索可以追溯上去麼？就是在這個社會之中，我們能遇到多少完全「常態」的人？可是，有了這麼多反常的人，誰要肩起了這項責任？我可以認定，如果有一個完全兩樣的社會，銀妞就不會失於茫茫的路途中，定然要一跳，跳到那個社會裏面。(《〈泥路〉序》)

對於解讀靳以的作品，這段說明非常重要。在《茫霧》中，如果說有社會的因素，那不過是說人物生活的處境都不好，但相互之間的深深隔閡甚至仇恨，至少從文本所直接傳遞出的來看，是無法歸咎於社會的。這篇小說實則表現了作家無處不在的世界觀：其內心中的社會就是變態的社會，人類也是變態的人類，而這個充斥著敵視與隔膜的變態線索就在作家自身。將對人性惡的認識與社會聯結，顯然是一種極其簡單的對應。

（二）高度象徵的瘋人形象

隨著把視野投向更廣闊的芸芸眾生，靳以 1930 年代中期以後創作的大量描寫社會黑暗的小說〔註3〕，同樣出現了一個龐大的「多餘人」譜系，這些人物都在社會的殘酷迫害下，陷入淒慘絕望的人生境地。靳以還是延續著把一切推向極端的創作方式，其中舉止變態的瘋人形象就是顯著的例子，這樣的作品包括《黃沙》《珠落》《斷梗》《人們》《眾生》等。

《黃沙》〔註4〕中主人公致瘋的主要原因是家人之死：妻子難產而死，孩子車禍而死，母親癱瘓而死，妹妹不堪忍受丈夫一家虐待而自殺。當主人公被安置於救濟院時，引發了這樣的議論：「在這個完好的社會上，他們是些多

〔註3〕多收入《珠落集》《殘陽》《黃沙》《洪流》《眾神》等小說集。
〔註4〕原載 1936 年 1 月 1 日《文學》第 6 卷第 1 號，收入《黃沙》。

餘的人物，是要把整個的善美玷污的；所以他們必須被送到這裡來，和那些
健全的人離開。社會對他們不點頭的時候，他們就再也不能回到社會中去。」
而主人公在說到自己的不幸時，「憤慨像提了起來就再不能遏止」，後來他也
上弔死了。文中還有對救濟院中一些類似的瘋人的描述：

> 一個青年的大學生，是因為女人對他無情成為一個呆像彩的；
> 一個十幾歲的孩子，是因為從學校裏回來看到自己的父親，母親，
> 妹妹，弟弟，都被人仇殺，立刻失了常態的。還有一個六十歲的
> 人，他在營業上失敗了，每天計劃著他該怎樣恢復自己的資產；又
> 有一個被載重的汽車撞了一下，雖沒有死，卻已失去了記憶和思索
> 的能力。還有一個愛國的人，每天想著只有自己才能救國……

這些人的精神失常，與社會的直接關聯同樣並不密切。但靳以並沒有意
識到這樣的問題，在 1940 年代的小說中，簡單場景羅列的現象更為突出，
《眾生》和《人們》就是這樣的代表性作品。在前者中，有這樣一個情節：
一位學化學的知識分子莫名其妙地想害死妻子，未遂後卻把孩子弔死了，後
來又把毒藥下在飯裏，再次沒有得手，便用鋤頭將妻子打得頭破血流。作品
沒有對生活、人物做深入的開掘，導致悲劇的原因，只是出之高度概括的語
言──「可是不知怎麼一來，他會神經失常了」，「現世界是沒有老實人的路
的」。這正如散文《失去了題目》的開篇：「在這個倒楣的年代中，好人活該
發瘋的。」社會黑暗，就這樣被化約為本質論的概括，直奔主題的手法一覽
無餘。

有論者對「五四」文學的「狂人」，與三、四十年代的「瘋人」形象進行
了對比：

> 正是在傳統藝術思維方式的影響下，這些發憤著述的「五四」
> 小說家，往往採用抒情的筆調，在短篇小說非常有限的容量裏，盡
> 量抒寫自己對歷史和現實的整體直觀的感受。而為了擴大藝術容
> 量，在描寫方法上就不得不盡量採用象徵暗示方法；在描寫內容
> 上，多寫能夠表現「狂人」瘋態的「言」和「行」，較少細緻地描寫
> 到致「狂」的原因。他們側重的是因果關係中的「果」。這一點，我
> 們只要同三、四十年代小說所描寫的「瘋人」形象比較一下，就會
> 更加清楚。沙汀等作家運用的主要是寫實方法，側重的是致「瘋」
> 的過程和原因，在因果聯繫中展示了人物性格的發展變化，因而也

就能夠在批判現實中刻畫出鮮明的人物性格。〔註5〕

　　該論者在以上論述三、四十年代的作家作品中，在注釋中援引了靳以的《黃沙》作爲例證。這是將靳以納入社會寫實批判主潮中的籠統概括，因而忽視了作家獨特的個體性。其實，對「五四」作家的界定完全適用於靳以。因爲意念化的驅使，靳以在創作中往往採用高度象徵的寫法（參見第二章第一節）。如《黃沙》這樣開篇：「頂在頭上的天，好像漸漸地成爲沉重的，壓了下來，要壓在人的頭上。」隨即以老年人的歎息點明主題：「這是什麼年月呵，這麼大的風……」最主要的是，《黃沙》主人公致瘋致狂全然沒有具體生動的表現，「因」與「果」之間的聯繫很單純直接，因此也談不上「在批判現實中刻畫出鮮明的人物性格。」靳以筆下的許多瘋人形象，延續了早期愛情小說那個無所不在的自我影像，實際上隸屬於以社會棄兒爲代表的「多餘人」譜系。因充分融入自我的無盡悲觀體驗，瘋人本身更具有一種誇大的自虐成分在內。

　　趙園曾經把靳以與巴金進行對照，認爲巴金熱烈，而靳以的風格類似契訶夫「柔和的憂鬱」〔註6〕。如果把契訶夫的《第六病室》與靳以的《黃沙》兩篇同樣出現幻想症狀人物的作品相參照，可以清楚地看到二人在創作上的巨大差別。契訶夫把「瘋子」格拉莫夫與「有頭腦的」格拉莫夫的描繪巧妙穿插起來，並通過描寫「瘋子」格拉莫夫與「健康人」拉京醫生的爭論，有力地烘托出人物的思想個性特徵。通過對人物的多角度刻畫，與對病室環境的細膩描繪，自然貼切地給讀者留下了這樣的印象：在黑白顚倒的時代，正是能夠洞察其弊端的人，才被視爲「瘋子」。將靳以與契訶夫的藝術成就進行對比可能並不合適，需要指出的是二人在創作觀念與手法上的本質區別：「小說家契訶夫一貫忌諱在作品中赤裸裸地表達作家的態度，他主張『客觀』的描寫，把作家本人的思想感情融化在作品的形象體系之中，以保證讀者有獨立思考的餘地。」〔註7〕這種盡量避免主觀情緒介入的冷靜克制的創作方法，與靳以極強的主情性可謂大相徑庭。

　　福柯曾將瘋人現象作爲體制化規訓的符號化表徵：

〔註5〕方錫德：《中國現代小說與文學傳統》，北京：北京大學出版社，1992年6月版，第96頁。

〔註6〕趙園：《艱難的選擇》，上海：上海文藝出版社，2001年1月版，第180頁。

〔註7〕朱逸森：《契訶夫》，上海：華東師範大學出版社，2006年10月版，第105頁。

　　然而，不應忘記的是，這些「瘋子」在禁閉世界中佔據著一個特殊位置。他們的地位不僅僅是因徒。在一般的對待非理性的情感中，對待瘋癲似乎有一種特殊的調子。這種情調被用於所謂的瘋子、精神錯亂者、神志不清者、癡呆者和不能自制者（這些稱呼沒有嚴格的語義差異）身上。〔註8〕

　　在靳以高度象徵化的小說世界，瘋人同樣可做一種符號化的解讀，即在誇大和渲染的強烈欲望之下，所衍生的一種非常態人物。正因如此，與其說「《黃沙》誇張得帶點怪異色彩，於陰陽錯亂中顯示人間悲劇的慘烈，頗具藝術的力度」，「是作家的社會激情白熱到發藍的程度的藝術轉化」〔註9〕，不如說作家在創作中缺乏創新能力，陷入了將一切推至極端的僵化思維模式。魯迅對舊小說的針砭——「過於巧合，在一剎時中，在一個人上，會聚集了一切難堪的不幸」（《〈中國新文學大系·小說二集〉導言》），在靳以瘋人形象的塑造上可謂十分恰切。由於對痛苦缺乏足夠的咀嚼與提煉，無法對人間悲劇的根源做深入的探究，導致靳以的小說不但難以具備應有的社會批判力度，一系列悲慘人物形象也因嚴重臉譜化而缺乏藝術魅力。

二、文學主潮的追隨者

　　在儒家文化傳統中，「中國知識分子的『社會良心』驅使他們總是強烈地將國事民情、國計民生、國憂民瘼、國難家愁作為自己終極關懷的對象。」〔註10〕在整個創作生涯中，靳以都深具這種憂患意識。同時，他強烈的社會批判取向與創作背景息息相關。中國新文學的發端是從反對封建文學開始的，對傳統文化的鞭撻，同時天然帶有對現實社會濃烈的批判色彩：

　　　　中國現代文學中這種反傳統的立場，與其說是來自精神上或藝術上的考慮（像西方現代派文學那樣），還不如說是出自對中國社會——政治狀況的思考。可以這樣認為，中國現代文學的興起，乃是國家與社會之間的鴻溝日益增大的結果：國家不能夠採取積極

〔註8〕〔法〕米歇爾·福柯：《瘋癲與懲罰）》，劉北成等譯，北京：生活·讀書·新知三聯書店，2003年1月版，第60頁。

〔註9〕楊義：《中國現代小說史》（第二卷），北京：人民文學出版社，1988年10月版，第652頁。

〔註10〕何曉明：《知識分子與中國現代化》，上海：東方出版中心，2007年8月版，第58頁。

的態度改弦更張，知識分子因而感到愈來愈心灰意冷，他們對這個國家感到厭惡，轉而成為中國社會的激進的代言人。因此，現代文學便成為表達社會不滿的一種載體。中國現代文學大都植根於當代社會中，表現出對作家所面臨的政治環境採取的一種批判精神。〔註11〕

　　靳以所活躍於文壇的時代，對種種社會問題的揭示，更是廣大作家的興趣所在，「與二十年代相比，三十年代作家在創作中，其社會使命感的確是明顯地得到了強化。」〔註12〕以左翼作家為代表的進步作品，普遍地對黑暗的現實和社會的痼疾不滿，幾乎全部帶有強烈的批判色彩。許多作家正是在呼喚正義、批判現實的欲望驅動下走向了創作之路，在鄭振鐸、傅東華所編的《我與文學》（1934）中，作家的這種表白相當之多，如：「我只是老老實實的想把我的渾身的創痛，和所見到的人類的不平，逐一的描畫出來。想把我內心中的鬱積統統發泄得乾乾淨淨……」（葉紫《我怎樣與文學發生關係》）「在這苦悶時期，我開始努力創作：把自己當做左拉一樣，著力去探聽社會的醜惡事件。」（黎錦明《我不願意放棄文學》）

　　早在復旦讀書期間，靳以一方面熱衷於寫作，另一方面則對學生運動投入了濃厚的興趣。〔註13〕而這種興趣，持續在其一生的創作、編輯、教學中。因此，他與具有強烈社會批判性的文學主潮，是極易產生天然共鳴的。靳以在大學畢業後開始編輯《文學季刊》《水星》等刊物，同主張「血和淚的文學」的鄭振鐸與向垂死的社會發出「我控訴」的巴金的交往，尤其是後者，對他的創作更有顯著的影響。巴金與靳以作為編輯搭檔與好友，文學趣味極為相投，寫作主題、風格也有類似之處。巴金鮮明的無政府主義色彩，「犧牲了個人的一切幸福、去追求眾人的幸福」（《海的夢》）的民粹主義追求，包括對待失戀的態度——「我的初戀死了，我的愛情也跟著它死了。我只有恨，我恨一切的女人。」（《愛的摧殘》）「被女人拋棄並不算什麼一回事。一個人的世界是很廣大的，女人是那麼渺小的東西」（《春天裏的秋天》）——都可以與靳

〔註11〕　李歐梵：《現代性的追求》，北京：生活・讀書・新知三聯書店，2000 年 12月版，第 178 頁。

〔註12〕　朱曉進：《政治文化與中國二十世紀三十年代文學》，北京：人民出版社，2006年 11 月版，第 241 頁。

〔註13〕　參見南南：《從遠天的冰雪中走來——靳以紀傳》，「商科學生」一節，太原：山西人民出版社，2000 年 1 月版。

以的作品互相參照。此外，極為真率的敘事語氣、一覽無餘的抒情方式、從生活瑣事引發宏大議論的方法，甚至一些小說的標題，二者都是近似的。靳以與巴金在文學觀念上最為相同之處，還是強調對不合理現實的控訴，及以作品為武器同世間一切黑暗進行戰鬥的精神。巴金多次進行類似的表白：「我寫作是為著同敵人戰鬥」（《我與文學》），「我把文學作為武器攻擊我的敵人，攻擊舊制度。」（《巴金談文學創作》）也正因如此，巴金與靳以在編輯搭檔過程中，強烈地反對包括復古思潮在內的與現實無涉的文學態度（參見第六章）。他們雖然不屬於左翼陣營，但都一貫堅持藝術為人生服務、強調真實地反映客觀生活、批判黑暗社會、呼喚人類博愛，其激進的戰鬥色彩與左翼作家極為接近。雖然無法確證二人究竟誰影響誰更多一些，而且靳以的文學成就無法與巴金比肩，但二人意氣相投，對文學和人生具有極為近似的看法，是確切無疑的。

總之，無論從個人意趣出發，還是受文學氛圍的影響，都使靳以明確地將社會批判作為永恆的追求。

第二節　人間醜態的濃重渲染

靳以的社會批判，既與對普遍人性的失望相聯，同時指向特定的對象。而這些對象，同樣與現代文學主潮相吻合，只是在靳以的筆下，顯然帶有更多的個人情緒化特質。

一、偽善的權勢階層

正如《黃沙》後記中所說，「這個社會只是那些好人物的天下」，靳以的首要批判目標就是這些「好人物」，即一切生活優越的權勢階層。

經常對一切達官顯貴進行無情的譏諷，與靳以深厚的民粹情結密切相關，也聯結著中國文化傳統中的民本意識。靳以特別厭憎為富不仁的權貴，對商業和金錢自始至終表達了本能的牴觸：「在大學裏，我是一個商科學生，可是我一直憎恨在自私自利的立場上為個人牟利的行徑，所以在離開學校的時候，我就和一切的商科知識絕了緣，不但沒有做過一文錢的生意，也不曾在任何商業機構中服務過一天。」（《從個人到眾人》）父親在東北的多處生意，作為長子的靳以從未染指打理，而且他還違背了父親的意願，最終選擇了文學道路。「君子喻於義，小人喻於利」（《論語·里仁》），這種重義輕利的

傳統價值觀念，深深浸透在現代作家的血脈中，在多數時候，財富就是邪惡的象徵。靳以的初戀情人，正因他不以牟利為取向的人生選擇，而與其分道揚鑣。這也就可以理解，為何在靳以的早期愛情小說中，水性楊花的女性所移情別戀的對象是那樣的面貌相似，靳以對他們的譏諷也是那樣不遺餘力。可以說，從創作之初開始，靳以便猛烈抨擊著他的先天「情敵」——權勢與金錢。

這又可以理解，靳以對心目中人類道德品性墮落根源——自私本能的永恒批判。在他筆下，所有權貴階層都是相近的：由於身處高位而獲得了不義之財，由於自私自利而使他們喪失了基本的人性，對人間疾苦冷漠而無情，對自身的貪婪與享樂卻不知反省，並且還常常以道貌岸然的醜惡面目出現。自私、虛偽、冷酷，交織在靳以對權貴階層的批判性文本中。散文《社會一相》（1933）開篇即用簡潔明快的斷語判定：「在這個社會裏，打著謊言或是欺騙著，幾乎成為天性了。」但很快就轉向了特定的人和事：

> 有誰肯老老實實地把自己顯給別人呢？有人說自己是了不得的好心人，在僻靜的街上，他也許把一個隨了他討一個小錢的乞丐踢一腳（他會說那是因為疑心那個追隨者是一個歹人）；但是在日報上他卻是一個時常露面的慈善家。因為大額的捐款，報上會用紅色的油墨印出他的名字。他賑濟水災，救助貧困，在小報上還有人賦詩以詠風雅，因為他花了二十萬的數目，娶了一位「名閨」。

而當看見因水災而流離失所的不幸災民時，則引發了這樣的想像：

> 「我並沒有以我的威權來宣佈你們的死刑呵！」
>
> 一個高貴的人也許要這樣咆哮著，隨後他會要他們散開去，麇集著的人也許不會聽從他的話，於是他可以吩咐些人來驅逐，為了「公共治安」的關係。
>
> 社會是平靜地，光滑地過著日子。沒有一點什麼不安。好像這是一個不移的真實。啜泣著的，哭號著的，自有他們自己的角落。偶然間一顧及，穩重的「長者」就會說：「管他們這些人幹什麼，誰不要他們回家呢？他們不願意回家，故意躲在這裡和我們為難，今年水災又那麼重，誰還能顧到他們，而且，這些人……」

在對具體人物的批判過後，以反語的方式得出了普泛性的結論：「有什麼好說的呢，在這個『光榮偉大』的時代裏？」顯然，是如此醜惡的人物，導

致了社會的醜惡。十幾年後，當靳以在散文《孩子們》（1945）中對流浪的孩子產生同情時，依舊延續著這樣建基於想像基礎上的批判方式，只不過語氣由無奈一變轉為激憤：

> 他們的衣服，諒必是那些大慈善家的恩德，僅有一件罩在那微小的身軀上。至於吃，我看不出來，可是那緊蹙的眉頭，痛苦的臉，彷彿已經告訴我了。……撫養他們既不是什麼豐功偉績，失去他們當然也不是什麼罪過，正如同一腳踏死路邊的小花草，沒有人會懲罰你，你的心上也不會覺得不安的。

> 我控訴，我為那些無辜的孩子們控訴！他們來到這個世界上，還一點也沒有承受過人類的溫情，卻慘受這殘酷的困苦。如果說人類是有罪的，那該是我們這些成人，我們中間那些把幸福建築在別人之上的人們。

對於權威階層的批判，也是對統治者與現存秩序的挑戰。在一篇《短簡》中靳以這樣說：「到了一無所有的時候，便到我的身邊來吧！我不是一個富人，所以我不吝嗇；我不是一個官人，所以我沒有那張多變的臉。」顯然，為富與為官者在他看來，都是正直道德立場的天然對立面。從中亦可看出靳以愛情小說中的自我形象：固守個人道德操守、敵視一切享樂，以儒家文化安貧樂道的君子形象自居，即「內心以『仁』為主導，而其行為與『禮』相符合的人。」〔註14〕從這種根深蒂固的內在自我道德優越性出發，也就可以對所有預設的假想敵展開猛烈攻擊，這也帶來了靳以批判方式極為直捷、刻板、生硬的弊病。

靳以的批判方式，在文化層面也值得反思。直至今日仍有人堅信，在儒家文化傳統中，「從一開始就醒目地強調君子和小人的區別，這是中華文明無與倫比的優點。」〔註15〕其實，這種泛道德主義立場自有其弊端，因為在君子與小人之間並無天然的界限，而當以「君子」自居的人掌握了話語權，則極可能對心目中的「小人」進行粗暴的聲討。這在文學中，往往出之貧乏而簡化的表現，而在整個中國近現代歷程中，由道德判斷引發的現實悲劇亦非罕見。

〔註14〕 朱義祿：《儒家理想人格與中國文化》，上海：復旦大學出版社，2006 年 10月版，第 42 頁。

〔註15〕 余秋雨：《問學‧余秋雨‧與北大學子談中國文化》，西安：陝西師範大學出版社，2009 年 10 月版，第 93 頁。

二、無行的文人群體

（一）極盡誇張的丑角描繪

靳以筆下還有一種恒久的批判對象，即知識分子。在早期創作中，這樣的批判就已經開始了，《凋之疊》將各式文人醜陋的嘴臉進行了極盡誇張的描繪。就像對待女性的本能，有時與主題毫無關涉，也可以隨時將文人捎帶進行譏諷。《隕》中的主人公將死之時，腦海裏就浮現出那些害怕他的呼號會打擾他們安逸生活的溫飽者，其中就有人「靜靜地坐在爐邊讀那文人意境造成的小說」。《獨生者》中自私的秋生，也是一個「青年紳士與學者身份」集於一體的人。

文學教授是靳以最愛諷刺的對象之一。《殘陽》〔註16〕中的教授滿口英文，時常誇耀國外留學經歷，講課都像牧師傳道一樣，甚至連姿勢都模仿研究雪萊的著名教授D。不過，他雖然對學生說「詩是深奧的，不是『凡人』都可以懂的」，不但一首像樣的詩都做不出來，還在課堂上背誦雪萊名篇時卡殼出醜。但他找到了這樣的藉口：上海某雜誌約他寫一篇《浪漫詩人》，催稿催得太急才致使精力不濟。此公對引起妻子好感的男同事嫉妒萬分，趁對方不在將妻子借出的唱片偷取回來，並留言「屬於我的一切永遠也不會來到你的手中」。有趣的是，這也是一個衣食無憂，有著類似商人心態的文人。他「在社會上還有著相當的身份」，「正如同一個善於經營的商人，已經花去了相當的數目，造成了自己的身份，現在是等著利潤的歸返。」《人間人》〔註17〕則勾畫了另一位大學教授、文學院主任劉文涵的無恥嘴臉。他攜夫人到山上別墅度假時，正逢全國水災，卻不響應號召捐款。他還不知廉恥地建議受災者躲到樓頂避難，卻不顧那里根本沒有樓房。災難不能擾亂他與夫人享受良辰美景的心境，他只擔心山洪沖毀鐵路，不能及時趕回去為校長太太祝壽，從而影響自己的前程。以水災為背景的《人間人》分明折射出，知識分子劉文涵，正是小說《洪流》《人們》中，驅動靳以加以無情懲治的人間醜類中的「好人物」的一員。

同渲染人間慘劇一樣，這種漫畫式的筆墨，有時以群像展示出現。在《雅會》中，一位大學物理系主任的太太，出面組織了一個文學沙龍性質的聚會，出席的有詩人、小說家、戲劇家、畫家、美學家等。這些人同樣滿口仁義道

〔註16〕原載 1935 年 6 月 16 日《文學季刊》第 2 卷第 2 期，收入《殘陽》。
〔註17〕原載 1935 年 10 月 1 日《文學》第 5 卷第 4 號，收入《珠落集》。

德,實則品格低下。其中提到了一位楊先生,則是一位充滿復古色彩的落後文人代表:「先前的那個文學革命中,他是一個有力的倡導者;可是漸漸地停止了腳,他不只不再進一步,反向後退了。他做舊詩,唱崑曲,就是說起話來也是文縐縐的。」「他已經感受到人生是太煩雜了,他時時想到隱居深山,不與世人通音訊。」就這樣,落後於時代的知識分子,也被靳以歸入品質惡劣的文人行列一起加以聲討。

靳以筆下的文人形象是頗有現實原型的。《殘陽》中的教授,就有徐志摩等以西方文化為榮、貴族派頭十足的現代文人影子。靳以同時把大學教授、浪漫詩人、西方文化、海派文人,都一起作為批判的原素加諸教授一身。這在靳以此後的創作中有了進一步的演化。在長篇《前夕》中,一位顯然以周作人為原型的人物,組織同儕遊園玩樂,與民眾的抗戰熱情恰成鮮明對比。而在與《雅會》採取相同群像展示手法的《晚宴》中,出現了一位提倡「好人政府」的學者王力行,顯然在影射胡適。在散文《大師》中還諷刺了提倡性靈與幽默的林語堂。他們都被視為國難當頭仍舊逍遙作樂的無恥文人代表,同時亦是衣食無憂的社會上層人物,與靳以經常抨擊的權貴階層,無形中具有了對等性。其人格缺陷更是極為類似,如自私、貪婪、委瑣、粗鄙、虛偽等,只是多了誇誇其談、沉迷書本、消極出世等文人特質。

靳以對知識分子的批判,從總體來講是較為浮泛的,這些人物充滿一切醜惡人物皆有的類型化印痕。如在《俘》中,這樣描繪一位留學歸來的文學教授:「他說是漂亮也帶著狡猾的神氣,就只看他那躲在眼鏡後面的眼一閃一閃地動著,就能知道他是如何工於心計的一個人。他很能說話,是可以把沒有理由說成有理由的。」再看《朝會》中一位戲劇家秦松樵的外貌:

> 他們走到客廳裏,在那明亮的燈光下,她們才看清他那溜光的
> 飛機頭,臉白得像擦了粉,穿了一件黑襯衫,結了一條白領帶,外
> 邊是一件花外衣,他走起路來的時候,不是像在舞臺上,就像在
> 舞場上,他才坐定,就自己點起一支煙抽著,把燃過的火柴朝椅後
> 一丟。

這已經不是典型的文人,而更像一位上海洋場的公子哥兒。因此,儘管《人間人》這樣批判知識分子的小說,「充滿了社會批判的鋒芒,以明澈的理智驅走了早期作品中那種陰鬱的個人身世之感」〔註18〕,但在這種「明澈的

<hr>

〔註18〕楊義:《中國現代小說史》(第二卷),北京:人民文學出版社,1988年10月

理智」驅動之下，卻無形中陷入了主題先行的誤區，也必然侵害作品的藝術質量。

（二）文人批判的內在根源

對於現代知識分子，靳以一直體現出本能的反感，然而弔詭的是，他本人一生集作家、編輯、教授爲一身，是典型的知識分子，而且生活條件也比較優越，比如得益於家境殷實得以購買大量外文原版書籍，並受到了外國浪漫主義詩歌的極深影響。〔註 19〕文人雅趣在靳以身上也至爲明顯（參見第一章第一節）。他還交遊廣泛，與很多其所批判類型的作家都有很好的私誼，如與京派代表作家沈從文，包括其家人都保持著持久的友情，尤其是與沈的妻妹張充和因酷愛崑曲而成爲知音。〔註 20〕在 2009 年 10 月於上海舉辦的靳以百年誕辰紀念會上，近百歲高齡的張充和還特意錄製了一段崑曲視頻，以誌紀念。魯迅的長期論敵、「現代評論派」文人陳西瀅，1946 年在與妻子淩叔華赴英國的途中，於上海逗留時還曾住在靳以家中。〔註 21〕從靳以對知識分子高度醜化的批判方式，可以明顯看到一種先入爲主的觀念，這在中國現代文學作品中並非罕見，也非常值得反思。

1. 民粹思潮的深刻印跡

在中國傳統文化中，以老莊爲代表的道家哲學宣揚絕聖棄智，對智慧、學問有明確的貶低色彩，而長期居統治地位的儒家文化亦具有重德（理）輕智的傳統。集理學之大成的朱熹，就認爲「天理」比知識重要得多。而在道德修養重於知識獲取方面，王陽明走得更遠：「知識愈多而人欲愈滋，才力愈多而天理愈蔽。」（《傳習錄上》）這種視知識、才能爲人欲滋生的溫床、罪惡的淵藪的看法，與民粹思潮是很容易契合的。民粹主義突出的平民化崇拜和反智傾向，在靳以的創作中表現得相當突出。在《前夕》中，他就把女主人公靜宜的悲慘命運，生硬地歸因於大學讀書生活。而代表進步力量的年輕人，

版，第 650 頁。

〔註 19〕參見〔美〕孔令昊：《哈佛大學燕京圖書館裏的二十八本藏書和外公留給我的最大遺產》，《新文學史料》2000 年第 2 期。在小說《殘陽》中，就曾大段引用英詩原文，顯示了靳以對這些作品的熟稔。

〔註 20〕參見章小冬：《知音：〈歸去來辭〉──96 歲的最後一位民國才女張充和談靳以》，《上海魯迅研究》2009 年秋季號。

〔註 21〕參見章潔思：《曲終人未散‧靳以》，上海：東方出版中心，2009 年 8 月版，第 66～70 頁。

如《春草》中的方明智，已經發出了「把一切書本擲入茅坑」的宣言。

在「五四」的「勞工神聖」「勞農神聖」浪潮中，文學作品中即有一種知識分子的自我貶低傾向：「許多人在考察智力與體力、腦力勞動與體力勞動、知識階級與勞動階級的關係時，明顯地傾向於後者，或者說，存在著一種崇拜體力、體力勞動與勞動階級的傾向。」〔註22〕魯迅的《一件小事》、葉聖陶的《潘先生在難中》，就是較早反映知識分子渺小、懦弱、自私形象的典型文本。結合傳統文化根深蒂固的「文人無行」「文人相傾」「一為文人，便無足觀」等認識，知識分子日益被描畫為在道德、人格上本身就有先天缺陷的群體。〔註23〕隨著民粹思潮越發高漲，知識分子也成了必須向工農大眾學習、追求自我改造以求新生的群體，這也似乎成了他們的宿命：

> 在藝術世界裏，他們就是這樣一群苦苦尋求精神家園和人生歸宿的困頓行者。在與封建勢力對抗時，他們往往具有強大的思想能量，成為積極、高大的正面形象，然而一旦與工農民眾相併立時，便立刻黯然失色。作為一種陪襯或被改造的對象，從道德人格、階級意識和情感方式等諸層面向工農民眾認同。〔註24〕

在靳以的後期小說《母女》（1947）中，以健朗的筆墨塑造了一位在大眾中獲取精神資源、為了全人類而英勇鬥爭的母親形象。而她的女兒則因為不忍脫離生病的詩人男友，遭到了母親的無情唾棄。除了日益高漲的民粹熱情，靳以筆下沉迷於個人天地、自私懦弱的知識分子，也產生了對自我的質疑，即對自身在大時代中無力感的反省，及力圖顛覆舊我的訴求。

2. 知識分子的陣營意識

在靳以對知識分子的無情批判中，也可以看到存在於現代知識分子陣營之間的深深鴻溝，即從平民本位出發，對代表知識精英的學院派文人的聲討。

除了面對工農大眾與生俱來的渺小感，靳以對知識分子的批判，往往指向特定的高級知識分子如有留學背景的作家、教授、畫家等。在自己所擔當

〔註22〕錢理群：《豐富的痛苦──堂吉訶德與哈姆雷特的東移》，北京：北京大學出版社，2007年1月版，第169頁。
〔註23〕參見王衛平：《從現代小說中的文人形象看知識分子的道德人格》，《文學評論》2009年第1期。
〔註24〕張福貴、黃也平、李新宇：《二十世紀中國文學的文化審判》，長春：時代文藝出版社，1999年10月版，第98頁。

的所有職業中，他對教授獨具反感情緒。在重慶接到復旦大學聘書讓他做文學教授時，他的感受是：「當時我沒有一口就答應下來，首先我心虛，不知拿什麼去教別人；其次也因為我們一貫看不起教授，有著這樣的錯覺：別人用生命來從事創作，他們卻靠別人的創作來吃飯，把自己養得好好的，過著優越的生活。」（《從個人到眾人》）

靳以對學院派文人的印象，與巴金聲氣相求。後者一直在具體的革命實踐與文學創作之間搖擺，而對文人似乎天生就有說不出的惡感。巴金從來不以「文學家」或「藝術家」自居，而是自稱愛跟下人在一起，「在這一群沒有智識，缺乏教養的人中間我得到了我的生活態度，我得到了那近於原始的正義的信仰」。「我徹頭徹尾是一個粗野的人」，「從不敢妄想跟著文豪學士高視闊步地走進文壇。」（《我希望能夠不再提筆》）「我抱定決心：不做一個文人。你知道我素來就憎厭文人。我們常常說將來不要做一個文人，因為文人不是直接做掠奪者，就是做掠奪者的工具。」而對於文壇內部的醜行，除了本能的憎惡還有深度的失望：「我懷著孩子似的幼稚的心旅行了所謂中國的文壇，我相信著一切的人，我愛著一切的朋友。於是種種使我苦笑、呻吟的事情就發生了。」（《我的呼號——給我的哥哥》）

顯然，巴金與靳以本身作為文人，是自覺站在平民立場來批判學院派文人的。這種平民本位，源自新文學發端以來影響甚巨的「平民文學」思潮。胡適從語言入手為平民文學奠基，他提倡白話，主張廢除文言，實際上摧毀了士大夫文學的根基。陳獨秀在激昂的《文學革命論》中所要推倒的「古典文學」「山林文學」「貴族文學」，即傳統士大夫文學，而其所要建設的「國民文學」「寫實文學」「社會文學」，則是平民文學。這在周作人的《平民文學》中有了更具體的發揮。隨著新文學陣營的分化，以上對極端平民主義傾向有所反思和調整的文壇前輩，很快就成了時代的落伍者。以胡適為代表的改良知識分子，與以魯迅為代表的左翼激進知識分子的分歧越來越大，前者在巴金、靳以這樣追求以文學參與現實的作家眼裏，往往被視為只知吟風弄月而不顧社會危機、民族危亡的代表，與此同時他們也很自然地將書寫平民生活、為大眾服務，作為終身奉行的文學觀念。

靳以在他一生最重要的工作即文學編輯崗位上，從一開始就產生了對學院派文人群體的不佳印象。巴金、靳以二人首次在文學活動中聯手，即在北平編輯《文學季刊》時，就與來自其它背景的知識分子發生了重大齟齬。在

《文學季刊》另一位主編鄭振鐸於 1958 年去逝後的兩篇回憶文章中，靳以這樣寫到鄭與一些名流學者、作家間的矛盾，以及自己對後者的無比反感：

> 那時我還很年輕，沒有一點經驗，更不善於在那些所謂「學者」「作家」之中周旋。他雖然比我大了些歲，也還是天真未泯，有時也只好露出無可奈何的臉色，不斷地說著：「眞正豈有此理！」那時他雖然在充當大學教授，實在是不被那些「學者名流」所看重，他被當時的燕京大學和清華大學合聘爲教授，若以一個學校來説，他不過算半個教授，而這「半個教授」還被那些「正人君子」排擠得「無以復加」（這是西諦好說的口頭語），最後還是無可奈何地回到上海去了。（《不是悲傷的時候》）

> 我到上海不久，他也被那些「教授」和「學者」趕回來了。其實他早些離開也好，那種空氣眞受不住；青年人在黨的領導之下不斷地鬥爭，那些「文人雅士」卻在胡適周作人之流的周圍清座雅會，低吟慢唱，不僅表現了他們自己的冷血無行，而且也爲敵人粉飾太平，磨損青年人的鬥志。（《和振鐸相處的日子》）

這兩篇文章尤其是後者，雖然有配合政治形勢的成分在內，但是靳以對胡適、周作人等學院派知識分子的厭憎則是一貫的。此後，巴金、靳以與喜好研究傳統文學的鄭振鐸之間亦發生了巨大矛盾，《文學季刊》最終解散，與編輯群體內部不睦有很大關係，這也是他們二人另起爐竈，赴滬創辦《文季月刊》《文叢》的重要原因（詳見第六章）。

3. 精神導師的潛在影響

巴金、靳以在《文學季刊》解體赴滬辦刊的時候，與晚年魯迅發生了密切接觸，原有的平民本位立場愈發堅定了。他們曾親聆魯迅的指導，在創作上受魯迅影響也很深。有人這樣論述圍繞《文學季刊》形成的以巴金爲核心的作家群體：

> 這一雜誌把巴金和三十年代的部分作家緊密地聯繫起來，尤其是 1936 年以後，形成了一個以巴金爲核心的作家群體。這個作家群，主要指 1936 年《文學季刊》在上海復刊爲《文季月刊》和後來《文叢》的過程中，以他參與編輯的這兩個刊物、具有大致相同觀念和辦刊宗旨的兄弟刊物及他主持的文化生活出版社爲依託所聚攏的一個青年作家群，這是一個以魯迅思想爲精神指向、關注人生和

社會現實、繼承五四「人」的傳統，同時注重文學的本體建設並且具有良好的個人私誼關係的京派年輕作家和左翼年輕作家漸趨合流的作家群體。〔註25〕

　　這一作家群體的外延過大（參見前言），但是巴金、靳以與魯迅之間的確有著非同尋常的關係，甚至在魯迅逝世出殯和遷墓儀式上，都曾擔當過扶柩者的作家，只有他們這一對摯友。〔註26〕「『魯迅抬棺人』無疑是中國新文學史上最具象徵意義的文化身份。」〔註27〕對於靳以的文學觀念與創作，這並非虛言。靳以在《回憶魯迅先生》《給不相識的友人們——紀念魯迅先生》《二十年的願望實現了》等散文中，都為悼念魯迅的重要場景留下了翔實而真切的描述。而且，靳以的文學生涯早與魯迅結下了不解之緣，他的處女作詩歌《明天呵，明天——》就發表於魯迅主編的《語絲》。靳以的創作受魯迅的影響也是明顯的，如其本人所說，「我在中學的時候，就是魯迅先生的熱心讀者」，並在與魯迅交往的過程中一直「學習先生的這種愛憎分明的態度。」（《回憶魯迅先生》）在大學執教期間，靳以選講較多的，也是魯迅的作品。他還對魯迅包括其家人，都執謙恭的晚輩禮節。據大學同事回憶，抗戰勝利復旦從重慶遷回上海後，經常看到靳以去探望許廣平，「靳以與魯迅、許廣平交往頻繁，魯迅的硬骨頭精神，對靳以影響極大。」〔註28〕

　　在創作中，靳以對魯迅的最直接承繼，就是富於批判的戰鬥精神，至於批判對象，則無疑是高級知識分子。魯迅終其一生都對這一群體進行了毫不留情的諷刺與針砭。魯迅的平民本位思想，讓其往往對知識精英頗具惡感。在創作中，他受廚川白村的文藝思想影響很大，後者的代表作《出了象牙之塔》就是基本圍繞「反對一切權力化寫作」進行的，討厭所謂專業文人所呈現的「老練」的「匠氣」，也特別反感這些「聰明人」所擺出的紳士態度。該著還明確反對「做作的說話」，即一切「權力化」或「制度化」的書寫，這些都被視為脫離人生實際，以知識和文學的權力進行炫耀的行為。凡此種種，

〔註25〕吉崇敏：《〈文學季刊〉與 1930 年代文學》，吉林大學 2006 年博士學位論文。

〔註26〕參見孔海珠：《抬魯迅棺材的人》，《聚散之間——上海文壇舊事》，上海：學林出版社，2002 年 12 月版。

〔註27〕張業松：《文學課堂與文學研究》，上海：復旦大學出版社，2008 年 11 月版，第 46 頁。

〔註28〕陳左高：《章靳以二三事》，見艾以等編《百年靳以紀念集》，香港：香港文匯出版社，2009 年 9 月版，第 193 頁。

都引起了魯迅的強烈共鳴，其雜文中的「權力解構」色彩也異常強烈。而當時以英美留學生為主，鼓吹紳士風度、貴族派頭，以及純粹的文學藝術的中國知識精英，顯然在很大程度上具有廚川白村所批評之特點。這些人物，在魯迅「反權力」寫作姿態下，也就常與偽善的權勢階層對等，受到了恆久的批評。〔註29〕「女師大風潮」和「三一八慘案」，尤其是後者，使魯迅對教育界更是異常失望。據統計，作為被批判譏諷的對象，「正人君子」在魯迅筆下出現過 59 次，「文人學士」出現過 29 次，數量相當頻繁。〔註30〕而在廈門大學和中山大學的經歷，使魯迅進一步對高等教育界產生了極度的厭惡。魯迅對以「現代評論派」為代表的具有留學背景的知識分子的辛辣抨擊，都可能顯著地影響了靳以。在靳以筆下，後者同樣是掌握時代話語權的反動統治者的幫兇。

靳以在對待知識分子的態度上，也表現出魯迅愛憎分明的風格，有時甚至趨於極端，即採取善惡兩分的截然對比方式。靳以在現實生活與同道的交遊中表現得較為溫和、友善，但是一落筆端則體現為甚為偏激的評價，而少取中間態的相對平和方式，即便是親密的師友亦是如此。如評價鄭振鐸：「在是非善惡之間，他反映得很敏銳，也很強烈；任何時候從他的臉上就一直可以望到心底，他掩不住心底的快樂和憤怒，虛情假義簡直和他沒有一點關聯。」（《不是悲傷的時候》）再如這樣評價孫寒冰：

> 當我離開大學以後，我們就相隔得極遠了，在空間的距離和精神上，也許那完全出於誤解或是他那永遠向著善良一面的天性，他的一些言論使我不能同意，就為了他那和什麼樣的人都能相處或是放大別人一星的善性掩蓋其餘的惡點的個性，就極容易地把自己陷入使別人不能瞭解的地步。那時候我們無從相見，我想如果能見得，我一定會向他剴切說明的。（《孫寒冰先生》）

知識分子在靳以筆下，有時還被生硬地作為其它先進階級的對照物而存在。散文《給不相識的友人們──紀念魯迅先生》描寫的是現代文學史上一個重要的時刻，即為魯迅下葬當天的晚上。當靳以還依依不捨地不忍離開墓

〔註29〕參見洪焌榮：《文學想像與現代散文話語的建立》，見夏曉虹、王風等著《文學語言與文章體式──從晚清到「五四」》，合肥：安徽教育出版社，2006 年 1 月版，第 140～144 頁。

〔註30〕參見錢理群：《與魯迅相遇──北大演講錄之二》，北京：生活·讀書·新知三聯書店，2003 年 8 月版，第 245 頁。

地時，與某書局偷偷趕過來悼念的工人們邂逅。當工人表示將努力按魯迅所指引的路向前進時，靳以對他們表示了由衷的敬意，有意味的是這同樣訴諸對比的方法：「你們絕不是那一面撚著鬍鬚，一面搖搖擺擺雄山羊似的人物，你們也不是準備好了言詞早就等在那裡的漂亮的演說家，你們只有熱烈、向上、不屈辱的心」——在深情追悼魯迅的時候，靳以本能地會想到他長期的論敵吧？

（三）憎惡之餘的心靈探視

靳以的總體創作充滿躁動不安，難有閒暇與沉靜，而當這種狀態偶或出現，則偏愛以一種溫婉的筆墨，傳遞別樣韻味，這在愛情作品中已有體現。同樣，他對文人儘管相當反感，時或也以一種真切的體驗視角，去探究這一群體的真實生存境遇。

《教授》〔註31〕是靳以早期創作正在噴射著愛情失意的復仇火焰之時，所推出的一篇別具一格的知識分子題材小說。一位大學教授國外留學回來，滿腔的抱負在冰冷的現實面前立時瓦解。而在平時，他也總是遇到煩惱。由於學問根基不太好，他經常在課堂上受到學生的質疑。比他小十多歲的漂亮妻子庸俗不堪，並且時常吵鬧不休，雖然他也曾後悔與她結婚，但更多的時候則是忍耐與順從。凡此種種，都使教授無法掙脫精神的牢籠。小說對人物的刻畫相當傳神，一開篇便生動地描繪出教授在上課之後的窘態：

> 終於從那濕膩膩充滿了水氣的寒空中傳來下午五時退課的鐘聲，立刻他像一匹在長途奔馳之後卸了鞍轡的馬。他的心輕鬆了；眼睛又恢復了原有的光輝，可是一連三小時的講授，不是在一點小小的興奮之中可以忘卻了的；酸痛的腰，額際的汗……。學生都無精打采地站起來，靜靜走出去，好像沒有得到一點滿足似的。他站在講臺上，臉不自然地笑著，用力拍下去落在身上的粉屑，然後一手從衣袋裏取出一方手絹去擦著汗，一手理清堆在講臺上的筆記，參考書，塞到那破舊的皮包去。在這個時候兩三個懷著疑難的學生走過來了。那個戴著闊邊眼鏡，瘦長長的，常是把許多難於解答的問題提出來的學生又來了，他打了一個寒戰，心不自主地怦怦跳著，他不能說不許他們來問，他只能把那笑容做成更不自然，像是

〔註31〕原載 1933 年 2 月 1 日《文藝月刊》第 3 卷第 8 期，收入《聖型》。

很歡迎他們來談談，實質卻是請他們發一點慈悲。

衝出帶著鄙視態度提問的學生包圍圈，走在回家的路上，教授感到「像是做了一天苦工的牲口，到晚間又被人牽到馬房中去的歡悅」。回家後，儘管覺得無聊透頂，他還要被迫陪妻子招待客人直至午夜。至於結尾——「太陽升起來了，水門汀路上鋪滿隔夜的寒霜，他一個人提著皮包走著，瘦長的影子寂寞地投在地上」——也可視為在辛勞與矛盾中奔波的現代知識分子的經典影像。文本的隱含意味是深長的，教授的不幸是多方面因素造成的，有其自身的比如學問不好，也有外在的比如婚姻遇人不淑，但總的來說，小說還是將現代知識分子在夾縫中苟且生存的境遇形象地展示出來。「教授在一般人的眼中是高貴的，可是只有做教授的人才能知道真正的苦味。」惜乎這樣的知人之論，對於靳以來講並不多見。

靳以雖然討厭教授這一職務，但在擔任復旦大學教授期間，由於受到了學生的擁戴，令他對自身的價值有了新的認識，也由此對知識階層產生了一定的認同感。在長篇《前夕》中，他對一位在大學教授西洋美術史的女藝術家秦玉的塑造，就體現了一種曖昧色彩。這一人物最初是以十分優雅的形象出現的，無論舉止談吐還是伴隨其出現的背景環境，都給人賞心悅目的超世絕俗之感。這樣的人物也是靳以所熟悉的，他在北平編輯《文學季刊》的時候，就經常出入林徽因所組織的有名的文學沙龍，即「太太的客廳」。但隨著情節的推進，強烈的抗戰憂患意識佔據了主導，根深蒂固的模式化思維又顯露出來：秦玉完全變成了只知組織文人雅集，在歌舞昇平中度日的庸俗女子，甚至在道德上也極不檢點，「簡直在和每個學生戀愛」，完全破壞了這一人物的內在統一性。

靳以正面歌頌知識分子的代表作，當屬後期小說《生存》〔註32〕。這篇作品以知識分子在國統區的困苦生活為背景。靳以家境殷實，在許多批判性作品中多從主觀出發憑空臆斷，難以達到應有的力度。抗戰期間的重慶，由於人們普遍生活艱難，而被稱為「苦重慶」〔註33〕。復旦內遷重慶後，長期在此教學的靳以也親身品嘗到了生活的艱辛，使他對知識分子的困窘生活有了真切的瞭解，在《生存》中就細膩地傳遞了這種感受。藝術學院教授李元

〔註32〕原載 1946 年 9 月 1 日《文藝復興》第 2 卷第 2 期，收入《生存》。
〔註33〕蘇智良等編著：《去大後方——中國抗戰內遷實錄》，上海：上海人民出版社，2005 年 6 月版，第 388 頁。

瑜一家過著極爲窮困的日子，每天都爲生計而發愁。這時，有達官貴人要出高價購買他留學法國時的名作《母親的肖像》，李對此表達了強烈的憤慨：「我李元瑜，把生命獻給藝術的，怎麼肯出賣我的藝術，又怎麼肯出賣我的親愛的母親？」不過，在極度困窘的生活面前，李視藝術高於一切的信念也不由動搖了，只能痛下決心賣畫維生。而以下情節，堪稱畫龍點睛的絕妙手筆，把全文推向了高潮：李在做畫時，讓自己的孩子面對半塊麵包，孩子極爲強烈的飢餓之感，使他幾乎大聲叫出：「使孩子飢餓是人類的罪惡！」而此刻他不但要違心地出賣藝術，還要利用純眞孩子的痛苦完成創作，所要承受的痛苦顯然是無比巨大的，現實的黑暗與殘酷令人震撼地凸現出來。

「這篇小說以一個孩子的飢餓的眼睛，勾攝了國魂、民魂，代民族、代人類向黑暗的社會發出了浩大而沉重的控訴。……在綿密婉曲而又力透紙背的眞摯描寫中，我們彷彿讀到一首悲憤的生命之詩，高尚的人格之詩。」[註34] 值得注意的是，李的行爲，也顯現了這是一個清高耿介的「藝術至上」的信徒，但靳以顯然一反常態，對其讚賞有加。通過這篇可以稱得上靳以短篇小說中的「壓卷之作」[註35]，顯現了作家對於大時代中困苦掙扎的知識分子，有了更深入的認識和瞭解。的確，知識分子不光都是誇誇其談、冷漠自私的人，他們在許多時候以滿腔的愛國熱情參加到民族建設中，尤其是李元瑜這樣在困苦條件下努力維護自身操守與尊嚴者，亦不在少數。

像李元瑜這樣源自切身感受的成功知識分子形象，在靳以筆下畢竟還是太少了。總的來看，無論是文本中的知識分子，還是靳以創作的心態，都折射出最應具有思想主體性的這一群體，總是無法客觀地看待自身、掌控自身命運的尷尬處境。在中國現代文學中，類似靳以筆下較多的刻意被貶低的知識分子形象所在多有，這是令人深長思之的。

三、罪惡的現代都市

（一）本能的仇視傾向

靳以對所有的批判對象都近乎發自本能，以上海爲代表的都市亦不例

〔註34〕楊義：《中國現代小說史》（第二卷），北京：人民文學出版社，1988 年 10 月版，第 663 頁。

〔註35〕楊義：《中國現代小說史》（第二卷），北京：人民文學出版社，1988 年 10 月版，第 661 頁。

外。在此，也同樣表現了靳以時刻與文學主潮貼近，且不斷融彙著特有人生體驗的創作方式。在最早的小說之一《沉落》中，女主人公麗嫣就是在上海走向了邪惡的道路。在此文中，靳以還以強烈的非都市化傾向描繪上海的街頭：「有年青的伴侶，有忙碌的商人，有癲醉的外國兵，有塗著血紅嘴唇的女人！金鼓的喧鬧，汽車的野叫，血與鐵之錯綜；肉與電之交響！」此後，他更是將女性墮落的根源歸咎於現代都市與金錢的勾引：

> 我沒有看見過《聖經》裏的 Angel〔註36〕，我也沒有夢見過天女，可是我的涓那時候在我的心中，在我的眼裏，是無疵的好愛人。
>
> 但是這樣的人終於是死了，爲現代文明的毒質麻木了她的靈魂，漸漸地到了僵死的地步。雖然她的軀殼還是在這世界上存在，而她那有美好氣質的靈魂是死了已近一年。這時候若是遇見她，縱然她的面容還爲人所辨識，而她的個性已經成爲奢侈驕懶的。她習於近代城市中女人的俚語，她懂得一切 Up-to-date〔註37〕的娛樂，她喜歡聽像魔鬼嘯叫的 Jazz music〔註38〕，她的肩也能隨著節奏地搖動。就是她的臉也因爲睡眠不足，煙與酒的刺激看得出一點點的憔悴與枯衰了。
>
> 她的沉落，是起始於她第一步踏進了社會的圈子。(《灰暈》〔註39〕)

具體言之，靳以不但對沾染了都市惡習的女性極度不滿，而且對都市文明整體都深度拒斥。在《沈》中的主人公眼裏，舞場的燈光「含了重大的誘惑性」，裏面則「雜和著銅樂與肉的氣息」，在與舞女跳舞的過程中，「他有時心中想著，除去仍然是窮漢子，其它已經走上『現代』的路了。」靳以就這樣不斷質疑與批判著以都市文明爲代表的現代性。城市中的一切，在靳以眼裏都是道德腐化墮落、人類隔膜傾軋的象徵物。直至 1945 年創作的《朝會》，對跳舞這種現代都市較爲普通的娛樂活動，他還持有強烈的反感，並輕易將其與人的道德品性相對接，瑞瑞對自己父親會跳舞表示驚奇，姐夫於明泰則說：「這有什麼希奇，你爸爸不過是假聖人，僞君子」，「我知道他當年在上

〔註36〕英文「天使」之意。
〔註37〕英文「現代的、時尚的」之意。
〔註38〕英文「爵士樂」之意。
〔註39〕原載 1933 年 6 月 1 日《新月》第 4 卷第 7 期，收入《聖型》。

海，在舞廳辦公，現在滿口仁義道德的！」

上海作爲現代都市的代表，留給靳以本人的是那麼多的切膚之痛！「她和我說過不只一次：『我眞愛上海，我願意住在這裡。』這不是大大地和我的志趣相反了麼？也許在女人的眼裏上海自有它的美好，在我是一點也不能明白的。」「啊，罪惡的上海！」（《灰暈》）「上海是到了，不但不能給我一點甜美的印象，我只看到灰灰的天，灰灰的臉，灰灰的路；我自己也好像是老邁了許多歲。」（《黑影》）這些書寫，聯結著靳以當年失戀之地的陰鬱記憶，這種記憶在現實生活中甚至永遠無法抹去。1939 年底，靳以應友人趙家璧的邀請，爲《良友》寫了一篇關於上海的稿子，想起再回到那個令他傷心的城市，都感到「對我將一無樂趣，彷彿投火的飛蛾一般，忍受烈焰的焚燒。」而且，他還是執拗地認爲，「在這個『建基於金錢和罪惡的大城市』」，「都是爲了錢的緣故，所以人們才那樣不和善」。（《憶上海》）抗戰結束以後，靳以在散文《大城頌》（1946）中對上海進行了全面聲討：

> 只要肯說一句眞話，在中國，就是最值得敬重的。遍天都是謊話：美麗的，強項的，連自己都騙不過的，……沒有一個商人說他是壟斷居奇、貪圖萬利的；可是在我們的國家裏，商人在四民之首，過著最豪華的生活。沒有一個大官不誇說自己的奉公守法，廉潔清明；可是他們從來不感覺生活迫人，他們一直騎在人民脖子上。沒有一個漢奸不說自己是爲國爲民的，再切實一點就說是「地下工作者」；……在這個城裏，連妓女都誇說是貞潔的；可是一個五歲的女孩子，會被一個二十歲的男子強姦了，還染了淋病！

> 這就是上海，我的孩子，這就是使許多人做夢的上海，這就是那些飛來轉去的大官富賈時常誇說的上海！

作爲本能地厭惡自己的商人家庭出身、充滿傳統道德色彩、在戀愛過程中受到都市氣息直接傷害的靳以來說，對上海的批判可謂水到渠成。而這種強烈的非都市化傾向，亦是 1930 年代文學主潮的體現之一。不過，上海本身在中國現代化進程中的地位與在文學中的表達，是以一種強烈的悖論方式存在的：

> 上海作爲中國現代最發達的國際大都市，無疑是中國現代都市文化的典型代表……它代表了中國現代新型的都市文化傳統，現代中國思想文化藝術領域的許多重要活動發生在這裡……但是耐人尋

味的是，在現代中國意識形態化了的思想文化視域內，上海並不是
先進文明的象徵，而是「帝國主義冒險家的樂園」，殖民城市頹廢、
腐敗生活的代表。〔註40〕

中國作家們對這座大都市的先天反感，仍然隱現著傳統文化義、利觀念
的衝突。伴隨市民階層的興起，作為最早接觸西方文明的上海，出現了拜金
主義與追求享樂的潮流。因此，上海在現代化過程中的物欲橫流、摩登萬
象，進入了各類作家的批判視野。以上海為代表的都市，也是人心不古和陰
暗污穢的象徵。也正因如此，人們在這裡的孤獨感、漂泊感和恐懼感幾乎是
與生俱來的。在《前夕》中，離家出走的靜茵，以書信的方式，時常向家中
介紹她所在的上海的時事動向，其中不乏強烈的不滿，比如：「在這個城市
中，人是不大笑的，而且每個人隨時隨地都在提防別人。」許多現代作家對
上海亦有同樣感受，如豐子愷在散文《山水間的生活》中說：「我曾經住過上
海，覺得上海住家，鄰人都是不相往來，而且敵視的。」

現代文人對上海的本能排斥，又與殖民入侵密切相關：「外國影響對上海
文化的滲透，激起了純粹主義者、保守主義者、民族主義者和反帝革命者的
一片鞭撻聲。」〔註41〕靳以在對有留學背景的知識分子的批判中，就對西方
文化的滲透表達了強烈的反感。這種反感，還體現在對西方主流文化基督教
的針砭中，《校長》就塑造了篤信基督教卻無法挽救妻子生命的校長這一人
物。如果說這尚屬於「把非宗教傾向和家庭倫理關係交織起來」〔註42〕，此
後則漸與民族反抗情緒強烈交織在一起，在小說《雨季》《鼠》、散文《雨夜》
等作品中，靳以對教堂、牧師、十字架等基督文化的象徵，都予以無情諷刺。
西方文明在靳以心目中，還是侵犯中國人民根本權益的罪惡之源。《雪朝》中
的一位青年，只因在美國呆了兩三年，就搖身一變成了副理，並以「合理化」
「效率問題」等現代資本主義管理方法為託詞，無情地辭退了主人公。總之，
在滿腔的民族義憤中，靳以將由於西方殖民者入侵所孳生的所有城市產物，
都視為天生邪惡的。

中國作家對上海的批判，難免帶有偏激傾向：

〔註40〕代迅：《民粹主義與中國現代文藝思潮》，《學習與探索》2003 年第 6 期。

〔註41〕〔法〕白吉爾：《上海史：走向現代之路》，王菊等譯，上海：上海社會科學
院出版社，2005 年 5 月版，第 214～215 頁。

〔註42〕楊義：《中國現代小說史》（第二卷），北京：人民文學出版社，1988 年 10 月
版，第 648 頁。

　　　　西方文化的病態面──帝國主義、殖民主義、放縱主義通過租
　　界的物質、文化形態及政治控制直接進入中國人的日常生活，壓抑
　　了、遮蔽了西方文化的正面價值，使上海長期以來一直成爲負面形
　　象或矛盾體存在於歷史、文學文本中，而它所蘊涵的現代性正面價
　　值也被埋藏於歷史地表。〔註43〕

　　也有少數作家在處理同類題材時，寫出了都市較爲複雜的一面，比如新
感覺派作家。對社會持激烈批判態度的作家如左翼代表作家茅盾，也曾寫過
《機械的頌贊》這樣對都市不乏溢美的散文。巴金雖然在許多方面與靳以持
相同立場，但在散文《海珠橋》中則宣稱：「我愛都市，我愛機器，我愛物質
文明。」作家可以有自己的喜好，直白的表露並不具有更多的文學意義，實
際上也並不影響他們對城市的整體性批判，但至少可以對二元對立的簡化思
維有所匡正和啓迪。

　　今天對於城市的判斷，以及如何書寫城市，已經有了迥然不同的思維：

　　　　一般而言，許多人都試圖佔據道德制高點，認爲以城市爲代表
　　的現代文明是「罪惡」的、不道德的。這種簡單的價值判斷，不應
　　該是文學所爲。如果作家是一位天眞好奇的、有疑問的人，那麼他
　　就不會對他身處其中的城市視而不見，也不會故意妖魔化一座城
　　市，而是應該眞正與它相遇，觀察它，熟悉它。把城市當作「主人
　　公」來寫，中國作家尚未起步。〔註44〕

　　這對於靳以這一代作家是無法想像的。在靳以所處的時代，對都市的批
判，對於塑造正常健康的人性、抵抗外敵入侵、重振民族信心，自有其積極
的意義，但是如何更深刻地揭示都市的醜陋與內在矛盾，畢竟不是靠簡單的
定性與發泄所能達到的。

（二）虛幻的田園嚮往

　　在西方文學中，同樣一直存在著相當強烈的都市否定傾向：「當代城市，
作爲人類創造力的表現，作爲文明本身的一種物質表徵，必須把它當作烏托
邦（即聖城）的一個必然的悲劇性失望──即地獄──來閱讀。」〔註45〕按

〔註43〕 陳曉蘭：《文學中的巴黎與上海──以左拉和茅盾爲例》，桂林：廣西師範大
　　　　 學出版社，2006年3月版，第232～233頁。
〔註44〕 張檸：《沒有城市的中國當代文學》，http://www.chinawriter.com.cn/wxpl/2009/
　　　　 2009-09-21/77262.html。
〔註45〕 〔美〕歐茨：《想像的城市：美國》，轉引自陳曉蘭《城市意象：英國文學中

照威廉斯的闡釋，現代城市生活是與鄉村相對的另一種生活，是與現代工業、金融擴張結合在一起的。在《聖經》中，就清晰可見世俗之城與上帝之城的區分，由於人類的原罪，世俗之城是罪惡的象徵，上帝不得不對其進行懲罰。而城市，恰恰與世俗、罪惡聯繫在一起。〔註 46〕因此，對城市過分商業化、使人異化的批判，對工業、金錢的譴責，同樣是西方文學的母題之一。而都市與鄉村是文學中恒久對立的符號化意象，到鄉村去尋找在城市中得不到的美好理想，就成為一種綿延不絕的創作模式。在早期英國小說中，人物在倫敦就「處身於一種混亂的環境之中，那兒人們的關係是短暫的，唯利是圖的，並且充滿奸詐。」「但虧得還有一條出路：都市化為自己提供的解毒劑──郊區，它提供了一種從擁擠的街市中的解脫。」〔註 47〕這樣的郊區，當然包括廣義的鄉村。

中國文學對於山水自然的歌詠具有更深厚的文學傳統。在強烈的非都市化傾向中，充滿田園牧歌情調的大自然，普遍成為現代作家們的精神寄託與心靈皈依，這在京派作家筆下表現得格外明顯。作為靳以來講，在對上海的無盡批判中極力美化鄉村生活，也是順理成章的。在早期愛情作品中，就已經多次出現了城鄉二元對立主題。來自鄉村的女性，往往是純潔與樸素的，是都市才使其墮落。在《俘》中，女學生薇枝之所以能夠在師生戀的危險中自拔，除了老師妻子的愛的感化，主要還在於「才從鄉間出來」的質樸本性未褪，「異於都市女子而有著節儉的好習慣」。在愛情小說中，還經常出現愛情失意者逃離城市，隱逸於鄉村的傾向，如《結束》；還有人物在城市接近大自然的環境如公園等場所，尋求心靈安頓的情節，如《蟲蝕》。這種城鄉鮮明的反差，隨時都在靳以各種題材的文本中閃現，如《去路》，寫楊家一家由東北逃難到關裏某市，「自從來到這個城市住，幾口人都顯得不十分適宜。」而城裏的人，也不歡迎這些失去家鄉的人到來，最終除主人公外，全家人都淒慘地死去。《血的故事》寫士兵由服從到反抗，向日本侵略者猛烈復仇的故事，當東北漢子關德明來到上海，同樣有相當的不適與反感：「這邊不很冷，可是沒有火，空氣總顯得潮膩膩的」。這都可視為由鄉村到城市水土不服

的城市》，桂林：廣西師範大學出版社，2006 年 11 月版，第 211 頁。

〔註 46〕參見〔英〕雷蒙・威廉斯：《關鍵詞：文化與社會的詞彙》，「城市」條目，劉建基譯，北京：生活・讀書・新知三聯書店，2005 年 3 月版，第 43～45 頁。

〔註 47〕〔英〕伊恩・P・瓦特：《小說的興起》，高原等譯，北京：生活・讀書・新知三聯書店，1992 年 6 月版，第 209 頁。

的隱喻。

在對代表罪惡淵藪的城市批判中盡情地頌揚自然、本色的鄉村，不乏盧梭以降西方浪漫主義文學的情調。羅素這樣評價 19 世紀初的浪漫主義作家：「浪漫主義者注意到了工業主義在一向優美的地方正產生的醜惡，注意到了那些在『生意』裏發了財的人（在他們認為）的庸俗，憎恨這種醜惡和庸俗。這使他們和中產階級形成對立，因而有時候他們和無產階級的鬥士結成了一種彷彿什麼聯盟。」〔註 48〕這種「聯盟」所產生的文學，就是要恢復「優美的地方」的本來面目，所以幾乎無例外地將鄉村作為未受污染的精神聖地和化外之境加以歌頌。同時，對鄉村的讚美，亦能窺見靳以的民粹情結。民粹主義以依附於土地為顯著特徵，與中國傳統宗法文明頗有相通之處，二者的融合在「五四」時期頗為流行的新村運動中就已經很突出了：「最能顯示五四一代人新村理想的民粹主義、烏托邦實質的，還是他們對於與現代都市文明對立的農業文明、鄉村生活的美化與傾慕。」這種理想，「把作為資本主義現代化工業文明中心的現代都市，看做是罪惡的淵藪，不僅包括對資本主義現代工業文明自身的疑懼，形成了中國知識分子根深蒂固的資本主義恐懼症，而且包括對農業文明的美化，也就必然導致對整個中國傳統文化的絕對肯定與美化。」〔註49〕

在靳以筆下，在精神品格上是否依附於鄉村，就代表著是否對正直、純潔的道德底線的守持。在長篇《前夕》第一部出場較多的方亦青身上，就體現了這一特點。方來自鄉村，到了都市讀大學以後，對這裡的一切抱著警覺態度，並一直保持著純樸的個性。他在城郊對靜珠說的兩段話就很典型：

> 「什麼地方不可以走呢，路都是人走出來的，只要走過這一段，路就會寬了，你看那邊不是有一帶竹林麼，竹林的後面還有幾個人家，在秋天我常喜歡站在他們門前的廣場上，看他們收集糧食，他們的快樂是人間少有的。你看，他們現在就忙碌了，到了豐收的時候自然他們極快樂，他們是應該快樂的，因為他們花去他們的精力——。」

> 「要快活，唉，其實怎麼樣才算快活呢？——」他深思似地想

〔註48〕〔英〕羅素：《西方哲學史》（下卷），馬元德譯，北京：商務印書館，1976年6月版，第273頁。

〔註49〕錢理群：《豐富的痛苦——堂吉訶德與哈姆雷特的東移》，北京：北京大學出版社，2007年1月版，第170～171頁。

了想，才又說下去：「——許多同學都以爲我太苦惱了，每天鑽在圖
書館裏，不去享受一切都市的文明，沒有事就到鄉下來散步；可是
我自己卻很快樂，尤其是今天。你看我們坐在這裡，眼前所看到的
都是眞實，池塘，房屋，樹木，流雲，藍天，……沒有一點虛僞，
我可以向你打開胸腑說話，要說什麼就說出來，我們不是在社交場
上守禮的君子，我知道你也不會因爲我的失禮就怪罪我，你想這還
不算是一件快樂的事麼？」

靳以筆下人生路向選擇的母題，在此有了明確的答案：只有在鄉村，通
過辛勤的勞動，才會收穫無比的快樂。而都市、社交、禮法，無不束縛人們
走向眞正的幸福。方亦青的性格乃至外貌，基本是以作家本人爲原型塑造
的，諸如「好心的情感的傻子」「那一群人中最樸實的一個」，都是靳以在早
期小說中多次重複褒揚的自我形象。靳以就這樣一邊無情地詛咒著墮落的城
市，一邊盡情地編織著充滿詩意的鄉村幻想。

然而，與靳以民粹思想的內在矛盾一樣，這種完全出於想像的鄉村烏托
邦世界，經常流於虛幻。在《隕落》中，慧玲在被罪惡的城市引誘墮落之
後，曾經回憶起與絮在鄉村平淡而悠然的美好生活，在最終遠離絮之前，她
如此請求：「我要你帶我離開這裡，我厭了都市的生活，你帶我到鄉間去吧，
到沒有人類的地方去吧。」把沒有人類的地方與鄉間等同，顯然充滿了不切
實際的虛無色彩。這實際上是在重複著《沒有用的人》中楊的話語——「你
可以不可以告訴我，什麼地方沒有人類？」「我厭惡人類，我恨人類！」總
之，靳以筆下對鄉村的詩意嚮往、對理想世界的美好企盼總是短暫的，而對
黑暗現實的絕望感受則是永久的。

靳以對於人性惡的論斷，更侵蝕了他對鄉村的美好嚮往。在1940年代的
《短簡》中，他這樣提到在福建鄉村所見：「他們雖是同一個省份的人，卻因
爲不同的地區就存在了顯然的不睦。他們不能站在相愛的這一面，卻以爲人
們應該在相互的仇視中過著日子。」當這樣的心態佔據主導，終於引發了《人
們》中以洪水毀滅人類的籲請，導致其心目中理想的民粹大廈的最終坍塌（參
見第二章）。

（三）朦朧的異化體驗

靳以對都市的批判，除了與其整體批判色彩一致的宣泄特徵，亦有另一
個向度的擴展，即表現現代物質文明對人類精神的壓抑，以及由此產生的異

化體驗。儘管這種體驗只能說是朦朧的，但對靳以來講仍相當可貴。

　　傳統農業文明孕育的老中國兒女，在新興都市中，都不自覺地持有一種「外來者」心態。生於鄉村的人們對於城市更加隔膜，難免具有深切的「懷鄉病」，即懷念淳樸的鄉村文化，追求純真的人際關係，而這些在都市中往往難以實現。都市刺激著人的佔有欲和金錢欲，人在不顧一切地追名逐利的同時成了物的奴隸，當人人都為某種外在的東西而忙碌，不再關注自己的內心生活，人生的意義沒有著落，人的心靈越來越衰弱，自我也會走向迷失。中國作家除了單純地從道德層面譴責都市的物欲橫流、人心不古，也在向更深層面思考著都市與人的關係：「和西方社會相比，中國社會的現代性文明有著明顯的滯後性的特徵」，「但中國作家經由歐風美雨的影響和啟示，也完全有可能在一定程度上感受到現代文明對人的生命的桎梏。」〔註50〕

　　隨著1930年代以上海為代表的都市化進程加速，表現人在都市中異化主題的作品增多了。童年、母親、故鄉、自然，包括聖潔的愛情，作為人類個體的精神家園，為在都市中感到孤寂無助的現代人所看重。對於著意於在山野田園中寄寓美好理想的京派作家，書寫此類主題自是題中應有之義，沈從文的一些小說就是代表。同時，都市使人異化亦得到頗多表現。即使對都市較有親切之感的新感覺派作家，也同樣認識到都市生活對人壓抑的一面。施蟄存曾在散文《新年的夢溪筆談》中說：「自從踏進社會，為生活之故而小心翼翼地捧住職業之後，人是變得那麼機械、那麼單調。」在其小說《鷗》中，還描寫了銀行職員每天面對無窮無盡的數目字的強烈厭倦心理。劉吶鷗則在小說《風景》中如此描述都市：「人們不是住在機械的中央嗎？」只有到了鄉村後，人物才「脫離了機械的束縛，回到自然的家裏來了」。

　　作為都市的直接受害者，靳以苦苦尋求精神突圍，但卻始終以典型的都市人身份而存在——天津、瀋陽、哈爾濱、北京、重慶，都留下了他的生命足跡，尤其在他最討厭的上海生活了近二十年。在強烈情緒發泄的間隙，靳以也偶或傳達出「生活在別處」的都市異化之感，推出了少數優秀的作品。

　　《賣笑》〔註51〕是靳以最早的短篇小說之一。主人公魯陽是一位公司的小職員，工作既繁忙瑣碎，又因不善交際而被同事視為不適合在現代社會中

〔註50〕　王學謙：《自然文化與20世紀中國文學》，長春：吉林大學出版社，1999年11月版，第99頁。

〔註51〕　原載1931年12月31日《文藝月刊》第2卷第11、12期合刊，收入《聖型》。

生存的人。由於是靠了岳父的供給才完成大學學業並找到工作，他還要聽命於妻子一家。岳母希望他在他們面前成為一個馴服的綿羊，妻子則埋怨他不能給家裏掙更多的錢。在自卑而又逼仄的生存狀態下，魯陽已經未老先衰了，無論是工作還是在家中，他都只能「呆子一樣地憨憨笑著，任憑人家用如何毒惡的話來宰割他的靈魂，他也不能哼一句。」全篇都是日常瑣事的白描，卻使在夾縫中生存的魯陽的悲苦形象躍然紙上。在這一小人物身上，亦鮮明地傳達了人在都市中的異化之感：「處於陰鬱灰暗生活中的個體被結構在都市生活體制中承受莫名的壓力，時刻處於精神緊張狀態中，孤獨而壓抑、寂寞而苦澀。」〔註 52〕總之，魯陽是很有典型意義的現代都市人形象，他沒有能力去追求、想像與現實生活不同的另一種生活，已被壓製成馬爾庫塞所謂的「單向度的人」。

　　小說在描寫日常生活的同時，還將繁華與污穢並存的上海景觀，繪聲繪色地表現出來：

　　　　那高大的建築，在南京路口像蹲伏著的一匹原始時代的野獸，面對了浮在水面秋葉似地一排排吐著濃黑色煙的軍艦商船。江水的面上，漂著腐敗的果皮，雜草，細碎的煤屑，和閃著彩色的油質；在一條船過來之後，水在拍拍地打著兩岸像喘著一口氣似地，白色的水氣從那黑管裏冒出來，響著刺得破天的聲音。街車汽車在光滑的柏油路上更迅速地溜著，只有那洋車夫還是照樣流滿了汗，上氣不接下氣的跑。這嘈雜好像能使一個人的神經沸騰起來，可是那建築因為自身的龐大，就很莊嚴地在那裡矗立。

　　　　這建築是有十四層樓的，最高的是金字塔式的屋頂。在這裡面有許許多多不同的組織，關於政治的，商業的；最下面的一層是有店面的 Retail Stores〔註 53〕，爭奇地布置著窗架。這樣高的樓的交通，除去了水門汀的樓梯之外還有兩個上上下下的電梯，像垃圾箱一樣地把乘客們拾進來又丟出去。

　　現代都市的節奏、光影、內涵，包括人的不安、壓抑、被動，都在從容大氣的筆墨中得到顯現，這與純然的批判性文字是不同的。小說主人公的感

〔註 52〕朱壽桐等：《中國現代浪漫主義文學史論》，北京：文化藝術出版社，2002 年
　　　　9 月版，第 398 頁。
〔註 53〕英文「零售商店」之意。

受，與靳以的人生體驗有相通之處，可是慣常情緒化的敘事者沒有過多的嗟怨，有的卻是對生活苦辛的默默體味。魯陽包括《教授》中的主人公，是靳以作品中難得的「多餘人」形象，也再次驗證了靳以早期的創作才華。

更為寶貴的是，靳以關於異化體驗的擴展，延至了整個自然界，尤其是人對萬物生靈的無情戕害，引起了他的格外關注。他的出發點還是聲討萬惡的人性，在散文《魚》中，便以近乎失控的筆觸，譴責殘忍的人類想盡種種方法捕殺魚類的惡行，但其中有這樣的語句：「為什麼要這樣呢？這是人類的智慧嗎？」「作為人類的我們，也許正以為這些是智慧的應用，於是妄自想著自身是萬物之靈。」這就有些現代性反思的意味了：自啟蒙運動以來，隨著科技與文明的進步，人類自認為無所不能，在傲慢自大地對待自然的諸多惡舉中，造成了大規模的生靈塗炭。在此後的一些散文中，靳以繼續著此類思考，如針對人類無情地砍伐樹木，卻不顧及小鳥的生命指出：「人類慣於把一些樊籠和枷鎖加在其它生物的身上，只是為了自己的貪欲」，尤其是這樣的表白極為真摯動人：

> 如果我是一株樹呵，我要做一株高大粗壯的樹，把我的頂際插入雲端，把我的枝幹伸向遼遠。我要看得深遠，當著太陽沉下去了，我用我的全心來迎接四方八面的失業的小鳥，要它們全都棲息在我的枝幹間，要它們全能從我的身上得著一份溫暖，用我的汁液做為它們的養料，我還為它們抵擋風雨的侵蝕，我想那時候它們該真心愛我了，因為我已經不是那個屬於使它們厭惡的人類中的，我失去了那份自私和貪鄙，為了小鳥的幸福我情願肩起最辛苦最沉重的擔子。(《鳥和樹》)

這樣的作品，仍要結合靳以的人性審判來解讀，但是由於體現了強烈的生命關愛意識與民胞物與的博愛情懷，比單純疾言厲色的譴責要深摯自然得多，更難得的是傳遞了人類將自然環境親手破壞成異己之物的異化體驗。盧梭的名言「出自造物主之手的東西，都是好的，而一到了人的手裏，就全變壞了」〔註54〕，既是對人性的直白聲討，但同時深刻地表達了這樣的意味：人類雖然不斷取得物質文明的進步，但物質、知識、藝術等非但沒有賦予生活以新的價值和意義，反而使生活走向枯燥與貧乏，這正是文明人親手割

〔註54〕 〔法〕盧梭：《愛彌兒》(上卷)，李平漚譯，北京：商務印書館，1978 年 6 月版，第 5 頁。

斷了人與「自然」的關係，爲自己設置了巨大陷阱之故。這一主題，後來成爲現代性批判的主旋律。在中國現代文學中，除了沈從文等極少數作家，「對現代文明桎梏人性進行反省和批判，並沒有更加系統、深入地展開。時代沒有提供充分的客觀條件讓更多的人在這方面產生創作的衝動。」〔註55〕儘管靳以的許多作品由於直抒胸臆而影響了意蘊，但對人類爲自己製造枷鎖與災難、文明進步對人類自身造成侵害的認知和體驗，無疑是具有積極意義的。

四、戰時的憤怒聲討

靳以是一個擁有強烈愛國情懷的作家，抗戰的烽火點燃了他的政治激情。他對東北大地懷有深厚的愛戀，在第四部小說集《蟲蝕》中，三篇以東北爲背景的抗戰題材小說《天堂裏》《燼》《離群者》，充分關注東北人民在敵寇鐵蹄踐踏下的苦痛，流露了強烈抗敵救國的憂患意識。在對侵略者表達無比憎恨的同時，他未曾減弱對現實批判的鋒芒。

靳以繼承了魯迅改造國民性的主題，對淪陷區的麻木國民表達了哀其不幸、怒其不爭的典型啓蒙心態，如在《燼》的結尾，就充分體現了對大敵當前國人仍不知振作覺醒的憤慨與憂慮：

> 但是他們容忍著，一向這祖國把他們訓練成不能說一句話也不能喘一口大氣的好國民，只有在自己的身上眞眞感到了割痛的時候，才發出乞憐的哀呼。他們只是一片野火後的餘燼，只有一星星微弱的光從灰中透出來。

> 什麼時候有揮發油也有木材一齊加到這上面呢？還是就任了這灰燼也消滅下去？

> 這全然是成爲不可知道的事了！

靳以尤其針對賣國賊、不抵抗當局給予了嚴厲批判。《天堂裏》的市長就是一個醜態畢現的爲敵服務的人物。《離群者》〔註56〕則以出色的人物描繪手段，塑造了一名獨特的漢奸形象。主人公憑藉曾經在日本留學的身份，爲特務機關賣命，還無恥地取了一個日本名字。他在車站搜查旅客，對同胞進行殘酷陷害，許多人因而丟了性命。一天，他到日本侵略者家中吃飯，遇見了

〔註55〕王學謙：《自然文化與20世紀中國文學》，長春：吉林大學出版社，1999年11月版，第103頁。

〔註56〕原載1934年10月10日《水星》創刊號。

一位中國商人李先生，後者誇他中國話說得好，這在其聽來頗含譏諷。尤其是李先生的兒子，兩道炯炯的目光盯得他異常不安，他以爲自己的行藏已暴露。他受不了這種精神的煎熬，找藉口到車站上「服務」，卻由於遲到挨了侵略者的罵：「到底你們中國人是該做亡國奴！」此刻，文本如此呈現這一漢奸的心態：

> 這是著著實實的一鞭子抽在他的心上，他的心疼痛著，他不是因爲被人說了自己的祖國，他已經沒有祖國，若是有的話，就可以說是日本；可是日本人卻仍然是把他看成不長進的中國人，他只是一個架在中間的一個小物體，哪裏也不能依附。這時候他才是真的感覺到悲哀了，但是也沒有人來聽他的申訴，也沒有人給他同情。

這頗可以傳遞出靳以經常塑造的「多餘人」特徵，而在民族戰爭背景下出現在無恥的賣國者身上，又是別開生面的。小說成功揭示出漢奸失去做「人」資格的窘境：他因賣國求榮而自絕於祖國和同胞，而且儘管「比日本人還忠心於自己的職務」，卻總是受到敵人的猜疑與羞辱，因此無時無刻不在極度的孤寂、惶恐與悔恨中煎熬度日。靳以的諷刺手法往往流於過火，但在此文中卻堪稱畫龍點睛、入木三分，且看漢奸在敵人中間曲意奉承又惟恐有失的醜態：

> 在說著這些話，他一直是匆忙著的，他的心怦怦地跳著，他想如何才能掩過去方才的失言。最好還是能在談到日本的時節加上「我們」兩個字，可是又像爲什麼哽在喉中，卻不能輕易地吐了出來。把這些話都說完了，他又無由地笑起來，他的笑是不必需的；可是他張大了嘴笑著。兩顆金的假牙在反映著一點點的燈光，張開的嘴是一個無底深的洞，笑的聲音雖是雄大，卻顯得那麼空洞，那麼無著落地，如一個人行在山谷之中，獨自聽著自己狂嘯的回音。

一個既卑鄙無恥又可憐可歎的形象躍然紙上。文本始終限制在主人公的視點，細膩地探查並描繪了其心理活動，而且並沒有對其進行完全醜化的處理，因爲他「在心中還有一點未泯的對祖國的眷戀」，時常由於自己的惡行而在內心產生激烈的衝突，這樣就相當高超地寫出了人物的複雜性，爲新文學史留下了一個獨樹一幟的漢奸形象。

這篇早已遠離研究界視線的《離群者》，在當時獲得了茅盾的高度評價，

他認為小說因其充實的內容、生動的人物，堪稱「卓特的佳作」，「勝過了靳以從前的作品」〔註57〕。《離群者》也正應和了茅盾對於將漢奸形象複雜化的倡導：「漢奸活動也應當作爲文藝作品的主要題材。我們需要在文藝上展開反漢奸戰。我們要描寫各式各樣的漢奸，寫他們活動的方式，寫他們何以會成爲漢奸。」〔註58〕

在《蟲蝕》集之後的其它抗戰題材作品中，靳以延續了現實批判的主題。在《亡鄉人》中，對草菅人命的殘暴統治者進行了激烈譴責。《血的故事》《遙遠的城》同樣對置國家安危於不顧而搞內部分裂的無恥當局，表達了強烈的憤慨。《亂離》寫一個爲國家打了四年仗的女學生兵回到後方，失望地發現這裡仍然充滿了種種醜惡，隨後她又與戀人無辜地身陷囹圄。《晚宴》與《眾神》的場景一爲人間，一爲天國，主旨則一致，即以群像展示的手法，對抗戰期間大發國難財的醜類進行了無盡的鞭撻。而在長篇《前夕》中，以上各種醜惡人物、現象得到了更爲集中的批判。不過，這些作品中的批判方式多由於直奔主題，辭氣浮露的缺點是很明顯的。

《別人的故事》〔註59〕則與《離群者》一樣，完全可以躋身新文學抗戰佳作之列。小說講述了一個家庭在抗戰中的悲歡離合。這戶人家的男人曾被誤以爲戰死沙場，婆媳的家計無法維持，一位長工因此被招入贅。眞正的丈夫歸來後，爲解決一女二夫的尷尬，他們決定將妻子出讓給第三者，而妻子竟也漠然接受。小說既有對小人物在戰爭中不幸命運的充分同情，也有對其愛國精神和善良品性的讚頌，同時也揭示了他們精神的麻木與愚昧，更飽含著對黑暗社會的無情揭露與抗議，比如丈夫在戰爭中失去了右手，卻只得到一條毛巾作爲慰勞品。更值得注意的是關於名字的細節：長工的原名因似女性之故而常被取笑，便做起了無名之人；他本就四海爲家，因丈夫的歸來又踏上了流浪的旅途，命運宛如無根浮萍一樣悽楚無依。丈夫則在打仗期間被長官任意改名。這些細微之處無不昭示了他們草芥一樣的卑微人生。書寫苦難、鞭撻黑暗，是靳以的一貫追求，不過與許多缺乏節制的作品相比，《別人的故事》以其敘事的清新樸素，意蘊的凝煉深沉，成爲大時代中一首令人回味無窮的醇厚詩篇。這篇小說在敘事方式上尋求了改變，無形中超越了過於

〔註57〕惕若（茅盾）：《〈水星〉及其它》，1934年12月1日《文學》第3卷第6號。
〔註58〕茅盾：《展開我們的文藝戰線》，原載1937年9月13日《救亡日報》第15號，見《茅盾全集》（第21卷），北京：人民文學出版社，1991年版，第332頁。
〔註59〕原載1942年10月25日《現代文藝》第6卷第1期，收入《眾神》。

直露的作品。文中的第一敘事人是「我」，而全文則是由第二敘事人「我」的朋友來講述的，這樣就消解了經常代表作者本人聲音的過多敘事干預。這篇小說，也是對於《蟲蝕》三部曲的敘事努力的一個呼應。這種對於敘事創新的追求，在靳以的創作生涯中至此幾乎成了絕響，在《別人的故事》之後，除了一篇《生存》，難有堪稱傑作的小說。也許，靳以在匆忙追趕時代的過程中，再也無暇對於藝術做過多的打磨和推敲了。

第三節 小 結

對於滿懷文學救世使命的靳以來說，從一己濃厚的情感宣泄，陷入功利色彩濃厚的社會批判，似乎是宿命的。這些作品整體的類型化、模式化、平面化相當明顯，也注定了其社會批判的限度。總的來看，靳以的批判性作品精品不多，並且留下了深深的教訓：

其一，靳以的社會批判性作品，代表了中國文學創作易於「將悲劇原因一律簡單地歸結於社會」〔註 60〕的傾向。權勢階層、知識分子、都市，包括整個社會，在他筆下都是具有原罪性的。社會導致人的墮落，在西方尤其是盧梭的思想體系中具有更為明確、系統的表達。在他眼中，「社會在人身上培養起虛榮、狂妄和對權力的無限貪欲等種種罪惡。」「盧梭的倫理學說和政治理論所判定的罪惡的責任承擔者，是在他之前人們從未尋找過的。這種理論的歷史意義和體系價值在於，它創造了一個新的『承罪』（imputability）主體。這個主體不是個別的人，而是社會。」〔註 61〕不過，正如「盧梭在攻擊社會時感情用事」〔註 62〕一樣，由於實質上還是直抒胸臆的宣泄，社會批判在靳以筆下多只是一種抽象而簡化的價值判斷，表現直白而過火。大量的場景羅列與慘劇渲染，就是這一模式的具體顯現。

其二，在靳以的作品中，可以看到新文學現實主義主流的深刻影響。靳以特別強調也踐行著這樣的文學觀念，這也為同時代人所認同，據劉以鬯回憶，曾經想約靳以為自己所編的副刊寫一個長篇，其初衷就是「靳以寫作態

〔註 60〕曹文軒：《第二世界》，北京：作家出版社，2003 年 1 月版，第 305 頁。

〔註 61〕〔德〕E・卡西爾：《啟蒙哲學》，顧偉銘等譯，濟南：山東人民出版社，2007 年 4 月版，第 145 頁。

〔註 62〕〔丹麥〕勃蘭兌斯：《十九世紀文學主流》（第三分冊），張道真譯，北京：人民文學出版社，1997 年 10 月版，第 63 頁。

度嚴肅，是大家都知道的。」〔註63〕「態度嚴肅」既是靳以的優點，因爲可以正視現實人生，但是也有潛在的負面作用，即在主題的制約下，給人總是板著面孔寫作的印象。進而言之，現實主義文學思潮有其積極意義，但也漸漸沂化爲一道無形的枷鎖，嚴重地束縛著作家的創作。比如提及現實主義，就離不開義正詞嚴的社會批判與道德說教。這不但帶來文學主題的單一，也極大地傷害了藝術性。儘管以正視現實爲準繩，對社會的不義與不公不遺餘力地譴責，但是由於沒有深切的社會與人生體驗，靳以的作品多數不過是意念的圖解，實際上由於對於現實的依託備顯匱乏，批判也就愈顯無力。在行文上，則經常採用直白清淺的反語嘲諷、無可奈何的惆悵歎息、斬釘截鐵的斷語結論、情緒失控的大聲疾呼，使人感覺相當浮淺、饒舌、生硬、刻板，形成了十分明顯的機械化寫作模式。

其三，靳以的批判性作品的醒目特徵，是以情緒宣洩爲主要手段。雖然他本人自覺地歸趨於現實主義大纛之下，也常被納入關注人生的寫實派作家，但是應注意到：中國現代作家許多的批判觀念本身就「具有相當濃厚的主觀性」〔註64〕。而且正如有人所指出的，中國現代文學（包括文化）的內在精神是浪漫主義的，這是有其內在根源的：

> 在精神氣質上，自胡適以來（或許應該說自梁啓超以來）的中
> 國學者從來就沒有真正擺脫過浪漫主義的影響，從來都是偏愛革
> 命，偏愛顛覆的。在價值觀念上早已先入爲主地判定激進爲佳，保
> 守爲劣。在思想統緒是斷然師從盧梭的，在文學思想上是服膺於浪
> 漫派（魯迅所宣揚介紹的摩羅詩人當然在其內，而且是浪漫派的典
> 範）的，在政治思想與實踐上則斷然是一邊倒地傾向法國大革命（包
> 括歷次後來的法國國內革命以及巴黎公社），傾向俄國革命。自戊戌
> 維新失敗以來，中國的知識分子即開始陷入一種激進甚至是狂躁的
> 心理狀態，而且一發而不可收束。也許可以說，這是一個古老民族
> 在經歷千年不遇的文明解體與文明轉型的劫難時不可避免的精神症
> 狀，或者這也可以叫做「集體迷狂」。〔註65〕

〔註63〕劉以鬯：《約靳以寫長篇》，http://www.oklink.net/00/0326/liuyichang/023.htm。
〔註64〕李歐梵：《現代性的追求》，北京：生活・讀書・新知三聯書店，2000 年 12
　　　　月版，第 178 頁。
〔註65〕錢競：《中國現代文藝學研究》，濟南：山東教育出版社，2009 年 1 月版，第
　　　　172～173 頁。

作爲主觀色彩極爲濃厚的作家，靳以的批判性作品，包括其民粹主義追求，都深深地打上了這種「集體迷狂」的色彩，其以寫實爲歸趨的創作實際上也是深具浪漫色彩的。延續著早期愛情小說的陰鬱眼光來打量世界、品評眾生，使其社會批判帶著濃重情緒化的痕跡。理性的社會剖析與批判取向，仍舊落實於非理性的情感狂潮。正由於感傷、激憤的情緒化底色難以消褪，導致了靳以的批判性作品境界不夠開闊的弊病。

其四，靳以在 1935 年之前的創作中雖然具有濫情的無節制傾向，但還是將自身可貴的才華發揮得十分充分，如《姊姊》對情感體驗的細膩傳遞，《教授》對知識分子生存境遇的真切探查，《賣笑》對都市異化者的深入解析。此外，《凜寒中》濃鬱的東北風情，《離群者》生動的漢奸形象，都使人過目難忘。這些作品儘管風格各異，但總的來看是在自由的精神狀態下創作的。應該說，充滿理性色彩的分析、議論並非靳以所專長，終其一生創作，每當涉足於此都顯得相當笨拙和稚嫩。可是，「藝術創作有時偏偏同作者過不去，越是非思想型的作家想要逞能表白思想時，越是出現思想直露的瑕疵」〔註66〕。靳以在追趕時代的潮流中，極度熱衷於從社會視角出發，作品中的議論、教訓意味越來越明顯，這顯然悖離了寶貴的創作起點。

1930 年代，施蟄存曾對作家後作多不如少作的現象，有過精彩的分析，一方面他認爲這是由於作家還未出名時，對創作都努力爲之，成名後便有所放鬆使然；而另一方面在他看來則更爲重要，即作家日益失去了自身獨特的自由思想：

> 中國作家適當生在一個動亂的時代中，思想每每會發生劇變，一個持戀愛至上說的浪漫主義者會一變而爲極嚴肅的寫實主義者。然而，不幸得很，人的根性似乎總是不容易動搖的，儘管你意志堅強地把自己的意識形態轉變了過來，但這一支筆下所寫出來的文章總免不了雕琢鏤刻矯揉造作的痕跡。再加上一個刻板公式的限制，寫作時尤其要念茲在茲，因而總不能超過了從前做一個自由思想的作家時的業績。〔註67〕

作家的創作資源的確是有限的，但其創作能否有質的飛躍，還取決於其

〔註66〕張中良：《〈雞鳴早看天〉：長夜何時了》，見楊義主筆《中國新文學圖志》（上），北京：人民出版社，1998 年 9 月版，第 273 頁。

〔註67〕施蟄存：《一人一書（下）》，1937 年 1 月 16 日《宇宙風》第 33 期。

是否能對這些有限的資源合理地把握、開掘與昇華。有人這樣評價靳以：「他的文風本來是筆觸細膩、圓熟華美的，隨著年事閱歷的增長，逐步洗盡鉛華，一變而為反璞歸真，有些讀者無不為他惋惜，但這正反映了一個知識分子走上革命道路的艱難歷程。」〔註68〕靳以早期作品中寶貴風格的遺失，卻正是追趕時代所付出的代價，這在中國現代作家中，當然絕非是靳以本人所獨有的特徵。值得深長思之的是：時代與藝術的有機融合，何以成為多數現代作家無法逾越的天塹？今天，這個問題，我們的作家又很好地解決了嗎？

〔註68〕辛笛：《懷念靳以》，《新文學史料》2000年第2期。

第四章　對光明的焦灼祈望
——《前夕》論

　　長篇《前夕》因抗戰主流題材與篇幅的關係，是靳以所有創作中最受關注的作品。靳以於 1936 年來到上海，先後主編《文季月刊》《文叢》，同時開始構思創作《前夕》。《前夕》伴隨著「八一三」的隆隆炮火，和由滬赴川的顛沛旅程，於 1941 年夏在重慶寫畢，1942 年 9 月由文化生活出版社出版。《前夕》共四部，以北平爲背景，書寫了「七七」事變之前，一個破落官宦家庭黃家不同人物的性格、心理和命運。小說特別注意勾勒時局的變化，以及「一方面是莊嚴的工作，另一方面卻是荒淫與無恥」的社會情態。本書的社會視野較以前的創作開闊，整體格調也脫離了悲苦陰鬱而趨於明朗樂觀。不過，在抗戰的背景下，《前夕》還是延續了靳以整個創作的思想與主題，比如毀滅與新生、批判與歌頌、憂患與希望，並在巨幅的容量中得以無限重複與放大。作家把對自身價值的思考與對民族的憂患結合在一起，體現了對光明前程的焦灼祈望。可以認爲，這部作品是代表靳以整個創作思想的集大成之作，亦可由此領略其藝術世界漸漸由政治思維所左右的總體缺憾。

第一節　時代巨變中的家國寓言

　　靳以在《前夕》題記中，昭示了此書的創作立場：

　　　　在這一個長篇裏我企圖描寫的並不只是瑣細的家事，男女的私
　　情，和在日趨衰落的一個大城市的家庭中一些哀感。我希望我的筆

是一個放大鏡，先把那些腐爛處直接地顯現出來，或是間接地襯托出來。要知道這樣的家和這樣的人物們，──縱然他們有的也有好心腸──已經不能在眼前的世界上存在了。終於當著神聖的抗戰的炮聲響了起來，首先就把這樣的家和這樣的人打成粉碎，有路走的只是幾個一向不甘隨著那個家消沉下去的，才逃出了滅亡。有的雖然是和困苦搏鬥，可是還能剛毅地活下去；有的則隨了大時代的號角，踏著大步走向前面去了。

　　對於這些時代的兒女們，我懷著無限的敬意，靠了他們，我們的民族才能渡過困苦的關頭，走向再生的大路。

　　將個體生命納入整體倫理大家庭，是中國傳統儒家文化的根本要求。強烈的使命感和憂患意識，使中國文人始終對家國、社稷、天下掛懷不已，體現了治國平天下的強烈訴求。感時憂國更是中國現代作家的普遍情懷，其中一個重要維度即跳出小家服務國家、拋棄小我投入大眾。在「五四」時期，家庭就被視為妨礙個人解放的主要障礙，許多作家都樂於表現衝出家庭、走向新生的主題。靳以本人的創作，就始終行進在「從個人到眾人」的道路上。在《前夕》中，靳以整個創作中的尋路和出走母題，更具化為突破家庭束縛、走向抗戰前線的情節之中。《前夕》還是一部大時代中的家國寓言，黃家人物因在家、國關係處理上的不同選擇，而有了迥異的前程。典型的「妹妹樣」人物──家中最小的靜玲，積極投身於學生救亡運動，並最終與先期出走的二姐靜茵會合，奔向了抗戰的前線。其它子女靜純、靜珠等人或保守自私，或頹廢墮落，因耽溺於個人小天地而成為被批判的對象，但是最終也都迷途知返。代表沒落一代的黃儉之夫婦、長女靜宜則在出走途中不幸沈河遇難。以時代為坐標來處理家族成員的不同選擇，並著力表現年輕人走向光明、腐朽者被歷史所淘汰，是中國現代家族文學的母題。然而，作品中所折射出的這種長期被予以褒揚的所謂「歷史必然性」，實則體現出作家在家國關係處理上的單純與粗暴，並隱含了巨大的悲劇色彩。

一、無情淘汰的複調敘事

　　與靳以多數小說作品一樣，《前夕》的主題是異常顯豁的。在以往對《前夕》的研究中，多採取內容與形式兩分的方式，從時代意義上對作品加以肯定，從政治思維模式出發，對代表新生一代的靜玲等人讚頌有加。不過，靳

以恰恰在本意欲加以刻畫的落伍者黃靜宜、黃儉之這裡，寫出了人物的複雜性；「應該」被歷史無情淘汰的人物，也以悖論性存在，體現了《前夕》的主要藝術價值所在。

（一）堅韌的家園守望者

靜宜注定是悲劇性的人物。大學畢業後，因父親精神頹唐，母親身患重病，她毅然放棄了年輕人應有的幸福，包括戀愛與婚姻，主動承擔了家庭的重任，始終把自己的命運與家庭聯結在一起。趙園在《艱難的選擇》一書中，對靜宜這一人物形象有過細緻分析，認為她與巴金《家》中的高覺新是「精神近親」〔註1〕。不過正如其所說，高覺新這樣的人物「像是聖經故事中受難的使徒，但這種受難卻毫無崇高感，只能供人悲憫」〔註2〕，而「黃靜宜的處境比高覺新更有利。30 年代的武進黃寓更不存在使黃靜宜非犧牲不可的客觀情勢。」〔註3〕的確，靜宜是一個主動走向聖壇的殉道者形象，這種選擇顯然受封建倫理觀念的影響：雖是女性，她卻承擔了中國傳統家庭中長子的角色。而在家中關係的處理上，靜宜顯然要比高覺新幹練與自主得多，比如可以退掉父母為她訂的婚事。

靜宜的人生悲劇，與作家一貫的民粹主義觀念密切相關。在開篇不久，由於感受到家中沉悶的空氣，靜宜來到了郊外，小說如此描寫她對農民的由衷羨慕，以及對知識侵害健全人性的反思：

> 正是春天的早晨，陽光映像著從地面上冒出來薄雲般冉冉升上去的土氣，蒸騰著，顯出來春天的偉大的力量。農人們已經起始忙碌著，他們把鋤掘著地，翻起土塊。他們很高興地工作著，好像永遠記著：「我是為我自己和我的土地才這樣賣力氣」。他們的腰帶那裡雖然掛著旱煙袋，可是沒有一個人當著大家都在工作的時候點起煙來吸著。到了一定的時辰，他們才聚攏來，抽著煙，喝碗熱茶，談說著天時和種子。
>
> 靜宜極自然地在心中對他們發生了羨慕的心情，她想因為簡素，所以那麼容易滿足。土地是他們的母親，農作物是他們的子女；他們自己雖然終日流著汗，卻十分高興。說是進步了許多的人

〔註1〕趙園：《艱難的選擇》，上海：上海文藝出版社，2001 年 1 月版，第 285 頁。
〔註2〕趙園：《艱難的選擇》，上海：上海文藝出版社，2001 年 1 月版，第 278 頁。
〔註3〕趙園：《艱難的選擇》，上海：上海文藝出版社，2001 年 1 月版，第 287 頁。

群呢，只把人事複雜了，所給的和所求的都那麼多，就是情感也變成十分繁複，人的腦子和心都因為過度的使用感到了疲乏。

「更容易滿足一些，生活就更快樂一些」，她時時這樣想，可是知識把人類帶到廣大的宇宙裏，那是很難得著滿足的，所以人類才在悲慘中過著日子……

此處的內涵，與第二章論述的方亦青的話語相近，體現了民粹主義濃厚的將知識分子與農夫對立的傾向，及對鄉村生活的無限嚮往。靜宜的命運與受教育程度也有直接關係：「在以前，她原也是一個快樂的少女，有舒適的家，得意的父親，給她適當的教育。從小學到中學，又到了大學──顯然地教育和心情並不在一條路上行走，進了大學她就成為寡歡的女人們的一個。」這種民粹主義鮮明的反智傾向，在《前夕》中比比皆是。不過，由靜宜視點關注下的這幅其樂融融的鄉村場景，顯然更多了一種詩化的浪漫，而游離於全篇的氛圍之外，也體現了民粹主義常「過分誇大地歌頌民眾的道德風貌與綜合素質」〔註4〕的不切實際。與此相關，強調教育給靜宜帶來一生的不幸，也顯然是意念化的。這種意念化還體現在，靳以努力把靜宜塑造成一位與靜玲等新生一代相對立的人物。在靜玲眼中：

她真不明白靜宜是為了什麼，她以為人應該有偉大的犧牲的精神，但是像她那樣的犧牲是既沒有目的，又沒有意義。她記得她時常說起這個家，可是這個家有什麼值得犧牲的呢？它遲早是要破碎的，要遭遇到最後的命運。難說她一定要隨著這樣的家一同走上滅亡的路麼？

在靜宜身上，的確體現了強烈的悲觀宿命感。她為家中的種種煩雜事務所苦惱：「有的時候她常想逃避一切，她再不能忍受那些煩聒；可是那些事物幾乎像影子一樣隨了她，她常是怨恨似地低低地說，『除非我死了，我才得安靜……』」靜宜由於操勞過度而常嘔血，這也是方明生這樣的「多餘人」特有的身心俱疲的表徵。為擺脫精神困惑，以死亡表現新生，是靳以常用的創作手段，靜宜亦不妨做如是觀，她的悲劇性存在與結局，正是靜玲等新人的強烈反差。

實際上，靜宜在相當程度上凝聚了靳以本人的體驗。作為高度主觀情緒

〔註 4〕 錢競：《中國現代文藝學研究》，濟南：山東教育出版社，2009 年 1 月版，第149 頁。

化的作家，《前夕》中的許多人物都有靳以自身的影子，比如民粹主義的宣揚者方亦青，再如在感情的漩渦中無法自拔的靜純。即使是最不起眼的人物，如靜茵的男友均，只在開始出場過一次，但是從「顴骨那裡發著微紅的顏色，看得出來是一個還誠懇勤勉的青年」；靜宜的男友梁道明，亦從外貌上看出「一點誠懇和一點愚昧」，都是靳以經常進行自我描述所使用的語言。這一方面說明作家視野的狹窄，在人物塑造上極為呆板、單調，另一方面也體現了一種深度的自戀傾向。但是，同樣帶有靳以本人深刻印痕的靜宜，則是一個複雜的人物形象。在情節的展開中，靜宜並沒有被僵死刻板的模式所束縛，而是突破了為其所預設好的角色定位，體現了更深層次的意蘊，濃縮了靳以在大時代中，對知識分子崗位意識的深切思考。

　　靜宜有典型的「多餘人」心態，又決非悲觀主義所能概括，她同時擁有堅韌的意志，以及美好的心靈，這也是其主要的人格魅力，在這方面靜宜又與現實中的靳以有相通之處。靳以在性格上有明顯的弱點，比如情緒化嚴重等，但他又具有高度的擔當意識。他是家中的長子，且以主心骨的地位，為家庭奉獻甚多，以禮待人、尊重長輩的品德，「也給眾兄弟做出了榜樣。」〔註5〕靳以潛意識中對靜宜的認同體現在許多方面，比如如此描寫她出場時的外貌：

> 　　她已經有二十七歲了，雖然青春曾一番駐足之後又遠遠地離開，可是她那美好的臉型仍是一點也沒有變遷。她披了快要到兩肩的烏黑長髮，顯得她的臉更瘦了些；纖白些；因為臉的顏色，就襯得她的一雙眼睛更大更黑。那雙眼睛一點也不使人感到恐怖，當她注視著的時候，隨著她的眼光投上去的是溫柔，同情，好像要來洗滌別人的靈魂似的。一顆不良的心會在那下面戰抖，和善人卻會覺得她是更可敬愛些。

　　靜宜的外貌中有幾分病態和憂鬱，不過更明顯地帶有神聖的靈魂守望者的味道。這又哪裏像是要被歷史所淘汰的落後人物呢？靳以正是把靜宜描畫成了自己在大時代中的影像：他起始構思創作《前夕》的1936年，本人的年齡與靜宜完全一致，甚至連二者名字的發音都那麼近似！這不由令人想起了其成名作《聖型》，如果說那時自我稱道的「聖型」過於自戀且不寬容而令人

〔註5〕　南南：《從遠天的冰雪中走來——靳以紀傳》，太原：山西人民出版社，2000年1月版，第113頁。

反感，靜宜則真正體現出了一種神聖性，即母性的博大胸懷和熱忱的奉獻精神。在戰爭年代，格外需要精神圖騰的感召，許多作家都樂於塑造擁有中國傳統美德的女性形象，如《四世同堂》中的韻梅、《京華煙雲》中的木蘭、《荷花澱》中的水生嫂等，「反映了一種心理上甚至本能地對於『女性』（『母性』）的依戀、歸依」，而且「常常不由自主地要將其『詩化』以至『聖潔化』。」〔註6〕對母愛的歌頌，一直是靳以創作的重要主題，包括《前夕》中的母親，也是以自己母親為原型而塑造的。可是這位母親，不但沒有給人留下深刻的印象，而且充滿迷信思想，完全落後於時代。比如家裏進行熱烈討論時，她「對於這些話沒有什麼興趣，她莫明其妙地望著」，或是以收音機裏「粗俗的歌唱」打斷他們的談話。她甚至還與黃父一樣有幾分自私，將家中的重任全部推給靜宜。這一形象正如靳以以往對母親的刻畫，並不生動。而對靜宜的「聖潔化」描寫，卻始終以現實生活為依託，因此並沒有不食人間煙火的玄虛感。

如果說靳以的許多作品由於凝結了個人太多的身世之感，而失之於無節制的情緒宣泄，同樣彷彿就是自身影像的靜宜，則是他塑造的最成功的人物之一，是有血有肉的複雜形象，這主要可以歸結為靳以在大時代中的自我定位與反思。面對靜玲義正辭嚴的提問：「這個家終歸要遇上它最後的命運，你不覺得那一個時代已經過去了麼？你把自己放在裏面還能有什麼用？你還能有那麼大的力量把時代挽回來？」靜宜回答：「不，我也不那麼想，我只希望能變化得平安一點，和平一點，不要都站在兩極端上。」「所以我願意站在兩者的中間」。靜宜的平實，與靜玲的激進，恰成鮮明對比。正如魯迅所說，「在進化的鏈子上，一切都是中間物」（《寫在〈墳〉後面》），現代知識分子進退失據的兩難處境，在靜宜身上即體現在家庭內部與家國關係的處理上。「她正是站在父親和兒女們中間的人」，對靜宜的如此描述在靳以筆下其來有自，這正是典型的「多餘人」特性。如在《沒有用的人》這一寫滿厭世情緒的短篇小說中，主人公楊這樣自我定位：「在我的友人——同志的心中，我卻無疑地是一個落後的人。我永遠未曾追上他們！我只留在這二者之間，成為一個不進不退的人。」不過楊這一人物還是高度類型化的，即在濃厚的

〔註6〕錢理群：《「流亡者文學」的心理指歸——抗戰時期知識分子精神史的一個側面》，見王曉明主編《批評空間的開創：二十世紀中國文學研究》，上海：東方出版中心，1998年7月版，第254頁。

頹廢中成為真正的時代落伍者，靜宜卻在大時代中體現了一種高貴的無用之「用」：「終日守住這個家的只有靜宜一個人，不論有什麼嚴重的事故發生」。所以，靜宜正是在嚴酷的戰亂環境下，每個普通家庭必不可少的精神守望者。

因此，儘管不同人物對靜宜的選擇給予了勸告和批評，靳以本人在《前夕》跋中也表示對靜宜的行為表示不解，但在行文中卻難以掩飾對她的喜愛，甚至有時是完全站在靜宜的立場的。巨大的悖論由此而生：從理性上，是要寫出舊家庭和靜宜這樣的落伍者必然為時代大潮所淘汰，但從感情上，對靜宜服務家庭的責任感與忘我無私的奉獻精神則充滿欣賞。靜宜也曾悲觀和彷徨，卻從沒有放棄，始終在默默地堅守著自己的崗位。由於她所展現的人格魅力，作品實際上又表現出另一層面的意蘊，即對孝、慈、仁、義等家族文化人格的讚美，而這種人格既是中華民族傳統美德的體現，又是確保現代社會健康家庭倫理秩序得以穩定的基礎。這也是靜宜這一人物的現實意義所在。

靜宜在給出國的前男友梁道明的回信中，用平實的語言，剖析了自己為了家庭而甘願犧牲個人幸福的心理：

> ……我既不為事業，又不為學問，這樣犧牲自己也許是你以為不值得的，但是我又何必把自己從一個大家庭跳到一個小家庭中呢？在這個大家庭裏，雖然不堪收拾，還有我親愛的父母弟妹，在那個小家庭裏呢，什麼都是未知的，我一直有一點心願，只要對別人有一點好處，把自己的生命丟掉都不惜，這樣，我想你就知道我為什麼守住我這個大家庭了。
>
> 我並不想做大聖大賢，實在我也不知道聖賢是些什麼，我只願意做一個平常人，一個有一點用處的平常人。

《前夕》在新舊兩代人物靜玲與靜宜的一段爭辯中，再一次反諷地支持了靜宜的立場：

> 「你不要說吧，你們願意做什麼，誰都不關心這個破落的家；可是你們又不一定能完全和這個家斷開，那還有什麼可說的呢！」
>
> 「大姐，為什麼只顧到這個家，這個破落的家呢？那還有廣大的人群，廣大的世界，——」
>
> 「這個家已經快使我筋疲力盡了，我還能顧得到什麼？……」

在靜宜這最樸素直白自然而卻擲地有聲的話語中，中國現代家族的宏大敘事被無情地解構了。靳以本人在民粹情結驅動下的「從個人到眾人」的追求，亦得到了強烈的質疑——靜玲、靜茵等年輕一代的出走，固然是積極的抗戰行為，操持好每一個普通的小家庭，不也是對國家的有力支持？後者相比於前者，則不是靠一時的熱情，而是需要更為持久的堅韌意志，這也是個人之於時代乃至國家，更為切實的貢獻吧。

靳以對靜宜的塑造，也在無形中對自身的濫情傾向，和非好即壞的二元對立模式進行了抵制和反思。靜宜之所以不是純粹透明的概念化人物，就表現在她極為矛盾的性格上。她常處在感情與理智的矛盾之中，比如和昔日戀人梁道明之間微妙的情感糾葛，就不同於年輕一代決然拋棄一切個人情感的簡化處理。她還不時反思自己的命運，如對於自己的犧牲並非全然不覺，而是「反覆地問了自己：『我是應該呢，還是不應該呢？』」靜宜面對大時代時必須做出的選擇，包括對捨棄個人幸福的心理糾結，以及對妹妹出走的堅決支持，都是真切而又自然的。

儘管文本中透露，靜宜的不幸命運是由於擁有了知識，弔詭的是，這一人物的可貴正在於在一定程度上顛覆了對知識分子的貶低傾向，還原了他們在現實中應有的地位。把知識分子作為與勞動階級對立的角色加以無情嘲諷，對靳以來說是家常便飯。靜宜的弟弟靜純、妹妹靜婉就是以沉迷於書本而不問世事的面目出現的。「把知識者人物置於他們所不熟悉、無所用其才能的戰時環境，以知識者的局限與勞動者的明顯優勢構成對比」〔註7〕，「這正是當時知識者一種典型的心理狀態。這種近於病態的自我貶抑、自我懷疑，不能不侵蝕著『五四』以來知識者的健全精神。」〔註8〕靜宜的家園守望者角色，是對愛國知識分子的充分肯定。這一人物也成為靳以作為一個本色知識分子，在民族危難之際堅守自身崗位的最好寫照。靳以在跋中這樣描述寫作《前夕》時的環境：「我曾經幾次在大炮和炸彈的震響之下擲筆而起，失去再寫下去的力量」。他與巴金還在如此惡劣的條件下編輯《文叢》，以血火編織的文字激勵著中國人民抗戰的決心，這種愛國精神、工作態度的確如此令人動容——「想那個戰火紛飛的時代中，人們連逃命都來不及，而靳以和巴金這些手無寸鐵也無金錢的文人們卻帶著稿子、帶著校樣、帶著刊物的紙型在

〔註7〕趙園：《艱難的選擇》，上海：上海文藝出版社，2001年1月版，第152頁。
〔註8〕趙園：《艱難的選擇》，上海：上海文藝出版社，2001年1月版，第153頁。

日機的狂轟亂炸中排版、印刷、郵寄，這要付出多大的心血，又需要怎樣的『定力』啊！」〔註9〕

總而言之，靜宜因其豐富的人物性格，既爲反思現代家國關係的處理提供了獨特的視角，也充分體現了知識分子的道德操守與崗位意識，在靳以小說的女性人物畫廊中佔據了珍貴的一席之地。

（二）沒落的愛國士大夫

作爲一家之長的黃儉之，由於年輕時得到一個道尹的賞識，曾在官場飛黃騰達，不過在故事發生之時已經賦閒在家，靠拿市參議的薪俸度日。他一方面要維護自身的尊嚴，另一方面卻常呈現出「多餘人」典型的無力之感。本來要被歷史潮流所淘汰的黃儉之，是全書除靜宜以外，另一被塑造的較爲成功的人物。

作爲失勢的舊官僚，黃儉之有明顯的遁世心態，表現在既對佛道星相感興趣，又常常借酒澆愁。他還不時爲懷才不遇而憤憤不平：「我眞不明白，我眞不明白，這算什麼年月？……想當初，想當初，……沒想到時代變了，變成這個樣子，說新不新，說舊又不舊，……呵，呵，過渡時代，……」他還保留著傳統士大夫階層的酸腐習氣，自命爲「無塵居士」，把名爲「儉齋」的書房裝飾得古色古香，書架上擺滿了線裝書。這不過是愛慕虛榮、附庸風雅罷了。實際上，他不但不看書，還在書的後面放滿了陳年佳釀。他也不滿意自己的這種狀態，時常爲嗜酒貪杯而懺悔，然而卻不曾眞正改過。其中頗爲傳神的，是對其書桌的描寫：

> 更使這間房子像一間讀書室的是那一張大書桌，案頭有一方大石硯，一塊墨已經碎成許多塊，因爲沒有人動，還保持它的原形躺在那裡。筆筒裏插了大大小小十幾枝毛筆，還有一根馬尾的拂塵。筆洗的水早已幹了，墨跡留在底上，還有兩三個小蟲不知道已經死了幾個寒暑。一部線裝的辭源和康熙字典佔據了兩個案角，留在書桌中間的不是書，卻是一個白銅水煙袋，一個江西瓷的小茶壺，一把梳子，還有一部麻衣相法。時時還有一個小茶杯，充滿了酒氣，卻並不永遠是那一個，有的時候爲表示決心把它打碎了，隨後又是一個新的。

〔註9〕周立民、王曉東：《編後記：關於〈文叢〉》，見王曉東編《文叢》，上海：上海社會科學院出版社，2004年8月版，第296頁。

陳舊的書籍與常摔常新的酒杯，形成了鮮明的對比。這種含而不露的嘲諷方式，在靳以筆下並不多見，生動地勾勒出書桌主人的精神頹廢與矛盾。

當黃儉之聽到靜宜決定毅然承擔家庭重任後，「被感動得眼眶裏都裝滿了淚」，「他那本來就顯得小的左眼抽動看，把淚水都擠出來，順著面頰流……」懦弱而又自私的猥瑣形象，活靈活現地暴露出來。但是靳以並未止步於醜化處理，而是對其內心世界進行了更深入的探究：「他也許愛靜宜，──可是那不是愛，是憐憫，他知道那不是一條正路，又不知道該怎麼辦，他這個做父親的人，不知道是憐憫女兒還是憐憫自己」。這顯然將一個在大時代面前，無論國事還是家事，都無法應付裕如的破落士大夫形象活化了。

黃儉之不忘記維護自己的威儀，「他是剛愎的」，「他除開是一個嚴厲的父親還是一個絲毫不苟的教師」。他注重對子女的言傳身教，如果子女讀書有過失還要受到責罰。但黃儉之畢竟逐漸喪失了傳統的父權地位，文本通過家庭會議這一場景，生動地傳遞了這一過程。這個會議原是黃儉之整頓家庭秩序、維持封建家長尊嚴的象徵，作為全書的重要紐帶，起到了把國事與家事串聯起來的作用。當靜茵與男友出走，引發第一次家庭會議時，雖然黃父以革新為名鼓勵全家人自由發表看法，「可是事實上每次總由他強制地把他們找到客廳裏，依著次序圍著長桌坐好，靜宜還要做記錄，從頭到尾總是他一個人的話。」但是，由於自身無法克服的荏弱性，他雖然表面嚴厲，已經無法管束長大的兒女了，所以這一場面帶有很濃的戲謔成分。後來每一次會議，都使讀者真切感覺到，黃儉之的威嚴逐漸失落，他的時代真的一去不返了。

黃儉之的複雜性還表現在其它方面。他具有強烈的守舊性，不同於靜玲等年輕一代與時俱進的時間觀念，支配他的是傳統天命觀。他也曾有信心重新確立自己的價值，振興家業，但在無情的現實面前，最終只能這樣歎息：「算了，哪裏還有好運氣轉得過來；這也都是氣數，非人力所可為者！」不過，他在潛意識中，還有一絲新知識分子的啟蒙意識，對傳統文化陋習表現出不滿情緒，如對逛廟會男左女右的現象就深惡痛絕：「真討厭，中國人慣於維持這不徹底的禮教！」黃儉之最可貴的一面，是最終體現了深厚的愛國情懷，但同樣掙脫不了陳腐的皇權觀念和道德意識，如對當政官僚的不滿：「當初做官的也不能這樣，總還有一個皇上，尤其是守土有責的人，那是一點也不能含糊的，真得有城存與存，城亡與亡的那份決心；現在簡直是一些漢奸小丑，

一點舊道德也不講，──」在外敵入侵之際，他還以無比的民族優越感，提出消極的異族同化論：「凡是入侵中原的外族，總是被我們同化，以致走向衰亡的路。」混亂的價值標準，異常明顯地集於黃儉之一身，充分顯現了不同時代、文化、環境的斷裂與錯位。

時代的血火，讓黃儉之有了新的認識和選擇。在軟弱的統治者向敵人求和的情況下，他甚至差點在女兒面前罵出粗話，並表達了明確的立場：「我真不明白，向日本人要求道義，正如同向盜賊要求慈悲一樣」。他的天命觀也滲入了強烈的時代觀念：「人不可拗天，天是什麼，說句應時的話，天就是時代。」「將來是他們年輕人的世界。」他曾經強烈反對靜玲、靜茵等投入學生運動，終於在民族危亡的時刻徹底覺醒：「這份『國破山河在』的歲月，我把你們都留在家裏幹什麼？從此你們一個個都是國家的孩子了。」在結尾，他對前來游說其出任僞職者，充分表明了自己的民族氣節：「我黃儉之是貳臣，是漢奸，那你們就別想，別的是假事，這一點我還弄得清。」他就這樣斷然拒絕賣國求榮，並帶領全家出走，終以死亡鍛鑄了一個愛國者的錚錚風骨。

關於黃儉之的最終選擇，靳以如此剖析：「他還是毅然地丟下一切走了。既不爲名，又不爲利，他是本著他的良心的召喚」（《前夕》跋）。這種「良心的召喚」，是符合人物性格的。通過黃儉之這一形象，靳以較爲成功地寫出了一位舊官僚在過渡時代的文化心理，即便是他最爲可貴的愛國意識，同樣混雜著先進與落後的不同成分，因而這一人物是較有立體感的。黃的最終選擇，與一往無前的靜玲、靜茵，幡然醒悟的靜純、靜珠相比，顯然要自然得多。

（三）毀家紓難的隱含悲劇

靳以儘管對靜宜有一種深摯的喜愛，對黃儉之的氣節也頗爲讚佩，但最終還是讓他們消亡在時代的「洪流」之中了。

以洪水毀滅人類，是西方文學源於《聖經》的一種常見結尾。艾略特的名著《弗洛斯河上的磨坊》就是如此：女主人公麥琪正面臨人生困境時，被意外而至的洪水吞沒了。詹姆斯在《小說的藝術》中爲此發問道：「這種結局是從一開始就存在於喬治‧艾略特的意圖之中？還是她爲了解決麥琪的困境而勉強採取的一個權宜之計？」他本人的回答是：「只要人類還受洪水和地震的支配，我就不反對在小說中對之加以利用。儘管如此，在這個特殊的事例

中，我倒是更寧願讓麥琪自行設法渡過難關。」〔註10〕顯然，詹姆斯對讓人物一死了之從而草率收場的做法，是不以爲然的。無論艾略特處理結尾有何初衷，《前夕》的結尾是符合靳以簡化的創作思維的，如其在題記中所說：「縱然他們有的也有好心腸──已經不能在眼前的世界上存在了。」

在抗戰大業的感召下，《前夕》的結局之於靳以，也算是順理成章。他在跋中記述寫完《前夕》時的喜悅：「我像孩子般地高興。」「我感到這樣鬆快，甚至於對那田邊的小野花我也要告訴它我的情感。」尤其是對最終結局的深切寄託：「那不是結尾，那是一個開始，──就是對我們的敵人日本的抗戰的開始。那時候，我記得，我是和書中的人物一樣，眞是不知道怎麼樣，像脫去了一件污穢的外衣，到清水中自由地泅泳著那樣高興。」然而，這種盡情的釋放，像以往的創作一樣，畢竟過於直捷了。結尾的悲劇性一幕，是以靜珠給靜茵、靜玲的書信方式，述說全家沈河的場景：「那輛車不知道怎麼一來就自己溜下去，我──不敢想當時的情景，我只告訴你們那輛車一直就沈到河底去了！」這是靳以經常採用的敘事方式，正如同短篇中的人物處理──「可是不知怎麼一來，他會神經失常了」（《眾生》）──他始終在匆迫的寫作中沒有深入問題的興趣，他要省略任何細節而直奔主題！靜茵與靜玲沒有在失去親人的哀痛中停留，見到遠方的炮火，便立即萌生了希望，全書也在充溢的激情中結束：

> 「眞的打起來了，我們的國家在爲我們復仇了！我們該笑，不是麼，家沒有了，我們有國，我們都是國家的兒女！」
>
> 晨風拭去殘留在她們臉上的淚痕，陽光從海的下面射出它的第一條光線，她們那爲極悲哀和極快樂的情緒所激蕩著的身子，漸漸不戰抖了，她們緊緊地抱著，想在迷茫中看到那失去的笑臉，當她們回過頭來的時候，那許多張興奮充滿了喜悅光輝的笑臉，更使她們硬朗起來了，她們又轉過頭去，就那樣靜望著被槍炮震翻了的天邊。

靳以也曾爲人物的不幸而傷感：「人們說我的處理太殘忍了，但是殘忍的是現實。當我寫到這裡的時候，我的眼睛也是淚涔涔的。這一點，我是用來紀念我的一個友人的全家，他們就是這樣犧牲的。」是否本自眞實的生活原

〔註10〕〔美〕亨利・詹姆斯：《小說的藝術》，朱雯等譯，上海：上海譯文出版社，2001 年 5 月版，第 222 頁。

型對於靳以其實並不重要，正如他義無反顧地表示：「我厭惡它了，我厭惡我自己，我再沒有那份安靜來描述那死沉沉的家，我知道那時候若是有一支火種，我一定會毫不猶豫地把它燒掉」（《前夕》跋）。根深蒂固的「水火」情結，於此再現。至於被毀滅的是否爲自己所鍾愛的，則毫不足惜。對於黑暗的社會現實予以無情抨擊，是靳以終生的使命。只是，他是否反思過：在自己的作品中，親手埋葬無辜生靈，又是何其殘酷的事情？

　　不過，《前夕》中靜宜與家人沈河的命運，是靳以創作的絕對律令，也是現代文學毀家紓難主題的絕對律令。這也是歷史本質論和進化論的產物，即在純線性歷史發展觀念支配下，不惜否定一切，毀滅一切，尤其是對公認爲落伍與過時的一切而言。直至晚近的研究，還有人對於靜宜及家庭的最終結局這樣認爲：「封建大家庭的解體既是時代發展的必然結果，也是作家順應歷史潮流的藝術抉擇。」〔註11〕但是，在這種至爲簡潔明快的處理中，靜宜這些不幸遇難者的命運，卻是非常值得思考的：必須要以犧牲所謂的沒落人物爲代價，才能換來新生人物的崛起和新世界的誕生？這裡，非但淡化了應有的親情倫理，也顯然是對個體生命的極大漠視。通過《前夕》的結局，有必要對生命個體與國家整體的關係重新進行反思和檢視：

　　　　當現代中國人的終極關懷不是指向超驗的無限之物，而是落實
　　　於「民族」、「國家」等世俗形態時，也就在精神上不能與現實拉開
　　　距離，從而缺乏批判現實，超越現實的價值資源。固然，對「民族」、
　　　「國家」的關切也會向人們提供一個意義世界，然而，這種意義世
　　　界卻不具有屬人的性質，它們有可能假借神聖的光靈，成爲人的異
　　　化力量。〔註12〕

　　中國現代文學中個體脫離家庭的母題結構，往往在強大的烏托邦幻想中，將個人生命無情地忽視與犧牲。「革命將人類特有的道德意志、倫理精神發揚到極致。從而這個所謂歷史與倫理的二律背反，也就構造出一幅幅既醜惡又美麗而非常複雜的絢爛圖畫。」〔註13〕在蔣光慈的小說《咆哮了的土地》中，李傑以革命的名義贊同農民火燒自家房屋，使無辜親人葬身火海，便是

〔註11〕曹書文：《家族文化與中國現代文學》，北京：中國社會科學出版社，2002年
　　　12月版，第142頁。
〔註12〕許紀霖：《尋求意義》，上海：上海三聯書店，1997年12月版，第199頁。
〔註13〕李澤厚：《己卯五說·說歷史悲劇》，《歷史本體論·己卯五說》，北京：生活·
　　　讀書·新知三聯書店，2003年5月版，第221頁。

一個非常典型的例子。《前夕》的結尾，也可以視為歷史與倫理二律背反所致
的慘痛圖景中的一幅吧！

此外，中國傳統文化在處理個體與整體的關係中，迥異於西方對個體的
高度重視，易於從整個家族或其它某個集體、實體出發來思考問題，這也在
某種程度上促成了包括靳以在內的許多中國現代作家「從個人到眾人」的永
恒情結。像靜宜這樣以自己家庭為己任並在其中實現自身價值的個體，經常
成為無法跳出個人小圈子的被批駁對象，這也隱含著如此悖論：如果「認為
他們只有為國家利益而鬥爭才能成為一個真正的英雄，那麼在中國家國一體
的體制下，沒有家何來國，如果一個人不為自己的家而努力，我們就很難想
像他還能夠為國家去獻身。」因為「在一個人的精神成長中，身、家、國、
天下是相通的，對個體精神生活來說，它們是精神遞次生長的必要環節。」
〔註14〕因此，《前夕》足以引發這樣的思考：沒有靜宜這樣的犧牲者來操持每
一個小家，整個民族在危難關頭又何以自強自立？進而言之，短篇小說《路》
中在出走途中搖擺不定的孫青芷，是否正是對靜玲、靜茵的警示：義無反顧
的離家出走，果真能夠充分發揮知識分子的作用嗎？

《前夕》作為一部大時代中的家國寓言，其整體建構模式，在中國現代
文學的家族小說中是普泛性的，也是值得深入思考的。《前夕》的結局方式，
表面上「順應歷史潮流」，其實掩蓋了現代性進程中的諸多問題。而從藝術性
來講，個人必須擺脫家庭束縛走向革命的家族隱喻，緊緊束縛著現代作家的
創作靈感，成為他們無法突破的模式化符咒，這也是表現這一題材的作品不
少，但傑作不多的重要原因。

二、單調昂奮的青春舞曲

（一）新生力量的藝術貧血

1.極度純化的新女性

《前夕》對於勝利的嚮往，主要是通過充滿朝氣、走向新生的青年一代
來體現的，如靳以在散文《憶陸蠡》中所說：「我也是被一時的激情所使，看
到全面的戰爭開始了，就想建築一座小小的里程碑，紀念這麼多年來掙扎奮
鬥的青年們。」十幾歲的中學生靜玲，是在與靜宜的對比中塑造完成的。她

〔註14〕樊浩：《文化與安身立命》，福州：福建教育出版社，2009年2月版，第340
頁。

通過與姐姐、父親包括其它家中成員的辯論，不斷地向他們宣傳進步思想，並滿腔熱情地在民族救亡行動中尋找自身的價值。她在「一二九」遊行、組織學生救國會、爲前線戰士募捐、到蘆溝橋戰地勞軍中成長，最後與二姐靜茵會合，走向了抗戰救國的前線。

　　值得注意的是，在靜玲這樣現代文學屢見不鮮的新生人物身上，體現了靳以女性觀的極大轉化──這是與早期愛情小說惡魔型女性形象迥異的新女性。《前夕》的構思與動筆，與中篇《秋花》的出版時間相同。在後者的後記中靳以提及：「幾次描繪著妹妹樣的一個人物，是紀念友人的妹妹 S，她是一個天眞的孩子。」在《秋花》中，他掩飾不住對明智的喜愛：在失去母親的方家，「雖然明智是最小的一個，可是她最懂事。這個家就靠了她的力量維持著。」從此開始，靳以塑造了一系列的「妹妹樣」人物，這些人物的共同之處是朝氣蓬勃、活潑開朗、積極向上、純眞聖潔。這也是與早期作品中受社會勾引而墮落的女性來自覺加以對比的，如對明智的描述：「她的臉還是那麼天眞無邪」，就因爲「她還沒有踏進社會一腳去」。而在《前夕》的巨大篇幅中，靜玲以抗戰救國的積極姿態，成爲最突出的進步新生力量的代表，正如靳以在《前夕》跋中，稱其爲「我們時代中可尊敬的好女兒的楷模。」

　　對聖潔、純靜的年輕女性的無比讚頌，具有深厚的文學傳統。《紅樓夢》中的諸多人物正是這種形象的化身。中國現代文學作品中，同樣有一種「天使型」女性，即道德品質完美無暇的人物，但其生成卻往往別有深意存焉──在很大程度上，她們「不僅體現了男性關於女性外貌、氣質方面的審美理想，而且往往還承擔著拯救男性內心陰鬱的功能，因而實際上也是男性作家內心中光明面的形象外化。」〔註 15〕在靳以早期愛情小說中，就有回憶昔日美好戀情的場景，而彼時的理想女性形象，幾乎就是深厚自戀心理的投射。也許是出於個性心理，也許是源自審美情趣，更可能是過於沉迷於早期創作中那個哀怨的自我形象，靳以似乎永遠寫不好雄強的男性形象。在展示人間悲苦、批判黑暗社會的小說中，男性人物多是以「多餘人」面目出現的，性格都極度荏弱。因此，在朝氣蓬勃的女性形象中寄予美好的理想，打造全新的能夠擔負民族大業的新人，或許可以視爲靳以調整創作策略

〔註15〕李玲：《中國現代文學的性別意識》，北京：人民文學出版社，2002 年 10 月版，第 25 頁。

的表現。

同時，靜玲等「妹妹樣」人物，與靳以固有的民粹情結也有密切關聯。民粹主義的始祖盧梭，也是浪漫主義文學的先驅，在他筆下就充滿了對不染塵世污濁的兒童的讚美，他所倡導的「回歸自然」就包含著重尋人類本原，從而對抗文明進化所衍生的一切醜惡現象的含意。以聖女般形象出現的民粹主義女英雄如妃格念爾、蘇菲亞，在中國文學界是廣為流傳的，比如巴金在創作中就經常引用前者的話語。民粹化的反智傾向，在中篇《秋花》《春草》的方明智身上，就表現得很明顯，而在靜玲這裡則有了更為突出的展示。在《前夕》中，靜玲等進步學生，多次表現出對只啃書本、不問國事的同學和教授的厭憎。

靜玲在日常生活中，還是一個喜愛小白兔、洋囝囝的孩子。書中也多次透露，這一人物無論是日常行為還是思想面貌都存在「幼稚病」。然而受主旨所限，對這樣的「幼稚病」，還是在欣賞的眼光下予以無盡的讚美：

> 可是像這樣可愛的孩子，也不是沒有受過迫害的。她不是一個安分守己的孩子，她更不是一個好學生，中學她是被開除了的，雖然擠進了大學的門，大學我想也不歡迎她的吧？但在社會上，人群中卻真的需要她這麼一個人，一個闖將，否則都是獨善其身的君子，或是飄然物外的隱士，那就不知道那烏煙瘴氣的情形要賡續到什麼時候？——或是早已被強者吞到腹中消化了。（《前夕》跋）

這樣，就把一個單純的孩子與社會、時代的先進代表完全等同，靜玲被人為拔高在所難免。在黃家，靜玲與靜宜是進步與落後兩個不同時代的鮮明代表。在姐姐面前，靜玲時常以勸說者和引導者的身份出現。如靜玲讓靜宜與她一道去遊行，靜宜認為自己的時代已經過去了，不適合這樣的舉動，靜玲就說：「姊姊，我不願意你這樣說話，我們永遠是這一個時代的人，我們不會落後，……」這種勸說的主題一再延續，同時結合著刻板的尋路模式：「誰也不知道明天該怎麼樣，路原是人走出來的，像你這樣停住腳步自然眼前不會有路。」家中其它思想面貌更為落後的兄姊，更是靜玲水火不容的參照物。她這樣評價哥哥靜純：

> 「真豈有此理，這種人有什麼辦法！……爸爸媽媽和我不是一個時代的人，他們不能瞭解我，我也不能瞭解他們；有的人太重情感，有的人活著只為享樂，不管是非他們還都合人性，惟獨大哥我

不明白，爲什麼他總不高興呢，爲什麼他不替別人著想呢？一個人活著不是爲自己也不是爲自己的家，是爲著大衆，──對了，大衆的福利，像他那樣的利己主義者早就該從這個世界上消滅下去！」

靜玲的三姐靜婉生性柔弱，迷戀詩詞。她的愛戀對象王大鳴，是一個典型的唯美頹廢型詩人。當他死去的時候，靜玲對一切哀悼行爲，以及哀痛不已的靜婉都憎惡不已：

> 她知道，那麼圍在這裡的男人和女人一定就是那些生活在沙龍裏面的文學作者和藝術家們，那些超時代的創造者！……她想到這個受難的時代，這血淋淋的鬥爭，……一個頹廢者的死亡算得了什麼？可是他們都聚攏來了，發泄著他們那不值錢的情感；可是多少熱血的青年，不曾受到他們愛惜的一顧！

> ……

> 她煩惡這些，她也煩惡靜婉，她想不到她還看重這些個人的事。

在靜玲眼裏，親情倫理、生命價值，這一切都被衆人與國家的利益，無情地置換了。誠如學生們的對話：「我今天就不回校了，管他記過開除呢，什麼事情都比不得國家！」「對了，這是眞話，什麼事都比不了國家！」以國家的名義，一切不符合潮流的人和事物，就應該立即滅亡，這與《前夕》結局的處理顯然是同一思維模式的產物。

與家中的落伍者相比，靜玲還表現出一種舍我其誰的神聖使命感，她自豪地說：「下一代是我們的」，「如今能挽救我們危局的只有我們這年青的一代」。她在靜宜面前則豪邁地宣稱：「我也不像二姊那樣隨一個男人走，要走是我自己走，我覺得我的日子過得太舒服了，我要磨煉自己，準備做一個新時代的女子……」這一人物充分顯示，一個一切都有著鮮明指向的文學時代，與寫作思維越發單純而透明的靳以，產生了極度的契合。

2. 一覽無餘的代言者

「現當代文學，可謂一部運行於口號之上的歷史。」〔註16〕濃厚的宣講味道，確乎彌漫於中國現當代文學作品中。靳以的社會批判性作品，便深具此弊。而靜玲這一人物在藝術上的最大弊病，即行動與語言常常超越年齡應

〔註16〕李潔非：《文學史微觀察》，北京：生活・讀書・新知三聯書店，2014年8月版，第90頁。

有的成熟，實際上完全成為作家本人巨大政治熱情的代言者，也讓靳以的宣講欲望，有了集中體現。

靜玲「頂不喜歡觀望的人，她只歡喜投身進去。」而其具體行動，主要是通過濃厚的宣講方式來完成的，淺近直白的宣傳與鼓動充斥全書，典型的如「我們大家一條心，為了人類的光明幸福前進！」在左翼作家筆下，常將宣傳視為革命者的使命，夏徵農的短篇小說《在激流中》（1936），就是這樣來寫女學生素貞的：「她儼然是一個民族戰士。……在她的眼內，好像所有一切都帶有一些漢奸相。這就真需要來一次擴大宣傳。」直至結尾她還喊著這樣的口號：「我一定要宣傳去，一定要宣傳去。」在終生追求進步的靳以筆下，演講與宣傳，也幾乎成了新一代年輕人所格外需要具備的本領。在《前夕》中，就出現了靜玲為了參加紀念「三一八」的宣傳活動，而認真練習演講的場面。

掌握了宣傳的方法，也就擁有了足夠的話語權，教育群眾自然成了靜玲自覺的神聖使命。「一二九」運動後，李大岳與靜玲關於以何種方式愛國有過爭論，李認為學生的作用不大，還要靠軍人的武力。靜玲也承認民眾的知識太低，不過她給出了這樣的明確方案：應把到鄉下發動群眾，與教育城市裏的小市民結合起來。這樣，她就成了成熟的啟蒙者和教育者。她對靜珠對民眾的嘲笑這樣想：「這有什麼可笑的？還不是我們愚蠢的弟兄？他們的無知也就是我們的責任，我們不笑他，應該想法子教育他」。她還對蒙昧的國民，包括社會的改造發表議論：「整個的社會不改過，他總還是沒有路。」「所以才需要改革，每個人都希望生活得比別人好些，為什麼不大家都生活得好呢？也許這是一個理想，我想總有一個時候它會到來。」

靳以的文學世界，為一個巨大的尋路模式所籠罩，而且此前筆下彷徨的尋路者常常是自我的指涉。靜玲則是靳以在時代潮流中所鑄造的另一新我，是追求進步和光明的集中詮釋，也是其抗戰決心的代言人。這樣就無需任何潤飾和推究，靳以完全將靜玲與自我視角混為一體，充分釋放著自己的政治激情。每當寫到靜玲等年輕人，都分明看到了作家一顆激昂而跳動的心。

靳以在塑造進步青年的同時，還加劇了潛在的狂熱無政府主義衝動。青年最可寶貴的，是超乎成年人的革命精神與反叛心理，但也難免過激的行為，比如常在激情驅動下產生的盲目、幼稚的非理性特徵。靳以對其激進行為也

有過反思，如靜玲在給靜茵的信中寫道：

> 那次的事情也是由於情勢激起來，以致原來是極簡單的事，結
> 果是愈來愈麻煩了。譬如把××中學校長的辦公室打毀，那是沒有
> 意義的甚至於是一種錯誤舉動，由於這，那些人才把暴徒的名字加
> 在我們的頭上，當然他們用護校團來對抗，是引起眾怒的最大因素，
> 結果是情感奔發了，沒有人能過止，連自己也不能管制自己了，才
> 造成那些幼稚的舉動。

　　不過，對靜玲等青年的行動，靳以更予以充分的理解：「依照她的年齡，實在還不到討論社會政治的時候；可是這個特殊的時代，很快地教育了他們，使他們這些充滿了熱血的孩子，早就把注意力放在這個撫育他們的又親切又衰落的國家上。」正因爲有了這樣的理解，也就強化了青年學生類似的反覆表白，「我們改造社會，用一個新的來代替舊的，先是破壞，然後才是建設——」「沒有毀滅，就沒有建設，但願舊的一切都毀去，新的再生出來！」這些話語，包括靜玲判定靜純、王大鳴與其活著不如死去的態度，乃至最後設計讓靜宜等被洪水所吞沒，完全出自同一思維模式。

　　促成靜玲英勇無畏、一往無前行動的，還是將個人投入眾人這樣的民粹主義基本訴求。這同樣爲代表作家立場的第三人稱敘事者加以確切說明：「她覺得爲了個人的事都不值得。」「她以爲人不是爲自己活著，每個人都要爲大眾活著，要整個的群體活得更好些才是個人生活的目的。」「爲大眾活著」，構成了靜玲追求的核心，也構成了靳以筆下一切積極向上的青年人的生存語碼。

　　歷來對於《前夕》的評論，都在肯定主題具有積極意義的同時，在藝術方面多有針砭。不過，趙園在《艱難的選擇》一書中，對青年形象的塑造給予了別樣的解讀。她認爲不同於「五四」青年，《前夕》所描寫的青年「最醒目的標記是實踐性。」「他們首先生活在行動中，而且所從事的，是有組織的、政治色彩鮮明的活動。」〔註17〕對此，她給予了肯定的評價，認爲「處在淪陷區、國統區的靳以」，「以他的敏感，捕捉到了類似的微妙而有意味的心理活動。」〔註18〕顯然，趙園是帶著理解之同情來評價以靜玲爲代表的進步青年群體的。通過靜玲等人的塑造，靳以重複書寫了「五四」以來流行的

〔註17〕趙園：《艱難的選擇》，上海：上海文藝出版社，2001年1月版，第224頁。
〔註18〕趙園：《艱難的選擇》，上海：上海文藝出版社，2001年1月版，第228頁。

青春文學主題。在中國現代性進程中，青年學生扮演了重要角色，而文學中的青年形象又離不開濃厚的政治情結：

> 從政治方面來看，政治宣傳和社會思潮對青年反叛的影響也是巨大的。20世紀是一個呼喚青春、張揚青春力量的世紀，社會歷史大舞臺上的各種政治力量都注重對青年的爭取與引導，其中以激進主義思潮對青年的影響最大。激進主義思潮呼喚社會革命，動員廣大青年反叛舊傳統、舊社會。無數青年衝出家庭的藩籬，投身社會革命的洪流之中。20世紀一些重大的社會運動，往往是以青年運動為發端的，「五四」運動、「一二九」運動……〔註19〕

作為進步力量主體的學生愛國熱情，值得褒揚和鼓勵。但是，正是以作家代言人面貌出現，以及真理在握的言說方式，使靜玲這一人物生硬無比。在充滿革命浪漫主義色彩的構想中，純然以宣傳鼓動者出現的靜玲，成了乾癟、枯燥的「小大人」。這種「妹妹樣」人物，完全是主觀意念化的產物，在藝術效果上遠遜於《姊姊》《遊絮》等早期小說中的女性形象。以靜玲為代表的學生群體，像她的同學趙剛等人，同樣面影模糊，虛浮蒼白。青春的朝氣，戰鬥的熱情，基本淹沒於空洞的決心、口號等強烈的政治語語中，在粗糙和僵化的言行舉止中，很難給人藝術上的美感。「一個作家無論要說什麼都必須通過他的藝術作品來表現，而不是以一種額外的藝術附加物的形式加諸他的藝術作品，或在藝術家創作的世界之外添加一些說教。」〔註20〕靳以在《前夕》中通過青年人的大量宣傳舉動，體現了他整個創作的顯著弊病，即強烈的說教色彩。對於人生的路向，對於社會的黑暗，對於人的道德品性，對於文學的功用，靳以的說教實在是太多了。這種說教色彩，深深滑入了傳統文學的文以載道觀，使《前夕》在整體上極度枯燥乏味。

靜玲與靜宜、黃儉之在藝術魅力上，形成了巨大的反差。在20世紀中國文學史上，正面與英雄人物，經常在審美效果上失敗，也是常見的現象。這種人物之所以缺乏生命活力，正是為強烈的模式化寫作所窒息，他們既是思想性、革命性的單純圖解與載體，又是作家想像力被文學主潮深度同化與束縛的產物。

〔註19〕 劉廣濤：《百年青春檔案：20世紀中國小說中的青春主題研究》，北京：中國社會科學出版社，2005年2月版，第130頁。

〔註20〕 〔英〕以賽亞·伯林：《蘇聯的心靈》，潘永強等譯，南京：譯林出版社，2010年7月版，第84頁。

（二）出走之後的浪漫想像

靳以創作中的出走母題，在巨幅的文本結構中，有了充分的展示，這主要是通過黃家二女兒靜茵的出走來完成的。通過靜玲與靜茵一實一虛兩條線索，來表現青年追求進步的舉動，也是靳以爲擴大寫作容量與豐富表現手法有意採用的。靜茵主要用寄往家中的書信，描述出走後的所見所聞。這種描寫也多是靳以本人對待現實的態度，與對學生運動的敘述一樣，既拖沓繁冗又了無生趣。

靜茵與戀人均，是爲了個人的自由與幸福離家出走的，這也成爲一種隱形的召喚結構，鼓勵尚在家中的人效法。在剛離家給靜宜的信中，靜茵就以一種無限美好的烏托邦幻境，對靜宜進行了誘導、勸說的工作：

> 終於我們到達了我們所要去的地方，這裡，一年都是春天，花草無時不在生長，我全然在南方的景物中沉醉了。這絕不是從書本上可以得到的知識，自然原是一本大書，走過來的時節，自然就深深地印在腦中。
>
> 姊姊，你不羨慕我麼？你爲什麼不像我一樣出來呢？你可以走的，你不該把一個活生生的人埋在那個家庭的墳墓裏，難說你也隨同一些不應時的觀念一起腐爛麼？你不該那樣，親愛的姊姊，一萬個不該。至少你該多走一些地方，你就知道自己的錯誤了。在這個廣大的世界裏，有許多事實是我們不知道的，自由而健康的空氣鼓舞起我們的精神，我們再用這份精力來爲廣大的群眾謀取幸福吧。

接著，靜茵又引用了愛羅先珂的話，向靜宜灌輸四海之內皆兄弟的博愛理想：

> 我記起了愛羅先珂的話，「……凡是人類，要得正當的幸福，必須忘了自己心中的一個我，去認識那愛他的精神。」這是他在那篇童話松孩中所說的。如果你不嫌厭煩，我還可以告訴你他還說了些什麼，也是在那篇童話裏，他又說：「不論在現在的世界，或將來的世界，再沒像勝過愛的那一種力了。不論怎樣病弱，或瘖啞不具的人，都能依了這一種的力成爲有力的人。所以在沒有意義的生活中，也有很大的一種意義的。現在一般人的生活，都是毫無效果的，只要依了這一種的愛，雖然有怎樣不幸的心，也能充滿著喜悅，依了這一種的愛，無論在胸坎中受了極難堪的壓迫也能泰然自若，發生

形容不出的一種幸福。凡是愛的心所支配的世界，能認識個人的生活，也能認識社會的生活，人們如果只管騷擾著，那麼真的幸福，終不會戰功的。……」你不知道我多麼喜歡這一節，我是把它背誦出來抄給你的，我知道我自己沒有他所想的那麼偉大的精神，可是我願意盡我的心力。姊姊，我以為你對於家，對於父親母親，對於我們的愛真是不少了呢，為什麼你不把它更發揮得大些？這樣就有許多人愛你，許多人記著你，不是比你把所有的精力都化在那個家上好得多了麼？……

在烽煙四起的戰爭年代，靳以的終極追求，得以在書信體的想像世界中盡情釋放，這就是以普泛的博愛情懷驅散人世間的一切陰霾，為全人類的幸福而奮鬥。對於靳以來講，《前夕》的寫作是「從個人到眾人」道路上的重大進展，在靜玲等人那裡已經體現了充分的戰鬥激情，在靜茵這裡則將現實鬥爭轉化為浪漫無比的烏托邦想像。本雅明認為：「社會儲存在集體無意識中的經驗，與新意向互動，便產生了烏托邦。」〔註21〕靳以早期小說《夜》和《檻》中出走模式的壓抑與陰暗色彩，在靜茵的想像式出走中為明朗與樂觀所取代。於是，在充滿幻想的「天路歷程」中，編織著愛國與愛人類的巨大熱情，凝聚著以文學營構理想的生命家園的渴求。這既體現了「五四」文學開創的人道主義傳統，又昭示了儒家傳統天下大同的理想模式。同時，亦應注意到靳以民粹情結與無政府主義時常交織的傾向，後者本身同樣具有無政府式的大同理想，正如一位法國無政府主義者所說：

　　　　我無論到什麼地方，我都覺得我好像在自己家裏一樣，在我的同胞，我的弟兄中間一樣。我從不曾讓我的感情，征服了我自己。只有那個對於在一個大的祖國內，所有居民的尊重與同情之感情，才可以支配著我。我們這個地球這樣迅速地旋轉空間，好像大無窮中的一顆沙粒。難道在這個圓球上我們還值得花費時間彼此相愛嗎？〔註22〕

在狂熱的情緒驅動下，靳以一步步地將靜茵推向聖壇。均很快就因受到迫害失蹤，他們的孩子也夭折了。不過這些更使靜茵轉變成為了無牽掛的堅

〔註21〕趙一凡：《從盧卡奇到薩義德：西方文論講稿續編》，北京：生活・讀書・新知三聯書店，2009年5月版，第395頁。

〔註22〕〔法〕邵可侶：《〈倫理學的起源及其發展〉前記》，轉引自沈慶利《現代中國異域小說研究》，北京：北京大學出版社，2009年1月版，第113～114頁。

定革命者。她這樣表述孩子死亡與個人追求的關係：

> 他是想不到地生下來，又想不到地死去了，一想起他那不知蹤
> 影的爸爸，我的心裏也有點難受，可是過一陣我就想開了，他何必
> 在這混濁的世界中受罪呢？他實在算很幸福地了結他的人世的旅
> 行，從此我真的是一無掛礙了，我正好集中我全部的精神，集中我
> 所有的力量，為了人類的幸福，投身到鬥爭中去！

「在中國現代小說與現實中，有多少叛逆的『新青年』曾以激進的個人主義起家，卻臣服於集體烏托邦的號召下。」〔註23〕靜茵在最初的信中，尚有對爭得獨立愛情的喜悅，但此後的遭遇顯然已將1930年代流行的「革命加戀愛」模式推演至極端，對革命的追求，完全壓倒了一切個人情感。靜茵與靜玲遙相呼應，共同解構著傳統的家庭親情倫理，她對戀人、孩子的態度，與靜玲為了追求進步不惜毀滅一切的取向，共同呼應著毀家紓難的時代主潮，折射著決絕的歷史目的論色彩。

靜茵在出走的過程中，還在身體面貌上產生了脫胎換骨的變化：「使我自己也驚訝的是我的身體，它變成『強健』的了。我的臉黑了些，卻壯了些。我的肌肉變成堅實的。……好像一切疾病都怕了我，躲開我遠遠的。我什麼食品都能吃，什麼苦都能忍受……」靜茵具體從事的工作是模糊的，但顯然是在與工農大眾共同勞動過程中改變的。這種對勞動的嚮往，正是「五四」以來「勞工神聖」的民粹思想的延續。在走向大眾的民粹主義道路上，知識分子不但要進行思想改造，還要進行身體改造，此處描寫正是具有原罪性的身體得到救贖的體現，即「是按照勞動美學的要求刻畫出來的，它是革命敘事中勞動美學規範作用的結果。」〔註24〕

反戰小說成為抗戰爆發以後的小說主流。「這樣的要求，對以文學作為喚醒與振奮民族精神的武器的大多數中國作家，幾乎是無可爭議的。正是這種歷史樂觀主義與理想主義的戰爭觀，決定了作為主流派的中國小說的創作面貌及其理念形態。」〔註25〕樂觀主義與理想主義，深深體現於靜玲和靜茵這

〔註23〕〔美〕王德威：《被壓抑的現代性──晚清小說新論》，宋偉傑譯，北京：北京大學出版社，2005年5月版，第144頁。

〔註24〕葛洪兵、宋耕：《身體政治》，上海：上海三聯書店，2005年11月版，第92頁。

〔註25〕錢理群：《〈二十世紀中國小說理論資料〉（第四卷）前言》，見錢理群編《二十世紀中國小說理論資料》（第四卷），北京：北京大學出版社，1997年2月

樣的進步青年身上。這種新時代的青年塑造，同時代表一種漸趨流行的創作潮流，即革命浪漫主義精神，這幾乎貫穿於整個戰爭年代的創作。受靳以影響頗深的革命學生、青年評論家束衣人（參見第六章）對此曾有過細緻的闡釋：在整個民族解放戰爭中，「特別醒目的，是一條貫穿過全部作品的紅線：一種新的英雄主義的號召，一種對於黑暗勢力搏鬥的呼喚，一種對於自由與光明獻身的熱情。」這種「作為現實主義的發展的更高階段的一面的浪漫主義的創作方法」即「革命的浪漫主義」，儘管最終還是以現實為指向，不過這種現實是一種「未來的現實」，「具體地說來，便是一種歷史的必然方向的認識，一種對於光明的未來的嚮往和為爭取它的實現的鬥爭的熱情。」〔註26〕正如前文的論述，以現實主義文學旗幟為指引的靳以，實際上從來沒有擺脫浪漫主義的底色。而格外高漲的政治熱情，更使他極度自覺地向「革命的浪漫主義」這種時代的主旋律歸趨。

　　不過，靜茵的書信體述說也充分表明，恰恰是其不在場，隱喻了美好理想極易落空。靜茵不確定的革命行動，也是靳以與具有明確階級意識、革命綱領的左翼作家之間的區別。這種烏托邦熱情只能是暫時的，只要關涉現實，靜茵便產生無法遏制的強烈憤慨，也伴隨著極度的失望與低落。比如佔據靜茵出走大部分時段的上海經歷，使她看到更多的是人間的醜行，包括人與人的仇恨與隔膜：「在這個城市中，人是不大笑的，而且每個人隨時隨地都在提防別人。」這顯然是靳以式的人性體驗。此外，支配靳以創作的強烈憂患意識，使靜茵常對冷漠而麻木的國民充滿厭憎，也大大削弱了了萬人相愛的博愛主題的根基，比如靜茵這樣對靜玲說：「再過一天就是新年了，那裡的居民準備好好地慶祝一番」，「在苦難之中，我沒有那份心腸快樂。」全書無論是進步的還是落後的人物，一旦將國人作為整體提及，都是絕無好感。人物的立場即作家的立場，對人生、人類的陰鬱看法，注定要拆解以巨大熱情構建的烏托邦。所以，靜茵充滿矛盾的表述，是靳以「從個人到眾人」艱辛旅途的體現，也是其文學世界中，現實與理想存在巨大矛盾的體現。

（三）飄忽驟變的迷途知返

　　以是否符合時代標準來衡量人物進步與否，並將人物按照不同的模版進行對號入座式的刻畫，是《前夕》最為鮮明的人物描寫手法。正因人物在大

版，第3頁。

〔註26〕石懷池（束衣人）：《束平小論》，1946年7月《希望》第2集第3期。

時代中都有各自的明確定位，極度清晰的二元對立模式，統攝了黃家的所有青年人。靜純、靜婉、靜珠等兄姊，在小妹靜玲面前，都是沉迷於個人天地，乃至走向墮落的人物，不過他們最終在抗戰洪流的感召下幡然醒悟。洗心革面、走向新生是他們命定的人生軌跡，這種轉變仍舊是靳以式的，即不講求行動邏輯，而完全體現為情緒型的突變。

長子靜純代表了靳以對舊我的強烈批判，也代表了對知識分子原罪的激烈聲討。他迷戀叔本華哲學，神經敏銳，懷疑一切。剛一出場，他在姐姐靜宜眼裏就是這樣的形象：「那個神經不健全多疑的靜純，比她小兩歲正該顯出他的能幹來的弟弟，終日提防著別人，好像連他自己都是自己的敵人。」此後亦被多次如此描述：「他總是那樣，對於任何人都取著攻勢，每一個報復的機會他都不錯過」，「他原是以自己為中心地活在世上，他不大看得起別人，也不願意看；可是近來他覺得自己在受著人類的殘害。」靜純已經結婚，卻與妻子青芬沒有感情，而在其它女性那裡尋求寄託。而當被水性楊花的 Mary 柳拋棄後，他陷入了極度頹廢與憤世嫉俗之中，並把這種情緒發泄到正在寫作的論文中：「他好像對於叔本華論婦女那一節感到更甚的愛好，他極力在那上面發揮自己的意見」。靜純的首次突變發生在妻子去逝後：「靜純簡直是變了一個人，他雖然還是沉默的，可是他那不可一世的氣概沒有了，他那不該有的多疑不存在了，他那沒有依附的凌空幻想坍塌了，他一心想本分地做一個人。」而在全書的結尾，靜純更是令人難以置信地隨小舅李大岳打游擊去了。

對於靜純的塑造，靳以在《前夕》跋中予以詳盡的闡釋：

> 有的人我知道不會愛那個靜純的，一部分讀者會因為他後來的轉變而原諒他，同樣對他好感，我在這裡要說明的是他始終是一個個人主義者，他多讀了唯心的哲學還不曾變成一個神經病患者，在他已經是一件幸事。他什麼都看不起，只看重了自己，他以為別人的存在都該為了他，他又那麼厭惡他們。他想人們薄待了他，誤解他，他自己誤解了叔本華的悲觀論，所以造成他那深度的痛苦，這種自以為了不起的人自陷在苦痛中也還算是好的，有些就會變成飛揚浮躁、滑稽的人物了。由於妻子的死亡，他好像澈悟些什麼；再由於更大的衝動，他居然也在淪陷後隨著他那個當軍官的舅舅投身到戰鬥中去；但是不久他就又要厭倦了，那麼他的個人主義又要抬

頭,如同許多知識分子一樣,有時候不但不能幫助鬥爭,反而成為一個可厭的障礙。這就是因為他的熱情沉靜下去了,他的學識又輝耀起來了,他的眼光又放到廣大的將來:──於是他想到勝利後的一切,死了自然是最冤枉的,就是這樣子下去也是無成,會被人恥笑的。於是他的一切私欲又升起來了,他猶豫、懷疑、悲觀、自大──膽小、怯懦,成為一個最無用的人。(甚至於是一個有害的分子。)可是這一切,也要在那部「大戰爭」中才能表現得明白。

顯然,在對靜純的評價中,流露出對知識分子本性的警惕與厭惡,民粹主義的反智傾向相當突出,這也就注定了靜純的原罪不會輕易洗脫。值得注意的是,靳以對知識分子做出定性批判,已在高漲的政治熱情中,與左翼主流文學的階級血統論相吻合。不過在文本的縫隙,仍能通過靜純對世間萬物的懷疑、警覺乃至憎惡,流露出隱含作者的曖昧聲音。人物性格的矛盾,也是作家在「從個人到眾人」追求中深層困惑的本我體現。所以文本一方面不斷對靜純展開義正辭嚴的批判,另一方面對其所持立場具有一定的隱含支持,在在彰顯知識分子與大眾之間那道無法彌合的鴻溝。靜純再次重複了靳以本人的清晰面影,是作家早期情感波瀾的衍生體,也是其小說中經常出現的典型「多餘人」。

按部就班的人物塑造方式,導致除了靜宜和黃儉之,全書人物幾乎都是明確的觀念負載。比如靜純、靜婉與靜珠,就分別是頹廢型、空虛型和墮落型的代表。因此,對人物的塑造多採用本質概括的方式,這在靜純身上已經很明顯了。再如靜婉,「她可是被那莫明其妙的單戀把自己的見解和思想都陷在狹窄的籠子裏。」「原是迷濛的灰色,障在她的眼前,遮住了她對人生的視野。」而在描寫靜婉對戀人王大鳴的懷念時,同樣是出諸生硬無比的觀念化方式:「她從那水花上看出遠山和茂林,漸漸地在林中看到了一個人形,於是這個人形彷彿是她認識的,而且她的耳中就像聽到了他那幽美的吟哦。」投懷於漢奸的靜珠,則採用了早期愛情小說對女性的妖魔化概括:「她只有十九歲,在大學預科裏讀書,主張極端享樂而成為一個極自私的人。不知從什麼地方確定了她自己的人生觀,她以為她是要『遊戲人間』的。」與靜純一樣,一句「真是一切都變了」,令靜婉與靜珠的人生在瞬間完成了蛻變。此外,為了配合人物的轉變,還有極為做作的場景描寫,如:「因為春天來得早,一切倒都象徵著進步,尤其是靜婉的病,有顯著的起色。」「她望著外邊的景色,

望著那冒著白氣的地面，使她充分地感到宇宙間無比的生機。」這顯然都是相當幼稚的文字。

「寫小說的誘人之處在於其自由──可以略過乏味的部分，強化激動人心的內容；此外更重要的是，可以藝術地處置人物，就是說，可以把他們置於適當的環境中並精心結構，以產生作者所打算製造的印象。」〔註 27〕靳以充分利用了長篇小說的容量，在年輕一代身上寄予了抗戰的信心，只不過一段嚮往光明的青春舞曲，卻是以無比乏味的單調方式來彈奏的。

第二節　血火交織裏的粗獷吶喊

一、憂患意識的劇增

「中國現代知識分子雖然在行動上與時俱進，精神上也融入了二十世紀的意識形態之中，但在二十世紀二三十年代，他們對因空間轉變而帶來的問題並不是完全感到十分舒服的」，由於帝國主義的入侵，「由此而產生的受威脅感和焦慮感，便成了他們熱烈的民族主義情緒的核心部分。」〔註 28〕抗戰的熱情與焦慮，在《前夕》中相當分明地糾結在一起，具體表現爲對於戰鬥的無比渴望，與對忍讓退縮、麻木不仁，乃至一切醜惡行爲的撻伐始終並進。

（一）個人心路的戰時延伸

「怎麼還不打呀，怎麼還不打呀，我都急得慌！」「日子怎麼能過得這麼鬆散？看看學校裏面，看看整個的城，說好聽的是充滿了和平的氣氛，說不好聽的是麻木不仁……」靜玲這種充滿渴望的戰鬥熱情，代表了《前夕》整體性的焦灼心理。這種心理除卻靜玲等青年學生，在黃儉之的妻弟李大岳身上亦有集中體現。李作爲一位曾經參加過淞滬會戰的軍人在黃家養傷，始終處於極度壓抑的狀態：

> 這許多年，李大岳有過快樂的日子，也有過憤怒的日子；可是
> 這平淡鬱悶的日子使他再也不能忍耐。他簡直覺得自己是住在無形

〔註 27〕〔英〕弗吉尼亞・吳爾夫：《吳爾夫經典散文選》，黃梅等譯，長沙：湖南教育出版社，2000 年 7 月版，第 105 頁。

〔註 28〕李歐梵：《李歐梵論中國現代文學》，上海：上海三聯書店，2009 年 10 月版，第 19 頁。

的監獄裏，不只是他一個人，全中國的人都在這苦痛中煎熬著。做為一個軍人的他，原可以大嚷大叫，不必受這心靈上的折磨；但是他只能躲藏著，像一隻被猛虎追逐的羔羊。他真氣憤，難道一個這麼龐大的國家只能受別人的壓迫；難道像他這樣一條漢子只能每天無望的磨著時日？

　　這一切梗在他的心中，他總像有那一口喘不完的氣，胸間像有什麼壓著似地。

當這種心理無法緩解，則是一種熟悉的毀滅式訴求：「他由自己想到社會，想到國家，他立刻希望自己是一堆烈性炸藥，突然爆炸，把一切都化成無影無蹤。」而這種忽冷忽熱的情緒化衝動，還有其它體現。他竟曾毫無來由地對一個舞女產生了微妙的好感，旋即又熄滅了這樣的念頭：「你要明白，你是一個軍人，你該隨時以身報國的，你決不能輕易地把一個圈套加在自己的身上！」

對李大岳形象的整體構建，完全採用了蟄伏、焦慮、出走的模式。李最終出走的行程沒有交待，而「只知向西」顯然帶有鮮明的革命指向。他的來信與靜茵一樣，充滿了烏托邦式浪漫色彩：

　　這裡花開在人的臉上，萬人相愛的溫情使我也變得年輕了，歌聲隨時起伏，像海的波濤，我那麻痺了的情感在它的衝擊下復蘇了，這裡隨時都在準備和日本帝國主義的戰爭，這個戰爭遲早就要爆發了，你們誰要來麼，我張著兩臂等待你們。不，不是我一個人，是這裡的千千萬萬的人……

從李大岳可以進一步看出，靳以在塑造人物上的模式化誤區，即通過一個人物，盡量囊括自己的全部創作意圖和人生體驗，從而導致永遠無法脫離「從個人到眾人」的堅固精神牢籠。李雖然是以士兵身份出現，但其感受還是作家本人的，在這一人物中，依稀可以看到《沈》等早期愛情小說主人公在情感困惑中煎熬度日，和《檻》中主人公在日常生活中備感壓抑、只想到外面去的影子。其抗戰的激情，毀滅一切的欲念與烏托邦幻想，都是作家本人心聲的直接傳遞。可以說，在李大岳這一次要人物身上，彰顯了靳以個人心路歷程在戰爭年代的延伸。

（二）批判意識的空前加強

在《前夕》開始創作之時即 1930 年代末，《大公報》《中央日報》《國民

公論》等多家媒體都曾披露：從抗戰開始，國民生活普遍困窘，但是權貴、商人等上層階級的生活依舊糜爛、奢華，而且不乏以權謀私、投機取利的卑鄙行徑。〔註 29〕幾乎所有抗戰作品，在謳歌反擊侵略的英雄精神的同時，都聯結著對落後、反動人物的抨擊。善惡分明的對比，是當時許多作品的結構方式。靳以強烈的批判意識此時當然越發濃烈，其批判對象亦擴展為國難當頭不知抵抗的統治者，及一切無恥的投機和享樂行為。靜茵在信中引用了尼采的話：「在這麼多的痛苦面前，快樂是可恥的！」文本更是多次引用蘇聯作家愛倫堡的話──「一面是嚴肅的工作，一面是荒淫和無恥」，由此確立了以對比為主要手段的批判基調。在對「一二九」青年學生愛國行動進行謳歌的同時，就夾雜著對各種享樂之舉的猛烈抨擊：

> 但是中國人還有什麼可笑的呢？除了那無恥的，卑賤的奴才的笑聲，中國還有什麼值得笑的呢？
>
> 笑聲卻充滿了四周，新年是近了，耶穌聖誕節更近了，整個城市卻像遵從他的教條被人打了左嘴巴，把右嘴巴也獻上去。成了一個打腫了的臉硬充胖子的情況，畸形地發展著。高貴的無用禮品從這裡送到那裡，在華貴的飯店裏，在戲院裏，在溜冰場裏，在大老爺的衙門裏，在妓院裏，……到處充滿了笑聲。

與進步學生直接對立的是大學，靳以對知識分子包括教育界的所有惡感在這裡強烈爆發了：大學校長不理政務，教授們有的只讀明人小品，有的南腔北調地唱戲，還有的走馬燈似地與學生談戀愛。除了品德墮落，有些教授更是氣節有虧，與漢奸同流合污。在校的學生也有不少受到薰染，有死讀書的，有凡事湊熱鬧的，有每天做著「戀愛夢，官僚夢，發財夢」的。靜玲在與同學的一次對話中，對大學的整體情況做了淋漓盡致的批判。甚至在她眼中，連大學校園的環境都遠遠不如中學：「只有一座破爛的草亭，和幾棵常綠樹，再有就是去年遺留下來的殘花敗草，有的被霜雪侵蝕得發黑了」。大學的不良環境，甚至「正是整個宇宙的縮影，也是我們這個社會的」。在明顯的象徵性對比中，以偏概全的弊病彰顯無遺。

總之，靳以利用長篇的容量，將素所厭憎的對象統統納入筆端，批判的標槍也是任意投擲，簡直到了密不透風的程度。比如可以一方面描寫進步學

〔註 29〕參見陳明遠：《文化人的經濟生活》，上海：文匯出版社，2005 年 2 月版，第242～243 頁。

生在某公園集會，另一方面則大加撻伐在此及時行樂的文人和捐資修建此園的美國人，還可以捎帶上來此遊玩的上海人，稱他們「男人的身材像女人，女人倒真像一條蛇。」再如，描寫靜玲與同學在節日看到殺羊時的場景，「看著那個被殺的羊，他們聽見它那悲傷的哀叫，他們看到一雙一直不曾闔閉的眼睛，——在那裡面好像充分地表露著對於人類的悲憤和厭惡。」隨即他們又看到了故意打扮成乞丐的騙子。靜茵則在書信中，將一切大發國難財的投機者，上升到國民性總體質疑的高度予以徹底清算：「這是什麼一種自私的動物呵，我想除開我們，這個可憐的國家，不會有哪一國會有這樣無恥的公民吧？」總之，各類丑角、人性之惡、社會弊病，乃至傳統文化殘忍、嗜殺、僞善的不良積習，在靳以筆下都可以不加選擇地共時性呈現。這種批判方式，既是憂患意識使然，也聯結著啟蒙立場、人性判斷與個人體驗，因此在《前夕》中經常可以看到堅定的信念、樂觀的展望與強烈的憂憤、極度的失望之間的強烈反差。

「在危機四伏的大時代中，責任如此重大，使命如此崇高，道德純潔的標尺被毫不含糊地提高了，文學中充滿了自我犧牲的聖潔情感。這種犧牲包括了人們受到的現代教育、某些志趣和內心生活。」〔註30〕國難當頭，作家的憂患心態是可以理解的，但是將這樣的心聲反覆抒發，只能令人產生無盡單調、繁冗之感。結合靳以的全部創作，其抗戰時期的憂患意識，既是強烈的政治熱情使然，又與儒家禮教傳統密不可分。中國古代聖賢既重視個人修養，又對整個社會提倡教化人心、整飭民風，惟恐人欲橫流、禮崩樂壞。直至思想巨變的「五四」時期，雖然已經輸入了西方思潮中的功利主義和快樂主義道德觀，但「拒斥純粹的物質主義和感官享受」在知識分子中仍普遍流行。〔註31〕這也說明，中國知識分子重義輕利思想的根深蒂固。這種思想與民粹思潮一道，構成了靳以單純、樸素乃至有些刻板的道德倫理觀，這也是其充滿說教性的文學世界的源頭所在。發自政治宣傳與道德選擇上的雙重說教，聯手對《前夕》的文學性，構成了強烈的侵害。

〔註30〕錢理群、黃子平、陳平原：《二十世紀中國文學三人談・漫說文化》，北京：北京大學出版社，2004年8月版，第19頁。

〔註31〕許紀霖：《個人主義在中國——「五四」時期的自我觀研究》，見童世駿主編《西學在中國：五四運動90週年的思考》，北京：生活・讀書・新知三聯書店，2010年7月版，第285頁。

二、史詩情結的偏枯

　　趙園曾指出《前夕》所特有的「新聞性」和「報告性」，即對許多重大歷史事件「作新聞式的記錄，而且幾乎有聞必錄、鉅細不遺」，並認爲：「今天看來，上述現象難免累及小說風格。但你也得承認，它本身也是一種風格。」〔註32〕應該指出的是，由此形成的紀實風格大大侵蝕了藝術感染力，亦是不爭的事實。

　　靳以在《前夕》跋中還透露想寫一部續集，「那一部也許在戰後五年內可以寫出來，那是一部更艱巨的工作，我以『大戰爭』這個題名記錄這世界的和中日的形體和精神的大戰。」儘管最終沒有實現，但在《前夕》中，這樣的追求已經初見端倪，即顯示了記錄時代風雲、構建抗戰史詩的雄心：「一二九」運動、西安事變、「七七」事變、華北自治等重大歷史事件，都直接或間接地進入了文本。抗戰爆發後，要求文學服務於時代的功能越發突出了，而「小說創作與理論的記實傾向與新聞化傾向在整個40年代始終存在」〔註33〕。對於《前夕》強烈的時代感，一直是評論界所肯定的。但是，鉅細無遺、惟恐有失的創作心態，將重大歷史事件全部推出，正與靳以短篇小說單純的羅列和展示寫法相一致，繁冗瑣碎有餘，深度蘊涵欠缺。這也是許多以紀實爲特色的抗戰題材小說的通病：

> 作家難以集中筆墨對人物內心情感和獨特性格作更豐富更深刻的描繪；難以集中筆墨對重大歷史事件作更爲深入的揭示，從而使作品更富有歷史的內涵和豐富的哲理。性格單一的人物並不乏見；過多的歷史進程的敘述使讀者感到板滯和沉悶。小說的藝術審美價值不如它的文獻價值和認識價值。〔註34〕

　　《前夕》正是在歷史事件的堆砌中，對鮮活人物的塑造、生動情節的展開，構成了巨大障礙。如果說第一部尙聚焦於黃家，對黃父、靜宜這樣的人物進行了較爲細緻的描繪，隨著各種歷史事件紛至沓來，濃厚的集體論政色彩則愈益濃厚。家庭會議首次出現時，著眼於黃儉之家長作風的刻畫，是較

〔註32〕趙園：《艱難的選擇》，上海：上海文藝出版社，2001年1月版，第192頁。
〔註33〕錢理群：《〈二十世紀中國小說理論資料〉（第四卷）前言》，見錢理群編《二十世紀中國小說理論資料》（第四卷），北京：北京大學出版社，1997年2月版，第3頁。
〔註34〕齊裕焜：《中國歷史小說通史》，南京：江蘇教育出版社，2000年5月版，第473頁。

爲生動活潑的，而從第二次家庭會議開始，則明顯變了味道：

> 說是爲了應付當前大局的變化，和家庭中一切急待解決的問
> 題，在一個星期日的早晨，那個停頓了許久的家庭會議又召集起來
> 了。這次李大岳也有了一席，因爲他雖然不是這個家裏的人，到底
> 像黃儉之所說的：「他在外邊也混了這麼多年，見識的不少，尤其是
> 在軍事和政治的一面，他總能給我們許多好的意見。」

而在李大岳滔滔不絕的分析中，「軍事和政治的一面」，大大淹沒了正常的家庭氛圍。當然，最能體現政論色彩的，還是以靜玲爲代表的進步學生。在對戰爭形勢、社會性質的判斷中，靜玲簡直是一個睿智無比的時評者。對青年學生，主要也是通過對時事的強烈關注來表現的。比如參加學生運動的趙剛被遣散回來，「他氣極了，就邀集了這次集訓的同學，凡是沒有回家的，每天仍舊要在校內繼續訓練，同時還組織了討論班，對於當前國內國外的大局加以分析和討論。」先期出走的靜茵，則以書信體方式，不斷傳遞上海的見聞，與北平的時局形成了互動。由於不受環境限制，靜茵多了幾分指導者的色彩，如其對學生罷課這樣評論：「我站得遠，看得清楚一些，所以我才肯定地認爲不該再罷課下去了」，並由此認爲要聯合所有階層進行鬥爭。再如：「我們整個的國策還沒有定，還在彷徨之中，其實還有什麼可遲疑的呢，乘我們的敵人還沒有預備好，我們應該立刻動手，不是全存，就是全亡，難說這一次又要蹈『一二八』上海抗戰的覆轍麼？」

這種強烈的論政色彩不限於主要人物，可以隨時隨地展開，比如有這樣一段情節：兩個進步教授趙明澈和李群在師生共同參與的聚會上，從如何啓蒙和團結民眾，到分析日本爲何增兵，直至評點意大利與阿比西尼亞的戰爭，展開了不加節制的長篇大論。這些，都明顯在傳遞作家本人的意念了。除了人物近乎狂熱的議政，作家還經常迫不及待地以第三人稱敘事者的身份，直接出面傳遞信息、指點江山，如對於華北自治的關注：

> 更使人傷心的卻是那一天比一天惡化的局勢，就在中國的國境
> 裏，成立一個冀東自治政府；而敵人豢養的奸人，一次兩次地舉
> 行「自治」請願。配合這一切無恥的舉動，日本人在榆關更增加了
> 軍隊，許多人都看到突然的事變，恐怕不可能避免了。
>
> 這許久，一直在日本人的鼻息下委曲求全，用盡了所有的力量
> 和方法來討日本人的歡喜，終於無法過止日本人的野心，一步步地

過緊，終於使一切情勢到了最緊張的地步。

茅盾認為，抗戰作品之所以難有令人滿意之作，「癥結不在於作家之深入生活者尚少，而在於描寫壯烈事件之成為風氣者實多。」由於作家在「熱刺刺的空氣中」，對身邊的事物無暇深切體驗，「除了壯烈事件之寫來亦未成功而外，又造成了題材的單調與貧乏。」〔註 35〕這種過分重視歷史進程、面面俱到的寫法，使《前夕》在很大程度上發揮了時代記錄器與傳聲筒的功能；在藝術效果上則呈現出極為重複單調的一面，不啻在挑戰讀者的忍耐力。

《前夕》中濃烈的紀實色彩，與中國文學深厚的史傳傳統密不可分：「中國現代作家同他們的前輩一樣，對於小說創作的歷史感同樣有著自覺的追求。這在現代寫實小說中尤其有著鮮明的表現。」現代寫實小說家的歷史意識主要表現在三個方面：「注重社會重大歷史事變的描寫」，「全景式地反映社會時代生活」，「寫出社會歷史的發展變化」。〔註 36〕對於一直以短篇小說和散文寫作為主的靳以來講，以筆構築時代的史詩，及以此鼓動和宣傳抗戰，無疑是極具誘惑力的。而將黃家的興衰沉浮放在重大事件進程中加以演繹，同樣昭示：「（重新）建構家族或地方歷史的渴望，本身就是歷史迷戀的結果，歷史迷戀當然也是中國文化的重要特性。中國現代文學中，這種迷戀通過小說敘事得以表達，歷史不僅作為現實的背景，而且作為指導性的結構原則來呈現自身。」〔註 37〕而這種指導性的結構原則，則時常體現為線性的歷史進化觀念。《前夕》中的家國關係處理，就以無比決絕的方式體現為：不惜犧牲時代的落伍者，從而彰顯年輕一代所代表的歷史前進方向。

同時，《前夕》的紀實特色與歷史趣味，不可避免地聯結著 1930 年代以來文學創作中濃厚的政治文化氛圍：

> 在 20 世紀 30 年代政治文化氛圍和特殊的文學語境的制約下，諸多作家主觀上政治意識的加強或為數不少的作家們為環境所迫而導致的對「政治」問題的關注，形成了 30 年代文學創作的一系列新的變化，這種變化最為明顯地體現在作家創作動機、創作目的上歷

〔註 35〕茅盾：《八月的感想——抗戰文藝一年的回顧》，1938 年 8 月 16 日《文藝陣地》第 1 卷第 9 期。

〔註 36〕參見方錫德：《中國現代小說與文學傳統》，北京：北京大學出版社，1992 年 6 月版，第 161～168 頁。

〔註 37〕李歐梵：《李歐梵論中國現代文學》，上海：上海三聯書店，2009 年 10 月版，第 81～82 頁。

　　史使命感的加強。〔註38〕

　　從抗戰開始以後，靳以的創作就顯現了極度高漲的政治參與熱情，他發表了大量噴湧著戰鬥熱情的作品，尤其是帶有速寫特徵的散文，對時局予以密切的關注。這還體現在現實行動中：到重慶以後，靳以積極加入了國統區進步文化隊伍，在無比高漲的愛國熱情中，他在教育、編輯、創作三方面都投入了宣傳與鼓動抗戰的大潮（參見第六章），這在《前夕》中充分體現出來。不過，《前夕》充滿紀實性的時代特徵，卻無力擔當構建時代史詩的重任，顯示了靳以駕馭這類宏大主題的力不從心。

第三節　小　結

　　靳以寫過一些優秀的抗戰題材小說，比如《離群者》《亡鄉人》《別人的故事》。這些作品因人物的飽滿、細節的生動，既堅實有力又自然鮮活。《前夕》充滿了火一樣的抗戰激情，但由於概念化、模式化嚴重，並伴有濃重的宣講色彩與道德說教，除了黃靜宜與黃儉之兩位較為複雜的人物形象，在整體上是失敗的。

　　李長之這樣總結《前夕》在總體上失敗的原因：「最明顯的是，它的質與它的量不相稱。我們絲毫不能說作者苟且或草率，他確是在那裡用盡心血的寫，但讓我們在懷著敬意之餘，卻不禁感到：沉悶而不茁實，詳盡而不刻畫，有些呆板，缺少跳動與活潑，也缺少力量。」為此，他給出的藥方則是「整部寫出以後，再『由博返約』猛猛刪改而已。」因為「作品最好像孫悟空的狼牙棒一樣，大來能塞天齊地，小來卻可以變成繡花針，能大而不能小，或能小而不能大，都未免是『累』。」〔註39〕的確，靳以的雄心太大了，他非但不「苟且或草率」，而是恰恰相反，將自身的意念毫無保留、一覽無餘地呈現出來，讀來繁冗、生硬、呆板、乏味，確實「累」得狠。

　　《前夕》經常被納入整個中國現代文學家族文學譜系加以闡釋。與《激流三部曲》《四世同堂》《財主底兒女們》《京華煙雲》這些被經常一併提及的作品相比，《前夕》更多地強調了政治意念，缺乏對人物心靈的透視，更少了文化的蘊涵。同時，靳以延續了以往不前進則滅亡、以毀滅方式促進人類發

〔註38〕朱曉進等：《非文學的世紀：20世紀中國文學與政治文化關係史論》，南京：
　　　　南京師範大學出版社，2004年4月版，第146頁。
〔註39〕李長之：《〈前夕〉》，1946年5月15日《時與潮文藝》第5卷第5期。

展的極端敘事法則。在以進化論爲基礎的線性歷史觀支配下，個體生命價值被極大地輕忽了。在中國現代文學中，一個突出的現象就是歷史進程與人文取向的悖反傾向，如何協調二者包括時代意識及審美精神的確值得反思：

> 「歷史─人文」雙重精神價值取向的本質是，它既要歷史的深度，肯定歷史發展（包括科技進步）是不以人的意志爲轉移的，而且對人類的生存是有益的，物質的發展可以而且應該成爲發揚人文精神的基礎與依託；它同時又要人文深度，肯定人性、人情和人道以及人的感性、靈性、詩性對人的生存的極端重要性，而不是在這「兩個深度」中進行非此即彼或非彼即此的選擇。〔註40〕

　　從《前夕》的創作還可以看出，作爲著名編輯家的靳以，在輕視藝術內在規律的道路上越走越遠。不同於許多作家反思充滿宣傳口號的抗戰作品的失敗，他始終沉浸在走向光明主題的巨大喜悅中。這尤其體現在：對於人物塑造的生硬與拙劣，他非但毫不察覺自省，而且在跋中樂此不疲地對其思想軌跡都進行了清單式的羅列和說明。這與巴金對《火》、老舍對《火葬》這樣的抗戰作品在藝術缺陷上的反省，形成了鮮明的反差（參見第六章）。可以說，《前夕》爲靳以一往無前的主題先行式寫作完全鋪平了道路，使他在藝術發展上越發走向單調與枯窘。

〔註40〕童慶炳：《現代詩學問題十講》，青島：中國海洋大學出版社，2005年4月版，第161頁。

第五章　激憤言說中的散文體寫作
——靳以文體特徵綜論

　　迄今爲止，對靳以的創作研究多以小說爲主，專門性的散文研究極少。靳以最早寫詩，但他很快爲自己設定了文類範圍，即由詩轉向小說，同時也寫下大量散文，這些豐富的創作同樣值得關注。具有鮮明怨恨色彩的強烈訴說欲望與詩意的自我放逐，使他的小說與散文具有極其近似的特徵，其整體創作，因之可稱爲散文體寫作。此前的論述以小說爲主，也涉及到一些散文，本章將在綜合考察靳以文體特徵的基礎上，對其散文進行進一步探討。

第一節　雙線並進的寫作之旅

　　「靳以的小說有散文色彩。特別是他那些短篇小說，可以說是運用散文筆法寫的。這些小說與散文很難劃出一條確切的界限。」〔註1〕的確如此，靳以的小說基本都忽視曲折生動的情節和嚴謹縝密的布局，其結構的散化與散文天然相通。一些作品在文體上也很難區分，典型的如小說集《遠天的冰雪》，所收作品以追憶童年、讚美母愛爲主，完全可視爲敘事散文。散文集《渡家》因多有敘事散文，亦曾被後人視爲小說集。一些作品在發表時與被編入文集後，文體混用的現象並非罕見。像《一人班》，先是發表於《新小說》（1935 年 7 月 15 日第 2 卷第 1 期），後被編入首部散文集《貓與短簡》。發表

〔註 1〕　文天行：《火熱的小說世界》，成都：四川教育出版社，1992 年 1 月版，第 297 頁。

時分列於小說和散文欄目的《失去爹媽的根子》（1937 年 9 月 19 日《烽火》
第 3 期）與《殘殺之後》（1938 年 8 月 21 日《烽火》第 18 期），實際上都是
速寫體裁的戰爭片斷。在前面一些引文中也可以看到，靳以的小說與散文既
風格相近，又是心聲表達的互補。實際上，或許靳以本人寫作時也並未對體
裁細緻區分。總之，靳以的散文與小說形成了奇妙的混合體，並且可以歸納
出一些較爲典型的共性。

一、永無休止的情緒湍流

　　在靳以的第一部散文集《貓與短簡》中，許多短簡眞實流露了愛情的傷
痛。有人注意到，靳以的散文「愛用書簡形式向讀者告白自己的生活和希
求」，不過與其說這些作品「誠懇眞切，娓娓動人」〔註 2〕，不如說強烈的抒
憤與感傷色彩濃烈到了極點，致使語調失控。散文作爲一種充分顯露作家眞
實心聲的文體，此時更易於作爲抒情的工具。同期創作的散文，亦不妨視爲
小說主旨的顯明注腳。

　　《貓與短簡》中關於愛情的短簡，時常以心靈直剖的方式，在一種頗爲
自負的心態中訴說著女子的無情，及對其毫無掩飾的強烈憎恨：

　　　　××，我將告訴你我在忍受著一個庸俗的人的侮辱，這抓碎了
　　我七年來的一場夢；可是這縷縷的碎片黏附在我的心上！我以極
　　大的苦痛來承受這折磨，我不能睡，我也不能沉下心去。到今天
　　有人還在和我說到我的健康，因爲他看到了我的手時時在輕輕地抖
　　著。

　　　　我一定要說是一個庸俗的人，我還要說是庸俗中的最庸俗的，
　　──這幾乎超越一切人的想像之上。說是有這樣的一個人，也能在
　　這世界上活著，會成爲使所有的聽者都覺得驚訝的。……我還從來
　　不說一句話，不爲別人幸福的生活攪進一粒細沙；終於我卻得到了
　　這樣無情的侮辱，只是這一下，就把我的理想中的天地弄得昏暗無
　　光。我想，這是一個夢麼？是否這張短短的紙是當著惡鬼握了她的
　　手才寫了出來？一切的事是一個短短的夢呢，還是七年來我就是在
　　一場大夢之中？

〔註 2〕俞元桂主編：《中國現代散文史》（修訂本），濟南：山東文藝出版社，1997
　　　年 9 月版，第 274 頁。

　　……只是短短的幾句話，就把我一切過去的現時和將來的理想
都打得殘破了。我真要挺起身來做一個漢子，我不想到別的，我只
想到對這樣的一個庸俗的平凡的人，只有在遇到的時候把手掌擊到
臉頰上，像打一個下賤的，——我要用什麼字來比擬呢，好像所有
的字眼都不足以來形容這樣的一個人了。(《短簡（二）關於我自
己》)

　　在極度頹廢中，一些短簡甚至表露出自殺的念頭。讀罷這些作品，既為
作家的遭遇而嗟歎，同時不由令人感慨：其人生與戀愛態度，竟會如此偏激
與狹隘！這種寫作方式，與早期愛情小說創作是極為類似的。書信體小說
《黑影》、第一人稱獨白體小說《青的花》（傾訴對象分別為友人與負心戀
人），都以濃烈的心聲抒發為主要特色。值得注意的是，靳以此後小說中的許
多主人公，都帶有一種神經質的誇張成分，即使在後期描寫知識分子的優秀
之作《生存》中，還能看到主人公李元瑜動輒出現身體顫抖的跡象，這與上
述所引第一段文字中對自己手抖的描述相當一致。這說明靳以既在寫作中常
處於一種緊張和焦灼的情緒狀態，也同時因渲染成分過重而易導致誇張做作
的弊病。

　　以上作品還像小說《沈》《林莎》那樣，常常在自我勸慰中尋求解脫，但
又不時被痛苦感受所顛覆，因而陷入迴環反覆的情感漩渦而不能自拔。以《短
簡（四）寫到一個孩子》為例，剛立志發下宏願誓言：「我慶幸著我自己還能
站了起來，抖落了一身往事的記念，從此我將為我自己，為我的友人們好好
地做一個人。」旋即出現了這樣的話語：「說到悲劇，我只相信我這一生就永
遠是一個悲劇，每一時鑽進我眼裏的都是那麼醜惡的事物」。自立自強與軟弱
無力的矛盾，忽冷忽熱與反覆無常的文字，如此時時紐結著。

　　以上愛情題材的鮮明情緒化特徵，在此後的散文中還延續著。即便熱情
高漲地投入抗戰洪流，「從個人到眾人」道路上的困惑與迷茫也未曾消減，有
時表現為極度的壓抑與嗟怨。在《沉默的果實》〔註3〕中，病痛中的「我」在
家國遭受塗炭中居於斗室，心境極度晦暗與矛盾：「我是過著多麼無味的日子
呵！我早就盼著天亮了，可是早晨到來之後，接著就是既不能思想又不能動
作的一天。從無望到無望，我的心就塗上一層黯灰的顏色，我失去生活的意
味……」「我們不會對不起我們的國家，倘若一天敵人來了，我們自然有我們

〔註3〕原載1945年5月《文藝雜誌》新1卷第1期，收入《沉默的果實》。

的路，人民該有人民的力量，只是為家小所累，不知該怎樣好，才是值得人
躊躇的。」「不該恨，只該歌頌，扯開嗓子唱吧……唱的是別人，我只是沉
默，沉默，凡是發聲的早已瘂了，我也只是沉默著……於是我就起始在我那
斗室徘徊，我說不出享樂，我就是這樣虛耗我的生命，而我的生命從鬢邊的
白髮，臉上的皺紋看來，已經消失大半了。」在對國家前途的擔憂中，彰顯
著個人的苦惱與無奈，無疑具有小說中「多餘人」的深深烙印。

在以批判為主調的散文中，狂暴情緒的發洩，亦使小說中經常出現的二
元對立、以偏概全式手法大量湧現，如以下極度憤慨中的厲聲譴責：

> 是的，這些蠢貨，這些只顧個人利益的蠢貨，災難從來不會落
> 在他們的頭上。你們的家沒有了，他們的家更興盛起來；你們的骨
> 肉死亡了，他們的人不會損傷一根毫毛，你們窮得沒有一件蔽體的
> 衣裳，他們有萬萬件放在倉庫裏腐爛；你們沒有一間蔽風雨的茅舍，
> 他們有無數的大廈在市內，在郊外，在香港的山上，在瑞士的湖畔。
> 他們是擎天的撐柱，──真的，你們可不，精神的物質的災害不斷
> 地朝你們來，抱著不飽的肚腹，反側著寒冷的身軀，夜半醒來是滿
> 腔的懷恨呵，到朝來就有一隻無形的手拑住你的嘴。

> 快樂的人不是沒有的，當著眾人苦痛憂鬱的時節，他們卻張開
> 大嘴哈哈笑了，他們原來就是活在別人的不幸上面。以為人們都能
> 好好地生活就是他們的不幸，於是多少人，不曾死在敵人的手下，
> 卻無聲無息地死在安寧的地方，他們是凍死的，餓死的，……（《給
> 憂鬱的人們》〔註4〕）

有論者將靳以與巴金的散文進行對比：

> 如果說，巴金散文在暗夜裏呼號光明，熱切焦灼；那麼，靳以
> 散文可以說是像暗夜裏漂浮著的螢火，細膩婉轉，表現出不同的藝
> 術風采。靳以抒情往往有所憑藉，或通過自然景物，或描寫日常生
> 活場景，總之是運用形象間接抒情，含蘊而不晦澀。即使是他經常
> 採用的書簡體抒情方式，也盡量避免直抒，往往把抒情帶入敘述和
> 描寫之中，顯得較為細緻真切。〔註5〕

〔註4〕作於 1942 年 4 月 2 日，收入《紅燭》。
〔註5〕俞元桂主編：《中國現代散文史》（修訂本），濟南：山東文藝出版社，1997
　　　年 9 月版，第 529 頁。

可以看出，這在很大程度上不符合靳以的創作實際，尤其是對其書簡體散文的描述。直接抒情在靳以散文中大量存在，而且經常採用借物抒情、託物以諷的手段，意旨明晰單純，語言也激切質直。總之，由愛情體驗所產生的怨天尤人、憤世嫉俗的情緒化宣洩色彩，一直呈現於靳以雙線並進的小說與散文創作中。

二、世間百態的粗筆勾勒

靳以在批判性小說作品中，常常用場景羅列來渲染人間的苦難，批判社會的不公，在散文中這種方式同樣有大量的運用。

出走模式在散文中被加以擴展。在此模式中，易於通過巡行中的觀察，將世間醜態納入視野，在強烈的批判中抒發個人情感。小說《夜》是在一種充滿象徵色彩的氛圍中，在矛盾與猶疑中選擇出走。而散文《雨夜》則完全是在純然主觀化的「我」的視角內，揭示人性的隔膜與社會的黑暗。在大雨的夜晚，友人夫妻對「我」加以挽留，卻引起了「我」的如此感受：「把我留在這裡，不是一件不幸嗎？」「我再也不能到他們那裡去，我們中間的距離太遠了。」「我」在淒清落寞中，在雨後終於「逃出了他們的家」，踏上了歸家的路。「路」之意象，暗示著我生命旅程的艱難：「我所要走的又是一條很長很長的路」。如此心境之下，「我」在街上看到了都市的繁華，與此形成對比的，則是在困苦中掙扎的社會底層。由此引發了這樣的感慨：「是的，這個城市是只相信大言和虛偽的，說真話和給人真心看的是稀有的傻子。」文本在一種高度的自憐中，既放大了對他人的猜忌，同時以個人的失意心態，觀照城市乃至整個社會，由此引發了無限惆悵情緒的漫天揮灑。

隨著生活的漂泊不定，靳以散文中的巡行模式漸漸拓寬，但是納入「我」的視野並由此引發的觀感，仍是充分主觀意念化的，且同樣不乏直抒激憤心緒的作品。在《孩子們》中，「我」在抗戰奔波行程中，看到幾個流浪兒童時，便發出了「我為那些無辜的孩子們控訴！」的怒吼，而當看到一對富貴的母女，以及一家百貨商店的貨物廣告、歌舞預告，更引發了無盡的憤怒，並以這樣的方式結束全篇：「我恨不得揮起拳頭來，打碎這不平的城和這不平的天地！」總之，作品的立意與構思都相當純粹而透明，這同小說的結構方式極其類似。如在短篇《黃沙》中，將人間慘劇加以羅列之後，便有如下描寫：「他有著莫邊的憤恨，可是這憤恨應該落在誰的身上呢？想起來的時候他的青筋突起來，拳頭緊緊地握著，卻是朝了一無所有的空中，他也要猛烈地

揮動著,做成擊打的樣子。」卒章顯志的寫法,在小說和散文中大量存在,無不彰顯出作者極爲強烈的主觀意念。

散文集《霧及其它》《紅燭》《血與火花》中都有類似旅途短記的作品,將出走途中的見聞排列起來,記事寫人頗有小說之風。《鄰居們》著重通過旅途所見人物的行動、語言來刻畫其全貌,全然是小說的寫法。其中有些較爲精彩的筆墨,然而由於大量過火的諷刺,比如對某官僚就直接冠以「惡人的典型」,寫某牧師則稱之爲「他簡直是介乎神和鬼中間的一種東西」,致使整體意蘊較爲單薄。這篇由不同生活片斷構成的長文,也爲以小說筆法寫成的《人世百圖》埋下了伏筆。該著是靳以對心目中的所有醜類極盡批判諷刺之能事的一部文集,或以動物比附卑劣小人,或以神魔影射人間黑暗,夾雜著直白的議論與漫畫般的醜化手法,意象顯豁、語多偏激的弱點十分明顯。《禽獸們》由一場喪事引起,寫一個不幸女人的淒慘遭遇:她自殺未果後精神上受到更大的刺激,再次跳入水塘。她的妹妹哀聲求援,有人說天黑看不見,有人說水冷下不去,有人則爲放水救人會犧牲了一塘魚而惋惜。水塘被扒開後,女子看來還有救,不過她的嫂子以請醫生只能白花錢爲由,拒絕爲其醫治。全文如此收尾:「是的,一個人就是這樣死了,抱了必死的決心的亡者,自然已經什麼都看不到也聽不到了,只使這些生存的人感到無由的激憤。」「可是現在這些沒有理性的傢夥,這些禽獸們卻請來這一群東西成日成夜地超度亡魂了。」全篇給人帶來生硬堆砌之感,而最終的感慨也過於清淺直白了。

顯然,散文《禽獸們》無非是通過場景羅列而引發憤慨議論的複寫而已。同樣寫於 1940 年代的《人們》和《眾生》,是靳以小說散文化在這方面最明顯的代表作:凌亂的筆觸,不加任何剪裁的材料,隨時爆發的憤怒,流露出作家對社會包括人性的深度失望。有人注意到兩篇小說故事情節弱化、抒情性和議論性較強的特點,認爲:「故事性強的作品符合一般群眾的口味,可決不能因此就對那些故事性欠強的作品進行貶低。」〔註6〕「靳以這樣的小說能抓住讀者的心,他描寫的是當時人們普遍關注的事件。」〔註7〕這顯然混淆了作品的題材、可讀性與藝術價值的關係。通過這兩篇小說,只能說明靳

〔註 6〕 文天行:《火熱的小說世界》,成都:四川教育出版社,1992 年 1 月版,第 297 頁。

〔註 7〕 文天行:《火熱的小說世界》,成都:四川教育出版社,1992 年 1 月版,第 298 頁。

以對於世界、人生的看法日趨極端化的心態，即力求把普天下所有醜惡通通加以展示，卻缺乏足夠的藝術提煉與開掘的努力。

此外，在《人世百圖》中，無論《鼠》《跳蚤》《紈綺子》，抑或《奴才的笑》《魔鬼的紛擾》《神的滅亡》，從標題就完全可以使人對主題、內涵一目了然。況且，許多散文還是延續了小說中的整體象徵方法。而諸如此類表達——「想到由於它多少人都陷於死亡之中，即使算不得一個對手，人類也把無比憤恨放在它們身上」（《跳蚤》），「他再見到我，只是皮笑肉不笑地用悶鼻子哼兩聲，從我的身邊得意地搖著尾巴溜過去了」（《那個姓苟的》）——與小說中這樣的人物描寫庶幾相似，諸如「像狗似地狺狺叫著」（《過載的心》），「鬼一樣的眼睛」「猴子樣的人」（《小花》）。人物既被醜化至近乎變形，又都具有極度類型化的弱點，因而缺乏鮮活的個性。所以，《人世百圖》中的小說筆法，尤其是對人物的塑造，並未像後人所褒揚那樣成功。

在世間百態的粗筆勾勒中，文學之於靳以，成為充分發洩對現實不滿的渠道，小說與散文也由此取得了高度的一致性。這種現象在寫作時間相同的作品中即可參照對應，1930 年代寫水災的散文《難》，可以作為小說《洪流》《人間人》的背景；1940 年代寫人性醜惡的散文《禽獸們》的素材，也可以擴展成為小說《人們》《眾生》的情節。

三、戰爭題材的速寫特徵

長篇《前夕》的紀實性很明顯。在靳以抗戰題材短篇小說中，則常呈現出典型的速寫特徵。收入《蟲蝕》集的《燼》《天堂裏》，都是一種速寫式的戰局勾勒：沒有生動的人物形象與緊張的故事情節，主要通過敘事者的敘述與人們的議論、心態描寫，對時局、戰況予以以點帶面的高度關注。伴隨著這種速寫特徵，驅逐外敵、還我山河的迫切心情，在靳以筆下還往往體現於強烈的祈願式話語：「自由的日子什麼時候來呢？」「啊，那時候啊，血的債才清償了！」（《天堂裏》）

《北滿紀事》最早發表於《文學》（1934 年 4 月 1 日第 2 卷第 4 號）時是列在散文欄目中的，後以《遙遠的城》為題收入同名小說集。在強烈期盼戰鬥的心態中，到處都充溢著熱切的戰局關注，體現出明顯的新聞紀實性色彩：

> 人們的心中，也懷了異常的欣忭，不只是以為困苦將有了一個
> 結束，也來看看強悍的敵人，如何遇著將要來到的末日。

「友邦」管轄下的報紙上也有著這樣的消息：

「西線安達站，突被中國政府接濟下之盜匪兩千名攻入，友軍二十三名，在青木少佐指揮下，陷於苦戰中。」

「陷於苦戰中」的這幾個字，時時可以在報紙上看到了，顯然地就能推想到，是有著怎麼樣的意義。……

……侵略者的心打著寒戰，可是淪亡的人們，卻自自然然地露了高興的臉色。

而且，焦慮與企盼的心聲並存：「情況的緊急還是那樣，但是沒有顯著的變動。」「他們知道所望著的一天是不久就要到來，是的，必定要到來的。」此文與《燼》《天堂裏》沒有主要人物相比，出現了一位英雄人物──「我」的友人。他以決絕、勇猛的決心，與侵略者進行鬥爭，最終獻出了寶貴的生命。但其背景仍舊是模糊的，給人留下深刻印象的，還是一種強烈的呼籲的戰鬥心聲：「為了三千萬的人民，為了自己的良心，我什麼都忘記了。」同時，這裡也詮釋著靳以念茲在茲的「從個人到眾人」的理念。

小說《離散》〔註8〕是以當時北平黃廟的學生軍事訓練為原型的。文本中出現了一個中心人物張遠。但是由於作家追求紀實效果，渲染一種整體的悲壯氣氛，這一形象也並不突出。相反，倒是師長極具鼓動色彩的演講佔據了中心位置。在學生軍被迫解散引起的群情激憤中，充斥著「殺盡×國人，殺盡×國人」的吶喊。文本同樣以很強的祈願方式收束：「淚水是沖淡了，憤恨卻是滲到心中去，他留戀地想著過去的日子默許著有那麼一天，他要把自己的血肉化成地上的泥土」。當時已經有人對《離散》如此評論：「嚴格來說，《離散》只能算是一篇『速寫』，但作者卻把它敷衍成一篇短篇。」正因為要把「一篇嚴正的速寫」「敷衍開去」，「所以裏面顯得瑣屑同不經濟。」同樣，對於主人公張遠轉變的過程的描寫，由於「過於簡略，以致顯得格外的草率同模糊。」〔註9〕

靳以的抗戰題材散文，與以上小說極其相似，充滿了紀實和祈願的色彩。「七七」事變不久，靳以就發表了《抗戰是唯一的路》（1937年8月5日《中流》第2卷第10期），以充滿政論色彩的激昂筆觸，明確表達了抗戰宣言。《我們的國家》（1937年9月12日《烽火》第2期）同樣洋溢著激昂的戰

〔註8〕原載1936年4月15日《作家》創刊號，收入《遙遠的城》。

〔註9〕梅雨：《靳以：〈離散〉》，1936年6月5日《文學界》第1卷第1號。

鬥熱情:「我們的國家正陷在絕大的困難之中」,「可是我們卻有一顆共同的心
──至死不屈抗戰的心。」在《我們的血》《關於國旗的話》《五月四日》《迎
五月》《憶廣州》《孤島印象》《在上海》《憶哈爾濱》等散文中,以自身戰時
見聞爲藍本,在對時局的描述中表明了抗戰到底、永不屈服的立場。許多結
尾的模式與小説基本一致,帶有鮮明的祈願和鼓動色彩,成爲卒章顯志的範
本:「我們有的是人,有的是那顆沸騰著熱血的心,早該回應著進擊的號角,
向我們的敵人的心臟猛刺吧!」(《憶哈爾濱》)「我們不氣餒,不妥協,我們
愛我們的土地,愛我們的弟兄,也愛偉大的自由。血是要流的,將染紅了大
地,培植自由的花在她的身上茁長。」(《我們的血》)

　　「宣傳要富有效力,就必須求助於最傳統的、圖式化的甚至是簡單化的
話語形式。」〔註 10〕在抗戰時期,速寫「是變動得很快的社會中文化鬥爭的
利器」,因爲「刻刻在變化的現實要求著鬥爭意識強烈的作家們採取最快的手
法和最直接的方式來加以反映和批判。」〔註 11〕靳以的抗戰題材小説、散文
具有明顯的速寫特徵,充分體現了他以筆參與時代的寫作姿態。其愛國激情
是值得肯定的,但也難免流於口號式的鼓動宣言,造成作品內涵的單薄。

四、文本內涵的鮮明反差

　　靳以的短篇小説《蟲蝕》三部曲體現了巨大的悖論色彩,即清新細膩的
詩意氛圍營造,與偏激情緒的宣泄之間的反差(參見第一章第三節)。其散文
則強化了這種悖論:一方面在於情緒化的濃度影響到不同文本的藝術質量,
另一方面則時時體現在文本內部意蘊的明顯不同。關於前者將在第三節具體
分析,現著重討論後者。

　　靳以是設色寫景的高手,如在小説《遊絮》中,就用美妙的春光烘托了
女主人公情感的波瀾。散文是更便於緣物或借景抒情的文體,其筆下優美的
景色描寫不時呈現,《窗》〔註12〕就是如此:

　　　　每一個早晨,當我被夢煩苦夠了,才一醒來,就伸手推開當頭
　　的窗,一股清新的氣流隨即淌進來了。於是我用手臂支著頭,看出
　　去,看到那被露水洗過的翠綠的葉子,還有那垂在葉尖的滾圓的水

〔註10〕〔美〕馬泰・卡林內斯庫:《現代性的五副面孔》,顧愛彬等譯,北京:商務
　　　　印書館,2002 年 5 月版,第 121 頁。
〔註11〕茅盾:《關於「報告文學」》,1937 年 2 月 20 日《中流》第 1 卷第 11 期。
〔註12〕原載 1942 年 2 月 25 日《現代文藝》第 4 卷第 5 期,收入《紅燭》。

珠，鳴囀的鳥雀不但穿碎了那片陽光，還把水珠撞擊下來，紛紛如
雨似地落下去呢！

在這樣晶瑩剔透的文字之前，卻是平庸的關於人類相互傾軋的感慨：「可
是現實生活卻把我們安排在蠢蠢的人世裏，我們不能超俗拔塵地活在雲端，
我們也只好是那些蠕蠕動著的人類之一，即使不想去觸犯別人，別人也要來
擠你的。用眼睛相瞪，用鼻子相哼，用嘴相斥——幾乎都要到了用嘴相咬的
地步了。」緊接以上的景色描寫，充沛的想像力再次勾勒出炫目的美景：

> 迎著我的那窗口彷彿是一個自然的鏡框……我搖動我的頭部，
> 因爲我具有一份匠心，想把最好的景物裝在那中間。我知道藍天不
> 該太多，也不能都被山撐滿，綠色固然象徵青春，可是一派樹木也
> 顯得非常單調，終於我不得不站起來，於是蜿蜒的公路和日夜湍流
> 的江也收在眼底了。我好好安排，在那黑暗的屋頂的上面有輕盈的
> 炊煙，在那一片綠樹之中，雖然沒有花朵的點綴，卻有經霜的烏桕；
> 呆板的大山，卻被一抹夢幻般的雲霧攔腰圍住，江水碧了，正好這
> 時候沒有汽車飛馳，公路只是沉靜地躺在那裡，夕陽又把這些景物
> 罩上一層金光，使它更柔和，更幽美，……我看到了，在那小橋的
> 邊上，還有一株早開的桃花，這還是冬天呢，想不到溫暖的風卻吹
> 綻了一樹紅桃。

可是隨後仍然陷入了俗不可耐的模式，將色彩繽紛的想像拉回到現實，
提到就在那株樹下，曾經埋葬過三個凍死的人。最後則在想像中出現了用得
過濫的火的意象，清淺地象徵對光明未來的企盼：「那火已經好像點在嶺巔的
一排明燈，使黑暗的天地頓時輝耀起來了。」就這樣，優美的意境時常被簡
單的意念所無情敗壞。相似的還有《雪》。作家以詩人般的筆觸，把雪景描摹
得如詩如畫，旋即祈盼雪片「溶去或是淨化我那被憂煩與憤懣所腐蝕的心」，
美好的格調轉瞬之間淪爲庸常。

另一篇較典型的悖論文本是《等待》〔註13〕，前半部分，「我」在黑暗的
斗室中體驗著世界、人生、自我，帶有強烈的思辨色彩，有些魯迅《野草》
的味道：

> ……我是從黑暗投向黑暗，我雖然坐在這裡，正如同我行走在
> 鬧攘的街路上，或是獨自蹲在大野裏寂寞的岩穴中，——就是我自

〔註13〕1944 年 8 月 26 日作，收入《沉默的果實》。

己。甚至我都看不到我自己，充塞我眼前的是無邊的黑，而我的心
胸中只是一片無可填補的空白。

　　……

　　時間，空間和我都好像扭結在一處了，誰也不曾移動，各自都
等待著。我是在想些什麼事麼？或是在想些什麼人麼？我什麼都不
記得了，我彷彿什麼都沒有想過。

後半部分，則在幻想中出現了一個孩子，與「我」對話，「我」告訴他自
己是在等燈火的出現以及原因：「這不是黑得什麼都看不見麼？除了睡覺或是
死去，眼睛看到些什麼呀！」結尾則是：

　　突然，他驚喜地叫著：

　　「你聽，你聽，——」

　　「你是聽到雞叫麼？」

　　「是呀，是呀，……天就要亮了！」

　　「這是午夜的雞啼，天還正黑得濃呢！」

　　「難道天，天不會亮起來麼？」

　　「不，總是要亮的，只需要——等待！」

形上意味的思考與過於直白的祈願，形成了強烈反差。文本整體風格極
端不統一，前後蘊味也判若雲泥。就這樣，靳以創作中的天才一面，常表現
爲靈光一現，很快就被陳腐與平庸的時代理念所淹沒。

第二節　文體互滲的內在理路

一、怨恨情結的強烈驅動

　　靳以一生都承擔著繁重的編輯事業，又堪稱高產作家，寫作速度相當驚
人。他曾向別人講，自己年輕的時候，一個通宵可以寫萬把字。〔註 14〕巴金
也如此回憶：他們在共同編輯《文學季刊》的時候，很少見到靳以停筆苦
思。〔註 15〕支持靳以保持高產的動力就是一種強烈的傾訴欲望。他在第一部

〔註14〕趙自：《幾絲煙雲祭靳以》，見艾以等編《百年靳以紀念集》，香港：香港文匯
　　　　出版社，2009 年 9 月版，第 16 頁。

〔註15〕巴金：《〈靳以選集〉序》，見《靳以選集》（第一卷），成都：四川人民出版社，
　　　　1983 年 4 月版。

小說集《聖型》序中說：

> 我寫作的圈子太小，這是我一點也不否認的，因為我還沒有走
> 進社會的裏面。可是我卻盡了我的力量寫出真的情緒，甚至於在寫
> 著的時候把淚落在紙上的時候也有。
>
> 關於裏面的作品，友人間的意見頗為紛紜，其滿意與不滿意，
> 常有大不同的差異。這一面，我不想多說；但是我卻願意寫出來，
> 這裡面有的作品，曾使我的友人一面讀著一面流淚的。

這顯然強調「寫出真的情緒」之可貴，早期小說充分暴露自我即是這樣
一種取向。靳以在散文中也有這樣的表達：「我原是易於把自己顯出來的
人。」（《往情》）20 世紀 50 年代，一位年輕的副刊編輯曾經向靳以請教如何
寫散文，他回答：「依我看來，寫散文的要旨嘛，在於寫心聲。」〔註16〕作
為一位主情性極強的作家，靳以的創作皆可謂言為心聲，而支配這種心聲
的，則是一種強烈的怨恨底色。其小說與散文的極大相似性，亦可從中窺見
端倪。

郁達夫在《〈中國新文學大系‧散文二集〉導言》中說：「五四運動的最
大的成功，第一要算『個人』的發見」，「現代的散文之最大特徵，是每一個
作家的每一篇散文裏所表現的個性，比以前的任何散文都來得強。」靳以的
散文與小說一樣，充溢著一種個性自我的極度張揚，表現為激進的情緒抒發
與強烈的傾訴欲望，這是直接承續著「五四」散文特質的。當小說無法滿足
情感宣泄與憤怒批判時，散文這種更便於張揚自我、袒露心聲、更不拘篇幅
與格局的文體，就成了靳以的最佳選擇。不過，靳以對「五四」散文的繼承，
突出體現在一種強烈的怨恨色彩。對一切現存秩序予以狂風暴雨般摧毀的西
方浪漫主義思潮，對於「五四」文學具有重要影響，其怨恨現實的色彩是非
常突出的：

> 浪漫主義作為一種普遍性的時代思潮，並不僅限於文學領域
> （儘管它主要表現在文學領域中），而是深深地滲透於社會生活的各
> 方面。「浪漫主義」（Romanticism）這個概念的外延極其寬泛，它實
> 際上包含了一切對現實狀況懷有仇恨的思想傾向和行為方式。浪漫
> 主義的一個最典型的特徵就是對現實的仇恨，而在 18、19 世紀這種

〔註16〕曹陽：《鐫刻在心中的師表》，見艾以等編《百年靳以紀念集》，香港：香港文
匯出版社，2009 年 9 月版，第 27 頁。

> 對現實的仇恨首先就表現爲對理性的仇恨（理性恨）。浪漫主義在價
> 值取向上或憧憬未來，或眷戀往昔，唯獨對現實社會充滿了怨恨和
> 憤懣；在表現形式上則以天眞質樸的自然情感與日趨僵化和暴虐的
> 啓蒙理性相抗衡。〔註17〕

伯林也認爲，「眞正的浪漫主義之源」是德國虔敬派在民族情感驅動之下，對以法國爲代表的一切知識、精英、文化而產生的憎恨心理中產生的。〔註18〕儘管在對待啓蒙與理性的態度上不同，浪漫主義這一仇恨現實的特點，爲追求個性解放的「五四」新文學所充分吸取。在「五四」散文的萌芽與發端期，批判一切、繼往開來的態度幾乎成爲所有作家的共鳴。「亂世的不安，弱國的怨憤，籠罩著中國大地。在這樣一個令人憤怒的時代，對社會特別敏感的散文家的感情就極易衝動。他們對社會的怨恨，是以一種非常之廣的憤激之情呈現的，其主要表現形式是猛烈的噴泄和徹底的破壞。」〔註19〕顯然，靳以的強烈批判風格，與「五四」散文激進的怨恨色彩是具有高度契合性的。只不過他的怨恨對象，表現爲先由醜惡之人再到萬惡社會的演變軌跡。

靳以的寫作又明顯深受魯迅精神與文風的影響（參見第三章）。魯迅的散文創作是現代文學反抗精神的集中代表，「他的散文理論觀念的核心就是反中庸，他執拗地要散文充當『匕首』和『投槍』，並且把閒適散文作爲『匕首』、『投槍』式的散文的對立面，斥爲『小擺設』，加以無情地拒絕。」「這就決定了他的散文理念是以『分』爲基石的對立和衝突，是以反中庸的痛打『落水狗』的精神達到批判的目的。」「正是反中庸顯示了他的骨頭和精神，贏得了人們的尊敬。——但也由此影響了散文的一代文風。」〔註20〕這種文風的鮮明體現，就是對「怨敵」「一個都不寬恕」（《死》）。有人將魯迅酷烈的語言風格，視爲「仇恨政治學」的崛起〔註21〕，儘管這樣的說法值得商榷，但是

〔註17〕趙林：《基督教思想文化的演進》，北京：人民出版社，2007年4月版，第246～247頁。
〔註18〕參見〔英〕以賽亞·伯林：《浪漫主義的根源》，呂梁等譯，南京：譯林出版社，2008年1月版，第42～45頁。
〔註19〕范培松：《中國散文史》（上），南京：江蘇教育出版社，2008年8月版，第32～33頁。
〔註20〕范培松：《中國散文史》（上），南京：江蘇教育出版社，2008年8月版，第6～7頁。
〔註21〕參見朱大可：《流氓的盛宴：當代中國的流氓敘事》，第四章第二節《酷語的

包括許多現代作家在內的文風，的確充滿了憤世嫉俗、仇恨現實的色彩。而這種色彩，又往往被認爲是毫無爭議地代表了正義立場的，恰如李廣田在《論文學教育──溫柔敦厚與愛憎分明》一文中的概括：

> 當時表現在文學裏邊的以及文學所發生的教育作用，不再是「溫柔敦厚」，而是「愛憎分明」，比較愛，卻更加強了恨，因爲最初在文學中所要表現的是舊社會的黑暗和無理性，這「愛憎分明」，尤其是這恨，就是傳統的文學中所絕少而現代文學中所特有的新因素。要舉最好的代表，那就是魯迅。〔註22〕

「父親自己就是一個純樸、率直的人，並且文如其人。在他的文章中，從一開始，他就揚善擯惡。」〔註23〕女兒的描述應該予以補充：靳以的創作生涯顯然更著眼於對惡的抨擊。學生的回憶，更能體現靳以的這種特色：

> 你反覆地說你最缺少的是忍耐兩字，平生你怕軟而不怕硬，可憐的人就是在面前侮辱了你，你會沉默下來原宥他的，甚至會譴責自己爲何自己的善良不會去感化別人？趾高氣揚的猩猩之輩有一點開罪了你，你要大發雷霆，因爲對於蒼蠅，豬群，鴨子，黃鼠狼你是憎恨到極端的。〔註24〕

總之，靳以直接繼承了魯迅強烈的戰鬥精神與嫉惡如仇的批判取向，對他所不滿的事物，總是表現出極度仇視與憎恨的態度。在悼念魯迅的散文中，這樣描述與其在墓地相遇的工人：「你們不屈服，不妥協，也不寬恕，你們承受了魯迅先生的偉大的精神。」（《給不相識的友人們──紀念魯迅先生》）這顯然也是對自身創作的期許。「不寬恕」的憎恨文風，正是其小說與散文共有的反抗精神的內核。當然，無論從精神高度與藝術質量，不能把靳以與魯迅相提並論。魯迅的「不寬恕」精神是其堅韌的鬥爭哲學的體現。1930年代末有人這樣認爲：「誰都知道我們應該學習魯迅先生的鬥爭精神，但誰都忘卻我們應該學習魯迅先生的鬥爭精神所附麗的學術業績；沒有這業

演進：魯語和仇恨政治學的崛起》，北京：新星出版社，2006年11月版。

〔註22〕李廣田：《李廣田文學評論選》，昆明：雲南人民出版社，1983年6月版，第123頁。

〔註23〕南南：《從遠天的冰雪中走來──靳以紀傳》，太原：山西人民出版社，2000年1月版，第202頁。

〔註24〕洪蓀：《送別靳以師》，見艾以等編《百年靳以紀念集》，香港：香港文匯出版社，2009年9月版，第290頁。

績，也沒有魯迅先生的鬥爭精神」〔註25〕。應該說，魯迅的學術業績並非文學鬥爭精神的主要來源，其更重要的精神資源是獨特的人生體驗，即便是「不寬恕」的文風，容或也有褊狹之處，卻也基於對世事人生的深刻洞察。此外，正如伊藤虎丸所說：「當第一次讀魯迅時，首先感受到的是那憎惡的痛烈和美麗。」〔註26〕魯迅用心血凝結成的文字，是具有深邃而震撼的美學效果的，其犀利與簡勁，確有「寸鐵殺人，一刀見血」（郁達夫《〈中國新文學大系・散文二集〉導言》）之偉力。因此，魯迅的強大思想力量與批判力度，皆非追隨其後，包括靳以在內的現代作家所能企及。

許多自覺繼承魯迅「不寬恕」思想的現代作家，因情緒的失控而走上了偏重宣泄之路，靳以就是這樣一個比較典型的例子。在他的創作中，由於憎恨情緒漫無邊際的抒發，也使仇恨的對象廣泛蔓延，常流露一切無用之人都應被無情手段予以淘汰的念頭，並最終訴諸以毀滅一切作為懲治人類原罪的手段。從早期愛情小說對女性的態度開始，靳以就使人難以擺脫睚眥必報的印象，創作視野、氣度的狹隘性昭然可見。而這種十分窄化的創作思維的一致性與長期性，亦使其散文和小說呈現為高度的同構性特徵。

二、繆斯女神的自我放逐

（一）偏執觀念與畫地為牢

靳以小說與散文的同構性，存在共同的明顯弊病——意蘊缺失，不耐咀嚼，也就是缺乏廣義意義上的文學詩意色彩。靳以當年是主動放棄詩歌選擇小說的：「那不合理的社會正大張著它的嘴，使我不得不閉上我那吟哦的嘴，緊緊地咬著自己的嘴唇，而對著醜惡的現實，拋開詩人的頭銜，做一個小說工作者。」（《從個人到眾人》）

值得思考的是，作為文學編輯大家的靳以，經其手發表了許多現代詩歌的名篇，可是他對寫詩和詩人則一直持極其偏執的批判態度，甚至到了匪夷所思的地步。詩人，在他的小說中就是不問世事、貪婪自私、道德低下的文人的代表，這在《渦之曡》《殘陽》中都曾出現過。在《過載的心》中，靳以則以自己心目中對於文類的體認，這樣諷刺一位詩人：「他在這報館裏擔任風

〔註25〕 《發刊詞》，1939年1月11日《魯迅風》創刊號。
〔註26〕 〔日〕伊藤虎丸：《魯迅與終末論：近代現實主義的成立》，李冬木譯，北京：生活・讀書・新知三聯書店，2008年8月版，第107頁。

花雪月副刊的編輯，他的嘴永遠不斷地吟哦。」在《前夕》《春草》中，他多次以沉醉於詩歌的文學青年靜婉、楊蕙風，與追求進步的學生靜玲、明智進行對比。顯然，在靳以心目中，認定小說是面對現實的，詩歌則是虛無縹緲的。除了在抗戰期間寫過鼓動性的數篇詩歌如《他們是五百個》外，他再也沒有涉足這個文類，甚至懼怕詩人的稱號。自覺的文類選擇對於靳以的創作至關重要，卻一直沒有引起足夠的關注。靳以毅然決然棄詩從文，使其在散文體寫作中盡情釋放情感，同時也在很大程度上放逐了文學創作最可寶貴的詩意與詩魂。

同靳以爲人與爲文相似，他的文類選擇過於絕對化，是強烈的文學功用論的體現。俄國形式主義文論認爲，詩歌語言是隱喻的，而小說語言是換（轉）喻的。隱喻之所以特別適合於前者，因爲詩歌語言具有一種朦朧、含混的外觀特徵，詩的語句每每體現出一詞多義、句意迴環反覆的色彩。而小說語言的換喻性特徵，則表現爲「在意義的表達上一步步有機銜接和發展推進，不作跳躍發揮」〔註27〕。從詩與小說的發生機制亦可看出，前者具有思維跳躍的想像性，後者對於現實的關注顯然更多。但是，詩歌怎能遠離現實？又何曾遠離現實？阿多諾曾指出：「抒情作品永遠是社會反抗力量的主體表現。」在他眼裏，作爲抒情主要文類的詩歌是永遠不會與社會脫節的，抒情詩與抒情主體都是社會的產物，也必然透露出作家對於社會的情緒。〔註28〕詩歌在中國同樣有著與現實密不可分的深遠積澱，儒家傳統向來重視詩教，「不學詩，無以言」（《論語·季氏》），詩亦有「興、觀、群、怨」（《論語·陽貨》）之功能，「怨」即針對現實而發出的批評聲音，「唯其有了『怨』的意識，抒情主體的發聲方式就不僅是純粹自然的創作，而有了回應歷史──及其所帶來的不安和不滿──的沉重負擔。」〔註29〕

對於中國現代文學來講，對現實的共同關注遠甚於對於小說與詩歌二者本體特徵的區分。詩歌在現代中國的發展，其強烈功用性的一面極爲顯著。魯迅熱情呼喚以拜倫等人爲代表的「立意在反抗，旨歸在動作」（《摩羅詩力說》）的摩羅詩人，就是希望用詩歌的力量喚起沉睡的民眾。在新詩的早期，

〔註27〕劉陽：《小說本體論》，上海：上海書店出版社，2010年8月版，第171頁。
〔註28〕參見王德威：《抒情傳統與中國現代性：在北大的八堂課》，北京：生活·讀書·新知三聯書店，2010年9月版，第23～24頁。
〔註29〕王德威：《抒情傳統與中國現代性：在北大的八堂課》，北京：生活·讀書·新知三聯書店，2010年9月版，第48頁。

就有《鳳凰涅槃》這樣充滿激情的以毀滅促新生的振聾發聵之作。此後，大量左翼詩歌都充滿鼓動宣傳色彩，與其它文類一樣成爲配合政治的戰鬥武器。茅盾在抗戰時期就說過：「大時代的鼓手由來就數詩人第一位。詩歌活躍於今日之文藝界正是極合理的事。」〔註30〕臧克家在散文中用詩人的語言，把詩的現實功用表達得非常明確：

　　「詩」，鞭打著虛僞的社會向它要「眞」！

　　「詩」，攻擊著醜惡向它要「美」！

　　「詩」，向著黑暗的，吃人的，不平的世界，要光明，良善與合理。

　　這樣，「詩」在今天就得成爲號筒，就得成爲武器，就得成爲鬥爭的一個尖兵了。

　　這樣，「詩」在今天就必須成爲群眾的東西，起先是我們的聲音在細弱的響著，後來，千千萬萬人一起歌唱起來，歌唱鬥爭，歌唱自己的歡樂，興奮，痛苦與悲哀。

　　這樣，「詩」在今天又必須是和時代合拍的。古老的情感和形式取消了吧，把它換上嶄新的，新的人類誕生了，「詩」，也必須再誕生一次。〔註31〕

這些詩歌的社會功用觀，與靳以一生的創作取向，其實是完全一致的。他在文類選擇上的激進表現，則注定了其創作觀念是非此即彼、二元對立式的。尤其是在多數情況下，在他的散文體寫作中，說教的強大意願徹底驅除了詩意。「說教之所以成爲說教不是因爲其內容，而是因爲它淺顯易懂的特性──它是現成的。一旦富於想像力的再次描述失去了它的新鮮性，並因此失去了使我們對已接受的觀點產生懷疑，說教就產生了。」〔註32〕因欠缺想像力而帶來的說教色彩，必然導致詩意的匱乏，這是靳以創作中始終存在的問題。

詩意的產生，需要人生的不斷歷練，需要心靈的艱苦跋涉。這與靳以作

〔註30〕茅盾：《這時代的詩歌》，原載 1938 年 1 月 26 日廣州《救亡日報》第 120 號，見《茅盾全集》（第 21 卷），北京：人民文學出版社，1991 年版，第 337 頁。

〔註31〕臧克家：《詩》，見賈植芳主編《現代散文鑒賞辭典》，上海：上海辭書出版社，2003 年 6 月版，第 646～647 頁。

〔註32〕〔美〕理查德・羅蒂：《哲學、文學和政治》，黃宗英等譯，上海：上海譯文出版社，2009 年 11 月版，第 73 頁。

品中經常出現的無節制誇張和濫情傾向是截然不同的。黑格爾曾用通俗的語言這樣表述：「啼哭在理想的藝術作品裏也不應是毫無節制的哀號……把痛苦和歡樂叫喊出來並不是音樂」〔註 33〕。在他看來，單憑情緒的衝動無法產生真正的藝術，「藝術有能力也有責任去緩和情慾的粗野性。」〔註 34〕魯迅對如何處理情感，發表了更為簡潔的見解：「我以為情感正烈的時候，不宜做詩，否則鋒鋩太露，能將『詩美』殺掉。」（《兩地書·三二》）「長歌當哭，是必須在痛定之後的。」（《記念劉和珍君》）在給蕭軍的信中他還說過：「《八月》上我主張刪去的，是說明而非描寫的地方，作者的說明，以少為是」。對於靳以來說，詩意的缺乏，也從側面體現出其「說明」的成分實在太多，而這種說明包括議論與直抒的驅動力，實際上就是敘事作品主體自我的強烈宣泄欲望。他為自己預設了合適的散文體寫作，旨在充分發揮文學的批判功能，實際上則是「濫用」了文類的容量。

　　放逐詩意也帶來了靳以散文與小說同構性的另一表徵，即因選擇散文體寫作有了表現的巨大自由後，為文的輕率與隨意，這在新文學傳統中也是其來有自的。小說與散文文體的近似，正是「五四」文學的一大特徵：「五四新文學作者很看重直覺與靈感，衝動與想像，甚至把這些等同於創作的隨心所欲。而最宜於隨心所欲的文體當然是散文。隨心所欲便容易得心應手，文體能力尚嫌薄弱的作者很自然地會傾心於散文這種文體特徵最為模糊的文體。」〔註 35〕行文的隨意性，可以產生灑脫不羈的傑作，但也難免對藝術質量造成侵害。正因如此，研究者一味對靳以小說的散文化（或散文的小說化）進行褒揚，卻沒有看到他的文類選擇主要是從文學迎合時代之便利方面的考慮，及由此帶來的不利影響。穆木天在 1930 年代的一篇文章中談到：「現在中國文壇有一個現象是值得注意的。那就是小說之隨筆化。」「隨筆式的小說，比嚴正的小說好作的多。避難就易，作隨筆式的小說，是暴露著作家的創作態度之欠嚴肅與生活之欠充實。」〔註 36〕靳以的創作態度不可謂不嚴肅，但正

〔註 33〕　〔德〕黑格爾：《美學》（第一卷），朱光潛譯，北京：商務印書館，1979 年 1月版，第 204～205 頁。

〔註 34〕　〔德〕黑格爾：《美學》（第一卷），朱光潛譯，北京：商務印書館，1979 年 1月版，第 60 頁。

〔註 35〕　劉納：《嬗變──辛亥革命時期至五四時期的中國文學》（修訂版），北京：中國人民大學出版社，2010 年 4 月版，第 320 頁。

〔註 36〕　穆木天：《小說之隨筆化》，1934 年 4 月 18 日《申報·自由談》。

因爲過於嚴肅，卻陷入了另一極端，即過份執迷於某一主題，圍繞這一主題可以隨意鋪寫成篇。直奔主題似的寫法，在某種程度上的確稱得上一種「避難就易」，在藝術發展上則不啻畫地爲牢。

　　總之，靳以主動放逐詩歌而選擇敘事，主觀上想跟上時代的步伐，客觀上卻忽視了藝術上的打磨雕琢。由靳以的文類選擇，令人想起了小說功用論在近代的始作俑者梁啓超。曾將小說功能鼓吹得神乎其神的梁氏在晚年，其文類觀念卻發生了巨大變化：「在作爲大眾文學的小說與精英文學的詩歌之間，放棄了文學啓蒙心態的梁氏，已悄悄將情感的砝碼移向後者。」〔註37〕對於靳以來說，堅定不移的文類選擇及所帶來的審美欠缺，與一往無前的文學功用態度及在藝術方面缺乏反省，始終是相生相伴的。

（二）關於文類與時代的思考

　　由靳以的文類選擇，可以引發更多的思考。

　　西方文學中早有「詩意時代」與「散文時代」的區分。受啓蒙運動和新古典主義的影響，英國的馬修・阿諾德認爲18世紀文學難以表達個人的眞實情感，稱其爲「散文時代」而非詩的時代。〔註38〕而在當時的法國，由於「詩體成了被塞進思想的一副空殼」，成爲「以說教爲目的的便利手段」，在文學史上被稱爲「無詩意之詩」的時代。〔註39〕黑格爾更爲明確地指出，古典藝術的「詩意時代」將被一種「散文時代」所取代，甚至由此提出了藝術終結的命題，這是基於近代市民社會的出現，使他認爲理性行爲的流行會壓制藝術的感性特性，由此判定「我們現時代的一般情況是不利於藝術的。」〔註40〕儘管具體語境和現實環境皆有很大差別，但是中國現代文學中散文語言全面驅逐詩性語言，同樣是功利和理性對藝術應有的詩意色彩的巨大制約。

　　靳以非但最初以詩歌登上文壇，還始終是一個激情張揚的作家，天生具有明顯的詩人氣質，但是誇張的濫情卻不等於眞正的詩意。不過，靳以的確

〔註37〕夏曉虹：《閱讀梁啓超》，北京：生活・讀書・新知三聯書店，2006年8月版，第138頁。

〔註38〕參見〔美〕羅蘭・斯特龍伯格：《西方現代思想史》，劉北成等譯，北京：中央編譯出版社，2005年1月版，第197頁。

〔註39〕〔德〕恩斯特・卡西勒：《盧梭問題》，王春華譯，南京：譯林出版社，2009年1月版，第77頁。

〔註40〕〔德〕黑格爾：《美學》（第一卷），朱光潛譯，北京：商務印書館，1979年1月版，第14頁。

創作過《遊絮》《姊姊》這樣顯現了詩性才華的作品。這裡的詩意體現為婉轉細膩的情感傳遞、優美動人的環境描繪，以及凝煉傳神的筆致、飄逸靈動的韻味。對靳以來說，早期採用女性視角的創作不妨視為詩的手段，而當回覆到愛情小說男性視角的自敘傳傳統，則可以視為散文化表達。其創作生涯的悲劇性隱喻恰恰在於：絕大部分時段都延續著情緒衝動期的心理特徵，而無暇採取女性視角那份細膩體驗的詩化方式。以散文體寫作代替詩歌，雖有從個人情緒中解脫的訴求，其實是將濃厚的憤懣情緒轉向更為廣闊的對象，包括社會與人類整體，這就使靳以始終在藝術所需要的節制方面存在巨大的欠缺。他自覺地以現實主義文學大纛為指引，將反映現實問題與揭露黑暗社會作為永久的主題，同樣是將未經沉澱的情緒帶入，由此宣泄成分劇增，遠離了自身特有的詩性才華。靳以的散文體寫作方式，是個人情緒與時代主潮的混合體。他的藝術病症，是個人的也是時代的——中國現代文學在總體上，同樣以泛濫的情緒渲染和明晰的宣傳說教特徵，而成為缺乏詩意的時期，即類似於黑格爾所謂的「散文時代」。許多中國現代作家寧願為了戰鬥而寫作，而將追求藝術所需要的雕琢視為遠離人生的消極之舉。毋庸諱言，這也是造成現代文學在整體上乾澀與貧瘠的很大原因。

文學寶庫中不能少了詩歌，優秀文學作品更不能少了詩意。真正的詩意，要擺脫現實功利性的束縛，是對生命體驗的反思與昇華，是對人類終極命運的深入探索與形上思考，也是文學藝術的真正魅力所在。中國古代詩論講「韻外之致」「象外之旨」，重視含蓄與蘊藉的魅力，重視詩性語言與體驗：「真正的藝術不是陳述這個世界出現了什麼，而是超越世界之表相，揭示世界背後隱藏的生命真實。藝術的關鍵在揭示。詩是藝術家唯一的語言。」〔註41〕西方文學早期也曾強調詩的現實功用，但在源頭上則是對詩歌的警覺甚至放逐。柏拉圖之所以把詩人驅逐出「理想國」，是認為詩歌只是模仿的模仿，無法抵達真實之物，又唯恐詩人蠱惑大眾。這種詩的現實功用觀在延續了很久之後，到了近現代則有了巨大轉變，許多思想家認為唯有詩歌方能指引人類回到精神家園。尼采甚至認為不成為一個詩人，就無法成為一個人。海德格爾認為，詩人以其靈犀將語言的啟示能量發揮出來，詩意地存在，則是人的生命與文學統一的最高境界。正是在崎嶇的「林中路」上，海氏苦苦思索詩

〔註41〕朱良志：《中國美學十五講》，北京：北京大學出版社，2006年4月版，第189頁。

與思的對話。對於進一步顛覆傳統，追求自由化、多元化的後現代主義哲學家，則更強調詩化文化對於當今人類的意義：

> 所謂詩化的文化，就是不再堅持要我們在描畫的牆背後再尋找眞實的牆，在純粹由文化建構出來的試金石之外再尋找眞理的眞正試金石。正由於詩化的文化肯定所有的試金石都是文化的建構，所以它會把它的目標放在創造更多不同的、多彩多姿的文化建構上。〔註42〕

總之，豐富多彩的人生本身，就應該是充滿詩意的。「無詩的時代是人類的不幸而不只是文學的不幸。」〔註43〕即使是敘事文學的最高境界，也要歸結於詩，歸結於詩意：「眞正的命運是屬於詩的，是難以言說的詩。對於小說而言，藝術意義在很大程度上都由此生成。」〔註44〕關於小說與詩意的融彙，著名小說家伍爾夫在《狹窄的藝術之橋》（1927）中有過精彩的表述：

> 那麼，如果我們不怕別人奚落嘲笑，大膽地去試圖發現我們似乎正在非常迅速地前進的方向，我們不妨推論：我們正在向著散文的方向發展，而且在十至十五年內，散文將會具有過去從未有過的用途。那饕餮的小說已經吞噬了這麼多的文藝形式，到那時，它將併吞更多的東西。我們將會被迫爲那些冒用小說名義的不同的作品發明一些新的名稱。而且在那些所謂小說之中，很可能會出現一種我們幾乎無法命名的作品。它將用散文寫成，但那是一種具有許多詩歌特徵的散文。它將具有詩歌的某種凝煉，但更多地接近於散文的平凡。它將帶有戲劇性，然而它又不是戲劇。它將被人閱讀，而不是被人演出。我們究竟將用什麼名字來稱呼它，這倒並不十分重要。重要的是，我們看到在地平線上冒出來的這種新穎作品，它們可以用來表達目前似乎被詩歌斷然拒絕而又同樣不受戲劇歡迎的那些複雜感情。……
>
> 你首先會猜測：它和我們目前所熟悉的小說之主要區別，在於

〔註42〕〔美〕理查德·羅蒂：《偶然、反諷與團結》，徐文瑞譯，北京：商務印書館，2003 年 9 月版，第 80 頁。

〔註43〕王乾坤：《文學的承諾》，北京：生活·讀書·新知三聯書店，2005 年 4 月版，第 110 頁。

〔註44〕童慶炳：《現代詩學問題十講》，青島：中國海洋大學出版社，2005 年 4 月版，第 115 頁。

它將從生活後退一步、站得更遠一點。它將會像詩歌一樣，只提供
生活的輪廓，而不是它的細節。它將很少使用作為小說的標誌之一
的那種令人驚異的寫實能力。……帶著這些局限性，它將密切地、
生動地表達人物的思想感情，然而這是從一個不同的角度來表達。
它將不會像迄今為止的小說那樣，僅僅或主要是描述人與人之間的
相互關係，以及他們的共同活動；它將表達個人的心靈和普通的觀
念之間的關係，以及人物在沉默狀態中的內心獨白。……那些心理
小說家，太過傾向於把心理學這個概念局限於個人交往範圍之
內……而我們有時卻渴望從這些不斷的、無情的分析中解脫出來。
我們渴望某些更加非個人的關係。我們渴望著理想、夢幻、想像和
詩意。〔註45〕

這是對未來小說發展方向的預言，即拋棄強調故事情節的傳統，而更著
眼於詩化、非個人化和戲劇性的表達，其核心則是超越物質性的局限，而尋
求更多精神性的探索。同時應注意此作的另一個出發點，即有感於詩歌在日
益遠離群眾且日益僵化的情況下，提出小說寫作應該承擔詩歌曾履行的職
責。小說之所以能承擔這樣的功能，正在於其載體——靈活自由的散文語言：
「它將把那作為民主的藝術形式的散文之珍貴特性——它的自由、無畏、靈
活——緊緊地攝在胸前。因為散文是如此謙遜，它可以到處通行……它有一
種被不斷使用的工具的靈活慣熟的全部性能，能夠曲盡其妙地記錄現代心靈
的典型變化。」〔註46〕所以，自由的散文體，完全可以成為小說詩化表達的
有利工具。

小說的詩化色彩與詩化小說的散文式表達，能否達到應有的審美藝術效
果，其核心要素還是能否享有心靈的自由。中國現代小說也出現過詩化小說
的一脈，正如竹內好在《魯迅》中所說，魯迅這位新文學的締造者，其「小
說是詩歌式的，評論也是感性的。他在氣質上，也和憑藉概念來思考緣分甚
遠」〔註47〕。正是這種獨特的精神氣質，使魯迅在與現實決不妥協的鬥爭中，

〔註45〕 〔英〕弗吉尼亞・伍爾夫：《論小說與小說家》，瞿世鏡譯，上海：上海譯文
　　　　 出版社，2000 年 12 月版，第 326～328 頁。
〔註46〕 〔英〕弗吉尼亞・伍爾夫：《論小說與小說家》，瞿世鏡譯，上海：上海譯文
　　　　 出版社，2000 年 12 月版，第 328～329 頁。
〔註47〕 轉引自〔日〕伊藤虎丸：《魯迅與終末論：近代現實主義的成立》，李冬木譯，
　　　　 北京：生活・讀書・新知三聯書店，2008 年 8 月版，第 100 頁。

保證了文學的自足性。沈從文也說過：「一切藝術都容許作者注入一種詩的抒情，短篇小說也不例外。」〔註 48〕他自己包括其它京派作家在此方面亦有較好的實踐。即使在烽火連天的 1940 年代，汪曾祺等人在平凡的日常生活中，也捕捉到了濃鬱的詩情，在溫和平實的敘事中開掘著人生的眞諦。然而，「能夠通過文學的手段來分辨和銘記個體生命特殊而又不朽的精神要求的，或許就很可能只是爲數甚少的那麼一些特殊的個人，特殊的作家。」〔註 49〕「從生活後退一步、站得更遠一點」，吳爾夫所提出的這一小說詩化的重要前提，對於中國現代作家來說畢竟太遙遠了。正如同靳以這樣，散文體寫作在很多時候，是爲了利用其容量傳達單調而閉塞的情緒與意念，從而封閉了心靈的自由。

「詩人要存在，詩也要讀，在社會被扭曲的歲月裏，證明這兩點有充分理由的需要變得益發迫切。」〔註 50〕可是在整個二十世紀，中國文學缺乏詩意，也帶來了詩歌的萎靡。靳以的選擇彷彿如同一種隱喻，詩歌尤其是相對遠離現實的抒情詩，長期成爲中國文學的禁區。詩歌從繁盛到衰落，也折射出文學與現實之間的對應走向。新時期以來，詩歌曾有過短暫的繁榮，而今則又陷入了低谷：「這個以詩歌爲恥的時代，正被一種實用哲學所馴服，被一系列經濟數據所規劃，被冷漠的技術主義所奴役。」〔註 51〕還有人認爲，隨著後現代主義「頗有廣泛流行的可能」，「黑格爾所謂資本主義社會的散文時代在中國已開始到來。」〔註 52〕但是無論如何，今天畢竟不是談詩色變的時代，一些從事不同文類寫作的當代作家都強烈呼喚詩神的蒞臨。于堅認爲：「這是中國文學的偉大傳統，傑出的詩人同時也是傑出的散文家。」「因爲漢語的核心是詩，而散文不過是在語言上慢下來的詩而已。」〔註 53〕張煒認爲：「眞

〔註 48〕 沈從文：《短篇小說》，《沈從文全集》（第 16 卷），太原：北嶽文藝出版社，2002 年 12 月版，第 505 頁。

〔註 49〕 范智紅：《世變緣常——四十年代小說論》，北京：人民文學出版社，2002 年 3 月版，第 202 頁。

〔註 50〕 〔美〕M・H・艾布拉姆斯：《鏡與燈：浪漫主義文論及批評傳統》，酈稚牛等譯，北京：北京大學出版社，2004 年 1 月版，第 405 頁。

〔註 51〕 謝有順：《文學的常道》，北京：作家出版社，2009 年 1 月版，第 3 頁。

〔註 52〕 李澤厚：《己卯五說・說儒學四期》，《歷史本體論・己卯五說》，北京：生活・讀書・新知三聯書店，2003 年 5 月版，第 142 頁。

〔註 53〕 劉會軍、馬明博主編：《散文的可能性》，北京：人民文學出版社，2006 年 12 月版，第 209 頁。

正的好作家本質上往往是一個詩人，只不過他會選擇更合適的形式來表達。能詩則能一切，他會或多或少地寫出一些不同的文字。」〔註 54〕廣而言之，充分融彙了詩意的文學才真正關乎人類的靈魂：

> 詩歌或文學的存在，就是為了保存這個世界的差異性和豐富性
> ——它所強調的是，世界除了我們所看見的那些，它還有另外一種
> 可能性，這種可能性關乎理想、意義，關乎人心的秘密和精神的出
> 路。離開了個別而豐富的感受，人類的靈魂世界將會變得粗糙僵
> 硬，一片荒涼。〔註 55〕

在此意義上，只要文學存在，詩意就存在；作家的使命，就是喚起人類對詩意的美好嚮往。

第三節　靳以散文的貢獻

正因為作家的面孔不是千篇一律，才有了文學的獨特魅力。靳以小說與散文的同構性，折射出其創作的主線，這一主線呈現的是枯澀與荒涼的文學園地。然而，「每個作品，即便出自同一作者，也打開了一個不同的世界。」〔註 56〕在一個哪怕是小小的角落，也許也會綻放出燦爛的花朵，這樣的美麗不應被整體的缺陷所遮蔽，而是更值得去發現。正如靳以小說尤其是早期小說的悖論色彩，他的散文同樣呈現出一定的複雜面目，並且出現了一些優秀作品。靳以經常被作為小說家提起，然而作為散文家的靳以，其成就不遜於甚至超越其小說家地位，這並非誇大。

一、清新素樸的絮語傾訴

在早期愛情小說中可以看到，靳以的創作手法還是多姿多彩的，尤其是以女性視角寫作的細膩、柔婉的筆致，作為一種寶貴的特質，在其後的創作中也沒有被完全拋卻，這在散文中至為明顯。

常用極端化的創作手法，把一切都推向極致，是靳以特有的標記。不

〔註 54〕劉會軍、馬明博主編：《散文的可能性》，北京：人民文學出版社，2006 年 12 月版，第 282～283 頁。

〔註 55〕謝有順：《文學的常道》，北京：作家出版社，2009 年 1 月版，第 3～4 頁。

〔註 56〕〔美〕希利斯・米勒：《文學死了嗎》，秦立彥譯，桂林：廣西師範大學出版社，2007 年 5 月版，第 96 頁。

過，噴湧的激情有時會採取冷色調來表現，比如成名作《聖型》，寫的也是女性的背叛，之所以在長時間被誤讀爲人道主義作品，正是因爲其較爲奇特的北國背景和異國人物，尤其是通篇較爲清冷的格調。但應注意到，這是一種深入骨髓的冷，是對愛情強烈失望後的萬念俱灰，以及由此產生的看透世事人生的體驗，對女性的仇恨還是明顯的。而在其它少數小說如《傷往》中，也用冷色調來處理情感，並淡化了仇恨情緒，就產生了一種淒清的美感。這同樣體現於散文創作中，而且，「因爲散文這種文學樣式，便於直接地流露作者的思想感情，所以他的很多篇章，就更明顯地表達了自己憂鬱和寂寥的心緒。」〔註57〕這種情緒的流露，與小說形成了強烈的反差，比小說要含蓄和內斂得多，而且此類散文數量亦較小說爲多。

　　靳以的首部散文集《貓與短簡》（1937）有許多單純宣泄的篇章，但同樣夾雜著個人情感體驗的《貓》〔註58〕卻是難得的佳作。開篇交代：「貓好像在活過來的時日中佔了很大的一部，雖然現在一隻也不再在我的身邊廝擾。」隨後介紹了自己養貓的歷程：在中學得到別人送的一隻貓，它在家中活了十幾年，由於性格溫順得到了全家人的喜愛，隨著祖母去逝貓也死去了。此後筆鋒一轉，出現了這樣的絮語型文字：「住到×城的時節，我和友人 B 君共住了一個院子。那個城是古老而沉靜的，到處都是樹，清寂幽閒。因爲是兩個單身男子，我們的住處也正像那個城。秋天是如此，春天也是如此。牆壁粉了灰色，每到了下午便顯得十分黯淡。」這顯然是在襯托一種暗淡的心境，但是景物與情緒的對應處理相得益彰。隨後寫「我」與朋友收養了一隻野貓，兩個多月後它卻走失了。對於這隻貓的回憶，亦出之生花的妙筆：

> 　　那時候，雖然少了一隻小小的貓，住的地方就顯得闊大寂寥起
> 來了。當著它在我們這裡的時候，那些冷清的角落，都爲它跑著跳
> 著填滿了；爲我們遺忘了的紙物，都由它有趣地抓了出來。一時它
> 跑上座燈的架上，一時它又跳上了書櫥。可是它把花盆架上的一盆
> 迎春拉到地上，碎了花盆的事也有過。記得自己眞就以爲它是一個
> 有性靈的生物，申斥它，輕輕地打著它；它也就畏縮地躲在一旁，
> 像是充分地明白了自己的過錯似的。

〔註57〕林非：《現代六十家散文札記》，天津：百花文藝出版社，1982 年 7 月版，第153～154 頁。
〔註58〕原載 1936 年 8 月 1 日《文季月刊》第 1 卷第 3 期，署名方序。

平時最使它感覺到興趣的事，怕就是鑽進抽屜中的小睡。只要是拉開了，它就安祥地走進去，於是就故意又為它關上了。過些時再拉開來，它也許還未曾醒呢！有的時候是醒了，靜靜地臥著，看到了外面的天地，就站起來，拱著背緩緩地伸著懶腰。它會跳上了桌子，如果是晚間，它就分去了桌燈給我的光，往返地踱著，它的影子晃來晃去的，卻充滿了我那狹小的天地，使我也有著鬧熱的感覺。突然它會為一件小小的對象吸引住了，以前爪輕輕地撥著，驚奇地注視著被轉動的對象，就退回了身子，伏在那裡，還是一小步一小步地退縮著——終於是猛地向前一躍，那對象落在地上，它也隨著跳下去。

這是多麼生動活潑、富有情趣的文字！而「我」的拳拳愛心也躍然紙上。正是在貓走失以後的這種回憶，才更加映襯了「我」當時的落寞，這種心境又隨友人離去越發深切了。接下來敘述「我」最後一次養貓的經歷：買了一大二小三隻貓，為了怕病重的母親寂寞的緣故，把兩隻貓仔帶到了母親身邊，而將貓媽媽送了人。兩隻小貓成了「我」和母親重要的情感紐帶：「我十分怕看和母親相見相別時的淚眼，這一次有這兩個小東西岔開了母親的傷心。」全文如此終篇：

母親的病使我忘記了一切的事，母親故去許久我才問著僕人那兩隻貓是否還活下來。

僕人告訴我它們還活著的，因為一時的疏忽，它們的後腿凍跛了。可是漸漸地好起來，也長大了，只是不大象從前那樣潔淨。

我只是應著，並沒有要他把它們拿給我，因為被母親生前所鍾愛，它們已經成為我自己悲哀的種子了。

沒有母愛呵護的小貓不正是自己哀傷的寫照？不再養貓正是怕睹物思人。全文將對貓生動有趣的描寫、對貓的呵護喜愛、自己淒清落寞的心境、對母親的深深懷念，精緻而有機地編織在一起，深得一唱三歎，迴環複沓之妙。人生感受不可能輕易轉變：在頌揚母愛的同時也捎帶了對女性的不滿，比如家中人都喜愛貓，「除開一個殘忍成性的婆子」；再比如貓走失時這樣說：「走了也好，終不過是不足恃的小人呵！」與對待《聖型》中忘恩負義的女主人公的態度庶幾近之。文本也傳遞了自己的孤傲狷介、憤世嫉俗：「既不能在眾人的處所中感到興趣，除開面壁枯坐還有其它的方法麼？」然而，在其

它作品中完全可以極盡鋪排的素材，在此都點到爲止。一切似乎都任意點染，卻無不獨具匠心，涉筆成趣。這種借物抒情的方式，既樸實無華又雋永別致，意味綿遠而深長，著實體現了相當的功力。

　　與《貓與短簡》同年出版的《渡家》，收入了《人之間》這樣呼籲毀滅世界的狂暴之作，但是明顯多了絮語式的樸實、親切感。從一些標題可以看出，如「寂寞的」「殘之憶」「沒有春天」，都是寫當時心境的。而在這些愛情題材作品中，雖然仍舊耿耿於懷，但明顯多了平緩柔和的成分，比如：「受盡女人折磨因而加以刻毒分析之我，多少是被人認成全然是反感的激蕩，在大半的時候，是想來管束自己，噤然的也不說一句話。在覺著該有話要說出來的時候，就茫然地看看遠處的天，或是低下頭來望望路上的葉子。」（《夜語》）「到了有淚在眼裏的時節，我還要說著是風吹淚流了。」（《亡友的手冊》）在「爲什麼不約束一下自己的情感呢？」的刻意追求下，果眞以一種細膩委婉的筆致，勾勒了這樣一種安閒的情思：「我愛聽雨點打在油傘上的聲音，我也願意看像寫著詩句的在積水上起來了大小的水泡，我得著這清趣，我想起我只該安之於這清趣的玩味吧？」（《那雨》）這種感傷格調，頗有清幽的意境之美。在《秋之日》中，則用衰敗的秋色把自己黯然的心態襯托得淋漓盡致。所以，同樣是涉及個人情感的一些作品，儘管也有偏見，格局也不開闊，但色調由熾熱變得冷卻，要比狂呼叫嘯來得自然的多，耐讀的多。

　　在《渡家》中，這種頗爲節制的絮語風格，也滲入了其它題材。《處決》寫一個無辜的年輕人被殘忍殺害的場景，在充滿人道主義的生命關切中對草菅人命的統治者予以嚴正批判。這本應是人間至爲慘痛的場景，也同樣是靳以最愛渲染的題材，卻寫得很節制，很平靜。平時經常採用的議論也只有這樣一句：「……有那麼多愛殺人的人，就不得不有許多無辜被殺的人了。」結尾也是這樣的短短兩句：「這是一個美麗的、爽快的北方的秋天！」「可是一個年輕的善良的人，就這樣被處決了。」文本顯然帶有想像與虛構色彩，但這種寫法，比無盡的渲染更能引起讀者的共鳴。《渡家》《造車的人》寫下層百姓的善良與勞苦，筆調都是舒緩而從容的，大大減少了慣常的峻急與浮躁。尤其是《天地》〔註 59〕一文，不過描寫一位近八十高齡的老人的日常生活，卻在短小的篇幅中凝聚著人生旅途的諸多感悟和哲思，堪稱舉重若輕的傑作。老人對一切都從容淡定，可他雖「毫不被感動地溫習著往日的事」，在

〔註 59〕原載 1935 年 3 月 10 日《水星》第 1 卷第 6 期。

那小小的家中,「每次他望到了那些小陳設,他就記起了那麼些事,那並不是間狹小的房舍,仰望是蒼蒼的青天,俯視是無垠的天地;還堆積了近八十年大小的故事。」全文以小見大,立意高遠,體現了靳以整個創作中難得的胸襟與氣象。

總之,在前兩部散文集中,已經可以看到靳以出手不凡的藝術造詣。此後,還有一些作品從日常生活出發,在娓娓道來的敘事中,提煉出人生的哲理。《花草的生長》〔註60〕寫的是自己種植花草的經歷與感悟,宛如家常話語般親切而自然,比如開篇把花草與生命的關係用極為平實的語言加以敘述:

> 撒在土地中的一顆種子,它不會腐爛,它要生出繁茂的枝葉,開出美麗的花朵!還要結出累累的果實。全靠這豐腴的生長的力量,我們才一代一代地活下來。
>
> 對於自身的生長,反是覺得茫然無所知,但是誰不曾為了他物的生長而鼓舞呢?一隻小貓,磚牆縫中的一株小草,在在都足以感動我們,使我們覺得生之偉大的意味吧!

培植花草需要精心呵護,這一過程得到了詳盡的描述:

> 我們就又忙碌起來,那麼細小可愛的生物,我們怎能放心交給別人去弄呢?它們都是那麼細小,就是自己的手碰到了的時節也生怕傷害了,而繁密處,又常是連手指也插不下去,天上也許是淋著雨,若不是任它落濕了衣髮手臉,便要一面工作著,一面架了一柄大油紙傘。——遮了雨,也加了麻煩。但是我們都很快樂,看到苗長的嫩芽,彷彿自己也該分得一份欣悅。而且在那裡面,不盡只是些惹人憐愛的細芽,也有那強壯如小兒手臂的,頂開了泥土,頭還埋在土中,等待一揚起,便要突長了許多。我們盡心地把它們放到最適宜的地方,要使它們能在這世上燦爛地開一朵花。

結尾將這種關愛萬物的情懷予以昇華:「成為我每日夢想的仍是一個院落,要忙碌自己,由自己的手培植那些花花草草,要它們到這世界上來,要世界為這充塞著的生長的力量所改易。要投下去的每棵種子,都能生芽開花,結出美麗碩大的果子。」在溫馨樸素的文字中,充滿愛意的心聲自然流淌著。對世間萬物的珍惜,深深傳遞著民胞物與的博愛情懷,及人與自然之間的和諧音符。

〔註60〕原載 1937 年 2 月 20 日《中流》第 1 卷第 11 期,收入《霧及其它》。

　　還有一些作品，以絮語方式描寫了在大時代中的生存體驗，《旅中短記》
〔註61〕這樣描寫在人聲嘈雜的旅舍中的感受：

　　……平時我也許厭惡那叫囂，那難耐的俗氣，或是那尖得使人
頭痛的高音，可是居住在這陌生的小城中，什麼都像是變了，甚至
於一個人的喜惡。

　　就是那一片嘈雜的人音也不像從前那樣使我厭煩，它使我記起
來我還活著，我還活在人群的中間，雖然知道這些人於我不過是一
粒沙和一粒沙；今朝風把我們吹聚了，明日風又會把我們吹散，沒
有一點黏著，沒有一點關聯。

　　……如今我好像懸在空中，不能上也不能下，在這極小極小的
城裏，度著極寂寥極冷清的日子。

　　這是寫戰爭年代顛沛流離的逃亡旅途的，卻在鬧中取靜，以充滿反思性
的獨語方式，真切地傳遞了對人與人之間關係的思考，及對個體生命存在的
諦視。

　　如果說靳以多數散文爲文造情的痕跡過於明顯，那麼像《貓》《天地》《花
草的生長》這樣熨帖自然的作品則彌足珍貴。這樣的絮語型文字清幽淡雅，
凝煉含蓄，是靳以散文創作中的精華。

二、精緻優美的借景抒情

　　靳以在景物描寫方面有很高的造詣，一些散文在美景的光影交織中，自
然流淌著對生活、人生、世事的體驗與思考，堪稱佳構。

　　在《渡家》集中的雨景與秋色，已體現了靳以狀物寫景的功力。這種才
華此後得到了進一步發揮，一些作品不僅把景色描繪得美侖美奐，同時顯現
了闊大深邃的境界與悠遠飄逸的詩情。在《霧》〔註62〕一文中，開篇以濃重
之筆寫出了漫天大霧：「隔斷了眾人與我的是漫天的霧。任是高屋崇樓，如水
的車輛，擁擠的行人，一切都不復存在，連自己行走時搖蕩出去的手臂也消
失在迷茫之中了。」此後則很少對霧的直接描寫，基本是用烘托的手法，表
達人在霧中的體驗與感受。全文描寫了三個片斷：日常生活，由於大霧行人
在街上相撞；海上旅行，由於大霧旅人被輪船的汽笛聲夜半驚醒。霧中登山

〔註61〕原載 1939 年 3 月 1 日《宇宙風》乙刊創刊號，收入《霧及其它》。
〔註62〕原載 1937 年 3 月 21 日上海《大公報・文藝》，收入《霧及其它》。

遊覽是重頭戲，先是以鋪墊方式對霧前的美景做了細膩傳神的描繪：

> 泥土的路，衝出來些細小的渠流，微雨濛濛，濕了眉髮。我們並不曾撐傘，也沒有草笠，爲雨所揚出來青綠的香氣，洗滌著每個人的心胸。

> 山徑上，積塵不復存在，石板的細紋都清晰地看出來。誰能想得到終日爲人爲驢子踐踏的長石，有那麼美妙的花彩，那麼華麗的顏色？若俯身下去，細心玩賞，那更像才經畢事，色彩未乾，留得一份鮮豔深淺碧翠的樹葉，遠近夾映，從葉尖淌下的水滴，會使我們失口叫出：「喂，緊一步，看染綠了你的衣裳！」

隨後則完全採用對話方式，寫同行者在霧中登山的艱難。一開始，大家以在美景中可以羽化成仙之類輕鬆話題互相打趣，可是最後有的跌倒，有的被劃傷，還有的被蟲咬，狼狽不堪，再也無人以神仙自居了。從整體來看，仍是通過霧給人帶來的不便，表達了對其的厭憎，明確地體現出對濃霧一般壓抑的現實環境的批判。不過由於充分調動了視、聽、嗅覺，在反差鮮明的對比中，以側筆、曲筆來描寫霧，堪稱高明。尤其是一些關於現實的指向，多爲畫龍點睛之筆，絕不做饒舌發揮。比如寫街上行人相撞：「只有說話的聲音，待回過頭去，仍是一無所有的茫霧。那只是一個陌生的闖入者，何所用那一點無名的戀戀之情呢？」再如汽笛引發的對話：「這麼大的海，兩隻船還能相撞麼？」「人海也許更大吧，巧合的事正多著呢！」這都是頗含機鋒與深意的話語。直接的抒情也有，不過同樣頗爲簡勁，如在山上的感受：「只是爲了自己心胸敞快，更可長嘯一聲，吐盡千百日的積鬱。」再如結尾句：「明天，會是一個清朗的日子麼？」全文既有強烈的現實感，還融入了深長的哲思，比如霧中登山的情節，就揭示了人無論何時，都應腳踏實地，不可做凌空高蹈的幻想。而這些，都鹽融於水般自然融於巧妙的布局、精緻的描寫中。

《江南春》〔註63〕不足1500字，更像一篇清新、雋永的小詩，具有強烈的藝術感染力。作品由北方友人來信對江南春天的想像開端：「想江南春，畫裏夢裏，早就是一片嫩綠的草原和紅的黃的花朵」。可是，「我」卻與友人的美好幻想強烈錯位，毫不曾意識到春天的來到，這是因爲染上風寒得了感冒，又對所處江南燠熱、潮濕的環境印象不佳。寥寥數筆，就將此惱人情境

〔註63〕原載1937年5月15日《文叢》第1卷第3號，收入《霧及其它》。

勾勒出來：「金屬的器皿和玻璃上，都附著細細的水珠或是水氣的霧暈，人的
呼吸也像是覺得有點困難的。」這些背景足以構成充分宣泄的基調，然而此
文大爲不同，在舒緩有致的節奏中徐徐展開精緻的畫卷。友人的信與當下境
遇，竟催發了美妙的詩情，勾起了「我」對春雨的美好想像：

> 夢中的天地卻飄著濛濛的春雨，記起了不知在哪裏見到騎在牛
> 背上披蓑衣吹橫笛的牧童的畫景，彷彿就展在眼前。而茫然間自己
> 就像是那牧童了，雖然自己原不會吹笛，也從來沒有騎過水牛。夾
> 在細雨裏的是桃紅，點破塘面的是多姿的垂柳，花的香氣和土壤的
> 香氣足以使人沉醉，我像睡著了……

不過隨即還是要面對乏味的現實：「待醒了來，才知道還是人在斗室中，
窗外雖是落著雨，沒有花香，也沒有春景，填滿我的窗口的仍是別人房舍的
灰牆」。在令人煩悶的雨水中，「我」在黃昏來到了友人家，這時罕見地下起
了雪。回到家中，又引發了這樣的聯想：「回望壁上懸著的日曆，正有說明這
個月分的季節的剪影畫，那是燕子，茁長的花和花的心。」全文以給友人的
信結尾：

> ……誰知道春天來過了沒有呢；一天熱，又一天冷；玉蘭說是
> 開了，爲我們看到的只是殘敗的花瓣，冷落地躺在地上，不是焦枯
> 了就起著黃色的鏽斑。有的時候是夏天，有的時候又是冬天，雖然
> 沒有黃沙，卻落了一場雪，我告訴你，在江南像是也沒有春天的……

通過錯落有致的色調搭配，活化了獨特的江南之春，也暗示了不佳的個
人心緒與政治氣候。雨中出行到友人家散心的結構，爲靳以所經常採用，即
始於擺脫煩惱、尋求慰藉，終於加重抑鬱、宣泄憤怒的刻板模式。《江南春》
的主題沒變，寫法卻迥異，蕩除了陳舊的嗟怨與激憤，細膩的筆觸含蓄然而
鮮明地抒發了自身的感觸。江南的春天是令人煩惱的，讀來反倒爲充滿想像
的文字與奇幻的美景所打動，這就是本文的獨特魅力。《霧》與《江南春》都
採用了高妙的對比手法，在美好情景的襯托下，凸現了當下環境的惡劣，隱
含著對現實的批判。由於聲情並茂，含蓄而精緻，使整個文本瑰麗多姿，流
露出濃鬱的詩情畫意。

《夜行記》〔註64〕將焦點對準了旅途的艱難，寫得跌宕起伏，活靈活
現。其中的景色描寫更好地配合了旅行途中的不同時刻，疾徐有度，舒展自

〔註64〕原載 1939 年 8 月 31 日重慶《國民公報·文群》，收入《霧及其它》。

如。且看汽車爬山前的美景：

> 太陽正疲乏地停在西方，陽光失去炙人的威力，只是把樹，茅屋，和走在前面車輛的影子投射得大大的，田野顯得又闊邊，又寂寞，而路旁的狗，更惶恐地朝飛馳過去的車吠著。

> 躺在前面的路，無盡地，蜿蜒地伸展著……時常錯覺地以為奔馳的不是汽車，而是那帶子樣的路，連同路旁的大小樹木，一齊急速地退回去。

> 可是天漸漸地罩上了一層灰暗的霧，躺在前面的還是那無盡的路。

> 雲的豔紅，逐漸地黯淡了，成為紫，成為蒼紫，蔚藍的天空，也失去了它那海洋般，透明的美色，早現的星星，已經稀疏地掛在這裡那裡了。

而在山上行駛，則全然是另一番情景：

> 我們是走在什麼地方呀？那只是一片想來吞噬人的黑暗，只有天上鋪滿了繁星，可是它那個微的光，絲毫也照不到地上。黑暗緊緊地包住我們，只有車燈的光，好像極困苦地為我們劈開一條路，使我看到坎坷的路面，千萬尋的懸崖，猙獰的危石，和隱藏在山林中一切不可知的災難。也許路旁能跳出一群攔路的強人，或是幾隻野山的虎豹；在上有飛石，在下有深澗，只要有些微的疏忽，我們就將永遠沈在黑暗之中了。

現實的指向還是明顯的，卻與氣象萬千的景致渾然交融了。靳以筆下時常出現的空洞尋路模式，對照這樣靈動的山路夜行，則不知要遜色多少。

三、小說筆法的成功運用

「靳以的作品風格清新明麗。那種深刻的憂鬱和感傷也充滿了詩的美感，善於講述故事，烘托環境氣氛，使他的作品與同時代作家的散文相比別具一格。」〔註65〕對於靳以的散文創作，這固然過譽，而且小說手法也產生了《人世百圖》那樣的低劣之作。不過，在其總體創作中，確有少量優秀的小說化風格的散文。這些散文的共同特徵，是消除了特有的火氣與宣泄，在

〔註65〕莊漢新：《中國二十世紀散文思潮史》，北京：學苑出版社，2005年12月版，第108頁。

含而不露的寫人記事中，傳遞人間的溫情，體味生命的真義。

收入《渡家》的《鄰居》，是完全可以視為第一人稱小說的。「為著把自己安頓在一個可以叫做家的房舍裏，不知道已經給我多少麻煩了。」一開篇就寫出了自己精神無所皈依的困境。好不容易租住到一處居室，「我」卻被晚上鄰居的喧鬧弄得無法入眠。第二天清早，看到了鄰居的女子，對其外貌的描寫可謂纖毫畢現的小說手法：

> 頓然間我想到了所看到的不是一個人，而是一隻雞。在蓬亂的，染成了黃色的頭髮之下，蓋著一張瘦瘦的臉。那臉，若是看到鼻尖，也還算是端正的；可是再向下去，便突然長成尖削，幾乎像是雞的銳喙。整個臉的長度也就顯得短了；可是她卻有長長的頸子。她的眼睛是一眨一眨地，四周像是染滿了烏青的顏色，——她的眼睛也就顯得是凹下去了……她的臉上滿塗了胭脂和粉，好像當著塗的時候她發了一次羊角瘋，臉上就東重一塊西輕一塊的。

後來從房主那裡得知，這是一個出賣肉體為生的「生意人」。「這個社會一直告訴我說這種人是卑下的，沒有靈魂的」，「自從我知道了她的職業，我就更正眼也不看望她一下。甚至於我想到連申斥她都不必，只是想著能離開這麼一個下流人。」她的房間每天晚上的嘈雜讓「我」更是無法忍受，就尋求新的房舍。後來，「我」在另外場合，看到了一幕送葬的場景，其中有這個女人和一個年輕男子，他們都穿著素服。通過別人的介紹得知，死者是女人的母親，此前已有三年癱瘓在床。男子則是在大學讀書的死者的兒子。而介紹者對女人的身份並不知情：「女的出去了一年，說是到××去了，因為母親死了才趕回來。您看他們哭得多麼傷心呀！」「我」的反應則是「唔唔地應著，想到該傷心還許在這些之外吧。」後來那個女人搬走了，全文這樣結尾，「到了晚上，果然就安靜了，可是我仍然不能入睡。我覺得這個世界寂寞空洞起來了。」

關於女性的話題，靳以重複講述了太多太多。此文中許多鄙視女性的語氣，在大量作品中出現過，然而最終看來卻完全是一種反語形式的修辭策略。社會讓女子墮落的主題，在異常平靜的語氣中被鮮明揭示出來。包括靳以小說中的外貌描寫，由於主觀意念化強烈，都顯得牽強和做作，而此文中的刻畫卻是入木三分，將在人生旅途中被壓迫和被凌辱的形象生動勾勒出來。

　　與《鄰居》異曲同工的是《夫妻》〔註66〕。「我」在旅館中聽到一對夫妻不斷爭吵。女的埋怨男的沒出息，男的抱怨女的多事。最後他們紛爭升級，竟動氣手來，隔壁的「我」，此時方表露了自己的感受：

> ……由於路途上的勞苦，人的性子很容易變成暴躁，那個女的我想是如此，那個男的，只由於語言的推測，知道也許平時真就只有綿羊般的性子。他從此並沒有再說一句話，或許就躲在屋角的木凳上，用手掌托了下頦入定般地靜坐吧。於是只剩下那個女人啜泣的聲音，隨後就昂然地在室內闊步，使整間樓的樓板在她的威風下顫抖著。

　　全篇大部分只憑聽覺和想像，在體察入微中將一對夫妻寫得活靈活現。更妙的還是結尾，隨著空襲警報拉響，「待我趕出房門，跑到甬道那裡，我只看到倉卒奔逃那一對夫妻的手牽著手的背影。」同《鄰居》一樣，此文也採用了先抑後揚的方法，有力地烘托了患難夫妻的真實情感。

　　《沉默的旅車》〔註67〕寫的是危險的山路旅行，夾雜了對一位打著國家旗號卻只顧一己之私者的譏諷，不過由於重視人物的細節刻畫，少了憑空而發的議論，就頗為自然。如對人物動靜結合的描寫就很傳神：「他把書一丟，猛然地站起來，好像要撲到司機的身上似的怒吼著：『你怎麼，你拿我們國家人材的生命做兒戲！』」「別的乘客就不同了，有的埋怨，有的暴跳，可是那位國家的人材，卻一手很有趣地捧著《西風》細讀，一手抓著自己的腳。」收入《紅燭》集的幾篇情節連續的水上旅程作品《迎著逆流》《一條彎曲的河流》《綠河行》《飛龍泉》，視角人物由「我」換成了「他」，敘事近於話本小說語言。代人買票的掮客，慢條斯禮的過磅員，炫耀的女性，苦難的兒童，以及沿途的景致，出之凝煉簡勁之筆，無不栩栩如生。

　　「事實、經驗和細節之上，貫徹著作家的精神發現和心靈看法，這就是散文最重要的兩個維度，它的完美結合，才能產生好散文。」〔註68〕惜乎，在充滿功利性的現實束縛中，靳以是難有餘暇深入進行心靈體驗的。以上這些成功的作品，大概也要在難得的精神安閒時刻，整體的燥熱情緒沉靜過後，方可偶得吧。

〔註66〕原載 1939 年 3 月 1 日香港《大公報・文藝》，收入《霧及其它》。
〔註67〕原載 1942 年 1 月 15 日《文藝雜誌》創刊號，收入《紅燭》。
〔註68〕謝有順：《文學的常道》，北京：作家出版社，2009 年 1 月版，第 92 頁。

第四節　小　結

對文類功能的簡化定位，使靳以的文學道路走向貧乏。在自覺地選擇散文體寫作中，靳以在很大程度放逐了文學本應具有的詩意，實際上也放逐了藝術性本身。「藝術是自由的象徵，文學的尊嚴是自由的尊嚴。」〔註69〕靳以在精神主體的無形消解中，失去了廣闊的創作自由。

強烈怨恨色彩的驅動，與詩意的自我放逐，帶來了靳以小說與散文的同構特徵。靳以利用了散文體寫作的容量，抒寫內心的無盡憤恨情緒，在此過程中將文學的功用觀體現得極為明顯，這也必然帶來藝術效果上的貧乏。

靳以的散文創作亦有傑作，這主要體現於清新的絮語傾訴、精緻的借景抒情及小說筆法的成功運用。這些作品，要在遠離了情感的波瀾，深入地體驗人生之時方能出現。誠如李健吾所謂：「這幾乎是每一個天才者必經的路程，從情感的過剩來到情感的約束。偉大的作品產生於靈魂的平靜，不是產生於一時的激昂。」〔註70〕

由靳以在散文方面的優秀之作，更不由令人惋惜其才華在時代主潮中的虛擲。當然，這也是靳以同時代作家共有的問題。在這方面，靳以的文類選擇，對於中國現代作家來說，也是一個具有隱喻性質的典型選擇。

〔註69〕王乾坤：《文學的承諾》，北京：生活・讀書・新知三聯書店，2005年4月版，第111頁。

〔註70〕李健吾：《咀華集・〈魚目集〉——卞之琳先生作》，《咀華集・咀華二集》，上海：復旦大學出版社，2005年5月版，第60頁。

第六章　文學園地的戰鬥者──論靳以的文學觀與編輯思想

　　靳以是一位創作頗豐的作家，不過在現代文學史中更以編輯家著稱。他在 1930 年代編輯的刊物《文學季刊》《水星》《文季月刊》《文叢》等，已被納入研究視野。這些研究多將靳以作為一個踏實能幹，善於發現文學新人的好編輯來描述，這顯然是不夠的。因為此類評價，亦可移用於其它著名編輯家。關於具體的編輯方針、策略和選稿的趣味、標準，是一個複雜的話題，尤其是合編的刊物，每人所起的作用更是需要細加鑒別，如靳以與其編壇處女作《文學季刊》的關係，就是如此。以往的研究，對於靳以作為一個著名作家，其本人的文學創作、文學觀念、文學趣味、文學交往，如何影響他的編輯思想，同樣缺乏足夠關注。本章擬綜合考察靳以的文學觀念，並在此基礎上研究其編輯思想。

第一節　濃厚的文學功用觀

一、純粹透明的介入訴求

　　靳以在創作中始終處於矛盾與偏激狀態，在行事方式上有時情緒化波動嚴重，有時又無限執著，從詩歌到小說的選擇，就充分體現出一種認準死理不回頭的性格。他的文類選擇，極為類似薩特在《什麼是文學》中表達的激進的文學功用觀，即詩歌是非功利的，包括小說在內的廣義散文類作品在本質上則是功利性的，其使命就是「通過揭露而行動」，「作家選擇了揭露世

界，特別是向其它人揭露人，以便其它人面對赤裸裸向他們呈現的客體負起他們的全部責任。」〔註1〕文類選擇，對靳以的整個文學旅途奠定了方向，這種方向就是為人生的、寫實的文學觀，尤其是認為文學天生要承載對黑暗現實的揭露與批判功能。從文學創作到文類選擇再到編輯思想，都可以看出靳以始終秉持一種相當激進的文學功利觀。

長期以來，中國文學形成了以重道德教化為基本底色的傳統。「基於文學是達到政治、社會、道德，或教育目的的手段」的文學實用觀，「由於得到儒家的贊許，它在中國傳統批評中是最有影響力的。」〔註2〕近代以來，正如梁啓超在《論小說與群治之關係》中所說，「欲新一國之民，不可不先新一國之小說」，賦予在傳統文學中本為小道的小說以極其重要的地位，同時把小說的社會功用誇大到了不可思議的地步。可以說，中國現代小說從誕生起，就負載了沉重的歷史使命。同時，1930年代是普羅文學的興盛時期，小說更強調「寫出集團的心理」，「在描寫日常的瑣事之中，要說出它們的對大眾對社會的重大的意義」〔註3〕，因此成為配合政治、革命、宣傳的最有力武器。這些，都為靳以吸納進自己「從個人到眾人」的創作觀念與實踐中。

靳以所選擇的文學方向，體現了現代文學主潮積極進步的一面，但在新時代背景下載道傾向的驅動下，必然產生一種相對褊狹的文學態度，這從其對待詩歌中就可看出。值得注意的是，支配靳以文學觀念的還有一種濃厚的道德意識。「縱觀整個20世紀的中國文學，可以說，強烈的道德意識是其精神的內核。在國家瀕亡、民眾疾苦面前，文學創作者的道德意識得到了足夠的放大，充溢於其思想和創作之中。」〔註4〕一種強烈的道德教化意識，從靳以早期小說對待愛情的態度，就體現得極其鮮明。此後，他不斷將這種意識放大，不遺餘力地聲討一切與自身道德觀念相悖的生活態度，比如對女學生婚戀的態度，再如在《前夕》中對一切娛樂都予以近乎刻板的拒

〔註1〕〔法〕薩特：《薩特文論選》，施康強譯，北京：人民文學出版社，1991年2月版，第103頁。

〔註2〕〔美〕劉象愚：《中國文學理論》，杜國清譯，南京：江蘇教育出版社，2006年2月版，第160頁。

〔註3〕郁達夫：《現代小說所經過的路程》，1932年6月1日《現代》第1卷第2期。

〔註4〕卜召林等：《二十世紀中國文學與道德》，北京：新華出版社，2007年4月版，第395頁。

斥。這種道德純化意識與儒家詩教傳統的結合，也導致靳以在維持自以爲純正的文學觀念的同時，對其它與現實相對疏離的軟性文學備具惡感。在《大師》中，他這樣譏諷林語堂：「大師原來是以幽默出名的。慣於把大事化小，嚴肅化成嬉笑，有化無，希望天下一切事，都可以一笑了之，然後抽煙喝茶，故作瀟灑，碰上機會銷售『吾國與吾民』，讓外國的老太太們，看著怪開心的。」由於因人論文，對於林氏不無合理成分的「所謂寫實主義，偏重人間苦痛疾病死亡性欲方面」，亦以輕率的口氣打發了事：「這眞是坐了性靈的椅子，不知所云地亂講了一通了；可是這也不便駁斥，因爲這正是他的幽默！」

在現代文學的旅途中，幽默閒適、輕鬆寫意、惆悵吟詠，都漸爲血火交織的現實所拒斥，「中國百年文學的主流，便是這種既拒絕遊戲又放逐抒情的文學。」〔註5〕靳以更是自覺地行進在這一文學主流之中。林語堂和以他爲代表的追求閒適與性靈的趣味主義文學，固然有值得批評之處，但相對於引領時代方向的「相對嚴肅的重文學」，自有其存在的價值：「使中國新文學在嚴肅之餘也不無輕鬆的趣味可以欣賞，這不能不說是對新文學的一個有意義的添加和豐富；而且趣味主義的輕文學中也確有相當一些作品達到了頗高的藝術水準，具有雋永的生命意趣，那無疑是中國文學寶庫中的珍品」〔註6〕。這些相對追求藝術自身獨立、對現實採取較爲超然取向的文學，在靳以的文學觀念中是堅決予以抵制的，他所追求的文學方向堪稱「嚴肅的重文學」，他始終以這種方向爲主導的編輯活動，也成爲左翼文學的有力側應。

對於靳以本人，文學觀念與文學創作，正如一體兩面。在他的觀念中，延續了現代文學強烈的以主流貶抑支流的批判傳統，即在從自身掌握正確文學方向的體認中，永遠以眞理在握的方式來批判他者。同時，在充滿介入姿態的爲人生的文學觀念中，不可避免地忽視現實人生豐富多彩的一面。文學的社會功用與審美本體之間的矛盾是自古有之的，「要留心的是，這種社會功能的正當性只能在社會正義中尋找根據，而不可在文學性中尋找。文學性並不支持或者說拒斥這種功能，它必須保持一種必要的張力。」因爲，「它必須在這種自治中保證文學是藝術，而不是別的什麼。」「文學不應是裝載許多社

〔註5〕 謝冕：《〈百年中國文學總系〉總序一・輝煌而悲壯的歷程》，見謝冕《1898：百年憂患》，濟南：山東教育出版社，1998年5月版。

〔註6〕 解志熙：《寫在前面的讀後感──兼談文學行爲的實存分析》，見趙海彥《中國現代趣味主義文學思潮》，北京：中國社會科學出版社，2005年3月版。

會功能的列車。」〔註7〕在中國現代文學的整體環境中，尤其是當社會黑暗到一定程度，人民處於悲慘境地中，民族社稷安危都無法保障時，要保證文學的自足性的確近乎奢談。但是，當許多現代作家都自覺地以文學作爲社會改造和批判的武器時，文學在嚴重的功利性侵蝕下萎縮枯乾，也是不爭的事實。正因如此，在肯定靳以的現實主義文學方向的時候，指出其文學觀念褊狹的一面，並將此納入視野來考察其編輯活動，也是極爲必要的。

二、主題至上壓倒藝術探索

靳以曾回憶於復旦讀書期間，在少數服膺的教授中，孫寒冰先生「佔了一個極重要的地位」，因爲孫的作品選講是自己所賞識的：「現在想起來當時他卻從來沒有要我們讀那些空洞的只是賣弄文學技巧的作品。每一篇作品都有眞實的情感和眞實的故事。」（《孫寒冰先生》）後來，靳以對孫的認識有所轉變，恰恰是孫在他心目中思想不能與時俱進（參見第三章）。內容與技巧近乎絕對的分別，與其信奉的現實主義文學觀念相吻合，也與其異常偏激地賦予小說與詩歌的不同功能密不可分。在靳以心目中，內容永遠是第一位的，而且特別強調眞實。而這種眞實觀結合其自身的創作來看，就是特別關注作品的題材，即一方面強調自身情緒的眞實流露，另一方面則要眞切地暴露黑暗的現實，只有這樣文學創作才算充分發揮了作用。這樣，靳以無論是創作實踐與編輯方針，都喜歡直奔主題的作品。他評價自身或其它作家的作品，同樣著眼於此。

靳以有過一些對於自己創作的思考，從中可以發現，正如與作品中無時不在的尋路模式相對應，他最看重心路的歷程（主要即「從個人到眾人」的歷程），而很少反思藝術上的得失。無論是對於早期愛情作品，還是批判性作品，他都表達了極度敝帚自珍的心理，這也是主要著眼於作品是否「眞實」，是否關注社會。從中也可以看出，他雖然在作品中常表露出極端情緒化的思想波動，但是對自身的文學創作以及所選擇的創作方向，總是顯得無比自信。如在第一部小說集《聖型》序中，儘管他也反思了寫作視野的有限，但還是更強調在這部作品中充分抒發眞實情緒的可貴。在《蟲蝕》序中，他對自己此前創作中「瑣細的情感」進行了反思，表示在對社會進行了細心的觀

〔註7〕王乾坤：《文學的承諾》，北京：生活・讀書・新知三聯書店，2005 年 4 月版，第 244 頁。

察後，「現在我是走進社會的圈子裏來了」，「這一本書，將結束了我舊日的作品。」實際上，當時作家還在無限的情感困惑之中，這在《蟲蝕》三部曲中已經體現得很明顯了。也就是說，靳以並未對舊作做出根本性的清算。果不其然，在將最早的愛情小說集《聖型》《群鴉》《青的花》結集爲《靳以短篇小說一集》（1937）重新出版時，靳以在後記中，由衷表達了對這些充分表露自身情緒的早期創作的珍愛：「這些過往的腳印並不一定是端正的，卻願意留在這裡，——因爲是自己走的，多少總揉和著一點小小的偏愛。」在同年出版的散文集《渡家》序中，類似的表白更加明顯地延續著：

> 我知道，這本書裏的文章會有多麼雜亂，多麼不調諧，正如這
> 一年我那小小的庭院一樣，使人望到就有不快互上了心。但是也正
> 如我培植我的院中的花草，我是一個字一個字把那些文章寫出來，
> 而且對每一篇我還有著私心的偏愛。
>
> ……
>
> 我十分清楚地知道短文中有多少是寫著個人情感的，有多少是
> 柔弱得不能站立的；可是我也放任地使它們並存，我總記得寫的時
> 候血是如何激快地流著，心是如何猛烈地跳著。

顯然，眞實情感的傾瀉之於靳以，是其文學使命的重要組成。而在此後的批判性作品中，他同樣爲自己所盡情渲染的人間慘劇頗爲自得，像這樣的表白不勝枚舉：「對於這本書我有一點小小的偏愛，因爲它幫助我永遠記著活在這世界上不幸的人們。」（《黃沙》後記）「用了熱鬧的年景，我襯出一件悲慘的故事來。雖然是悲慘，卻是十分眞實的。」（《泥路》序）再如，散文集《人世百圖》的題旨相當明顯，並極盡誇張丑化之能事，靳以亦同樣非常自負，而且對散文家繆崇群的讚賞看來也欣然接受：

> 爲著使它犀銳，爲著使人看不出是我的作品，我把筆調整個改
> 換了。說是《人世百圖》，所寫的題目無非是禽獸們，在那中間巧妙
> 地寄託我的憎恨和喜悅。爲了時時不使我的文筆顯露出來，我寫得
> 很吃力，有時好像我必需忘掉我自己才能下筆。可是這卻沒有逃過
> 他的眼睛，在信中告訴我知道是我寫的，而且表達出他的說不出的
> 喜愛。（《憶崇群》）

總之，靳以對自己作品的精神內涵，始終是滿意的。這種心態在寫作《前夕》中，得到了最大程度的膨脹與爆發：

　　　　　我是以我對於新一代的信心和感情才用我那無用的筆來描畫一
　　些影跡，使它能附麗這不朽的青年群上而留下一個名字。我不是沒
　　有情感的，我寫這新生的一代，我也就在他們的中間。──不是個
　　人，是一群，這些爲他人，爲人類獻上自己的血肉的。容許他們的
　　行動有些不足或過分，可是他們的心是善的，純正的，不自私。在
　　這偉大的時代的試金石的測驗下，他們不是死亡，就是戰鬥，──
　　也許有些灰爛的，倦的，追隨不上他人的，可是沒有和敵人妥協的，
　　也沒有落水出水的，更不說做敵人的爪牙了。(《前夕》跋)

　　這顯然張揚了自我與人物的同一性，靜玲在許多時候，就以濃重的宣講
味道而成爲作家代言人。靳以容忍了靜玲等人的「幼稚病」，實際上也是對自
我創作的充分肯定。《前夕》是靳以的惟一長篇，事實證明他駕馭這樣的篇幅
和題材並不合適。相比於靳以，另兩位長期從事長篇小說創作的大家，對自
身抗戰題材長篇的態度則很值得回味：巴金認爲《火》因爲完全是宣傳性的
而徹底失敗，老舍也曾表示要將《火葬》扔進字紙簍，這都是源於他們對主
題先行侵蝕審美效果的反省。這種對於藝術反思的自覺，與靳以近乎狂熱的
欣喜恰成鮮明對比。

　　作爲一個曾經寫過優秀作品的著名作家，一個聲譽卓著的文學編輯家，
一個有著廣泛閱讀經驗的讀者，靳以對於藝術修養應有一定的心得。然而，
正是由於他明確地認爲「形式不是主要問題，主要是它的思想性和藝術性」
(《過去的腳印》序)，實際上也是更爲強調作品的思想性，使其創作越來越
趨於貧乏，這也必然影響到他的其它文學活動。

三、目標單純明朗的導師

　　青年學生是中國現代化進程與革命道路上的生力軍。靳以非但在《前夕》
《春草》等作品中濃墨重彩地歌頌過這一群體，他的一生與學生之間也有著
密切的生命關聯。「就是在復旦大學，與廣大熱血青年相結合，使他成爲一個
進步教授。同時，他一直又不停地編輯刊物，通過這條線，他又與文學青年
親密聯繫，燃燒起胸中的火焰，決定性地走向了革命道路。」〔註8〕靳以坦
承，他向學生學習到了很多，並對學生的進取精神，表達了由衷的敬佩：

〔註 8〕劉白羽：《紅燭》，見艾以等編《百年靳以紀念集》，香港：香港文匯出版社，
　　　　2009 年 9 月版，第 111 頁。

這十幾年的教育工作，給我更好的教育。我是接受了比我年青的人的教育，受了群眾的教育。他們工作熱忱，行動堅決；一貫支撐他們的是無比的勇氣和不屈的精神。每一年我都看到從各地流來的，天眞的不大懂事的新青年；可是過不了幾個月，他們就投身到火熱的鬥爭中，他們的眼睛也就冒出了堅定的光輝。（《從個人到眾人》）

同時，作爲「一位受人尊敬的教育工作者」，靳以「跟青年們一起生活，一起戰鬥，鼓舞了不少的年青人憎惡黑暗，走向光明。」〔註9〕學生的愛國熱情和鬥爭精神，與靳以本人的追求是完全吻合的，在教學過程中他的政治激情也充分釋放出來。他不畏強權，仗義執言，在復旦任教其間，很多進步學生受到了他的保護，綠原便因其及時通告而免於逮捕。〔註10〕鄒荻帆也曾在詩歌中深情地向靳以這位「我最愛的老師」傾訴：「你爲我擔保貸金進校，你愛護進步青春豈只我一人，我成了你春風化雨的桃李。」〔註11〕學生與靳以的感情之深，可謂非同尋常，他在福建師專結束執教返回重慶時，一位學生用極爲動情的語言表達了依依惜別之情，和對其爲人的無比崇敬：

在「靜」中我想像先生正坐在船上，先生的面容，言詞，也就現在眼前，響在耳邊，那將永遠地留刻在微弱的心版上，永遠地，永遠地……僅僅是幾個月的時光，先生所給與我們的印象，都是這麼深刻。不錯，是有偉大的心，才能激動人的靈魂的深處，我愛先生，勝過了愛我父親，雖然，父親待我，如同慈母，但是父親的心，卻沒有先生的那麼偉大。當年，我還稚弱，我離開父親時，我在船上哭了。但，那卻沒有像這次當我得知了先生要走的消息時，沉痛的悲哀之深切。啊！原是的，在眞理前面，什麼也都得低頭！都得躲開，因爲先生是「眞理」的化身。

我原先是帶著一顆漠然的心來到這裡的。本來自許炙熱的心懷，那時正被那到處碰著鐵釘的冷壁的傷害之後，已經將要暗淡下來的我，可是，終於得到了救星了，——遇見先生。我該如何的感謝先生，因爲你使我搖擺的心魂重複堅定了，我責怪自己的怯弱不

〔註9〕巴金：《安息吧，靳以同志——在公祭靳以同志儀式上的悼詞》，1959年11月11日《解放日報》。

〔註10〕綠原：《靳以先生二三事》，1994年12月28日香港《大公報·文學周刊》。

〔註11〕鄒荻帆：《紅燭之歌——懷念靳以老師》，1994年11月26日《文藝報》。

中用，同時我又如何敬佩先生的剛毅而有為，熱情而又沉摯。呀！

從此，先生的完美的人格生長在我心中了！〔註12〕

顯然，靳以在教學中是以自身的人格和言行來感染學生的。在以上引文中，「『真理』的化身」尤其值得注意：不難推測，靳以一定是將自己的文學觀念灌輸給了學生，使學生認識到了求真的重要性。而從靳以本身的教學來看，也是注重道德培育與文學「詩教」的，據學生冀汸回憶：「他談作品，談寫作，卻從不談文藝理論問題，更不涉及當時有爭議的問題。他是憑一個作家的藝術良心評價作品，並通過作品直接認識作者本人的。」〔註13〕據姚奔回憶：「他選的教材大都是新文學作品，講課不只是乾巴巴地傳授知識，而是以自己的鮮明愛憎和思想感情感染學生，有時講到激動處，臉會漲得通紅。」〔註14〕靳以常將魯迅的作品納入授課範圍，也是這種愛憎思想的體現。總之，靳以的執教方法，與其心目中只認學問不問現實的教授不同，他充分地將自己的人生觀與文學觀貫穿到教學中去，尤其重視對懲惡揚善的灌輸。在靳以這裡，教學與鬥爭是緊密聯繫在一起的，如其所說：

> 那時候我不過是站在多數被壓迫的一面，至多我不過從一些作品中給同學們一些分別善惡的啟發，有時分析一些具體的事件，使他們知道應該站在哪一面。我是從高爾基、魯迅的作品中取得戰鬥的精神，再加上我自己所經歷的一些具體例證。我和學校當局是站在對立的地位上，他們和多數同學也站在敵對的立場上。（《從個人到眾人》）

作為著名的進步作家，靳以在文學青年中有很大影響，而文學編輯與教授的身份，更使其在很長時間都扮演了文學指導者的角色。在從本來厭煩到認同的教師崗位上，他越發自覺地以自身的創作經驗來影響學生。束衣人（筆名石懷池）是一位年輕的文學評論家，寫過一些具有一定影響的文章。作為靳以的學生，他的左傾革命傾向相當明顯，正由於流露出想到延安解放區的想法，在復旦大學內部敵對勢力的陰謀迫害下溺水身亡。在散文《懷念衣人》中，靳以透露了自己作為老師對這位青年評論家的深刻影響：「衣人說過我是

〔註12〕荔荔：《讓我靜靜罷──送老師章靳以之行》，見艾以等編《百年靳以紀念集》，香港：香港文匯出版社，2009年9月版，第292～293頁。

〔註13〕冀汸：《四十週年祭──紀念靳以先生》，《新文學史料》2000年第2期。

〔註14〕章潔思《曲終人未散‧靳以》，上海：東方出版社中心，2009年8月版，第13頁。

他在大學裏給他最大影響的人……我說的話是多的，可是向他們許多人，也
許他從那裡得到一些意義；此外就是當我看過他的稿子，我的意見總是很詳
細地說出來。」束衣人的文學評論充滿激進的現實功利色彩，如這樣評價蕭
紅的《呼蘭河傳》：

> 從《呼蘭河傳》裏，我們可以看出作家蕭紅底兩個無可奈何的
> 走向支離破滅的特徵：首先，她已經與現實脫了節，這個驚天動地的
> 民族解放戰爭事業對她已經是陌生的了，她底現實的創作源泉已經
> 枯竭，甚至連智識分子對於時代的心靈的搏動也無法捉摸。她墮落
> 在灰白的和空虛的生活泥淖裏。……她只得在往昔的記憶裏，搜尋
> 寫作的素材，丟開眼前的現實鬥爭底豐富內容，拖回遙遠的逝去的田
> 園生活，對於蕭紅說來，是一個含有無限深刻意味的悲劇。〔註15〕

這種文學應著眼於現實鬥爭的看法，靳以已經先於束衣人表達過了。他
在重慶期間曾與端木蕻良、蕭紅比鄰而住（端木時任復旦大學新聞系教授）。
在《悼蕭紅和滿紅》〔註16〕中，他對早逝的蕭紅表達了沉痛的心情：「我們並
不只做無爲的哀傷，因爲我們也瞭解生命不必吝惜，但是生命的虛擲是可
惜。」與束衣人形成鮮明對照的是，靳以並沒有從文學本體方面對蕭紅的創
作做具體評價，而是主要對蕭紅不幸的感情生活影響到她的才華發揮表示惋
惜，同時從自身的角度出發，對她所選擇的錯誤愛戀對象表達了尤其明顯的
憤慨情緒，該文中提到的「全是藝術家風度」的 D 即端木蕻良，其中還提及
D 對蕭紅寫回憶魯迅的文章表達了「輕蔑」和「鄙夷」：「這也值得寫，這有什
麼好寫？」並「發出奸狡的笑」。隨即靳以進一步表達了自己的感受：

> 他並沒有再說什麼，可是他的笑沒有停止。我也覺得不平，便
> 默默地走了。後來那篇文章我讀到了，是嫌瑣碎些，可是他不該
> 說，尤其在另一個人的面前。而且也不是那寫什麼花絮之類的人所
> 配說的。

> 當她和 D 同居的時候，在人生的路上，怕已經走得很疲乏了，
> 她需要休息，需要一點安寧的生活，沒有想到她會遇見這樣一個自
> 私的人。他自視甚高，抹卻一切人的存在，雖在文章中也還顯得有
> 茫昧的理想，可是完全過著爲自己打算的生活。而蕭紅從他那裡所

〔註15〕石懷池：《蕭紅的〈呼蘭河傳〉》，1942 年 10 月 10 日《青年文藝》創刊號。
〔註16〕原載 1942 年 6 月 25 日《現代文藝》第 5 卷第 3 期，收入《鳥樹小集》。

得到的呢，是精神上的折磨。他看不起她，他好像更把女子看成男子的附庸。她怎麼能安寧呢，怎麼能使疾病脫離她的身體呢？

靳以對端木的評價引人沉思。端木的貴族藝術家作派，當時的確相當另類，他本人也說過：「我少年時代說話十分尖刻，後來覺得只圖一時痛快，就太淺薄了。」〔註17〕不過，對於靳以來講，對端木的評價仍舊延續了寫作中的套路，即以人品論文品，而且最終的著眼點還在他所最厭憎的人性弱點——自私自利。所謂「花絮之類」，顯然指端木的作品《新都花絮》，這一描寫家境優越的女性在戰時生活中的活動尤其是微妙心境的作品，與靳以以文學作為時代號角的觀念當然不符。〔註18〕在《悼蕭紅和滿紅》中，靳以亦對不斷給予蕭紅身體折磨的另一伴侶 S（即蕭軍），表達了不滿。由靳以對蕭紅不幸生活的歎惜，不由令人想起他在其它作品中對女學生的多次苦心勸導，即表面上是要告誡女性為自己一生幸福著想而防備遇人不淑，其隱含意味則是：新時代女性應該從個人小天地走出，投身到為眾人的利益、為民族國家建設而奮鬥的行動中去（參見第二章）。

雖然靳以沒有對蕭紅的作品做評述，但對於其人生悲劇的看法，仍可以看出他將個人生活態度與人生經歷，視為影響作家創作的重要因素。這在受靳以影響極大的束衣人對蕭紅的評價中，顯然是被引伸和發揮了。靳以在《懷念衣人》中肯定了束衣人辛勤的創作態度：「別人也許看到天才的光耀，我看到的是汗和血的結晶，那光輝不是屬於一個天才的，是屬於一個辛勤的苦作的人。」這與靳以本人追求如實描畫人生、不凌空蹈虛的文學觀念也是一致的。他在福建師專的學生就曾這樣回憶：「你說『美』就是對於工作的全心全力嚴肅地去苦幹。岸邊的縴夫拼他們的全副精神全部力量拉船上灘，便是最『美』的一種境界。於是你看不慣在路上徘徊哼『何日君再來』的，一根煙含在嘴角踱方步揮手杖的。」〔註19〕靳以還曾為束衣人的作品集《石懷池

〔註17〕端木蕻良1990年12月14日致楊義函，見楊義：《叩問作家心靈》，北京：中國社會科學出版社，2000年1月版，第103頁。

〔註18〕弔詭的是，就在靳以主編的《文叢》創刊號（1937年3月20日）上，曾經刊載過端木反抗地主壓迫的小說《憎恨》，階級色彩極其鮮明；而靳以本人發表於同期的小說《斷梗》則是老套的愛情故事，只不過因創傷過度而精神變態的主人公，由男性變成了女性。可以看出，靳以因人論文的特點實在太明顯了。

〔註19〕洪蒸：《送別靳以師》，見艾以等編《百年靳以紀念集》，香港：香港文匯出版社，2009年9月版，第290頁。

文學論文集》（1945）寫下序言《不朽的生命》，高度評價了他的成就，認爲「最能顯出他的才能的是理論和批評」。束衣人的文學評論，如《論托爾斯泰的時代思想及其與人民的結合》《關於 A·托爾斯泰》《反抗庸俗　走向人民》等，透露著他對自毛澤東《在延安文藝座談會上的講話》後長期持續的「知識分子自我改造」問題的自覺思考，從中也可看見胡風文藝思想的痕跡。儘管靳以沒有形成體系化的文學思想，其一生堅持的「從個人到眾人」的文學訴求，同現代知識分子向工農學習、自我改造的路途是高度契合的。他與束衣人之間通過互相影響，互相交流，對束衣人的文學思想必會充分接受和贊同。

　　從靳以對學生作文的具體指點，也可以一窺其文學觀念。陳根棣是漫畫家張樂平筆下「三毛」的原型，有過苦難的童年生活，1947 年考入復旦大學。他曾回憶靳以如何爲他批改作文。在《我爲什麼要當新聞記者？》的作文中，陳表達了向黑暗戰鬥，追求自由平等的光明「大同世界」的願望。「靳以老師閱卷後，在我表達旨意的句子旁邊，打了好幾個雙圈，表示贊同和鼓勵，並且在卷末寫上如下評語：『目標清楚，志願宏大，希望努力向前，我們永遠都互望著，鞭策著。』」顯然，作文的主題與靳以本人的文學追求是完全一致的，而靳以希求與學生共勉，又可以清晰地看見他把文學作爲現實人生指引的心聲。在作文《冬天的故事》中，陳表達了對罪惡世界的無比痛恨，並寫下了這樣的字句：「前方受苦受難的人們正在怒吼，我要跟他們一起掄起巨大的鐵錘，把這黑漆的大牢砸碎！」而「靳以師在這裡連續打了兩個圈圈，表示贊成」，並在文末寫下這樣的評語：「我們無法救那些活不下去的，我們只有扶持那些有活力而不得活的人。」這種以直抒胸臆方式表達對現實的強烈不滿，正是靳以的創作風格。在另一篇《感人的故事》的作文中，陳描寫了自己靠推三輪車換取生活費用的苦難經歷，靳以的評語是：「我尊敬你的生活經驗。」陳根棣對這句評語，包括靳以爲他批改作文進行了這樣的總結：

　　　　他顯然特別看重作文中的生活經驗，特地用上了「尊敬」二字。這不但是對文中特定生活經驗的尊重，而且延伸及於對一切生活實踐的推崇。聯繫到平日常常用魯迅先生關於「路」的話來勉勵我，諸如：「其實地上本沒有路，走的人多了，也變成了路」；「什麼是路，那是人們從荊棘中踐踏出來的」等等，批語中勸勉我努力生

活實踐，以提高認識水平和改造社會的能力的意思，就更呼之欲出了。……在談到寫作時，他更明白地告誡我：「寫作材料是在生活中得來的。要搜集和整理生活中的經驗，才能寫出真摯動人的作品來」。〔註20〕

可見，靳以的指導方式無不充分聯繫著自己的文學創作。同樣，在給學生包括晚輩的一些留言中，又多次看到了靳以單純而明確的人生追求與文學理想：「真理只有一個，是非必須認清，大家的苦樂應該是相共的。愛別人，就是愛自己，充實自己，並不只為個人，也是要使全體生活得更好，生活得更幸福。」〔註21〕「凡是使人結合的都是美的、善的；凡是使人分離的都是醜的、惡的。」〔註22〕「不要顧慮世上有太多的惡人；眾人的力量是大的，我們要增加對於自己的信仰，最重要的是不該放棄做好人的心腸，用我們的善心洗滌世上的罪惡，用更大的愛淹沒世上的罪惡，在陽光底下黑暗只有滅亡。」〔註23〕「不為一己求安樂，但願人生得離苦，這是一條大路，望小瀅走上去。」〔註24〕愛憎、是非、個人、眾人，靳以單純的文學世界中的關鍵語碼，在教育工作中有了至為明確的體現。

四、文學與政治的密切結緣

「在三十年代，以文學為戰鬥的武器，帶著政治的激情去從事文學活動的不限於左翼作家。有大批作家雖未在組織上加入左聯，但其思想政治傾向和藝術追求上往往與左聯作家趨於一致。」〔註25〕從 1930 年代初於文壇嶄露頭角的靳以雖然不是左翼作家，但其文學功用觀念卻毫不遜色，尤其是走向

〔註20〕 陳根棣：《「我們永遠都互望著，鞭策著」──重讀靳以老師對我三篇作文的評語》，《上海魯迅研究》2009 年秋季號。

〔註21〕 靳以在福建師專執教時期給學生的題字，見章潔思：《曲終人未散·靳以》，上海：東方出版中心，2009 年 8 月版，第 69～70 頁。

〔註22〕 靳以為參加進步運動而被復旦校方開除的學生的題字，見艾以等編：《靳以百年紀念集》，香港：香港文匯出版社，2009 年 9 月版，第 39 頁。

〔註23〕 靳以對學生習作的建議，見艾以等編：《百年靳以紀念集》，香港：香港文匯出版社，2009 年 9 月版，第 290 頁。

〔註24〕 小瀅為陳西瀅、凌叔華之女，此為靳以 1946 年 8 月 8 日為其題字，原文無標點。見章潔思：《曲終人未散·靳以》，上海：東方出版中心，2009 年 8 月版，第 66 頁。

〔註25〕 朱曉進：《政治文化與中國二十世紀三十年代文學》，北京：人民出版社，2006 年 11 月版，第 236 頁。

大眾的民粹主義訴求，與左翼文學的大眾化方向具有相當程度的契合。靳以作為作家、編輯、教授，一生的文學活動，幾乎都是在對黑暗現實的強烈反抗中度過的，可謂是左翼文學陣營的堅定盟友。

靳以始終具有強烈的正義感與現實參與意識，對一切醜惡勢力都從不畏懼地進行堅決鬥爭。從在復旦大學讀書起他就愛打抱不平，「尤其它對於那些在校橫行亂抓人，不上課卻要好分數的同學，更是十分厭惡。有一次校內抓人，他竟然單槍匹馬衝到校長辦公室去吵了一通。」〔註26〕靳以本人也如此表述：「從五卅慘案一直到『八一三』，凡是到南京和上海請願示威的運動我都參加。」（《從個人到眾人》）這種強烈的憂國憂民情懷，必然影響到其文學創作。靳以很早就表現出強烈的左傾傾向，《手車夫》（1932）中的主人公丙生通過接近「××黨」的青年學生，表現出學習「××主義」的興趣，由此思想境界提到了提高，「從一個側面反映了當時的革命鬥爭以及勞動群眾日益覺醒的社會真實。」〔註27〕隨著抗戰烽火點燃，靳以以豪邁的熱情，創作了關注政局的大量小說、散文。抗戰結束以後，靳以的政治傾向愈發強烈。在《春草》中，曾直接探討社會主義與愛的關係；短篇小說《母女》以一種強烈的階級血統論立場，對代言大眾的母親進行了高度謳歌，而對沉迷於個人小天地的女兒進行了激烈譴責。

靳以同樣在編輯和教學工作中釋放著巨大的政治熱情，他是中華全國文藝界抗敵協會北碚分會的主要成員。進行抗戰宣傳和演講，參加組織和支持小型抗戰文藝團體，是這個分會的主要活動。在重慶任教期間，他在自己主編的《國民公報》文藝副刊《文群》上，為進步學生開闢了《詩墾地》專欄，為繁榮詩歌創作、培養一代詩人做出了重要貢獻。綠原、冀汸的第一篇詩作，都是由靳以之手發表的。這些學生後來多成為七月詩派的中堅力量。1938年12月7日成立的復旦大學抗戰文藝習作會，是復旦遷渝初期規模最大的學生文藝團體，靳以與胡風被聘為指導教授。這一團體開展了研讀進步文藝作品、群眾歌詠、遊藝會、組織演劇隊演出等各種各樣的抗日宣傳活動。〔註28〕靳以還被學生聘為課餘讀書會、文藝墾地社、詩墾地社的指導教授，

〔註26〕南南：《從遠天的冰雪中走來——靳以紀傳》，太原：山西人民出版社，2000年1月版，第27頁。

〔註27〕殷之：《靳以早年的幾篇佚作》，《文教資料》1994年第4期。

〔註28〕參見李本東：《重慶復旦大學的校園文學活動考察》，《中國現代文學研究叢刊》2001年第4期。

親自給學生辦的文藝壁報寫稿。〔註29〕

　　就這樣，靳以的人生軌道漸漸從文學活動擴展到政治行動，在 1949 年前後達到了空前的高漲。據唐弢回憶：「解放前夕，黨派人和我們聯繫，四五個人時而開個碰頭會，地點經常變換……靳以有時便不等約會，突然跑來找我，興致衝衝地談著怎樣和反動教授衝突，怎樣受特務學生包圍」；而在 1949 年以後，「我更清楚地看到他的要求進步的強烈的願望：每次運動，他總是揭竿搴旗，跑在戰鬥的前沿……不管自己身上有多少缺點，他的嚮往黨，愛護黨，願意自己成為無產階級先進隊伍裏的一員，這種如饑似渴的心情，無論怎樣都不容懷疑。」〔註30〕據學生程極明回憶，靳以在復旦大學是最支持進步學生運動的教授之一，他盡力保護學生並為學生提供活動場所，在對當局的鬥爭中毫不畏懼，表現得相當勇敢。「同志們都從內心感謝他，大家都說，他好像是我們的黨員。」〔註31〕靳以一直追求加入中國共產黨，在 1959 年 5 月終於完成這一夙願後，在給方令孺的信中，他曾如此興奮地說：「我要丟開生活過的五十歲，從一歲開始。」〔註32〕據彭新琪回憶：「他對我們這些年輕的學生是非常關懷和愛護的，他開導我們說：『參加革命就像學習游泳一樣，你不下水，是永遠學不會游泳的。』」1949 年以後，靳以還積極幫助大學生創作宣傳社會主義新風貌的廣播劇本，「靳以師的政治熱情由此可見。」〔註33〕

　　靳以對政治的熱情，還體現在與多年好友之間的交往上。在隨復旦大學從重慶返滬後，靳以來到鄭振鐸家，這樣描述在鄭家看到的情景：「閒來搜集一些明器，千百年前為帝王貴族殉葬的泥俑，本來就陰暗的屋子更顯得死氣沉沉……每次我找到他那裡去，就感到一股寒意，總是喜歡把他拖到院子裏的陽光下講話。」看到對方「顯得有些消沉」，便以自己的切身體驗，做起了勸說的工作：

　　　　我曾勸他到學校裏去教書，多和青年們接觸，自然就會振作起

〔註29〕 鄒荻帆：《憶〈詩墾地〉》，《新文學史料》1983 年第 1 期。

〔註30〕 唐弢：《寫於悲痛中──悼靳以》，見艾以等編《百年靳以紀念集》，香港：香港文匯出版社，2009 年 9 月版，第 252～253 頁。

〔註31〕 程極明：《懷念熱情似火的靳以先生》，見艾以等編《百年靳以紀念集》，香港：香港文匯出版社，2009 年 9 月版，第 37 頁。

〔註32〕 方令孺：《青春常在──悼靳以》，《上海文學》1959 年第 12 期。

〔註33〕 彭新琪：《懷念靳以師》，見艾以等編《百年靳以紀念集》，香港：香港文匯出版社，2009 年 9 月版，第 22 頁。

　　來：他認爲不是那麼簡單的事，有話也説不出來。我又勸他至少到
　　學校去演講幾次，多鼓動青年的鬥志；可是他又怕惹來事非。我沒
　　有説動他，他倒勸我小心些，不要平白地犧牲了自己。我默然了，
　　我望了他好久，可是我想得到，他絕不會就這樣消沉下去的。(《和
　　振鐸相處的日子》)

　　二人在文學觀念上的差異也隱現其中。靳以與巴金之間的關係更能說明
問題。在參加 2009 年 10 月於上海召開的「紀念靳以先生誕辰 100 週年座談
會暨學術研討會」期間，筆者曾與年已八旬的程極明先生進行過交流。他曾
任上海學生自治會主席，是與靳以交往最爲密切的學生之一。據他回憶，在
大學與靳以交往期間，師生二人常常在一起徹夜長談，不過在一起聊政治的
時候，要遠遠多於談文學。而且據其透露，靳以在 1949 年以後對老友巴金的
政治熱情不高，還表達了不滿。巴金本人在悼念靳以的文章中也說：「這些年
總是你走在我的前面，你的聲音比我的響亮」〔註 34〕。巴金還這樣回憶二人
在 1949 年以後，對於他們以往文學創作的態度：

　　靳以剛剛活了五十歲。最後十年他寫得不多。他很謙虛，在五
　　十年代他就否定了自己過去的作品，我還記得有一次，不是一九五
　　五年就是五六年，我們在北京開會，同住一個房間，晚上我拿出《寒
　　夜》橫排本校樣在燈下校改，他看見了就批評我：「你爲什麼還要重
　　印這種書？」我當時還不夠謙虛，因此也只是笑笑，仍舊埋頭看校
　　樣。後來《寒夜》還是照常出版。但是，兩三年四五年以後我自己
　　也感到後悔，終於徹底否定了它。〔註35〕

　　關於文學批評的問題，兩人也出現過分歧。據錢谷融回憶，這發生在
1958 年的一次文藝會議上：

　　……有人提到羅曼‧羅蘭的《約翰‧克利斯朵夫》正大受青年
　　人的青睞，對作品主人公特立獨行、驚世駭俗的言談舉止群起仿
　　傚，產生了一些消極作用。靳以就引用當時流行的《「越是精華越要
　　批判」》的說法，主張對《約翰‧克利斯朵夫》也要進行批判。巴金
　　聽了就說：「你的批評文章的力量，能勝過羅曼‧羅蘭的文章的力

〔註 34〕巴金：《哭靳以》，《人民文學》1959 年第 12 期。
〔註 35〕巴金：《〈靳以選集〉序》，見《靳以選集》(第一卷)，成都：四川人民出版社，
　　　　1983 年 4 月版。

量嗎？」〔註36〕

這都可以印證，靳以在 1949 年以後的政治積極性高於老友巴金的一面。靳以將政治熱情付諸文學評論，還有一些明顯的事例。據范泉回憶，1948 年二人曾對兩篇小說交換過意見。范泉認為日本作家武者小路實篤的《愛與死》「文字簡潔，情節生動」，塑造了一位可愛的少女形象。靳以對此則予以全面否定，他從兩點出發：一是主題思想，作品主人公「擺脫不了個人主義的泥坑」；二是這位作家出身貴族，發表過為日本軍閥推波助瀾的文章，在創作這篇小說時不顧及日本帝國主義的侵華背景，「以擷取愛情題材為滿足，則作者的人生觀已可想而知」，「像這樣的作家作品，肯定不會創作出具有人民性的偉大作品來的。」〔註37〕日本作家的創作立場可以批判商榷，不過在靳以這裡，已經表現出相當左傾的主題先行和血統決定論色彩。1949 年 12 月 4 日，《小說》編輯部曾圍繞歐陽山的小說《高幹大》舉行座談會。李健吾認為：高幹大對兒子的婚姻太殘忍了，叫人覺得有些不忍。對別人熱心，對兒子不關心，固然是公而忘私，但總覺得有點過分和不近人情。而靳以則完全反對這樣的看法：「他的兒子沒一點兒出息，從頭到尾沒做過正經事，尤其是末後這樣搞鬼，應該罰他，這樣結果我覺得太人情了。」〔註38〕這與靳以 1949 年以後在現實生活中的政治態度高度相似。1952 年，他曾在抗美援朝中擔任第二屆赴朝慰問團華東分團的秘書長，在處理具體事務時，「許多地方他不僅從政治角度考慮；還從技術角度上去推敲，是不是都能充分達到政治上的要求。」1957 年反右鬥爭開始後，靳以還對一名在朝鮮期間散佈消極言論的人念念不忘：「那個倒楣的人物，是一個地地道道的右派，這回真該倒楣了，應該將他送到倒楣的人應去的地方去。」〔註39〕

回想靳以的創作，這種強烈的果報思想，不是那麼讓人熟悉嗎？可以看到，靳以自始至終都堅持一貫的文學觀點，對善惡、是非問題取近乎極端的思維邏輯：惡行必應懲罰，而對「人情」則很牴觸。因此，與其對靳以的表述——「這個選集，與其說是個人創作生活的里程碑，不如說是一個小小的

〔註36〕 錢谷融：《一面之緣——紀念靳以同志》，見艾以等編《百年靳以紀念集》，香港：香港文匯出版社，2009 年 9 月版，第 7～8 頁。
〔註37〕 范泉：《靳以談兩篇小說》，《雪蓮》1984 年第 4 期。
〔註38〕 《〈高幹大〉座談會》，原載 1950 年《小說》第 3 卷第 4 期，參見韓石山：《李健吾傳》，太原：山西人民出版社，2006 年 1 月版，第 272～276 頁。
〔註39〕 陳農菲：《永遠不會過去》，《收穫》1959 年第 6 期。

墳墓」(《過去的腳印》序)——視爲對藝術方面的反省〔註 40〕，不如說是他對個人創作的眞正清算。「不僅我的腳步趕不上，我的思想也追不上。」(《江山萬里》前言) 這是完全符合靳以日趨高漲的政治熱情的。

在負載著沉重使命的現代文學中，政治是難以迴避的話題，作家強烈政治心態的產生是歷史的必然。「政治與文學之間的關係本身也是複雜的，也並非天然的水火難容。」「問題的關鍵還在於：在文學創作過程中，是否與更深層次的人性思索融合在一起，是否是以個人主體意志的形式，融彙入文學藝術的筆墨。」〔註 41〕不可否認，在靳以充滿政治激情的文學之旅中，個人主體精神因素是日漸稀薄的。

第二節　靳以編輯思想新探

在現代文學史中，靳以在編輯方面的地位要超越作家的地位，有人將其與鄭振鐸、巴金、趙家璧合稱爲中國現代文學「四大編輯」〔註 42〕，也有人稱其爲「中國現代文學史上貢獻最大、最優秀的編輯家之一。」〔註 43〕可是在對其編輯思想研究方面，經常陷入以工作態度取代學術探求的誤區。在這方面，結合靳以的文學觀念進行發掘，既可以避免泛泛而談，也會澄清一些似是而非的論斷。對於靳以的編輯思想，本文不欲求全，而旨在辨析問題，力求新意。

一、走向戰鬥的旅程

奠定靳以著名編輯家地位的，是 1934 年元月創刊的《文學季刊》，儘管掛名主編的還有鄭振鐸，有多人作爲編委會成員，但實際的編務工作是由他來完成的，包括這個刊物的子刊《水星》。〔註 44〕但是這一 1930 年代頗受

〔註 40〕 楊義：《中國現代小說史》(第二卷)，北京：人民文學出版社，1988 年 10 月版，第 663 頁。

〔註 41〕 楊守森主編：《二十世紀中國作家心態史》，北京：中央編譯出版社，1998 年 11 月版，第 49～50 頁。

〔註 42〕 楊義語，見計蕾：《命若紅燭照人間——北京舉行「紀念靳以誕辰 85 週年暨逝世 35 週年座談會」》，《中國現代文學研究叢刊》1995 年第 4 期。

〔註 43〕 王紀人：《雙重身份，雙份貢獻——紀念靳以誕生 100 週年》，見艾以等編《百年靳以紀念集》，香港：香港文匯出版社，2009 年 9 月版，第 11 頁。

〔註 44〕 參見下之琳：《星水微茫憶〈水星〉》，《讀書》1983 年第 10 期。

矚目的大型文學期刊，是否體現了靳以的編輯思想，還存在許多值得辨析的問題。

有人將巴金、靳以合編的《文學季刊》《文季月刊》《文叢》合併論述，提出了這一系列刊物對於南北方文學交流，尤其是京派文學發展的促進作用，同時將靳以視爲京派作家看待，只不過認爲他是屬於「雖然秉承著京派文學獨立的文學觀念，卻不斷地改變對待現實的態度，不斷地增強介入現實的深度」的「諦京派」。〔註45〕如果說《文學季刊》的確爲京派文學的繁榮做出了貢獻，卻不宜將靳以本人與京派牽扯到一起，尤其是「保持著京派氣質與風度，保持著文學的獨立意識」，更與靳以本人的創作毫不相干，他恰恰反對「爲藝術而藝術」的態度。正因始終以文學爲戰鬥的武器，靳以與老友巴金一樣，與京派文學趣味是完全背道而馳的（參見前言）。

所以，對靳以編輯《文學季刊》時的心態要予以細緻的考察辨析，不可泛泛而論。實際上，在編輯此刊的時候，靳以對北平文壇的現狀相當不滿，儘管他一生批判上海，但認爲與上海相比，北平也頗有不盡如人意之處——「北平總是沉沉的，人都像是睡著了似的。」（1935年2月1日致英子函）「住在北方的文人，如北方這個地方一樣，就是那麼死沉沉的，沒有什麼顯然的動靜。」（1935年3月5日致英子函）對京派文人的實際領袖周作人，也表達了這樣的態度：「知堂先生雖相熟，但平時不大見面，我也不願去看他。」（1935年9月27日致英子函）初涉文壇即承擔起《文學季刊》這種大刊物的主要編務，靳以卻少見年輕人的意氣風發，反而常有一種疲倦和失落之感，其話語中是隱含著對相對追求藝術獨立性的京派文人之批評的，也暗示了所編刊物與自身文學旨趣的反差。

因此，儘管《文學季刊》是靳以成名於文壇的重要陣地，但必須看到編輯群體內部的強烈牴牾。另一主編鄭振鐸是文壇前輩，也是靳以初掌編務主動尋求幫助的重要人物。但是，巴金、靳以與鄭振鐸之間在創刊不久，就在用稿的處理上發生了分歧，以致後者甚至鬧過辭職。原因即在於對待季羨林、丁玲等人稿件上的不同意見。靳以、巴金顯然由於傾向於左翼作家，而與鄭振鐸的意見有所不同。〔註46〕選稿趣味的不同，代表了文學立場的重大

〔註45〕吉崇敏：《〈文學季刊〉與1930年代文學》，吉林大學2006年博士學位論文。
〔註46〕鄭振鐸也持有左翼立場，但與更爲年輕、激進的巴金、靳以相比，顯然要落伍許多。參見周立民：《編後記：關於〈文學季刊〉》，見周立民編《文學季

區別。進而言之，在思想觀念上，巴金、靳以與鄭振鐸也有分歧，主要原因在於鄭所從事的古籍整理工作，尤其是在刊物上發表此類學術論文，與巴金、靳以的文學觀強烈相悖。對傳統文化和民間俗文學的研究和整理，一直是鄭振鐸所頗爲傾心的。《文學季刊》第 1 卷第 2 期刊登多幅照片，都是元雜劇的書影，充滿青春激情的巴、靳二人，覺得這是有違於時代精神的「腐朽」「落後」的東西。在以後二人主編的刊物中，這些內容都不復存在。

　　除了主編鄭振鐸和靳以，列名《文學季刊》的編輯者還有冰心、朱自清、吳晗、李長之、林庚等。《文學季刊》子刊《水星》的編輯者除了鄭振鐸、靳以和巴金，尚有卞之琳、沈從文、李健吾等。可以看出，鄭振鐸代表了《文學季刊》編輯群體的主要勢力，即學院派文人。「與上海的刊物相比，《文學季刊》學院氣略濃。在這裡發表論文的有鄭振鐸、朱光潛、吳晗、李健吾、梁宗岱、李長之，都是大學教授或大學才子。」而《水星》更是「由於刊物涵蓋面有限，又有『近水樓臺先得月』之便，刊物的稿源是偏於當時所謂的『京派』作家的。」〔註 47〕不過，巴金、靳以二人與這些文人之間具有天然的隔閡。「巴金對那些滿嘴洋名詞、誇誇其談的學者總有幾分敬而遠之，甚至是不屑。而且他的態度往往也比較激進。這種衝突的發展也暴露了少壯派的巴金、靳以與元老派鄭振鐸之間的思想分歧。」〔註 48〕巴金對包括京派文人在內的整個學院派知識分子都有不滿，他與李健吾就《愛情的三部曲》、與朱光潛就「眼淚文學」、與王了一就翻譯問題都發生過爭論。靳以雖然一般不直接參與，但他與巴金自始至終都是堅定的盟友。他們同學院派和京派文人的衝突，也是作家之間不同心理機制碰撞的反映：二人戰鬥的、爲人生的、以平民爲本位的文學觀念，顯然與純正、典雅，略帶幾分貴族氣的後者水火不容。如前文所述，直至 1940 年代，靳以還對沉浸於古書中的鄭振鐸進行了思想上的勸說。總之，巴金、靳以依舊保持著「五四」新文化的激進立場，繼承了魯迅開創的戰鬥的現實主義文學傳統，而不能容忍任何復古思潮。〔註 49〕

　　刊》，上海：上海社會科學院出版社，2004 年 8 月版，第 298 頁。
〔註 47〕楊義：《〈文學季刊〉的寬容與〈水星〉的雅致》，見楊義主筆《中國新文學圖志》（下），北京：人民出版社，1998 年 9 月版，第 440～441 頁。
〔註 48〕周立民：《編後記：關於〈文學季刊〉》，見周立民編《文學季刊》，上海：上海社會科學院出版社，2004 年 8 月版，第 298 頁。
〔註 49〕參見周立民：《鄭振鐸與巴金交往情況再述》，《文津流觴》2008 年第 4 期。

　　因此，儘管現在公認靳以在《文學季刊》和《水星》中承擔了具體的編務，但是他本人用稿的權限問題要引起足夠重視。實際上，鄭振鐸對這兩份刊物初創期的重要作用不可忽視。爲此要注意靳以當初拉鄭振鐸加入《文學季刊》的目的：

> 　　一九三三年我到了北京，那時候由於朋友的輾轉介紹，一家書店想約我編一個大型的文學刊物，從經歷和能力來說我都不能勝任，知道他住在燕京大學，就在一天晚上找他商談。這一次，我們好像老朋友在異地相見，他顯得很熱情；我說出來意，生怕他拒絕，沒有想到他一口就應承了。（《和振鐸相處的日子》）

　　靳以的自述，足以說明他當時剛走上社會，文學資歷尚淺的眞實情況。而鄭振鐸也起到了利用自身地位爲《文學季刊》和《水星》拉稿源，及參與重要決策的作用。比如 1933 年 10 月 22 日，他就給魯迅去信，報告了《文學季刊》108 人的特約撰稿人名單，魯迅 27 日即回信表示贊成，並說「當勉力投稿」。11 月下旬，魯迅就寄來署名「唐俟」的《選本》（發表於《文學季刊》創刊號）。鄭還親自出面，向商務、中華、開明等大出版社拉來廣告，既爲刊物爭取了收入，又提高了刊物的影響。〔註 50〕因此，說鄭氏「在北平就近直接指導兩個刊物」〔註 51〕，應是實情。而《文學季刊》的最初面貌，也是按照鄭氏的編輯思想貫徹執行的，創刊號的欄目格局，「特別是論文欄目對中外文學的介紹，幾乎是這個刊物編者之一鄭振鐸當年主編的《小說月報》翻版」〔註 52〕。因此，靳以最初編輯刊物，顯然在選稿方面沒有太多的挑選餘地。不過，正因與鄭的合作基礎並不牢固，時間長了他與好友巴金，就會從自己的文學趣味出發而爭取自主權，矛盾的爆發也就不可避免。顯然，《文學季刊》在 1935 年底的最終解體，除了外部經濟環境因素之外，編輯群體的內部不諧也是重要原因。

　　《文學季刊》停刊後，1936 年 6 月巴金、靳以合編的《文季月刊》在上海創刊。在創刊號上巴金撰寫的《復刊詞》中，具有相當強烈的抗議申辯及

〔註50〕參見陳福康：《鄭振鐸傳》，北京：北京十月文藝出版社，1994 年 8 月版，第 268 頁。

〔註51〕陳福康：《鄭振鐸傳》，北京：北京十月文藝出版社，1994 年 8 月版，第 270～271 頁。

〔註52〕周立民：《編後記：關於〈文學季刊〉》，見周立民編《文學季刊》，上海：上海社會科學院出版社，2004 年 8 月版，第 295 頁。

另立門戶的意味，又一次鮮明地昭示了《文學季刊》內部的尖銳矛盾：

　　　四個月以前我們懷著苦痛的心告別了讀者，在《告別的話》裏我們解說了我們所處的「環境」。我們曾痛切地說：

　　　「文化的招牌如今還高高地掛在商店的門榜上，而我們這文壇也被操縱在商人的手裏，在商店的周圍再聚集著一群無文的文人。讀者的需要是從來被忽視了的。在文壇上活動的就只有那少數爲商人豢養的無文的文人。於是蟲蛀的古籍和腐儒的囈語大批地被翻印而流佈了，才子佳人的傳奇故事之類，也一再地被介紹到青年中間，在市場上就只充滿了一切足以使青年忘掉現實的書報。……在這種情形下面我們只得悲痛地和朋友們告了別。」

　　　然而連這樣軟弱的話句也遭受了藏在「王道」精神後面的刀斧。當我們的呼聲被窒息的時候別人甚至不許我們發出一聲呻吟，申辯一下是非。……

　　　……這一次是眞實的讀者出來表示了他們的需要。這事實使我們得以從被強迫的沉默中翻了身。我們這季刊是復活了，而且正如我們所期望的，是以新生的姿態復活了。

　　其中第二段加引號的文字，在《文學季刊》終刊號（1935 年 12 月 16 日第 2 卷第 4 期）《告別的話》（亦爲巴金執筆）中曾被刪去，就是直接將批評的靶子指向鄭振鐸的，具體指鄭主編的《世界文庫》以及經鄭聯繫接替立達書局出版《文學季刊》的生活書店。〔註 53〕「我們得以從被強迫的沉默中翻了身」「以新生的姿態復活」，不正是表明了巴金、靳以二人原有編刊過程中的不如意和強烈的反叛意味？

　　因此，對於靳以與《文學季刊》（包括《水星》）之間的關係，可以得出一個大致的結論。儘管他承擔主要編者的重任，但是其話語權是有限的（參見下文對《雷雨》發表問題的探討），而發表於這一刊物上的左翼作家如吳祖緗等人的作品，應是符合其趣味的。至於相對超脫於現實的京派作品，在他那裡則不會受到青睞。尤其是周作人在《水星》上發表的《古董小記》《〈論語〉小記》等沖淡平和的作品，更是他所強烈牴觸的。在此意義上，也許可以說，靳以和巴金是《文學季刊》的叛逆者，正是初涉編務時所

〔註 53〕　參見陳福康：《鄭振鐸傳》，北京：北京十月文藝出版社，1994 年 8 月版，第344～347 頁。

受到的受縛，和強烈的反抗意識，才塑造了他們此後立場鮮明的戰鬥性的編輯風格。

綜上所述，目前的研究注意到了《文學季刊》融合各類文學群體的事實，但忽視了其內部的矛盾和複雜性，也大大忽視了對靳以本人的個體性研究。因此，趙家璧以下這番話對於文學期刊研究是非常值得記取的：

> 期刊的編輯或核心作家，都有他所熟悉的有聯繫的作家，這些作家當然都是志同道合的居多；但也有許多例外，為了個人交情，為了敷衍某一方面的關係，也有有權勢者所介紹的。有的看來是個同人刊物，作者各有見地，卻是個鬆散的聯合體，情況複雜。所以文學研究者如果以我們今天的目光，簡單地憑人劃線，對某些現象就不易理解，勢必需要另找答案。至於編輯與作家，編輯與發行者之間的關係也是錯綜複雜的，且不要說作家之間的關係，還有編輯與編輯之間的關係了。〔註54〕

由此反思，把巴金、靳以合編的《文學季刊》《文季月刊》《文叢》作為一脈相承的系列期刊，是有一定問題的。正因《文學季刊》複雜的編輯群體，實際上其文學面貌與後兩者是迥然不同的。因此，有人認為巴金與靳以的編輯風格，是「只舉起一面旗幟，就是純粹的文藝與人道的力量」〔註55〕，也值得商榷。更準確地說，二人更加重視文藝的戰鬥作用，這種強烈的文藝功用觀，與追求「純粹的文藝」有著相當的距離。沈從文在靳以逝世時的悼念文章中，評價他首次編輯的《文學季刊》的「總精神」，「是對舊社會和當時腐敗無能、貪污媚外的政權採取決不妥協的態度的」〔註56〕，這實際上可以視為靳以整個編輯思想的概括。這正如靳以本人對1949年以前文學道路的總結：

> 我不曾從人生游離過，也不曾把極不良的作品毒害讀者，不粉飾太平，不憑靈感創作，更不曾做反動派的幫閒幫兇。最後一點我尤其要特別指出，凡是我所編輯的刊物，都是被反動派查禁的，就是在抗日統一戰線的時候，我也不曾在反動派所主持的刊物上寫一

〔註54〕趙家璧：《〈現代文學期刊漫話〉序》，見應國靖《現代文學期刊漫話》，廣州：花城出版社，1986年10月版。

〔註55〕陳思和：《總序：關於巴金和靳以聯袂主編的舊期刊文選》，見周立民編《文學季刊》，上海：上海社會科學院出版社，2004年8月版。

〔註56〕沈從文：《悼靳以》，《人民文學》1959年第12期。

個字，更不曾和他們杯酒言歡，或是有一個細胞和他們妥協過。
（《從個人到眾人》）

靳以與巴金按照自己的辦刊思路合作後，在極為艱苦的環境中編輯刊物，以超凡的毅力和勇氣，踐行了知識分子國難當頭的良知，充分繼承了魯迅充滿韌性的戰鬥精神。正如巴金所說：「我們聽先生的話，先生贊成什麼口號，我們也贊成」。「這些刊物不一定就是同人雜誌。我們有一個共同的地方：敬愛魯迅先生。大家主動地團結在先生的周圍，不願意辜負先生對我們的關心。」〔註 57〕因此，巴金與靳以離京赴滬，才真正標誌著他們追求獨立編輯風格的開始。這從《文學季刊》到《文季月刊》再到《文叢》，期刊內容和作者群的變化可以看得很清楚。後兩者實際上日益成為批判現實、宣傳抗戰的重要陣地，與左翼文學期刊取得了高度的一致。〔註 58〕

靳以到達重慶後在復旦大學任教的同時，於 1939 年 1 月起編輯《國民公報》文藝副刊《文群》，至 1943 年 5 月共出 516 期。在《文群》作家群中，巴金、艾蕪、曹靖華、艾青、何其芳、臧克家、陳荒煤、劉白羽、蕭紅、聶紺弩、蔣錫金等，幾乎全是追求進步的作家，而且絕大部分都來自左翼陣營。宣傳抗戰、追求民主、抨擊黑暗，構成了這一副刊的主調。1941 年底，靳以因受當局迫害被迫離渝赴閩，由黎烈文介紹到福建師範專科任教，並於次年接替王西彥主編《現代文藝》。靳以在這一刊物上編發了《文群》作者群的許多作品，具有鮮明的進步傾向和強烈的憂患意識。《現代文藝》辦至 1942 年底的第 6 卷第 3 期，被迫停刊。〔註 59〕

在格外艱苦的烽火年代，靳以強化和確立了編輯思想，其所編發的作品幾乎都帶有強烈的鼓動、批判、抗爭色彩。靳以的編輯工作，又始終伴隨鮮

〔註 57〕巴金：《無題集·懷念胡風》，《隨想錄》，北京：作家出版社，2005 年 10 月版，第 645 頁。

〔註 58〕關於《文季月刊》《文叢》的論述，參見周立民：《編後記：關於〈文季月刊〉》，見周立民編《文季月刊》，上海：上海社會科學院出版社，2004 年 8 月版；周立民、王曉東：《編後記：關於〈文叢〉》，見王曉東編《文叢》，上海：上海社會科學院出版社，2004 年 8 月版；吉崇敏：《〈文學季刊〉與 1930 年代文學》，吉林大學 2006 年博士學位論文；郭志剛、李岫主編：《中國三十年代文學發展史》，第九章第四節，長沙：湖南教育出版社，1998 年 8 月版。

〔註 59〕關於《文群》《現代文藝》的論述，參見艾以：《靳以的編輯生涯》，《中國》1985 年第 1 期；郭風：《憶靳以師》，《新文學史料》1988 年第 2 期；薛學曦：《〈現代文藝〉理論建設述評》，《福建師範大學學報》（哲學社會科學版）1987 年第 4 期。

明的政治色彩，這在其與學生共同參與的文學活動，以及刊發左傾色彩濃鬱
的作品而致報刊遭到查禁的經歷中，都可以明顯地看到。總之，靳以主編的
文學期刊，與他的創作一樣，追求正義、民主、進步。讀者在靳以編輯的刊
物中，的確能夠「感應生活激流中洪波巨浪的音韻和氣勢，受到情緒上的感
染和思想上的啟示。」〔註60〕同時也應該看到，正如同靳以本人的創作道路
一樣，從《文叢》開始，期刊所刊載作品的單線條、粗獷化、急就章色彩日
趨明顯，對於作品主題、內容的關注遠遠大於審美因素，藝術質量也因而不
能經常得到有力的保障。進而言之，中國現代文學整體的枯澀與單一，與作
為創作主要載體的文學期刊不無關聯，與作家和編輯過於嚴肅、過於沉重的
心態也有一定的關係。

二、關於《雷雨》的話題

　　戲劇大師曹禺的成名作《雷雨》的發表，既體現了《文學季刊》內部的
複雜矛盾，也涉及靳以、巴金誰在發表中所起作用大的問題。而靳以對《雷
雨》的態度究竟怎樣，往往被淹沒在複雜的人事糾葛中乏人探究，實際上卻
是一個切入其文學趣味，包括編輯思想的重要突破口。

（一）聚訟紛紜的公案

　　《雷雨》最早是由曹禺交給靳以的。同巴金一樣，曹禺也是靳以的好
友，他們從南開中學讀書起，就結下了深厚的友誼。靳以在《蟲蝕》序中深
情地寫道：「關於我的寫作呢，我有許多友人該提起來的，他們給我以不同的
幫助。友人石，是我最該說起的一個人，他不只在這一面給我以無上的鼓勵，
還告訴著我在人生的途徑中該如何來邁著步。」「這本書，我想，該獻與我這
些友人們，尤其是我十幾年來的友人石」。此處的石就是曹禺。

　　關於《雷雨》如何發表這個話題及引起的紛爭，始自蕭乾的一篇文章，
其中有這樣的話：「五四以來，我國文學界有一個良好傳統，就是老的帶小
的……刊物編者就像尋寶者那樣以發現新人為樂。曹禺的處女作《雷雨》
就是《文學季刊》編委之一的巴金從積稿中發現並建議立即發表出來的。」
〔註61〕由此確立了巴金在此事中的作用。

〔註60〕應國靖：《現代文學期刊漫話》，廣州：花城出版社，1986年10月版，第313
　　　　頁。
〔註61〕蕭乾：《魚餌・論壇・陣地──記〈大公報・文藝〉1935～1939》，《新文學史

曹禺幾乎在同時也發表文章，談及《雷雨》的發表經過：

> 那時靳以和鄭振鐸在編輯《文學季刊》，他們擔任主編，巴金是
> 個編委，還有冰心和別人。靳以也許覺得我和他太接近了，為了避
> 嫌，把我的劇本暫時放在抽屜裏。過了一段時間，他偶而對巴金談
> 起，巴金從抽屜中翻出這個劇本，看完之後，主張馬上發表。靳以
> 當然同意。……我記得《雷雨》的稿子是巴金親自校對的。我知道
> 靳以也做了極好的編輯工作。〔註62〕

不過，曹禺本人在同一年接受的一次採訪中，卻換了一種說法：「我十八
歲就醞釀寫《雷雨》，構思了五年，花了半年時間，五易其稿，到二十三歲時
才把它寫成，交給了一個同學，那個同學把它擱在抽屜裏，擱了一個時期，
有個人發現了這篇稿件，讀了一遍，就拿去發表了。」這個同學就是靳以，
而發表的人則是巴金。而曹禺女兒萬方，此後則這樣表述曹禺關於《雷雨》
發表的回憶：

> ……他寫出了《雷雨》後，把劇本交給他的朋友章靳以，章靳
> 以把劇本放在抽屜裏，放了一年，沒有看，也沒有提起過。我問，「你
> 怎麼不問問他？」他說，「我沒想過要問，那時候我真是不在乎，我
> 知道那是個好東西。」「那靳以叔叔怎麼會一直沒看？」「他可能是
> 忘了。他沒把這件事當成一回事，他就是那樣一種人。」後來，許
> 多書上都寫過，是巴金伯伯發現了抽屜裏的劇本，看了，然後就發
> 表了。〔註63〕

田本相所著的《曹禺傳》，也明確提出：是巴金及時發現了《雷雨》的價
值與曹禺的才華。〔註64〕這樣，巴金慧眼發現《雷雨》的說法基本確立。有
人甚至這樣總結：「《文學季刊》最值得文學史大書一筆的，是由於巴金的慧
眼推薦，一卷三期推出了曹禺的著名劇本《雷雨》，從而揭開了中國話劇走向
成熟的新的一幕。」〔註65〕

料》1979 年第 2 期。

〔註62〕曹禺：《簡談〈雷雨〉》，《收穫》1979 年第 2 期。

〔註63〕曹禺在接受採訪時所言與萬方的敘述，皆引自章潔思：《曲終人未散·靳以》，
上海：東方出版中心，2009 年 8 月版，第 95 頁。

〔註64〕田本相：《曹禺傳》，北京：北京十月文藝出版社，1988 年 8 月版，第 158 頁。

〔註65〕楊義：《〈文學季刊〉的寬容與〈水星〉的雅致》，見楊義主筆《中國新文學圖
志》（下），北京：人民出版社，1998 年 9 月版，第 440 頁。

以上的說法，無形中反襯了靳以在《雷雨》發表過程中的負面作用，這引起了靳以家人的強烈反駁，認為靳以當時沒有發表《雷雨》，是「礙於『把兄弟』這份私情，不好意思推薦此做到刊物上發表」〔註66〕。韓石山也提出了類似的觀點，而且據其考證，靳以關於《雷雨》曾咨詢過戲劇專家李健吾的意見，據李回憶靳以也表示曾被《雷雨》所感動。由此韓文認為，後人之所以抬高巴金在發現《雷雨》中的作用而無形中貶低了靳以，「一個誰也無法否認的原因是，靳以早在一九五九年就去世了，而『文革』後巴金卻聲譽日隆。」〔註67〕

陳思和則認為，是《文學季刊》的另一位主編、資歷更深的鄭振鐸，曾經認為《雷雨》「寫得亂」，「才使靳以不敢用，怕有為好朋友開後門的嫌疑，所以才請出巴金來為曹禺說話。」「靳以一直沒有把擱置《雷雨》的責任往別人身上推，所以曹禺可能也不知道其中委曲，心裏有些責怪好朋友靳以擱置了他的處女作。」「靳以在這件事上表現得頗費苦心，但他的謹慎，厚道，又有點膽小等品質也都表現出來。」〔註68〕有人在最近的研究中，也推出了與陳類似的觀點：靳以還是積極推薦《雷雨》發表的，只因當時的實際決策者鄭振鐸不喜歡，靳以又有些怕他才擱置起來，但最後還是向巴金強烈推薦，使其終見天日。〔註69〕

至於巴金本人，則在許多場合替靳以說話，認為靳以在發表《雷雨》過程中有很大貢獻。但下面的話，客觀上還是確立了他本人在發表《雷雨》中的作用：「家寶是他的好朋友，他不好意思推薦他的稿子。」「我要他把稿子拿來看看。我一口氣在三座門大街十四號的南屋裏讀完了《雷雨》，決定發表它。」〔註70〕

（二）真實情況的推斷

從現有材料推斷，《雷雨》的發表或許可以反映出《文學季刊》編輯群體的矛盾，包括話語權問題。可能靳以真的做不了主，鄭振鐸、巴金的權限要大於他。前者自不必說，靳以與巴金作為編輯搭檔，常常是靳以做具體工

〔註66〕 章潔思：《曲終人未散‧靳以》，上海：東方出版中心，2009 年 8 月版，第 92頁。

〔註67〕 韓石山：《這是巴金發現的嗎？》，《文學自由談》1999 年第 3 期。

〔註68〕 陳思和：《關於巴金發現〈雷雨〉》，2000 年 11 月 25 日《文匯讀書周報》。

〔註69〕 曹樹鈞：《三次推薦〈雷雨〉靳以功不可沒》，《戲劇之家》2010 年第 1 期。

〔註70〕 《巴金書信集》，北京：人民文學出版社，1991 年 8 月版，第 434 頁。

作，巴金則更有決斷的能力。〔註71〕1930年代，一篇題爲《現代中國文學的總清算》的文章，對新文學自發端到1930年代中期的文壇，以尖刻的語言進行了總攻擊，說鄭振鐸代表了一種「流氓主義」，又說《文學季刊》爲巴金所把持。〔註72〕其肆意謾罵、目空一切的文風不值一哂，不過其中也透露了一個信息：巴金本人並未列名《文學季刊》編委之中，但是因其作品的反響，在文壇已經取得了很高的地位。他當時雖以協助靳以爲名，但在《文學季刊》中的地位非比尋常。他可以與鄭振鐸直接叫板，也可以與其它編委交鋒，都是明證。表現在《雷雨》的發表問題上，或許正顯示了「巴金對刊物的影響力不是一般編輯人可比的」〔註73〕，只有他出面，才能使爲鄭所不喜歡的《雷雨》發表。

由於當事者都已做古，還原事實眞相併不容易。不過，拋開情感用事的因素，曹禺、巴金的回憶可能有出入，但在大方向尤其是對老朋友靳以爲人處世的評價上，應基本視爲可靠。據最新的研究揭示，靳以並未認識到《雷雨》的眞正價值，其主要依據之一，就是曹禺在多次的回憶中，都明確表示巴金是《雷雨》的眞正發現者。〔註74〕這應是較爲符合歷史原貌的。雖然許多人爲靳以辯護，但曹禺爲何要不顧幾十年的深厚友誼，曾以那種看似很輕率的口氣，來評價靳以對待《雷雨》的態度呢？曹禺所謂的「他就是那樣一種人」，很有可能是指靳以愛激動、情緒化，生活中有相對粗疏一面的弱點。唐弢對靳以也有「看人看事往往顯得不細緻，不深刻」〔註75〕的評價。而從靳以《蟲蝕》序飽含深情的敘述中可以看到，曹禺無論是在創作還是人生中，都給了他相當多的鼓勵和建議，也足以證明曹禺是深知靳以爲人的。因而，研究者不宜取爲逝者諱的態度，在今天爲了緬懷靳以的功績，對其過分拔高。也正因如此，在對《雷雨》發表這椿公案上有極其重要的一點一直被忽視：靳以到底怎麼看《雷雨》？他對《雷雨》的直接看法目前無法得知。但所幸的是，很少寫文學評論的靳以，的確以極大的熱情，對曹禺這位換帖兄

〔註71〕參見陳思和：《總序：關於巴金和靳以聯袂主編的舊期刊文選》，見周立民編《文學季刊》，上海：上海社會科學院出版社，2004年8月版。

〔註72〕張露薇：《現代中國文學的總清算》，1936年3月《文學導報》第1卷第1期。

〔註73〕陳思和：《關於巴金發現〈雷雨〉》，2000年11月25日《文匯讀書周報》。

〔註74〕參見劉豔：《〈雷雨〉公案與作家人品》，2010年6月《中國現代文學論叢》第5卷第1期。

〔註75〕唐弢：《寫於悲痛中——悼靳以》，見艾以等編《百年靳以紀念集》，香港：香港文匯出版社，2009年9月版，第253頁。

弟進行過關注，對《日出》《北京人》《原野》，他都留下了評論文字，不妨以此溯源而上，還原他對《雷雨》的態度。

1937 年 1 月 1 日，《大公報》「文藝」副刊曾對《日出》進行過集體評論，其中包括茅盾、葉聖陶、巴金、沈從文諸多名家。靳以的評論名爲《「更親切一些」》，其中這樣的文字值得注意：

> 我該說我最愛方達生那個傻子。……他永遠有著他自己的理想，他永遠想拯救別人。他看不慣這個社會，這個又偷又搶的社會，他也不能與這個社會相和。所以別人要說他是刺兒頭，……他記著從前，想著未來，可是厭惡著現在。他並不曾失敗……他可是迎著陽光走出去。那面有耀眼的太陽還有高兀洪壯的合唱，是一個大生命浩浩蕩蕩地向前進，洋洋溢溢地充塞了宇宙，——偉大的光明。

靳以所喜愛的形象、性格和理想，正是參照他自己作品的理想模式來解讀的。他創作中的最高追求，即人類平等博愛的大同世界。方達生這樣的「傻子」，又何嘗不是追求理想、充滿反抗意識、不能融入社會，而且具有濃重自憐傾向的靳以本人的寫照？這在曹禺本人那裡得到了確切的證實，他在 1982 年的一次談話時說過：「方達生的影子是靳以，靳以就有那股憨勁兒，從來不懂世故。」〔註 76〕從中也可以看出，曹禺在對《雷雨》一事的回憶時所說的靳以「就是那樣一種人」，也並非有太多貶意，這正是憑著對老友的眞正瞭解才說出的話。

由靳以所衷心讚頌的方達生，不由令人想起《秋花》中的方明生。《日出》最初以連載形式發表於靳以、巴金主編的《文季月刊》創刊號（1936 年 6 月 1 日），兩個月後《秋花》由文化生活出版社出版。達生、明生這樣相近的名字也許不是巧合，作家間的相互影響是存在的，「借鑒已有的文本可能是偶然或默許的，是來自一段模糊的記憶，是表達一種敬意，或是屈從一種模式，推翻一個經典或心甘情願地受其啓發。」〔註 77〕曹禺完全可能將方達生本自靳以這一構想告訴好友兼編者的靳以本人。也許正是受了這一人物的感染，靳以給自己筆下的人物取了「明生」這樣的名字，並對其賦予了博愛的

〔註 76〕田本相：《曹禺傳》，北京：北京十月文藝出版社，1988 年 8 月版，第 177 頁。
〔註 77〕〔法〕蒂費納‧薩莫瓦約：《引言》，《互文性研究》，邵煒譯，天津：天津人民出版社，2003 年 1 月版。

象徵，其自戀的意味相當濃厚。然而，此「達生」非彼「明生」。與靳以對方達生毫無保留的稱讚相反，方明生這個本該明瞭人生、追求美好理想的人物的最終結局又如何呢？曹禺對老朋友「從來不懂世故」的「那股憨勁兒」的評價，只能說是靳以性格中的一部分。方明生不過是現實生活中的「多餘人」，而正是這一人物，充分凝縮了靳以本人彷徨、悲苦的個人影像，其悲劇意味不言而喻（參見第二章第二節）。

更值得注意的是，靳以對《日出》「更親切一些」的評論，正是與《雷雨》相對比而發的。這也是目前所僅見的他對《雷雨》的一點隱含認識。為什麼前者在靳以眼中要更親切呢？而在《日出》中，為什麼是方達生而非主人公陳白露才博得了靳以的青睞？從靳以對《日出》的點評來看，是完全本著自己的創作追求出發，即著眼於走出個人天地的現實主題有感而發。而且，《日出》在曹禺的幾個代表作中，明確對「損不足而奉有餘」的罪惡社會進行了批判，其現實鬥爭意義，無疑才真正符合靳以本人的文學觀念。

如果對比當日《大公報》其它幾位作家對《日出》的評論，更可以看到靳以的偏重所在。茅盾看出了《日出》的社會性問題，即「圍繞於一個中心軸──就是金錢的勢力」，「是半殖民地金融資本的縮影」；葉聖陶指出了「它的體裁是戲劇，而其實也是詩」；沈從文既指出該作從「劇本所孕育的觀念看來，仍然是今年來一宗偉大的收穫」，同時注意到，「作者似從《大飯店》電影得到一點啟示，尤其是熱鬧場面的交替，具有大飯店風味。這一點，用在中國話劇上來試驗，還可以說是新的。」李廣田、荒煤分別從人物塑造和挖掘社會罪惡根源方面，指出了《日出》不及《雷雨》的方面。〔註78〕應該說，這樣一些看法，與靳以單純圍繞自己的創作經驗而探討人生出路的出發點比較，在作品的社會性、藝術性方面，有著更為宏闊的視野和更為深入的把握。

關於曹禺的另一名作《原野》，有一段來自《前夕》的間接評論，是靜玲和靜茵在觀看這齣戲時的對話。靜玲說：「我不耐煩這些個人的恩仇，現在是一個國家要和一個國家拼的時候。」靜茵回答：「不要那麼說，每個作者自有他一番苦心，該說的他不能說，他們的苦痛比我們的更深刻更尖銳。」靜玲

〔註78〕以上對《日出》的評價原載 1937 年 1 月 1 日《大公報・文藝》，「對《日出》的『集體批評』」專欄，參見田本相：《曹禺傳》，北京：十月文藝出版社，1988 年 8 月版，第 200〜202 頁。

這樣解釋：「也許我的心太不消停。」作為新生一代進步代表的靜玲，扮演了作家代言人的角色，其話語意味也是明顯的：國難當頭，個人的恩仇要完全讓位於民族的大業。而靜茵的話有些意味深長，似乎靳以是在盡量去理解老友的創作心態。

再來看靳以關於《北京人》的評論〔註 79〕，在評價思懿這一人物時，他認為：

> 如果想到人生到了不過是那麼一個大解脫的話，那個思懿也不必活得那麼能幹厲害了。她為什麼要笑裏藏刀，看財如命，自私自利呢？……難道她不能想得開些，宇宙原是大家的，為什麼只知道盡量從世界攫取，而不能供獻點什麼呢？人生的天地原來是廣大的，她自己卻把它弄得那麼狹小……

這裡，所能看到的是靳以慣常寫作的常用模式：一是專注於人性批判時所採用的道德自省模式，二是如何突破個人狹小天地的人生出路模式。對愫方的評價同樣如此：

> 可是她為什麼苦苦地把自己的青春和熱情消耗在無望的情受上？……是的，活著是受苦的，可是情感的苦痛是不值得的。別人要我們做勇敢的傻子，不能做情感的傻子，情感的磨練正是一個洪爐，他日斬荊披棘還要用那洪爐裏煉出來的精鋼，誰也不能終生躺在那熾熱的洪爐裏，把青春和活力都平白地消融殆盡。

對於這一人物尚有類似的期許：「（她的心）為什麼不放在大一點的事情上去？」「她實在應該是走出去了」。這樣的解讀，正是借他人酒杯澆自己心中塊壘，完全是為解勸自己從個人情感中走出的母題做注解。對於愫方的寄託，豈非可以完全移用於靜宜？「情感的傻子」，也同樣是早期作品中經常出現的語彙。此文這樣結尾：「難道世界真的是這般淒涼嗎？不，不，我這樣喊，你們也要同樣地喊，大家都堅信一個新的時代畢竟要到來的。」這顯然是以充滿激情的方式，將《北京人》納入自己作品慣有的祈願模式之中了。而這種對每一人物面面俱到的分析方法，也正是靳以代表作《前夕》的構思方式。正因太看重每一人物在時代中的定位，靳以極大忽視了對《北京人》人物命運和藝術蘊涵的進一步關注。

〔註 79〕《〈北京人〉》，原載 1942 年 3 月 25 日《現代文藝》第 4 卷第 6 期，署名方序，收入《紅燭》。

　　在《《北京人》》的標題下注明「獻給石，紀念我們二十年的友誼」，還有「海內存知己，天涯若比鄰」的詩句。在自己主編的刊物《現代文藝》上，以這樣醒目的方式傳遞個人情感，足見靳以與曹禺友情之深。值得反思的是，單就文學本身而論，靳以果真與這位戲劇大師相知相惜嗎？從《雷雨》開始，曹禺就顯示了作爲傑出作家的超越時代之處，他「不滿足於使自己的第一部作品落入五四初期『社會問題』劇那種簡單化模式裏」〔註80〕，而這種「簡單化模式」恰恰是靳以無法走出的窠臼，也可以說，他創作中所欠缺的、并阻礙他成爲一名一流作家的，正是對人性命運的深入探討。從以上靳以對曹禺劇作的評價，可以充分看到，他還是主要著眼於作品主題的，尤其是如何從小我走向大我，更是其念茲在茲的關注核心，此外即從道德評論方面入手，而基本無涉文學本體因素。可以認爲，靳以難以體會老友的創作精義與內涵，也難以真正地走進曹禺的戲劇。

　　再回到《雷雨》，檢視靳以對《日出》比《雷雨》「更親切一些」的評價，其潛在的含意，極可能是他本人與《雷雨》的隔膜。由此出發，靳以對於《雷雨》的理解程度以及如何評價，是否可以得到接近真實的還原？由於其本人創作觀念的局限性，是不是可以對其文學批評的理論高度和素養不宜做太高評價？總之，爲什麼不能說，靳以對《雷雨》不感興趣甚至有所牴觸呢？

三、難逃宿命的終點

　　靳以對編輯工作具有無限的熱愛，經常以高昂的熱情行進在文學主潮中，但總是難逃被管制的厄運：1949 年以前要面對當局的查封，1949 年以後當他充滿熱情放聲高歌的時候，卻不可避免地遭遇了嚴酷的政治氣候。靳以於 1950 年下半年，接手主編 1948 年在香港創刊的《小說》月刊。他兼顧學校工作和這份雜誌，忙得不可開交。不過《小說》還是出到 1952 年第 5、6 期合刊的時候停刊。在終刊號《編者的話》中，靳以說自己工作「很被動」，「不能很有計劃地配合當前的政策發動創作。」儘管當時的停刊，並未來自直接的政治批判，靳以雖然也有一些關於辦刊的獨立思考，但是無疑不得不力求適應主流話語歸約下的檢討性姿態。〔註81〕

〔註80〕李歐梵：《現代性的追求》，北京：生活・讀書・新知三聯書店，2000 年 12 月版，第 300 頁。
〔註81〕張均：《〈小說〉月刊的復刊、停刊及其它》，《文藝爭鳴》2015 年第 4 期。

　　靳以的編壇絕唱，是與 1957 年誕生的《收穫》聯繫在一起的，這也是他與老友巴金聯合主編的最後一個大型文學期刊。《收穫》的《發刊詞》由靳以執筆，首句即：「『收穫』的誕生，具體體現了『百花齊放』的政策。『收穫』是一朵花，希望它成爲一朵香花——有利於社會主義祖國，是人民的有益的精神食糧。」此文後半部分寫道：「『收穫』應該團結更多的作家，尤其是老作家們……但是在『收穫』中間，我們也期盼著有生氣勃勃、新鮮活潑的新人的作品。」既強調遵循時代方向的指引，也流露出在「百花齊放」政策下，刊物應具有獨特風格的意味。但是此時，政治意識的強化已是不可避免。據周而復回憶，靳以在與其反覆商議之後，將毛澤東《關於正確處理人民內部矛盾的問題》的六條標準寫入了《發刊詞》。〔註82〕在《收穫》第 2 期，巴金、靳以聯合署名發表的《寫在〈收穫〉創刊的時候》又重申：

　　　　在我們拿不定主意的時候，自動地送給黨的負責同志看，請黨的負責同志幫助我們，替我們解決問題，但這不是審查稿件，這是協助我們把編輯工作做得更好，我們這樣做，純然因爲是要把刊物辦好，對黨負責，對人民負責，也對作家負責。我們不能把有害的作品送給讀者，每個刊物的編輯同志都應該這樣。我們是很自由，但我們不能濫用自由，偷運毒草。我們貢獻給讀者的將是有益的精神食糧，否則我們就對不起人民，對不起黨，甚至是對人民犯了罪。

　　據周而復回憶：「即使名家作品，如思想內容有毛病不宜發表，靳以或以群都親自寫信給作家，誠懇而又熱情提出中肯意見，建議暫勿發表，待修改或改寫後發表」〔註83〕。顯然，即便在「百花」年代，靳以也不可避免地保持高度的政治警惕性。《收穫》創刊之初，還是體現了一定的自主性，設有小說、劇本、散文隨筆、童話、詩、特寫報告、讀者論壇、電影文學劇本等欄目，比較重視文學審美因素。「沒想到好景不長，那場席卷全國的反右運動讓編輯部陷入困境」〔註84〕，儘管靳以本人的政治熱情很高，還是無法避免外

〔註82〕周而復：《〈收穫〉30 年——兼懷靳以、以群》，《新文學史料》2003 年第 3 期。

〔註83〕周而復：《〈收穫〉30 年——兼懷靳以、以群》，《新文學史料》2003 年第 3 期。

〔註84〕彭新琪：《懷念靳以師》，見艾以等編《百年靳以紀念集》，香港：香港文匯出版社，2009 年 9 月版，第 24 頁。

來干預而違背自己的意願，不斷應付隨時的撤稿和換稿。〔註 85〕1958 年第 1
期的《收穫》上發表了管樺的《辛俊地》。靳以對作家的才華頗爲欣賞，同時
也對這一頗富新意的作品命運表示了擔心。反右運動開始後，北京、上海等
地，就傳出《收穫》是不要黨領導的資產階級「同人刊物」和「獨立王國」
的聲音，而《辛俊地》和方紀的《來訪者》(《收穫》1958 年第 3 期) 等作品，
果眞受到了批判。靳以只有主動承擔責任。在 1958 年第 4 期《收穫》上，增
闢了「讀者論壇」，登載了兩篇批判《來訪者》的讀者稿件，又由編委羅蓀寫
了一篇同類性質的評論，才勉強應付過關。〔註 86〕

　　靳以迅速融入了歌頌新時代的主潮之中，在 1949 年以後，「他的全部作
品幾乎都是歌頌新時代，表揚新人物的讚歌。」〔註 87〕在政治風暴迅猛到來
之際，作爲上海作協副主席的靳以，寫表態文章反右、批判胡風，同樣不餘
遺力──「接受教訓，提高警惕，堅決肅清一切反革命分子！」「徹底摧垮胡
風的反黨集團」「堅決挖出胡風反革命集團的老根」，標語口號式的標題，義
正詞嚴的文字，都印上了特定時代的痕跡。如果說以上這些創作許多還是充
滿眞誠的，作爲政治任務去趕寫文章，對靳以來講就不那麼簡單了。據女兒
回憶，一篇短短的特寫《創造奇跡的時代──黨挽救了邱財康同志的生命》
(《收穫》1958 年第 4 期)，竟由巴金、任幹、胡萬春、靳以、魏金枝五個人
署名創作，「我親眼看見他們五個坐在一起，討論又討論，商量又商量，不斷
地跑醫院，愼乎其愼，絞盡腦汁，一反各人的寫作習慣。文章寫得出奇的
慢，不知他們當時握筆的手是否在顫抖。」〔註 88〕

　　雖然靳以始終是一個保持高度政治熱情的作家，但晚年所要應對的無窮
無盡的政治活動，則越來越讓他苦不堪言，難以承受。1957 年年底，他在未
被徵求意見的情況下，在「上山下鄉」的大潮中被要求去工廠深入生活。當
年的下屬這樣回憶：

　　　　……他在作協黨組辦公室開完會回來，步履遲緩，臉色難

〔註 85〕參見章潔思：《日曆翻回半個世紀──靳以與〈收穫〉》，《江南》2007 年第 4
　　　　期。
〔註 86〕關於靳以在《收穫》草創期的貢獻，及其尷尬處境、矛盾心理，參見蔡興水：
　　　　《巴金與〈收穫〉研究》(上海：復旦大學出版社，2012 年 1 月版) 第二章「編
　　　　者與《收穫》」第二節「靳以：創辦人與奠基者」。
〔註 87〕羅蓀：《讓熱情的讚歌響徹世界》，《收穫》1959 年第 6 期。
〔註 88〕章潔思：《日曆翻回半個世紀──靳以與〈收穫〉》，《江南》2007 年第 4 期。

看。……

  他突然轉過身來對著我，不無氣憤地低聲説，「我説，小彭，他們要我帶頭第一批下去生活。我選了國棉一廠」……

  過了好一會，他實在憋不住了，又用極低極輕的聲音説：「我説呀，他們一點也不照顧我的身體，前次要我到××××去，在浦江輪渡上，我難過得都喘不過氣來了……」〔註89〕

  1958 年 1 月，靳以到國棉一廠深入生活，開始了上午在編輯部、下午在工廠的奔波。1959 年，在他生命的最後一年，還是在編輯、行政工作之外，在工廠接受鍛鍊。在 6 月初參加人民公社集體勞動時，年輕時就潛伏在體內的風濕性心臟病發作，導致心力衰竭，被送往醫院搶救。此後靳以一直身心俱疲，直至 11 月 7 日去世。

  靳以在正值五十歲的生命旺季不幸辭世，曾經引起朋友的普遍惋惜。不過，對於他本人來說，可能也是一件幸事。因為中國大地隨後發生的事情，會更讓他無以應對，也極有可能面臨更加深重的厄運，他為之付出巨大心血的《收穫》在其去世後不久，就遭到了停刊的命運。對於靳以英年早逝，老友巴金這樣道出心聲：

  靳以逝世的時候剛剛年過五十，有人説：「他死得太早了。」我想，要是他再活三十年那有多好。我們常常感到惋惜。後來在文化大革命期間，我和其它幾位老作家在「牛棚」裏也常常談起他，我們卻是這樣説：「靳以幸虧早死，否則他一定受不了。」我每次挨鬥受辱之後回到「牛棚」裏，必然想到靳以。「他即使在五九年不病死，現在也會給折磨死的。」我有時這樣想。然而他還是「在劫難逃」，他的墳給挖掉了。〔註90〕

  靳以的文學生涯，充滿激進的戰鬥色彩與對光明的無比渴求。其坎坷的歷程，卻又在在彰顯一名文人的無奈，這就是他那一代知識分子的宿命吧？

〔註89〕彭新琪：《懷念老師靳以》，《新文學史料》2000 年第 2 期。
〔註90〕巴金：《隨想錄‧靳以逝世二十週年》，《隨想錄》，北京：作家出版社，2005年 10 月版，第 123 頁。靳以墓地在「文革」期間受到毀壞，骨灰被一位不知名的學生保存起來，存放在龍華革命公墓。參見南南：《從遠天的冰雪中走來——靳以紀傳》，「桃李的欣慰」一節，太原：山西人民出版社，2000 年 1 月版。

第三節　小　結

靳以通過豐富多彩的文學活動，一直積極投身於新文學建設的主流之中，為此做出了積極的貢獻。

靳以的文學觀念，與新文學追求進步、正義、光明的主潮始終保持一致。其中不乏強烈的政治意識，這也在很大程度上左右著他的編輯思想。靳以主編（包括與巴金合編）的文學期刊，「有一股嚴肅、堅定的正氣，卻找不到柔軟、頹靡和享樂的遊戲筆調」〔註91〕。經靳以之手所發表的許多進步作家如七月派詩人的作品，時刻關注著民族的榮辱興衰和人民的苦痛哀樂，具有強烈的時代感。在烽火遍地的年代，這些刊物在一定程度上忽略了文學審美因素，不過正如綠原談到冀汸的詩作時所說：

> 假定時光可以回流到四十年代，人們不難體驗到，面臨水深火熱的民族災難，置身於出生入死的革命鬥爭，立志充當時代記錄員的詩人只能寫出作者這樣的詩，讀者也只需要作者這樣的詩，向前者要求、向後者推薦另一種鶯歌燕舞式的「純詩」，簡直是不可想像的。〔註92〕

由於時代的限制，文學功利性大於審美性，正是中國現代文學的宿命。

通過對靳以編輯研究中的一些問題，比如將其納入京派考察的明顯偏頗，對於《雷雨》發表的模糊判定，可以反思的是：對於這樣一位兼顧創作且數量頗豐的作家，一定要充分考察其文學觀念，才能更清晰地把握其編輯思想。

〔註91〕周立民、王曉東：《編後記：關於〈文叢〉》，見王曉東編《文叢》，上海：上海社會科學院出版社，2004 年 8 月版，第 296 頁。

〔註92〕綠原：《〈灌木年輪〉校讀小記》，見冀汸《灌木年輪》，北京：人民文學出版社，1995 年 8 月版，第 234 頁。

結　語

　　靳以的人生歷程，體現了一位進步文學工作者所具有的戰鬥精神、人文
關懷、生命意志、歷史意識，以及親近自然的和諧觀念。他集編輯、作家、
教師爲一身，順應了時代主潮，積極投身於新文學的發展建設，並爲此做出
了重要的貢獻。他對文學工作的忘我投入，可謂「一生精力充沛，能量極
大，輻射面廣闊」〔註1〕。

　　靳以在早期小說中不乏明顯的濫情傾向，但是創新的努力清晰可見，在
題材、手法、格調上都有意向多角度擴展，推出了一些優秀的作品，有清新
委婉的，也有粗獷厚重的。總之，在早期小說作品中靳以「風格新穎，技巧
也圓熟」〔註2〕，顯現了一個年輕作家的才華和潛力。不過，靳以的創作與一
個無暇深入體味、思考、總結的文學時代，是高度契合的。1930 年代中期以
後，他自覺地把個人的創作生涯，定位於「從個人到眾人」的基本方向，即
將個體融入文學大眾化潮流之中。這主要表現於一種強烈的憂患意識，社會
的弊端與人類的苦難，成爲其念茲在茲的主題。靳以始終堅持爲人生、爲大
眾的方向，把文學作爲戰鬥的武器，並對黑暗的現實進行了無情的揭示與批
判，這自有其重要意義，如老友巴金所說：

　　　　優秀的文學作品都是人民的精神財富。凡是忠實地反映了當時
　　社會生活的作品，凡是鼓勵人積極地對待生活的或者給人以高尚情

〔註1〕　張德林：《靳以老師在復旦》，見艾以等編《百年靳以紀念集》，香港：香港文
　　　　匯出版社，2009 年 9 月版，第 29 頁。
〔註2〕　王瑤：《中國新文學史稿》（上冊），上海：上海文藝出版社，1982 年 11 月版，
　　　　第 277 頁。

操的,或者使人感覺到自己和同胞間的密切聯繫的作品,凡是使人熱愛祖國和人民、熱愛眞理和正義的作品都會長久存在下去。靳以的作品,至少他的一部分作品,也不會是例外。〔註3〕

但是當強烈的主觀意念支配了靳以的創作,他很快陷入了模式化寫作的誤區,結果使個人潛能漸漸淹沒在時代的宏大敘事之中。靳以具有巨大的政治熱情與社會參與意識,頗有左翼傾向。而左翼文學在藝術上的主要弊端,即「以現實主義的道德壓力來壓制前衛藝術和文學的創新和實驗」〔註4〕,這在靳以日趨枯窘的創作中體現得淋漓盡致。靳以追趕時代的腳步太急促,太匆忙,文學的時代性特徵深深體現於他的作品中,但由於時代共性吞沒了創作個性,最終影響到他實現藝術的昇華與飛躍,所以他一直難以完成從「文學青年」到「成熟作家」的蛻變,以致沒有躋身一流作家的行列。靳以文學創作的高峰期很快就結束了,像他這樣在早期創作中不乏開拓創新精神,此後卻日趨枯澀甚至遠遠遜於早期創作的現象,在中國現代作家中是很典型的。而作爲一個廣泛接觸各種不同文學作品的著名編輯家,這一事例的悲哀性質,就更不言而喻了。

靳以的寫作,基本上是自我心路歷程的展示,多有自敘傳色彩。作爲一個作家,眞誠而直率地將自己的人生觀通過作品表露出來,是一件好事,至少他袒露了自己,沒有掩飾也沒有作僞。靳以的誤區在於,始終難以走出自我中心主義的桎梏。作爲主觀情緒化嚴重的作家,靳以的早期人生體驗充斥著陰鬱、傷害、憎恨的陰影,這在整個創作中留下了深深的印痕。從早期愛情小說開始,靳以始終在一種強烈的怨恨情結驅動下寫作,此後的許多作品也都明顯帶有憂憤交織的色彩。而早期作品中自我中心主義的蔓延,使靳以延續了極端化的思維方式,導致判斷、認識、處理問題的簡化,在對人性之惡的深切體認中,夾雜著一種向整個世界和人類尋求報復的扭曲心態,破壞大於建設、以全面毀滅爲主要手段的無政府主義色彩相當濃厚。

從創作之初,靳以就爲自己確立了「從個人到眾人」的民粹追求。不過,「知識分子要徹底脫胎換骨並非易事。由於改造的艱難性,創作中就出現了兩個自我:一個是知識分子眞實的自我,一個是通過深入生活和思想改造

〔註3〕 巴金:《〈靳以選集〉序》,見《靳以選集》(第一卷),成都:四川人民出版社,1983 年 4 月版。

〔註4〕 李歐梵:《現代性的追求》,北京:生活・讀書・新知三聯書店,2000 年 12 月版,第 153 頁。

而獲得的代表大眾的自我。眞實的自我非常頑強，它往往在這一時刻被抑制了，在另一時刻卻又頑強地冒了出來。」〔註5〕靳以在作品中就充分表現了這種矛盾性，具體表現爲：既有融入大眾、服務大眾的熱情，又有清高自傲、憤世嫉俗的傳統知識分子的明顯特徵，所以既有沖決舊制度、建立理想世界的浪漫主義追求，又有悲觀心態驅使下以極端無政府主義手段毀滅一切的色彩。這也大大影響了他走向眾人的民粹主義訴求。所以，靳以在表現「從個人到眾人」這一主題中，體現了許多猶疑、矛盾的心態，使其文本內部常伴隨著光明與陰鬱並存的悖論，這也恰恰是中國現代知識分子命運的寫照：他們總是在追尋著走向眾人的道路，可是對這條道路的性質、意義，尤其是對其自身精神自由的強大束縛與抑制，他們可能無力也從未去探詢過。這也是這一群體在現代中國的巨大悲劇性所在。「我知道面前留給我的是一條漫漫的長路，我不知道我是否能平安地跨上去，或是能到達我要去的地方。那時我都沒有想過我所去的地方是一個什麼地方。」（《憶崇群》）這正是靳以「從個人到眾人」之路的自我寫照吧。

　　「報刊是時代的鏡子。靳以在各個時期編輯出版的文學期刊，都能給人以強烈的時代感。閱讀他編輯的刊物，總是讓人們感受到時代跳動的脈搏。其原因就因爲靳以始終把報刊視爲時代的鏡子，正視現實，面向生活。」〔註6〕靳以的編輯包括教育工作，讓他在推動進步文藝創作、培養文學新人方面做出了傑出的貢獻。但是，不容否認的是，由於文學趣味的相對褊狹，使其所編刊物呈現出積極、進步色彩的同時，也有相對單調的一面。

　　總之，靳以是一位追求進步、光明與正義的文學工作者；靳以的限度，既是他個人的，也是一個特定時代的。以他爲研究對象，可以作爲探詢現代文學總貌的一個比較典型的窗口；以目前的研究情況看，這一課題又是值得深入發掘的。

〔註5〕李新宇：《迷失的代價——20世紀中國文藝大眾化運動再思考》（下），《文藝爭鳴》2001年第2期。

〔註6〕艾以：《靳以的編輯生涯》，《中國》1985年第1期。

參考文獻

一、靳以作品

（一）1949 年以前小說

1. 《聖型》〔M〕，上海：現代書局，1933 年。
2. 《群鴉》〔M〕，上海：新中國書局，1934 年。
3. 《青的花》〔M〕，上海：生活書店，1934 年。
4. 《蟲蝕》〔M〕，上海：良友圖書印刷公司，1934 年。
5. 《珠落集》〔M〕，上海：文化生活出版社，1935 年。
6. 《殘陽》〔M〕，上海：開明書店，1936 年。
7. 《秋花》〔M〕，上海：文化生活出版社，1936 年。
8. 《黃沙》〔M〕，上海：文化生活出版社，1936 年。
9. 《遠天的冰雪》〔M〕，上海：文化生活出版社，1937 年。
10. 《洪流》〔M〕，重慶：文化生活出版社，1941 年。
11. 《遙遠的城》〔M〕，重慶：烽火社，1941 年。
12. 《前夕》〔M〕，重慶：文化生活出版社，1942 年。
13. 《眾神》〔M〕，重慶：文化生活出版社，1944 年。
14. 《春草》〔M〕，上海：文化生活出版社，1946 年。
15. 《生存》〔M〕，上海：文化生活出版社，1948 年。

（二）1949 年以前散文

1. 《貓與短簡》〔M〕，上海：開明書店，1937 年。
2. 《渡家》〔M〕，上海：商務印書館，1937 年。

3. 《霧及其它》〔M〕，上海：文化生活出版社，1940 年。

4. 《紅燭》〔M〕，重慶：文化生活出版社，1942 年。

5. 《沉默的果實》〔M〕，重慶：中華書局，1945 年。

6. 《人世百圖》〔M〕，上海：文化生活出版社，1948 年。

（三）1949 年以後文集、選集

1. 《光榮人家》〔M〕，上海：平明出版社，1951 年。

2. 《祖國──我的母親》〔M〕，上海：平明出版社，1953 年。

3. 《佛子嶺的曙光》〔M〕，上海：新文藝出版社，1955 年。

4. 《過去的腳印》〔M〕，北京：人民文學出版社，1955 年。

5. 《工作、學習與鬥爭》〔M〕，上海：新文藝出版社，1953 年。

6. 《江山萬里》〔M〕，上海：新文藝出版社，1957 年。

7. 《幸福的日子》〔M〕，北京：人民文學出版社，1959 年。

8. 《靳以選集》（五卷）〔M〕，成都：四川人民出版社，1983～1984 年。

9. 《靳以散文小説集》（上、下卷）〔M〕，上海：上海文藝出版社，1984 年。

10. 《靳以散文選集》〔M〕，天津：百花文藝出版社，1995 年。

11. 《靳以 平民小説》〔M〕，上海：上海文藝出版社，1996 年。

12. 《靳以代表作》〔M〕，北京：華夏出版社，1999 年。

二、史料

（一）靳以編輯的文學期刊

1. 《文學季刊》〔J〕。

2. 《水星》〔J〕。

3. 《文季月刊》〔J〕。

4. 《文叢》〔J〕。

5. 《現代文藝》〔J〕。

6. 《小説》〔J〕。

7. 《收穫》〔J〕。

（二）其它文學報刊

1. 《小説月報》〔J〕。

2. 《現代》〔J〕。

3. 《大公報·文藝副刊》〔N〕。

4. 《文學》〔J〕。

5. 《中流》〔J〕。

6. 《吶喊》〔J〕。

7. 《烽火》〔J〕。

8. 《抗戰文藝》〔J〕。

9. 《時與潮文藝》〔J〕。

10. 《文藝復興》〔J〕。

11. 《人民文學》〔J〕。

12. 《文藝報》〔N〕。

（三）靳以傳記、紀念集

1. 南南，《從遠天的冰雪中走來──靳以紀傳》〔M〕，太原：山西人民出版社，2000 年。

2. 章潔思，《曲終人未散‧靳以》〔M〕，上海：東方出版中心，2009 年。

3. 周立民，《從個人到眾人──章靳以教授傳論》〔A〕，陳思和、周斌主編，《名師名流》（下）〔C〕，桂林：廣西師範大學出版社，2005 年。

4. 艾以、沈輝、衛竹蘭等編，《百年靳以紀念集》〔C〕，香港：香港文匯出版社，2009 年。

（四）相關文獻

1. 巴金，《隨想錄》〔M〕，北京：作家出版社，2005 年。

2. 陳福康，《鄭振鐸傳》〔M〕，北京：北京十月文藝出版社，1994 年。

3. 韓石山，《李健吾傳》〔M〕，太原：山西人民出版社，2006 年。

4. 李存光，《巴金傳》〔M〕，北京：北京十月文藝出版社，1994 年。

5. 李輝，《蕭乾傳》〔M〕，南京：江蘇文藝出版社，1993 年。

6. 施蟄存，《散文丙選》〔M〕，哈爾濱：黑龍江人民出版社，1998 年。

7. 田本相，《曹禺傳》〔M〕，北京：北京十月文藝出版社，1988 年。

8. 王曉東編，《文叢》〔C〕，上海：上海社會科學院出版社，2004 年。

9. 周立民編，《文學季刊》〔C〕，上海：上海社會科學院出版社，2004 年。

10. 周立民編，《文季月刊》〔C〕，上海：上海社會科學院出版社，2004 年。

三、文學史研究著作

1. 艾曉明，《青年巴金及其文學視界》〔M〕，上海：復旦大學出版社，2009 年。

2. 白浩，《無政府主義與 20 世紀中國文學》〔M〕，北京：中國社會科學出

版社，2008 年。

3. 曹書文，《家族文化與中國現代文學》〔M〕，北京：中國社會科學出版社，2002 年。

4. 陳國恩，《浪漫主義與 20 世紀中國文學》〔M〕，合肥：安徽教育出版社，2000 年。

5. 陳平原，《中國小說敘事模式的轉變》〔M〕，北京：北京大學出版社，2003 年。

6. 陳平原、山口守編，《大眾傳媒與現代文學》〔C〕，北京：新世界出版社，2003 年。

7. 杜素娟，《沈從文與《大公報》》〔M〕，濟南：山東畫報出版社，2006 年。

8. 范培松，《中國散文史》（上）〔M〕，南京：江蘇教育出版社，2008 年。

9. 方錫德，《中國現代小說與文學傳統》〔M〕，北京：北京大學出版社，1992 年。

10. 賈蕾，《巴金與域外文化》〔M〕，北京：北京語言大學出版社，2007 年。

11. 李玲，《中國現代文學的性別意識》〔M〕，北京：人民文學出版社，2002 年。

12. 李歐梵，《現代性的追求》〔M〕，北京：生活·讀書·新知三聯書店，2000 年。

13. 李歐梵，《中國現代作家的浪漫一代》〔M〕，王宏志等譯，北京：新星出版社，2005 年。

14. 李歐梵，《李歐梵論中國現代文學》〔M〕，上海：上海三聯書店，2009 年。

15. 林非，《現代六十家散文札記》〔M〕，天津：百花文藝出版社，1982 年。

16. 林偉民，《中國左翼文學思潮》〔M〕，上海：華東師範大學出版社，2005 年。

17. 劉廣濤，《百年青春檔案：20 世紀中國小說中的青春主題研究》〔M〕，北京：中國社會科學出版社，2005 年。

18. 劉納，《嬗變──辛亥革命時期至五四時期的中國文學》（修訂版）〔M〕，北京：中國人民大學出版社，2010 年。

19. 劉豔，《中國現代作家的孤獨體驗》〔M〕，長春：吉林大學出版社，2007 年。

20. 劉勇，《現代文學講演錄》〔M〕，桂林：廣西師範大學出版社，2009 年。

21. 劉增人，《中國現代文學期刊史論》〔M〕，北京：新華出版社，2005 年。

22. 裴毅然，《二十世紀中國文學人性史論》〔M〕，上海：上海書店出版社，2000 年。

23. 錢競，《中國現代文藝學研究》〔M〕，濟南：山東教育出版社，2009 年。

24. 錢理群，《豐富的痛苦——堂吉訶德與哈姆雷特的東移》〔M〕，北京：北京大學出版社，2007 年。

25. 錢理群、吳福輝、溫儒敏，《中國現代文學三十年》（修訂本）〔M〕，北京：北京大學出版社，1998 年。

26. 邵伯周，《人道主義與中國現代文學》〔M〕，上海：上海遠東出版社，1993 年。

27. 施軍，《敘事的詩意——中國現代小說與象徵》〔M〕，北京：人民出版社，2007 年。

28. 孫晶，《文化生活出版社與現代文學》〔M〕，南寧：廣西教育出版社，1999 年。

29. 王德威，《想像中國的方法：歷史・小說・敘事》〔M〕，北京：生活・讀書・新知三聯書店，2003 年。

30. 王德威，《現代中國小說十講》〔M〕，上海：復旦大學出版社，2003 年。

31. 王德威，《抒情傳統與中國現代性：在北大的八堂課》〔M〕，北京：生活・讀書・新知三聯書店，2010 年。

32. 王學謙，《自然文化與 20 世紀中國文學》〔M〕，長春：吉林大學出版社，1999 年。

33. 溫儒敏，《新文學現實主義的流變》〔M〕，北京：北京大學出版社，2007 年。

34. 文天行，《火熱的小說世界》〔M〕，成都：四川教育出版社，1992 年。

35. 吳中傑，《中國現代文藝思潮史》〔M〕，上海：復旦大學出版社，1996 年。

36. 夏志清，《人的文學》〔M〕，瀋陽：遼寧教育出版社，1998 年。

37. 夏志清，《中國現代小說史》〔M〕，劉紹銘等譯，上海：復旦大學出版社，2005 年。

38. 夏志清，《新文學的傳統》〔M〕，北京：新星出版社，2010 年。

39. 肖同慶，《世紀末思潮與中國現代文學》〔M〕，合肥：安徽教育出版社，2000 年。

40. 謝昭新，《中國現代小說理論史》〔M〕，合肥：安徽大學出版社，2003 年。

41. 解志熙，《美的偏至——中國現代唯美—頹廢主義文學思潮研究》〔M〕，上海：上海文藝出版社，1997 年。

42. 徐仲佳，《性愛問題：1920 年代中國小說的現代性闡釋》〔M〕，北京：社會科學文獻出版社，2005 年。

43. 嚴家炎，《嚴家炎論小說》〔M〕，南昌：江西高校出版社，2002 年。

44. 楊守森主編，《二十世紀中國作家心態史》〔M〕，北京：中央編譯出版社，1998 年。

45. 楊義，《中國現代小說史》（第二卷）〔M〕，北京：人民文學出版社，1988 年。

46. 楊義，《叩問作家心靈》〔M〕，北京：中國社會科學出版社，2000 年。

47. 楊義，《京派海派綜論》（圖志本）〔M〕，北京：中國社會科學出版社，2003 年。

48. 應國靖，《現代文學期刊漫話》〔M〕，廣州：花城出版社，1986 年。

49. 俞元桂主編，《中國現代散文史》（修訂本）〔M〕，濟南：山東文藝出版社，1997 年。

50. 查振科，《對話時代的敘事話語——論京派文學》〔M〕，瀋陽：春風文藝出版社，2005 年。

51. 翟瑞青，《二十世紀中國文學中的母愛主題和兒童教育》〔M〕，北京：人民出版社，2008 年。

52. 張福貴、黃也平、李新宇，《二十世紀中國文學的文化審判》〔M〕，長春：時代文藝出版社，1999 年。

53. 趙園，《艱難的選擇》〔M〕，上海：上海文藝出版社，2001 年。

54. 朱曉進，《政治文化與中國二十世紀三十年代文學》〔M〕，北京：人民出版社，2006 年。

四、文學理論著作

1. 曹文軒，《第二世界》〔M〕，北京：作家出版社，2003 年。

2. 曹文軒，《小說門》〔M〕，北京：作家出版社，2003 年。

3. 李建軍，《小說修辭研究》〔M〕，北京：中國人民大學出版社，2003 年。

4. 申丹、韓加明、王麗亞，《英美小說敘事理論研究》〔M〕，北京：北京大學出版社，2005 年。

5. 童慶炳，《現代詩學問題十講》〔M〕，青島：中國海洋大學出版社，2005 年。

6. 王乾坤，《文學的承諾》〔M〕，北京：生活・讀書・新知三聯書店，2005 年。

7. 楊冬，《文學理論：從柏拉圖到德里達》〔M〕，北京：北京大學出版社，2009 年。

8. 葉朗，《美學原理》〔M〕，北京：北京大學出版社，2009 年。

9. 〔美〕M・H・艾布拉姆斯，《鏡與燈：浪漫主義文論及批評傳統》〔M〕，

酈稚牛等譯，北京：北京大學出版社，2004 年。

10. 〔加〕瑪格麗特・艾特伍德，《與死者協商——瑪格麗特・艾特伍德談寫作》〔M〕，嚴韻譯，上海：上海三聯書店，2007 年。

11. 〔美〕克林斯・布魯克斯、羅伯特・潘・沃倫，《小說鑒賞》〔M〕，主萬等譯，北京：世界圖書出版公司，2006 年。

12. 〔法〕蒂博代，《六說文學批評》〔M〕，趙堅譯，北京：生活・讀書・新知三聯書店，2002 年。

13. 〔加〕諾思羅普・弗萊，《批評的解剖》〔M〕，陳慧等譯，天津：百花文藝出版社，2006 年。

14. 〔英〕E・M・弗斯特，《小說面面觀》〔M〕，朱乃長譯，北京：中國對外翻譯出版公司，2002 年。

15. 〔德〕黑格爾，《美學》（第一卷）〔M〕，朱光潛譯，北京：商務印書館，1979 年。

16. 〔美〕馬泰・卡林內斯庫，《現代性的五副面孔》〔M〕，顧愛彬等譯，北京：商務印書館，2002 年。

17. 〔法〕保爾・利科，《虛構敘事中時間的塑形》〔M〕，王文融譯，北京：生活・讀書・新知三聯書店，2003 年。

18. 〔英〕F・R・李維斯，《偉大的傳統》〔M〕，袁偉譯，北京：生活・讀書・新知三聯書店，2002 年。

19. 〔英〕戴維・洛奇，《小說的藝術》〔M〕，盧麗安譯，上海：上海譯文出版社，2010 年。

20. 〔法〕薩特，《薩特文論選》〔M〕，施康強譯，北京：人民文學出版社，1991 年。

21. 〔美〕拉曼・塞爾登編，《文學批評理論——從柏拉圖到現在》〔C〕，劉象愚等譯，北京：北京大學出版社，2003 年。

22. 〔英〕伊恩・P・瓦特，《小說的興起》〔M〕，高原等譯，北京：生活・讀書・新知三聯書店，1992 年。

23. 〔美〕埃德蒙・威爾遜，《阿克瑟爾的城堡：1780 年至 1930 年的想像文學研究》〔M〕，黃念欣譯，南京：江蘇教育出版社，2006 年。

24. 〔美〕勒內・韋勒克、奧斯汀・沃倫，《文學理論》（修訂版）〔M〕，劉象愚等譯，南京：江蘇教育出版社，2005 年。

25. 〔英〕弗吉尼亞・伍爾夫，《論小說與小說家》〔M〕，瞿世鏡譯，上海：上海譯文出版社，2000 年。

26. 〔美〕亨利・詹姆斯，《小說的藝術》〔M〕，朱雯等譯，上海：上海譯文出版社，2001 年。

五、其它社科著作

1. 陳建華，《「革命」的現代性──中國革命話語考論》〔M〕，上海：上海古籍出版社，2000 年。

2. 高瑞泉主編，《中國近代社會思潮》〔M〕，上海：上海人民出版社，2007 年。

3. 何曉明，《知識分子與中國現代化》〔M〕，上海：東方出版中心，2007 年。

4. 李澤厚，《中國思想史論》（三卷本）〔M〕，合肥：安徽文藝出版社，1999 年。

5. 李澤厚，《歷史本體論・己卯五說》〔M〕，北京：生活・讀書・新知三聯書店，2003 年。

6. 裴毅然，《中國知識分子的選擇與探索》〔M〕，鄭州：河南人民出版社，2004 年。

7. 任劍濤，《中國現代思想脈絡中的自由主義》〔M〕，北京：北京大學出版社，2004 年。

8. 童世駿主編，《西學在中國：五四運動 90 週年的思考》〔C〕，北京：生活・讀書・新知三聯書店，2010 年。

9. 王海明，《道德哲學原理十五講》〔M〕，北京：北京大學出版社，2008 年。

10. 許紀霖，《尋求意義》〔M〕，上海：上海三聯書店，1997 年。

11. 許紀霖，《中國知識分子問題十講》〔M〕，上海：復旦大學出版社，2003 年。

12. 許紀霖、瞿駿、宋宏等，《近代中國知識分子的公共交往（1895～1949）》〔M〕，上海：上海人民出版社，2008 年。

13. 許紀霖編，《二十世紀中國思想史論》（上、下卷）〔C〕，上海：東方出版中心，2000 年。

14. 許紀霖編，《20 世紀中國知識分子史論》〔C〕，北京：新星出版社，2005 年。

15. 朱學勤，《道德理想國的覆滅》〔M〕，上海：上海三聯書店，2003 年。

16. 〔德〕漢娜・阿倫特，《論革命》〔M〕，陳周旺譯，南京：譯林出版社，2007 年。

17. 〔英〕朱利安・巴吉尼、傑里米・斯唐魯姆編，《哲學家在想什麼》〔C〕，王婧譯，上海：上海三聯書店，2006 年。

18. 〔美〕威廉・巴雷特，《非理性的人──存在主義哲學研究》〔M〕，楊照明等譯，北京：商務印書館，1995 年。

19. 〔法〕白吉爾，《上海史：走向現代之路》〔M〕，王菊等譯，上海：上海社會科學院出版社，2005年。

20. 〔美〕丹尼爾・貝爾，《資本主義文化矛盾》〔M〕，趙一凡等譯，北京：生活・讀書・新知三聯書店，1989年。

21. 〔俄〕尼・別爾嘉耶夫，《俄羅斯思想》〔M〕，雷永生等譯，北京：生活・讀書・新知三聯書店，1995年。

22. 〔英〕以賽亞・伯林，《俄國思想家》〔M〕，彭淮棟譯，南京：譯林出版社，2003年。

23. 〔英〕以賽亞・伯林，《浪漫主義的根源》〔M〕，呂梁等譯，南京：譯林出版社，2008年。

24. 〔英〕阿倫・布洛克，《西方人文主義傳統》〔M〕，董樂山譯，北京：生活・讀書・新知三聯書店，1997年。

25. 〔美〕阿里夫・德里克，《中國革命中的無政府主義》〔M〕，孫宜學譯，桂林：廣西師範大學出版社，2006年。

26. 〔法〕米歇爾・福柯，《瘋癲與懲罰》〔M〕，劉北成等譯，北京：生活・讀書・新知三聯書店，2003年。

27. 〔奧〕弗洛伊德，《一個幻覺的未來》〔A〕，《弗洛伊德文集》（第五卷）〔C〕，楊韶剛等譯，長春：長春出版社，1998年。

28. 〔英〕約翰・格雷，《自由主義》〔M〕，曹海軍等譯，長春：吉林人民出版社，2005年。

29. 〔美〕卡倫・荷妮，《神經症與人的成長》〔M〕，陳收等譯，北京：國際文化出版公司，2001年。

30. 〔德〕恩斯特・卡西爾，《啓蒙哲學》〔M〕，顧偉銘等譯，濟南：山東人民出版社，2007年。

31. 〔英〕約翰・凱里，《知識分子與大眾》〔M〕，吳慶宏譯，南京：譯林出版社，2008年。

32. 〔德〕康德，《歷史理性批判文集》〔M〕，何兆武譯，北京：商務印書館，1990年。

33. 〔美〕理查德・羅蒂，《偶然、反諷與團結》〔M〕，徐文瑞譯，北京：商務印書館，2003年。

34. 〔美〕理查德・羅蒂，《哲學、文學和政治》〔M〕，黃宗英等譯，上海：上海譯文出版社，2009年。

35. 〔英〕羅素，《西方哲學史》（下卷）〔M〕，馬元德譯，北京：商務印書館，1976年。

36. 〔德〕尼采，《悲劇的誕生》〔M〕，周國平譯，北京：生活・讀書・新知三聯書店，1986年。

37. 〔美〕舒衡哲，《中國啓蒙運動──知識分子與「五四」遺產》〔M〕，劉京建譯，北京：新星出版社，2007 年。

38. 〔美〕羅蘭·斯特龍伯格，《西方現代思想史》〔M〕，劉北成等譯，北京：中央編譯出版社，2005 年。

39. 〔英〕保羅·塔格特，《民粹主義》〔M〕，袁明旭譯，長春：吉林人民出版社，2005 年。

40. 〔英〕保羅·約翰遜，《知識分子》〔M〕，楊正潤等譯，南京：江蘇人民出版社，2003 年。

六、論文

1. 曹樹鈞，《三次推薦《雷雨》靳以功不可沒》〔J〕，《戲劇之家》2010 年第 1 期。

2. 陳麗平，《〈文學季刊〉研究》〔D〕，天津：天津師範大學文學院，2003 年。

3. 陳曉明，《鬼影底下的歷史虛空──對抗戰文學及其歷史態度的反思》〔J〕，《南方文壇》2006 年第 1 期。

4. 代迅，《民粹主義與中國現代文藝思潮》〔J〕，《學習與探索》2003 年第 6 期。

5. 韓石山，《這是巴金發現的嗎？》〔J〕，《文學自由談》1999 年第 3 期。

6. 吉崇敏，《〈文學季刊〉與 1930 年代文學》〔D〕，長春：吉林大學文學院，2006 年。

7. 李本東，《重慶復旦大學的校園文學活動考察》〔J〕，《中國現代文學研究叢刊》2001 年第 4 期。

8. 冒建華，《中國現代主流文學家的文化人格與文學書寫》〔J〕，《文學評論》2010 年第 2 期。

9. 施軍，《論現代小說象徵的功能形態》〔J〕，《文學評論》2005 年第 2 期。

10. 宋劍華、黎保榮，《試論中國現代文學的「暴力敘事」現象》〔J〕，《中國現代文學研究叢刊》2009 年第 5 期。

11. 王衛平，《從現代小說中的文人形象看知識分子的道德人格》〔J〕，《文學評論》2009 年第 1 期。

12. 王衛平，《自我反省的力度與理想人格的缺失──從現代知識分子的形象史看作家的寫作立場和描寫側重》〔J〕，《北京師範大學學報》（社會科學版）2010 年第 3 期。

13. 王衛平、徐立平，《困頓行者與不安定的靈魂──新文學中知識分子的漂泊流浪》〔J〕，《東北師範大學學報》（哲學社會科學版）2010 年第 1 期。

14. 王學謙，《和諧社會構建與知識分子的選擇》〔J〕，《吉林大學學報》（社會科學版）2005 年第 6 期。

15. 薛晨曦，《〈現代文藝〉理論建設述評》〔J〕，《福建師範大學學報》（哲學社會科學版）1987 年第 4 期。

16. 鄭娟，《文化合力與理性超越——淺論蕭乾小説創作與京海文化》〔J〕，《社會科學論壇》（學術研究卷）2009 年第 7 期。

17. 張堂會，《民粹主義與 20 世紀中國文學》〔D〕，徐州：徐州師範大學文學院，2003 年。

18. 張堂會，《啓蒙與民眾崇拜的悖謬——關於民粹主義與 20 世紀中國文學關係的幾點思考》〔J〕，《社會科學戰線》2006 年第 1 期。

19. 周保欣，《歷史修辭與意義迷失——現代中國文學「惡」的敘述及其思想史觀照》〔J〕，《文學評論》2009 年第 6 期。

後　記

　　這部書稿由我的博士論文修改而成。

　　靳以作爲中國現代文學名家，一直被忽視與誤讀，爲此要感謝我的碩士導師逄增玉先生，是他最初鼓勵我在碩士論文的基礎上，將靳以研究進行下去。同時，要感謝我的博士導師王學謙先生，在對論文的總體把握上，以及如何深入開掘，包括具體撰寫的結構與方法方面，他都給予了耐心的指導。直至最近，學謙師還在通信中對我的靳以研究予以肯定，並鼓勵我繼續做下去。兩位恩師的點撥與寄望，我將永遠記取與感念。

　　陳子善、王澤龍先生作爲外審專家，對論文給予了較高的評價，同時提出了一些寶貴的建議。在論文開題與答辯時，劉中樹、孫郁、張福貴、孟繁華、宗仁發、白楊諸位先生，給予了許多有益的啓發與指點。2009 年，在上海舉行的「紀念靳以先生誕辰 100 週年座談會暨學術研討會」上，曾親聆錢谷融、徐中玉、王紀人、陳思和、陳子善、鄭爾康、孔海立、林建法、陳福康諸位先生指教，靳以兩位八十高齡的學生程極明、陳根棣先生，亦提供了諸多幫助。靳以女兒章潔思先生長期以來關注論文的寫作，並提供了許多寶貴的資料。在此一併致謝。

　　2012 年底，個人生活發生了巨大的轉變，從遙遠的東北舉家遷至西南。雖然有了新的研究方向，但是對於付出了近十年心血的靳以研究，還是念念不忘，先後以「靳以創作研究」、「巴金、靳以比較研究」，獲得了雲南省教育廳 2013 年和 2015 年的重點項目立項（項目編號分別爲：2013Z077、2015Z174）。圍繞課題研究，在《四川戲劇》、《名作欣賞》等學術期刊，陸續發表了十餘篇論文，在原有博士論文的基礎上，對靳以研究有所深化。這些

新的思考，也融入了本書的寫作之中。

　　與李怡先生素未謀面，他慨然將拙作納入其主編的「民國文化與文學研究文叢」，這對我來說，是莫大的榮幸！這種無私獎掖後學的仁厚風範，將是我在學術道路上繼續攀登的不竭動力！在此，對李怡先生，以及為兩岸文化交流做出巨大貢獻的花木蘭文化出版社，真誠地道一聲：謝謝！

　　儘管獲得了一些師友的肯定，儘管迄今為止，圍繞相關論題，已經發表了近 30 篇論文，取得了一定反響，但是由於學養有限，書稿肯定還存在諸多不盡人意之處。作為學術新人，只有不斷努力、探索、開拓，才能彌補這些遺憾。我將永遠以此激勵自己。

　　最後要感謝母親和妻子，沒有她們長年的忍耐、理解、支持與鼓勵，我將一事無成。

2015 年歲末

於紅塔山下